„Mein Land, es ist dein!"

Oder die Vereinigten Staaten von Amerika; Vergangenheit, Gegenwart und Zukunft. Eine philosophische Betrachtung der amerikanischen Geschichte und unseres gegenwärtigen Status, zu sehen in der Columbian-Ausstellung.

Willis Fletcher Johnson

(Mitwirkender: John Habberton)

Writat

Diese Ausgabe erschien im Jahr 2024

ISBN: 9789359946887

Herausgegeben von
Writat
E-Mail: info@writat.com

Inhalt

Die Ziele des
Board of Lady Managers DER
WELTWEIT KOLUMBISCHEN KOMMISSION.

Das Board of Lady Managers der World's Columbian Commission, das durch gleichzeitige Entscheidung des Kongresses und der Columbian Commission gegründet und ermächtigt wurde, die Interessen der Frauen auf der kommenden Ausstellung voll zu vertreten, möchte die großartigen Möglichkeiten, die ihm geboten werden, in vollem Umfang ausschöpfen.

Der Vorstand möchte die erstmalige Teilnahme von Frauen an einem wichtigen nationalen Unternehmen würdigen, indem er eine anschauliche Unterrichtseinheit vorbereitet, um die Fortschritte aufzuzeigen, die die Frauen in allen Ländern der Welt während des Jahrhunderts gemacht haben, in dem ihnen Bildungs- und andere Privilegien gewährt wurden, und um den gesteigerten Nutzen aufzuzeigen, der sich aus der Erweiterung ihrer Möglichkeiten ergeben hat.

Das Board of Lady Managers lädt Frauen aller Länder ein, an dieser großen Ausstellung weiblicher Arbeit teilzunehmen, mit dem Ziel, sie nicht nur national, sondern universell bekannt zu machen und allen einen freien Vergleich der Methoden, Möglichkeiten und Ergebnisse zu ermöglichen.

Es ist von größter Wichtigkeit, aus jedem Land eine derart repräsentative Sammlung zusammenzustellen, die einen angemessenen Eindruck vom Umfang und Wert der Leistungen von Frauen in den Bereichen Kunst, Wissenschaft und Industrie vermittelt.

Unser Ziel ist es, den Ernährern, die den Kampf des Lebens ohne Hilfe ausfechten, die neuen Beschäftigungsmöglichkeiten aufzuzeigen, die sich den Frauen ständig eröffnen. Wir wollen ihnen auch zeigen, in welchen dieser Bereiche ihre Arbeit aufgrund ihrer natürlichen Anpassungsfähigkeit, ihres sensiblen und künstlerischen Temperaments und ihres individuellen Geschmacks den größten Wert hat; und wir wollen ihnen zeigen, welche Ausbildung sie am besten in die Lage versetzt, die größeren Möglichkeiten, die auf sie warten, zu nutzen und ihre Arbeit nicht nur für sich selbst, sondern auch für die Welt von größtem Wert zu machen.

Der Vorstand hat beschlossen, dass er bei der kommenden Ausstellung nicht versuchen wird, die ausgestellten Arbeiten von Frauen von denen von Männern zu trennen, da Frauen in allen Fabriken der Welt Seite an Seite mit Männern arbeiten und es in den meisten Fällen praktisch unmöglich wäre, das Endergebnis ihrer gemeinsamen Arbeit aufzuteilen. Auch würden sich Frauen nicht mit Preisen zufrieden geben, wenn diese nicht ohne

Unterscheidung nach Geschlecht und als Ergebnis eines fairen Wettbewerbs mit den besten ausgestellten Arbeiten verliehen würden. Sie streben nach Spitzenleistungen und wünschen Anerkennung nur für nachgewiesene Verdienste. Damit jedoch die enorme Menge an Arbeit, die von Frauen geleistet wird, gewürdigt werden kann, wird eine tabellarische Aufstellung beschafft und mit jedem Exponat vorgelegt, in der der Anteil der Frauenarbeit angegeben ist, der darin enthalten ist. Die Anmeldeformulare, die jetzt an die Hersteller verschickt werden, enthalten diese Anfrage.

Dem Board of Lady Managers wurde per Gesetz des Kongresses das große und ungewöhnliche Privileg zuerkannt, Mitglieder jeder Jury zu ernennen, die Preise für Artikel vergeben, an denen Frauenarbeit beteiligt ist. Die Anzahl der Frauen in jeder Jury ist proportional zur Menge der von Frauen in der entsprechenden Klassifizierungsabteilung geleisteten Arbeit. Die Aussage über die Menge ihrer Arbeit ist daher von doppelter Bedeutung, denn sie zeigt nicht nur eindrucksvoll, wie viel Schwerarbeit in der Welt vom schwächeren Geschlecht geleistet wird, sondern bestimmt auch die Anzahl der Jury-Vertreter, auf die das Board Anspruch hat.

Neben der umfangreichen Ausstellung in den allgemeinen Ausstellungsgebäuden haben Frauen eine weitere Gelegenheit, Arbeiten von höchster Qualität auf sehr vorteilhafte Weise im Frauengebäude zu präsentieren, über das das Board of Lady Managers die vollständige Kontrolle ausübt. In seiner zentralen Galerie sollen die brillantesten Leistungen von Frauen aus allen Ländern und aus allen Arbeitsbereichen zusammengefasst werden. Exponate werden nur auf Einladung zugelassen, was als gleichwertig mit einem Preis angesehen wird. Keine sentimentale Sympathie für Frauen wird zur Zulassung zweitklassiger Objekte führen, denn der höchste Qualitätsstandard ist dort strikt einzuhalten. In allen Ländern werden Frauenkommissionen als Hilfskräfte des Board of Lady Managers gegründet, die gebeten werden, von Frauen hergestellte Objekte von höchster Qualität zu empfehlen, und die Hersteller solcher erfolgreicher Arbeiten werden eingeladen, Exemplare in der Galerie des Frauengebäudes auszustellen.

Die Frau ist nicht nur zu einem immensen, wenn auch im Allgemeinen unbeachteten Faktor in der Industrie geworden, sondern sie ist im Wesentlichen die Verfechterin von Frieden und Fortschritt. Ihre beste Arbeit zeigt sich in den zahllosen karitativen, reformatorischen, pädagogischen und anderen wohltätigen Einrichtungen, die sie den Mut und die Idealität hatte zu gründen, um Leiden zu lindern, viele Formen sozialer Ungerechtigkeit und Vernachlässigung zu korrigieren und seit langem bestehendes Unrecht zu reformieren. Diese Einrichtungen üben einen starken und stetigen Einfluss zum Guten aus, einen Einfluss, der dazu neigt, das Laster zu verringern, aus Hilflosen oder Verdorbenen nützliche Bürger zu machen, den moralischen

Standard zu erhöhen und das menschliche Glück zu steigern. Auf diese Weise ergänzen sie die besten Bemühungen aufs wirksamste und fördern die höchsten Ziele aller Regierungen.

Alle Frauenorganisationen müssen sich der Notwendigkeit bewusst sein, die edle Arbeit, die sie leisten, wirksam zu präsentieren. Wir möchten insbesondere in den dafür vorgesehenen Räumen die Bildungsarbeit präsentieren, die von Frauen initiiert oder durchgeführt wird, von den Kindergartenorganisationen bis hin zu den höchsten Bildungszweigen, einschließlich aller Schulen für angewandte Wissenschaft und Kunst, wie Ausbildungsschulen für Krankenschwestern, Handwerksausbildung, Kunstgewerbe- und Kochschulen, Hauswirtschaft, Hygiene usw. Wenn die Arbeit all dieser Organisationen nicht in der Praxis gezeigt wird, sollte sie durch Karten, Diagramme, Fotografien, Reliefmodelle usw. dargestellt werden. Es besteht jedoch die ernsthafte Hoffnung, dass aus jedem Land zumindest eine der repräsentativsten Institutionen in jedem dieser Zweige gezeigt wird, damit ein Vergleich der Methoden und Ergebnisse angestellt werden kann.

BERTHA MH PALMER.

KAPITEL I.

DAS ZEITALTER DER ENTDECKUNGEN.

Wenn wir mit dem Jahr 1492 beginnen, dem Datum der ersten Reise von Kolumbus, bleibt zwangsläufig ein großer Teil der amerikanischen Geschichte unerzählt. Die Geschichte jeder Nation beginnt in der Mitte; hinter Leonidas stehen die homerischen Helden; Romulus und Remus sind älter als die Tarquinier. So haben wir Jahrhunderte vor dem klaren Ruhm von Kolumbus die Überlieferung verschiedener geheimnisvoller Entdecker, deren seltsame Barken unsere Küsten besuchten. Sofern wir den ersten Bewohnern Amerikas keinen autochthonen Ursprung zugestehen, scheint es am vernünftigsten anzunehmen, dass sie aus Asien kamen. Autoritäten wie Humboldt, Bancroft und Prescott sind der Meinung, dass die Denkmäler, die Systeme der Kosmogonie, die Methoden der Zeitberechnung usw. alle auf eine alte Verbindung mit Ostasien hinweisen. Es ist sicher, dass seit undenklichen Zeiten ständiger Verkehr zwischen den Eingeborenen auf beiden Seiten der Beringstraße aufrechterhalten wurde, und es ist sehr wahrscheinlich, dass die ursprünglichen Einwanderer auf diesem Weg kamen. Es gibt noch andere mögliche Routen – die Aleuten-Inseln und Polynesien sind die beiden nächsten, die von den Behörden favorisiert werden.

In vielen der einheimischen Stämme der Nordwestküste ist eine deutliche Spur japanischen Blutes zu erkennen, und es gibt zu viele moderne Beispiele japanischer Dschunken, die an der amerikanischen Küste treiben, nachdem sie monatelang den Strömungen des Pazifiks ausgeliefert waren, um an der Möglichkeit prähistorischer Besuche dieser Menschen zu zweifeln. Der sogenannte „schwarze Strom" oder Japanstrom fließt nordwärts an der Ostküste der japanischen Inseln vorbei, biegt dann nach Osten und Süden ab, passiert die Westküste Amerikas und bewegt sich in Richtung der Sandwichinseln. Diese Strömung, so heißt es, würde ein treibendes Schiff mit einer Geschwindigkeit von 16 Kilometern pro Tag in Richtung der amerikanischen Küste tragen.

Die Theorie, dass die Menschen oder zumindest die Zivilisation Amerikas ägyptischen Ursprungs sind, basiert auf Analogien zwischen der Architektur, den Hieroglyphen und verschiedenen Bräuchen der beiden Länder. Aber selbst wenn diese Analogien einer näheren Prüfung standhalten, kann man kaum behaupten, dass sie irgendetwas beweisen. In Westasien wird den Phöniziern – diesen kühnen Reisenden – und ihren Kindern, den Karthagern, die Ehre zuteil, Amerika zu besiedeln. Aus ihren Reiseberichten geht hervor, dass sie ein Land kannten, das weit im Westen lag. In den

Schriften von Diodorus Siculus findet sich ein ausführlicher Bericht über eine wundervolle Insel im Atlantischen Ozean, weit hinter den Säulen des Herkules und viele Tagesreisen von der Küste Afrikas entfernt. Dieses glückliche Land mit fruchtbarem Boden, schöner Landschaft und perfektem Klima wurde zufällig von phönizischen Seeleuten entdeckt, deren Barke von Gegenwinden dorthin getrieben wurde. Bei ihrer Rückkehr gaben sie so glühende Berichte über das neue Land ab, dass große Kolonien von Tyrern ihr Heimatland verließen, um sich dort niederzulassen. Dies könnte Amerika gewesen sein, wahrscheinlicher sind jedoch die Kanarischen Inseln.

Es wurden zahlreiche Bücher geschrieben, die beweisen sollen, dass Amerika von den zehn verlorenen Stämmen Israels besiedelt wurde.

In alten walisischen Annalen gibt es einen Bericht über eine Kolonie, die im 12. Jahrhundert von Madoc, einem der Söhne von Owen Gwynedd, dem Prinzen von Nordwales, gegründet wurde. Nach dem Tod dieses Monarchen führten seine Söhne Krieg gegeneinander um die Souveränität. Madoc war der Streit überdrüssig und beschloss, sein Heimatland zu verlassen und ein eigenes Königreich zu gründen, so weit weg wie möglich von den Streitigkeiten seiner Brüder. Er stach mit den wenigen Gefolgsleuten, die er auftreiben konnte, in See und segelte viele Monate lang westwärts. Schließlich kamen sie in ein großes und günstiges Land, und nachdem sie ein Stück die Küste entlang gesegelt waren, fanden sie einen Landeplatz nach ihrem Geschmack und gingen von Bord. Einige Jahre später kehrte Madoc nach Wales zurück und überredete eine große Zahl seiner Landsleute, sich der Kolonie anzuschließen. Zehn Schiffe wurden mit allen möglichen Vorräten ausgestattet, und viele Familien stachen in See in Richtung des neuen Landes. Über ihre weiteren Abenteuer schweigen die Aufzeichnungen.

Es wird auch behauptet, dass die Iren Amerika entdeckten. Der heilige Patrick soll Missionare dorthin geschickt haben. Es gibt allen Grund zu der Annahme, dass irische Seefahrer durch Zufall oder auf andere Weise die Küsten unseres Kontinents erreicht haben könnten, aber es gibt überhaupt keinen Grund, dies zu glauben.

Aber das sind alles nur Spekulationen, Märchen, Mythen. Wenn man die nüchternen Fakten betrachtet, gibt es nur zwei wirklich wertvolle historische Dokumente, die sich auf die Entdeckung Amerikas vor Kolumbus beziehen. Eines dieser Dokumente ist chinesisch, das andere skandinavisch.

Das chinesische Dokument ist ein Auszug aus den offiziellen Aufzeichnungen und schildert die Abenteuer eines buddhistischen Priesters namens Hwui Shin, die er nach seiner Rückkehr aus einem weit im Osten liegenden Land erzählte. Einige behaupten, dieses Land sei Japan gewesen, andere wiederum behaupten, es sei Amerika gewesen. Die Beweislage spricht sicherlich für die letztere Theorie. Der Historiker beginnt seinen Bericht mit der Feststellung, dass man, um den neuen Kontinent zu erreichen, von der Küste der Provinz Leao-tong nördlich von Peking aufbrechen müsse, um Japan nach einer Reise von zwölftausend *Li* – das sind ungefähr viertausend Meilen – zu erreichen. Segelt man siebentausend *Li nach Norden*, erreicht man das Königreich Wen-shin. Fünftausend *Li* östlich liegt das Land Ta-han. Zwanzigtausend *Li* dahinter liegt die neue Welt – die in den Aufzeichnungen als das Land Fu-sang bezeichnet wird.

Vielleicht können wir nichts Besseres tun, als den Originalbericht in der Übersetzung von Professor S. Wells Williams vorzulegen:

„Im ersten Regierungsjahr von Yung-yuen, Kaiser Tung Hwăn-han aus der Tsi-Dynastie (499 n. Chr.), kam ein Schamanenpriester namens Hwui Shin aus dem Königreich Fu-sang nach King-chau. Er berichtete Folgendes:

„ *Fu-sang liegt* mehr als zwanzigtausend *Li* östlich des Königreichs *Ta-han* ; es liegt auch östlich des Reiches der Mitte (China). Es bringt viele *Fu-sang-*Bäume hervor, von denen es seinen Namen hat. Die Blätter des *Fu-sang* ähneln denen des *Tung-* Baums. Er sprießt wie der Bambus, und die Menschen essen die Triebe. Seine Früchte ähneln der Birne, sind aber rot; aus der Rinde wird Stoff für Kleider gesponnen und Brokat gewebt. Die Häuser sind aus Brettern gebaut. Es gibt keine ummauerten Städte mit Toren. Die (Menschen) verwenden Schriftzeichen und Schrift und stellen Papier aus der Rinde des *Fu-sang* her. Es gibt keine gepanzerten Soldaten, denn sie führen keinen Krieg. Das Gesetz des Landes schreibt ein südliches und ein nördliches Gefängnis vor. Verbrecher, die wegen leichter Verbrechen verurteilt wurden, werden in das erstere gesteckt, und diejenigen, die sich schwerer Straftaten schuldig gemacht haben, in das letztere. Verbrecher werden, wenn sie begnadigt werden, aus dem südlichen Gefängnis entlassen, aber diejenigen im nördlichen Gefängnis werden nicht begnadigt. Gefangene im letzteren heiraten. Ihre Jungen werden mit acht Jahren zu Leibeigenen und die Mädchen mit neun Jahren zu Sklavinnen. Verurteilte Gefangene dürfen ihr Gefängnis nicht lebend verlassen. Wenn ein Adliger (oder ein Beamter) eines Verbrechens für schuldig befunden wurde, trifft sich die große Versammlung der Nation und legt den Verbrecher in eine Grube; sie veranstalten ein Festmahl mit Wein vor ihm und verabschieden sich dann von ihm. Wenn das Urteil ein Kapitalverbrechen ist, umgibt man (den Körper) bei der Trennung mit Asche. Bei Verbrechen ersten Grades betrifft das Urteil nur die Person des Täters; bei Verbrechen zweiten Grades betrifft es die Kinder und Enkel; während das dritte bis zur siebten Generation reicht.

„ „Der König dieses Landes wird *yueh-ki genannt* ; der höchste Adelsstand heißt *tui-li* , der nächste kleine *tui-li* und der niedrigste *no-cha-sha* . Wenn der König ins Ausland geht, gehen ihm Trommler und Trompeter voraus und folgen ihm. Die Farbe seines Gewandes variiert je nach Jahr des Zyklus der zehn Stämme. In den ersten beiden Jahren ist sie azurblau, in den zweiten beiden Jahren rot, im dritten gelb, im vierten weiß und in den letzten beiden Jahren schwarz. Es gibt Ochsen mit langen Hörnern, die so lang sind, dass sie Dinge tragen können – die größten fassen bis zu fünf Schnäbel. Die Fahrzeuge werden von Ochsen, Pferden und Hirschen gezogen, denn die Leute dieses Landes züchten Hirsche, genau wie die Chinesen Vieh züchten, und machen aus ihrer Milch Sahne. Sie haben rote Birnen, die ein Jahr lang haltbar sind, ohne zu verderben; Binsen und Pfirsiche sind weit verbreitet. Eisen findet man in der Erde nicht, Kupfer jedoch schon; Sie legen keinen Wert auf Gold oder Silber und der Handel erfolgt ohne Miete, Zölle oder Festpreise.

„ ‚In Heiratsangelegenheiten ist es gesetzlich vorgeschrieben, dass der (angehende) Schwiegersohn vor der Tür des Hauses des Mädchens eine Hütte errichten und das Haus ein Jahr lang morgens und abends besprengen und fegen muss. Wenn sie ihn dann nicht mag, schickt sie ihn fort; ist sie aber mit ihm zufrieden, heiraten sie. Die Hochzeitszeremonien sind größtenteils denen in China ähnlich. Nach dem Tod der Eltern wird sieben Tage gefastet, bei Großeltern fünf und bei Brüdern, Schwestern, Onkeln oder Tanten drei Tage. Es werden Bilder aufgestellt, die ihre Geister darstellen, vor denen sie morgens und abends anbeten und Trankopfer darbringen; sie tragen jedoch weder Trauerkleidung noch Haarspangen. Der Nachfolger des Königs kümmert sich in den ersten drei Jahren nicht persönlich um Regierungsangelegenheiten. In alten Zeiten kannten sie die buddhistische Religion nicht, aber während der Herrschaft Ta-mings des Kaisers Hiao Wu-ti aus der Lung-Dynastie (458 n. Chr.) gingen fünf Bettelpriester aus Ki-pin dorthin. Sie reisten durch das ganze Königreich und machten überall die Gesetze, Kanons und Bilder dieses Glaubens bekannt. Unter den Eingeborenen wurden Priester mit regulärer Ordination eingesetzt und die Bräuche des Landes wurden reformiert.'"

Es gibt mehrere andere Erzählungen, die sich auf Fu-sang oder Länder in der Nähe beziehen. Diese scheint von allen ein reales Land am wahrsten zu beschreiben. Fu-sang könnte Japan oder Mexiko gewesen sein. Hwui Shins Bericht weicht in einigen Details sehr stark von dem ab, was wir über beide Länder wissen.

Die gesamte Literatur zum Thema der chinesischen Entdeckung Amerikas wurde untersucht und in Herrn EP Vinings ausgezeichnetem Buch „ *An Inglorious Columbus* " besprochen . Herr Vining ist der Ansicht, dass Fu-sang Mexiko ist und dass der *Fu-sang-* Baum seiner Ansicht nach die Maguey ist.

Wenn wir uns die skandinavischen Aufzeichnungen ansehen, finden wir vieles, was nicht nur plausibel ist, sondern auch unwiderlegbare Beweise für die Gültigkeit ihrer Behauptungen liefert. Wir wissen, dass die skandinavischen Wikinger, prächtige alte Gauner, mit ihren vielruderigen Galeeren oft weit in die Gewässer des Atlantiks hinaussegelten. Im Jahr 860 wurde einer dieser glorreichen Halsabschneider, Naddoddr (sprechen Sie es aus, wenn Sie können!), an die Küste Islands geweht. Im Jahr 876 widerfuhr einem anderen Wikinger ein ähnliches Erlebnis, und er berichtete, in der Ferne die Küste einer unbekannten Küste gesehen zu haben.

Im Jahr 981 segelte Erik der Rote, ein isländischer Geächteter, auf der Suche nach dieser Küste los und gab, als er sie fand, künftigen Immobilienmaklern ein schlechtes Beispiel, indem er der öden Küste den Namen „Grönland" gab.

Nach dieser Entdeckung wurden den Sagen Islands zufolge häufige Besuche im Süden unternommen, und ein gewisser Bjarni, der alle vorherigen Entdecker in den Schatten stellte, fand ein fruchtbares Land, dem er den Namen Vinland gab. Das war im Jahr 985, und obwohl die Geschichten über diese Heldentaten im Detail recht vage und unzuverlässig sind, besteht kaum Zweifel daran, dass Bjarni zu diesem Zeitpunkt tatsächlich die Ostküste Amerikas besuchte.

Es wurde kein Versuch einer Kolonisierung unternommen; tatsächlich ist nicht überliefert, dass die Galeeren von Bjarni überhaupt in dem neuen Land Halt machten. Der Wind, der sie dorthin getragen hatte, änderte sich plötzlich, und sie wurden nach Island zurückgetragen, wo sie sich vermutlich alle maßlos betranken und mit ihrem Abenteuer prahlten.

Die zweite Reise in das neue Land unternahm Leif, der Sohn Eriks des Roten, um das Jahr 1000. Er erreichte zuerst ein karges, mit eisigen Bergen bedecktes Land, das er Helluland nannte. Er setzte wieder die Segel und drehte den Bug seines Schiffes nach Süden, bis er ein ebenes Land mit Bäumen und grasbewachsenen Hängen erreichte. Dies nannte er Markland. Nach zwei Tagen Segeln erreichte das Schiff eine Insel, auf der die Seeleute von Bord gingen, denn das Wetter war warm und der Anblick des Landes verlockend. Sie blieben hier ein paar Stunden und steuerten dann das Festland an. Ein Fluss floss aus einem See, und in diesem See ankerten sie, holten das Gepäck vom Schiff und bauten sich Häuser. Es war das schönste und fruchtbarste Land, das sie je gesehen hatten, und sie beschlossen, den Winter dort zu verbringen. Einer der Mutigsten von ihnen überließ seine Gefährten dem Vergnügen des Lachsfischens im Fluss und See und widmete sich der Erkundung des umliegenden Landes. Er fand große Mengen Weinbeeren (wahrscheinlich Weintrauben), und mit diesen Beeren und etwas Holz beluden sie ihr Schiff und stachen in See nach Grönland.

Sieben Jahre später wurde eine weitere Expedition mit drei Schiffen unter dem Kommando desselben Leifs ausgerüstet. Sie segelten weit nach Süden und kamen schließlich zu einem Vorgebirge, rechts davon lag ein langer

Sandstrand. An diesem Strand, oder besser gesagt auf einer Landzunge, die von ihm ausging, fanden sie den Kiel eines Schiffes. Sie nannten diese Landzunge Kjärnes (Kielkap) und den Strand Furdustrandir (Langer Strand).

Als die Expedition aufbrach, gab König Olaf Tryggvason Lief zwei berühmte Läufer mit, einen Schotten namens Haki und eine Schottin. Diese wurden kurz nach der Passage von Furdustrandir an Land gesetzt und angewiesen, nach Süden zu laufen, das Land zu erkunden und in drei Tagen zurückzukehren. Am Ende der festgelegten Zeit kehrten sie zurück, der Mann brachte eine Handvoll Weinbeeren und die Frau eine Ähre Weizen mit. Das war vielversprechend und die Expedition beschloss, den Kurs Richtung Süden fortzusetzen.

Sie kamen zu einer Bucht, in der eine Insel lag, um die eine starke Strömung floss, und gaben ihr den Namen Straumey (Strominsel). Die Insel war so mit Nestern von Eiderenten bedeckt, dass man kaum einen Schritt machen konnte, ohne auf die Eier zu treten. Hier beschlossen sie zu verweilen, und nachdem sie die Schiffe entladen hatten, bauten sie Behausungen. Ob sie lange oder kurze Zeit blieben und welche guten oder bösen Abenteuer ihnen widerfuhren, wissen wir nicht.

Ausführlicher ist der Bericht von Karlsefne, der mit einem anderen Helden, Snorro, und unserem alten Freund Bjarni lange Zeit südwärts segelte, bis sie zu dem Fluss kamen, der durch den See ins Meer mündete. Der Fluss war zu seicht, um die Schiffe ohne Hochwasser einfahren zu lassen. Karlsefne segelte mit seinen Männern in die Mündung und nannte den Ort Hop. Hier gab es Felder mit wildem Weizen, und auf den Anhöhen wuchsen Weinbeeren in Hülle und Fülle. Die Wälder waren voller Wild, und die Männer hatten vierzehn Tage lang reichlich Zeitvertreib. Das einzig Bemerkenswerte, das sie sahen, waren eine Anzahl von Fellbooten, die mit dunkelhäutigen, hässlichen Leuten gefüllt waren, die in Ufernähe ruderten und die Nordmänner erstaunt anstarrten. Sie hatten krauses Haar, große, wilde Augen und breite Gesichter. Sie starrten Karlsefnes Männer eine Weile an und ruderten dann nach Süden davon.

Mit diesen Menschen knüpften die Entdecker bald eine Verbindung und tauschten rotes Tuch, das die Eingeborenen allem anderen vorzuziehen schienen, gegen Felle und Pelze. Sie wollten Schwerter und Speere kaufen, aber die Nordmänner weigerten sich, sich davon zu trennen. Solange das rote Tuch hielt, blieben ihre Beziehungen zu den Skraelingen, wie sie die Eingeborenen nannten, freundschaftlich. Doch eines Tages, so erzählt die Saga, rannte, während sie Handel trieben, ein Bulle, den Karlsefne bei sich hatte, aus dem Wald und brüllte so wild, dass die Skraelings zu Tode erschrocken waren und in ihren Fellbooten zurück ins Südland flohen.

Drei Wochen später kehrten große Gruppen von ihnen zurück und sprangen mit lautem Geschrei an Land, bereit zum Kampf. Ihre Waffen waren Schleudern, und diese erwiesen sich als sehr unbequeme Waffen, aber die Nordmänner hielten tapfer stand, bis sie plötzlich sahen, wie die Skraelings etwas auf einer Stange hochhoben, das aussah wie ein luftgefüllter blauer Sack. Sie warfen es auf den Feind, und als es auf den Boden aufschlug, explodierte es gewaltig. Daraufhin zogen sich Karlsefne und seine Männer zurück und hielten nicht an, bis sie eine felsige Festung erreichten, wo sie erneut Widerstand leisteten und es ihnen schließlich gelang, die Skraelings zu besiegen.

Kurz darauf kehrte die Expedition nach Grönland zurück. Den Sagen zufolge besuchten viele andere Nordmänner Vinland, aber es wurden keine Versuche einer Kolonisierung unternommen. Über die genaue Lage des von ihnen erkundeten Landes kann nur spekuliert werden. Einige Autoren glauben, es sei Labrador gewesen, andere vermuten, es liege im Süden bis Rhode Island. Die Skraelings, wie sie in den Sagen beschrieben werden, ähneln sicherlich eher Eskimos als Indianern. Aber wir haben keinen eindeutigen Beweis dafür, dass die Nordmänner Amerika überhaupt jemals besucht haben. Man geht davon aus, dass sie es getan haben, aber alle Einzelheiten müssen zwangsläufig zweifelhaft bleiben, selbst wenn wir ihre Erzählungen im Großen und Ganzen als wahr akzeptieren.

Doch was auch immer den asiatischen, nordischen oder anderen frühen Entdeckern Amerikas zugeschrieben werden mag oder was auch immer die Europäer in der klassischen Zeit über diese Hemisphäre wussten, die Ehre, die westliche Welt für die tatsächliche Besiedlung durch zivilisierte Menschen zugänglich zu machen, gebührt Christoph Kolumbus. Dieser berühmte Mann wurde 1436 geboren und gehörte praktisch keinem Stand an. Sein Vater war ein Wollkämmerer aus Genua. Doch die Ausbildung des Jungen wurde so umfassend gestaltet, wie es die spärlichen Mittel seiner Eltern und das begrenzte Wissen jener Zeit zuließen. Schon in jungen Jahren lernte er lesen und schreiben und eignete sich einige Kenntnisse in Rechnen, Zeichnen und Malen an. Dann wurde er auf das College in Pavia geschickt, eine der besten Bildungseinrichtungen jener Zeit. Hier studierte er Grammatik und Latein; doch zum Glück für die Welt galt seine Aufmerksamkeit hauptsächlich Studien im Zusammenhang mit dem Seemannsberuf, den er ergreifen wollte. Er wurde in Geometrie, Astronomie und Navigation unterrichtet. Wie viele der jungen Männer Genuas hatte er eine unwiderstehliche Neigung zum Meer. Das war nur natürlich, da diese Stadt einer der wichtigsten Häfen der Welt war. Später im Leben schrieb Kolumbus diese Neigung einem direkten Impuls Gottes zu, aber das geschah erst, nachdem seine Karriere von solch glänzendem Erfolg gekrönt worden war.

Geographie war zu dieser Zeit der große Modetrend. Die Welt begann gerade, das verlorene geografische Wissen der Griechen und Römer wiederzuentdecken, so begrenzt es auch gewesen sein mochte. Mönche und Kirchenmänner stritten sich noch immer über absurd unwichtige Probleme: Wie viele Engel konnten auf der Spitze einer Nadel stehen? Ob eine Lüge unter bestimmten Umständen nicht die Wahrheit war? Ob Schwarz in bestimmten Fällen nicht in Wahrheit Weiß genannt werden konnte? und andere Fragen von ebenso großer Bedeutung. Aber gleichzeitig maßen arabische Philosophen Breitengrade und berechneten den Erdumfang. Ihre Studien und Errungenschaften fanden unweigerlich den Weg in die Köpfe vieler Christen in Europa, die, obwohl sie den religiösen Glauben der Mohammedaner verabscheuten, erkannten, dass ihre Wissenschaft nicht zu verachten war. Auch die Werke von Ptolemäus und Strabo waren gerade in Umlauf gekommen und erregten ebenso viel Aufsehen wie jeder realistische Roman der Gegenwart. Prinz Heinrich von Portugal hatte bedeutende Entdeckungsreisen entlang der afrikanischen Küste unternommen und so in allen Nationen Westeuropas die Hoffnung geweckt, auf eine noch unbekannte Region von sagenhaftem Reichtum zu stoßen.

All diese Umstände machten den Zeitpunkt besonders passend für das wichtigste Ereignis seit der christlichen Zeitrechnung. Die Stunde war gekommen und der Mann auch. Mit vierzehn Jahren verließ Kolumbus die Schule in Pavia und begann das Leben eines Seemanns. Das bedeutete einfach, von einem Hafen des Mittelmeers zum anderen zu kreuzen, halb als Handelsschiff, halb als Kriegsschiff. Jedes Schiff war stündlich den Angriffen von Piraten ausgesetzt, besonders denen der Barbareskenstaaten, oder den Kriegsschiffen feindlicher Länder. Inmitten solcher Gefahren und Schwierigkeiten verbrachte Kolumbus seine frühen Jahre. Aber die Grobheit, Unwissenheit und Gewalt, die ihn umgab, erniedrigten seinen edlen Geist nicht. Er trug den Keim der Größe in sich, einen feinen Gedankengang, eine glühende Vorstellungskraft und erhabene Bestrebungen. Jede freie Stunde verbrachte er mit Studium und gewinnbringender Beobachtung und verbesserte so die zu dürftigen Bildungsvorteile seines kurzen Schullebens.

Im Jahr 1470 befand sich Kolumbus in Lissabon, wo ihn der Ruhm der Entdeckungen von Prinz Heinrich mit Hunderten anderer Seefahrer und Wissenschaftler hingezogen hatte. Es wurden seltsame Geschichten über unerforschte Regionen im glühenden Süden erzählt, wo die Felsen glühend heiß und das Wasser des Ozeans ewig brodelnd war. Selbst diesen extravaganten Geschichten schenkte Kolumbus eine gewisse Beachtung, doch seine Gedanken waren hauptsächlich auf die Möglichkeit gerichtet, weit im Westen eine neue Welt zu entdecken. Unser Held war jetzt in der Blüte seines Lebens, ein großer, muskulöser Mann von imposanter Erscheinung. Sein hellbraunes Haar war bereits vorzeitig ergraut und sein

Gesichtsausdruck war ernst und gelehrt. Er ernährte sich einfach und enthaltsam, hatte ein umgängliches und einnehmendes Benehmen und war ein frommer Katholik. Doch unter dieser Fassade verbarg sich eine Natur von glühendstem Enthusiasmus, nicht weniger energisch als die von Peter dem Einsiedler oder Ignatius von Loyola. Sein religiöses Temperament führte ihn oft zu den Gottesdiensten der Kirche, und dort traf er zum ersten Mal eine Dame von hohem Rang, die bald darauf seine Frau wurde. Sie war die Tochter von Don Bartolomeo Monis de Palestrello, einem italienischen Kavalier, einem der angesehensten Offiziere von Prinz Heinrich. Die Verwendung des

DIE LANDUNG VON KOLUMBUS.

Kolumbus' schöne Sammlung von Karten und Seekarten war von großem Nutzen, da er sich nun gründlicher denn je den geographischen Studien widmete. Er sprach oder korrespondierte mit allen Gelehrten der damaligen Zeit. Er begann, seine eigenen Seekarten zu zeichnen und korrigierte die gängigen Irrtümer und Überlieferungen mit Hilfe seines eigenen größeren Wissens und seiner Erfahrung. Gerüchte, inspiriert durch die Geschichten früherer Abenteuer, hatten den fernen westlichen Ozean mit wundersamen Inseln übersät, auf einer davon hatten sieben christliche Bischöfe, die vor heidnischer Verfolgung flohen, sieben prächtige Städte gegründet. Es gab Geschichten über ein erhabenes Bergland, das an klaren Tagen weit westlich der Kanarischen Inseln zu sehen war. Platon hatte vom antiken Kontinent Atlantis erzählt, der in den Wellen des Ozeans versunken war. Marco Polo, der venezianische Abenteurer, hatte von den großen Reichtümern Ostindiens berichtet, die man seiner Aussage nach erreichen könne, wenn man von Europa aus nach Westen segele.

So sehr er auch die extravaganteren dieser Geschichten für unwichtig hielt, sie alle beeindruckten Kolumbus zutiefst. Er war fest davon überzeugt, dass weit im Westen eine unerforschte Region lag, wahrscheinlich ein Teil Ostindiens, und er glaubte mit intensivem religiösen Eifer, dass Gott ihn speziell beauftragt hatte, diese Region zu entdecken und zu erforschen. Daraufhin widmete er sein ganzes verbleibendes Leben der Ausführung dieser Aufgabe. Keine Gefahr, kein Hindernis, keine Enttäuschung entmutigten ihn auch nur einen Augenblick. Er wandte sich zunächst an den portugiesischen Hof, legte die Gründe für seinen Glauben an die Existenz eines unentdeckten Landes im westlichen Ozean dar und bat um die Mittel, die Wahrheit herauszufinden. Sein Vorschlag wurde mit Gleichgültigkeit aufgenommen und schließlich unter dem Einfluss von Eifersucht und Intrigen abgelehnt. Dann kehrte er in seine Heimatstadt Genua zurück und suchte dort dieselbe Hilfe und Ermutigung; aber Genua war bereits unter dem Druck innerer Zwietracht und ausländischer Kriege im Niedergang und konnte nichts für ihn tun.

Kolumbus' Vermögen war nun auf einem Tiefpunkt angelangt. Er hatte seine privaten Mittel aufgebraucht und war in tatsächlicher Armut. Niedergeschlagen und enttäuscht, bettelte er oft von Tür zu Tür um Essen und machte sich zu Fuß von Genua auf den Weg zum spanischen Hof. Eines Tages näherte er sich der spanischen Hauptstadt, seinen kleinen Sohn an der Hand, und bat an der Tür eines Klosters um Brot und Wasser. Der Prior sah ihn, sprach mit ihm, interessierte sich für ihn und seine Pläne und bot an, ihn am Hof einzuführen. So erhielt Kolumbus ein Gespräch mit Kardinal Mendoza, dem obersten Minister und vertraulichen Berater des Königspaares Ferdinand und Isabella. Der Kardinal war ein Mann mit umfassenden Kenntnissen und liberalem Geist, der sofort den Wert von Kolumbus' Theorien erkannte und sie den Herrschern empfahl. Auch der König war anscheinend ein guter Menschenkenner und schätzte den Charakter und die Fähigkeiten von Kolumbus. Aber er war nicht bereit, sich überstürzt auf ein so großes Unternehmen einzulassen, wie es geplant war. Er berief zunächst einen Rat der gelehrtesten Astronomen und Geographen seines Königreichs ein und übergab ihnen Kolumbus mit seinen Karten, Diagrammen und Theorien.

Dieses Konzil tagte in Salamanca. Es bestand ausschließlich aus Mönchen, Priestern und Mönchen, die alle weltlichen und religiösen Lehren jener Zeit in sich vereinten. Einige waren Männer mit großem und philosophischem Geist, andere engstirnige Fanatiker; doch alle waren von der Vorstellung durchdrungen, dass die geographischen Entdeckungen ihre Grenzen schon lange erreicht hatten. In Gegenwart dieser gelehrten Gruppe musste Kolumbus, ein einfacher Seemann, der in nichts stark war außer in der Energie seiner Überzeugungen und dem Feuer seiner Begeisterung, ein

Vorhaben verteidigen, das ihnen wie der Traum eines Wahnsinnigen vorgekommen sein musste. Die Schwierigkeiten seiner Position lassen sich aus der Art einiger Einwände gegen sein Vorhaben erraten. Seine mathematischen Vorschläge und Beweise wurden mit Zitaten aus dem Buch Genesis, den Psalmen, den Propheten, den Episteln, den Evangelien und einem halben Dutzend Kirchenvätern beantwortet. Als er argumentierte, dass die Erde kugelförmig sei, zitierten seine Gegner einen der Psalmen, in dem es heißt, der Himmel sei ausgedehnt wie ein Fell. Einige Mitglieder des Rates räumten der Argumentation halber zwar ein, dass die Erde rund ist, verneinten aber die Möglichkeit, sie zu umsegeln, erstens wegen der unerträglichen Hitze der heißen Zone und zweitens, weil die Reise mindestens drei Jahre dauern würde, in denen die Entdecker verhungern würden, da es unmöglich sei, für so lange Zeit ausreichend Proviant mitzuführen. Wieder andere meinten, wenn ein Schiff Indien erreichen würde, könne es nie zurückkehren, da die Rundheit der Erde einen Hügel in den Weg stelle, den der stärkste Wind nicht hinaufwehen könne.

Solche absurden Vorstellungen hatten die führenden Gelehrten jener Tage. Es ist unnötig, hier diese Argumente weiter zu erzählen oder die Argumente, die heute jedem Schuljungen geläufig sind und die Kolumbus zur Unterstützung seiner Theorie verwendete. Es genügt zu sagen, dass er mit Unglauben, Misstrauen und Verachtung behandelt wurde und nur knapp einer Verurteilung wegen Ketzerei entging. Nach einer langen Beratung löste sich die Versammlung auf, ohne zu einer Entscheidung zu gelangen. Dann beanspruchte der Krieg mit den Mauren von Granada mehrere Jahre lang die Aufmerksamkeit des Hofes und erschöpfte seine finanziellen Mittel. Aber nach Jahren des ermüdenden Wartens wurde Kolumbus' Wunsch erfüllt. Königin Isabella verpfändete einige ihrer Juwelen und brachte auf andere Weise eine ausreichende Summe auf, um seine Expedition auszurüsten. Im April 1492 wurde ein Abkommen geschlossen, das ihn zum Vizekönig und Generalgouverneur aller Länder machte, die er entdecken würde, und ihm eine Anzahl Schiffe und Männer zur Verfügung stellte. Am Morgen des 3. August 1492 bestiegen er und seine 120 Kameraden drei kleine Schiffe – die Nina, die Pinta und die Santa Maria – und stachen von dem kleinen Hafen von Palos in Andalusien aus in See zu der bedeutendsten Reise der Geschichte.

In wenigen Tagen erreichte die Expedition die Kanarischen Inseln, die damals westliche Grenze der bekannten Welt. Über diese hinaus war alles Spekulation. Und von allen Expeditionsteilnehmern war nur Kolumbus ein bedingungsloser Glaube an das Ziel des Unternehmens. Viele der Seeleute glaubten, als sie die europäische Küste aus den Augen verloren hatten, dass sie dem unausweichlichen Untergang geweiht seien. So segelten sie zweifelnd und murrend Woche für Woche weiter. Einmal gipfelten ihre

Unzufriedenheit und Ängste in einer regelrechten Meuterei, und sie schlugen vor, Kolumbus in Ketten zu legen oder ihn über Bord zu werfen und, wenn möglich, nach Europa zurückzukehren. Aber er beruhigte ihre Unzufriedenheit abwechselnd durch das Versprechen reicher Belohnungen und weckte ihre Ängste durch die Androhung sofortiger Bestrafung. So hielt er sie zwei Monate lang in Schach. Dann, als sie wieder verzweifelt wurden und sich seiner Autorität völlig widersetzten, begannen Anzeichen von Land nicht weit vor ihnen aufzutauchen. Man sah bisher unbekannte Vögel über den Wellen fliegen und um die Schiffe kreisen, und man sah Pflanzen und Holzstücke im Wasser. Dann wurden der Ast eines Baumes mit roten Beeren und ein seltsam geschnitztes Instrument aufgehoben. Diese Dinge gaben sogar den einfachen Matrosen die Hoffnung, dass sie sich tatsächlich einem Ufer näherten.

Endlich, am 8. Oktober 1492, nach 65 Tagen Seefahrt auf unbekannten Meeren, entdeckten sie Land. Es war nicht der amerikanische Kontinent, sondern eine der Bahamas, der Kolumbus ehrfürchtig den Namen St. Salvador gab. Sie war von Indianern bewohnt, die die Fremden freundlich empfingen. Kolumbus nahm das Land im Namen der christlichen Religion und des Königs und der Königin von Spanien offiziell in Besitz. Und so erfüllte sich der Traum seiner Jugend und der Ehrgeiz seines Mannesalters. Die westliche Welt wurde entdeckt. Anschließend besuchte er Kuba, Jamaika, Haiti, Puerto Rico und andere Inseln, erreichte das Festland jedoch erst auf seiner dritten Reise, als er Venezuela besuchte. Er nannte die Inseln Westindien, da er annahm, sie seien Teil des großen Ostindischen Archipels.

Im April 1493 kehrte er an den spanischen Hof zurück. Die Stadt Barcelona war von Fahnen erleuchtet und die Luft war erfüllt vom Gebrüll der Artillerie, während alle Kirchenglocken ihm zu Ehren Triumphgeläute läuteten. Jahre zuvor war Kolumbus zu Fuß und in Lumpen hierhergekommen und hatte um Brot gebettelt. Nun ritt er in mehr als königlicher Pracht durch die Straßen, gekrönt von der Bewunderung und dem Beifall der gesamten Bevölkerung. Sieben Eingeborene der westlichen Welt marschierten in seinem Gefolge, und es gab eine fast endlose Pracht aus Gold und Edelsteinen, geschnitzten Götzenbildern und Masken, Vögeln, Tieren und Reptilien, Bäumen, Pflanzen und Früchten. Über allem wehten zwei Banner, eines das spanische, das er über dem neuen Kontinent entrollt hatte, und das andere die Flagge des Admirals mit der goldenen Inschrift:

Por Castilla y por Leon
Nuevo Mundo hallo Colon, [A]

oder: Für Kastilien und León hat Kolumbus eine neue Welt entdeckt.

So gelangte er an den Hof, wo der König und die Königin ihn erwarteten, und wurde von ihnen als ihresgleichen begrüßt. Dort, inmitten der spanischen Adligen sitzend, gab er einen kurzen Bericht über die bemerkenswertesten Ereignisse seiner Reise. Die Herrscher hörten ihm mit tiefer Ergriffenheit zu und fielen dann auf die Knie, um Gott für eine so große Leistung zu danken. Vorläufig war keine Ehre zu groß, um sie Kolumbus zuzuteilwerden. Er wurde beauftragt, weitere Reisen in die Neue Welt zu unternehmen und alle Länder dort im Namen Spaniens in Besitz zu nehmen. Doch schon wenige Jahre später wurde die Erinnerung an seine glänzenden Verdienste durch die Bosheit seiner Feinde überlagert. Er wurde tatsächlich verhaftet, eingesperrt und mit Ketten beladen und starb schließlich in Ungnade und Vernachlässigung am 20. Mai 1506 in Valladolid.

Die Entdeckung von Kolumbus wurde von den Spaniern mit größter Begeisterung verfolgt. Innerhalb von zwanzig Jahren waren die vier größten der Westindischen Inseln Sitz blühender Kolonien, während sich andere Nationen noch mit gelegentlichen Entdeckungsreisen entlang der Küsten des Kontinents begnügten. Die große Fruchtbarkeit des Bodens, das milde Klima, aber vor allem die Funde von Gold und Edelsteinen ließen die Spanier die Bedeutung ihrer neuen Besitztümer nicht vergessen und förderten die Einwanderung. Kolumbus selbst unternahm vier Reisen in die Neue Welt, entdeckte auf seiner dritten Reise den südamerikanischen Kontinent nahe der Mündung des Orinoco und erreichte auf seiner vierten Honduras und die Küste im Süden dieser Region. Er erfuhr nie, was für eine große Entdeckung er gemacht hatte, und lebte bis zu seinem Tod in der Wahnvorstellung, er habe die Ostküste Asiens gefunden.

Im Jahr 1499 unternahm Alonzo de Ojeda, der Kolumbus zuvor in das neue Land begleitet hatte, eine Reise auf eigene Faust und erkundete vierhundert Meilen der Küste Südamerikas. Mit ihm segelte Amerigo Vespucci, der später drei unabhängige Reisen nach Amerika unternahm und den ersten Bericht darüber schrieb; dieser wurde 1507 veröffentlicht, und die allgemeine Auffassung geht davon aus, dass die Neue Welt auf diese Weise seinen Namen erhielt.

Auf dem jüngsten Kongress der Amerikanisten in Paris wurde dieser Punkt sehr hitzig diskutiert. M. Jules Marcon behauptete, Vespuccis Name sei Alberico statt Amerigo gewesen und er habe ihn geändert, nachdem der neue Kontinent benannt worden war. Die wahre Ableitung des Namens Amerika ist Amerique, der indianische Name einer Gebirgskette in Mittelamerika. Dennoch behaupten einige Historiker, dass genau diese Gebirgskette Amerisque hieß, und es stimmt, dass Alberico und Amerigo in der florentinischen Sprache identisch sind. Außerdem existiert noch eine Weltkarte, die 1490 von einem gewissen Vallescu aus Mallorca angefertigt wurde. Auf der Rückseite befindet sich eine Notiz, dass die Karte vom Kaufmann *Amerigo* Vespucci für 120 Golddukaten gekauft wurde. Dies beweist, dass er seinen Namen manchmal so schrieb, auch wenn er nicht Amerigo hieß.

Weitere Seefahrer waren Pedro Alonzo Nigno und Vincent Pinzon. Letzterer war der erste Spanier, der die Äquinoktiallinie überquerte. Er entdeckte die Mündung des Amazonas und segelte von dort nach Norden ins Karibische Meer und zum Golf von Mexiko. Im selben Jahr (1499) erkundete Diego Lope die Küste Südamerikas weit im Südwesten.

Es folgte die Entdeckung und Eroberung Mexikos und Perus. Die Neue Welt wurde zum Mekka aller rücksichtslosen und abenteuerlustigen Geister in Europa. Ojeda segelte mit einer Erlaubnis des spanischen Königs los, um in San Sebastian eine Kolonie zu gründen, und mit ihm reiste Francisco Pizarro, der damit den ersten Schritt seiner abenteuerlichen Karriere machte. Die Kolonie in San Sebastian wurde aufgegeben, und auf der Rückreise sank ein Schiff. Das andere, von Pizarro kommandiert, erreichte Cartagena, wo es auf eine Flotte traf, die Männer und Proviant zur Kolonie brachte. Auf einem dieser Schiffe befand sich der Abenteurer Balboa, der sich an Bord geschmuggelt hatte, um seinen Gläubigern zu entgehen. Als Balboa erfuhr, dass die Kolonie, zu der sie segelten, verlassen war, schlug er vor, nach Darien zu fahren, dessen Küste er bereits besucht hatte. Der Vorschlag fand Anklang, und eine neue Stadt wurde unter dem Namen Santa Maria de la Antigua del Darien gegründet. Wie üblich begannen sofort die Unruhen. Der Mann, der die Flotte dorthin gebracht hatte, Encisco, ein Anwalt aus San Domingo, wurde inhaftiert und Balboa wurde zum Alcade der Kolonie ernannt.

Die Eingeborenen von Darien begegneten ihren Besuchern alles andere als mit Wohlwollen und versuchten, sie mit Strategien zum Weiterziehen zu bewegen. Sie behaupteten, der benachbarte Bezirk Coyba sei viel reicher an Gold und Vorräten als ihr eigener, und Pizarro begab sich mit nur sechs Männern auf eine Erkundungsexpedition. Die Eingeborenen erwiesen sich als feindselig, und einmal wurden die Spanier von vierhundert Kriegern umzingelt, mit denen sie eine sehr blutige Schlacht lieferten. Einhundertfünfzig Eingeborene wurden getötet, viele weitere verwundet, während die Spanier alle mit dem Leben davonkamen; nur ein Mann war zu schwer verletzt, um zu fliehen. Sie zogen sich nach Santa Maria zurück und meldeten ihr Unglück, und es ist Balboa zu verdanken, dass er sie zwang, zurückzukehren und ihren verwundeten Gefährten zurückzubringen. Coyba wurde erobert und ein Bündnis mit seinem Herrscher geschlossen. Daran grenzte eine Bergkette, an deren Fuß ein sehr reiches und hochzivilisiertes Land namens Comagre lag. Der Häuptling lud die Spanier in sein Reich ein, behandelte sie gastfreundlich und überraschte sie mit der Pracht seiner Besitztümer. Sein Palast war ein wundervolles Holzgebäude, das in viele Räume unterteilt war. In einem dieser Räume hingen die getrockneten und einbalsamierten Körper der Vorfahren des Häuptlings, gekleidet in Baumwollgewänder, reich bestickt mit Gold und Edelsteinen, an den Wänden. Den Spaniern wurden eine große Menge Gold und siebzig Sklaven überreicht. Ein Fünftel des Goldes wurde für den König reserviert, und über den Rest stritten die Christen so sehr, dass die Wilden entsetzt waren. Schließlich bemerkte der junge Häuptling verächtlich, wenn sie so gierig nach Gold seien, könne er sie in ein Land führen, in dem es häufiger vorkomme als Eisen in ihrem Land. „Wenn Sie diese Bergkette passiert haben", fuhr er fort, „werden Sie einen anderen Ozean sehen, auf dem Schiffe fahren, die denen, die Sie hierher gebracht haben, nur unterlegen sind, mit Segeln und Rudern ausgestattet, aber von nackten Menschen wie uns gesteuert werden." Zweifellos spielte der Häuptling auf Peru an. Dieser sichere Beweis für die Existenz eines anderen Ozeans erfüllte Balboa mit Entzücken. Er stellte sich vor, dass das beschriebene Land einen Teil der riesigen Region Ostindiens bildete. Die Vorbereitungen für das Unternehmen wurden sofort begonnen, aber mittendrin wurde Balboa vor Gericht geladen, um sich zu den von Encisco gegen ihn erhobenen Anschuldigungen zu äußern. Anstatt dem Befehl zu gehorchen, beschloss er jedoch, die Überfahrt zur Südsee zu vollziehen, bevor sein Nachfolger aus Spanien eintreffen konnte. Der Isthmus von Darien ist nur sechzig Meilen breit, aber eine Gebirgskette, eine Fortsetzung der Anden, verläuft durch seine gesamte Länge. Seine Täler sind sumpfig und ungesund und werden von Regenfällen überschwemmt, die fast zwei Drittel des Jahres herrschen. Diese Sümpfe sind noch undurchdringlicher als die Wälder, die die Berge bedecken, und bis heute ist die Überquerung nicht viel einfacher als damals.

Kein anderer als Balboa hätte das geschafft. Er war nicht mutiger als seine Anhänger, aber er besaß große magnetische Kräfte sowie Umsicht, Scharfsinn und Liebenswürdigkeit; mit einem Wort, er war Genie, das Genie der Führung. Seine Soldaten waren seine Kinder. Er wollte die schwersten Lasten selbst tragen; sein Posten im Kampf war der gefährlichste von allen; seine Ausdauer übertraf die der stärksten Männer. Seine Armee bestand aus einhundertneunzig Spaniern, eintausend Indianern, die zum Tragen des Gepäcks nützlich waren, und einigen wilden Bluthunden.

Balboa brach am 1. September 1513 auf. Die Reise wurde auf sechs Tage geschätzt, aber erst nach fünfundzwanzig Tagen verzweifelter Kämpfe und des Kampfes mit Krankheiten und Erschöpfung erreichten sie den Gipfel des Berges, von dem aus man, wie Balboa erfahren hatte, den großen Ozean sehen konnte.

Balboa befahl seiner Armee anzuhalten, rückte allein bis zum Gipfel vor und sah dort die grenzenlose Weite der Südsee vor sich liegen. Unter großem Jubel nahm er offiziell Land und Meer in Besitz, ritzte den Namen des

Königs in Bäume und errichtete Kreuze und Steinhaufen als Erinnerung daran.

Balboa ließ den größten Teil seiner Männer dort, wo sie waren, und zog mit achtzig Spaniern unter der Führung eines befreundeten Häuptlings in Richtung Küste. Als er an den Rand einer der riesigen Buchten kam, stürzte er sich mit gezogenem Schwert ins Meer und forderte die Zeugen auf, zu bezeugen, dass er es im Namen Spaniens besaß.

Er wollte nun die Länder im Süden erobern, die die Eingeborenen als großes und reiches Reich bezeichneten. Da er jedoch zu wenige Männer hatte, um das Unternehmen zu wagen, kehrte er nach Darien zurück und brachte einen Schatz im Wert von fast einer halben Million Dollar mit – den größten Schatz, der je in Amerika gesammelt wurde. Er schickte Boten nach Spanien, aber bevor diese eintrafen, wurde Don Pedrarias Davila ausgesandt, um ihn im Kommando zu ersetzen. Der König sandte jedoch in Anerkennung seiner Verdienste Briefe, in denen er Balboa *zum Adelantado* oder Admiral ernannte. Das enorme Projekt, Schiffsbaumaterial über den Isthmus zu transportieren, wurde abgeschlossen und zwei Brigantinen wurden gebaut. Schlechtes Wetter und andere Unglücksfälle verhinderten, dass die Spanier Peru erreichten, und Pedrarias berief Balboa nach Darien zurück. Balboa gehorchte und ahnte nicht, welchen Verrat ihn erwartete. Er wurde ergriffen und eingesperrt und schließlich von dem eifersüchtigen Pedrarias zum Tode verurteilt, und das Urteil wurde trotz der Proteste der Kolonisten vollstreckt.

Die Eroberung Perus wurde später von Pizarro durchgeführt, der zwar ein ebenso fähiger Mann wie Balboa war, aber viel grausamer und gewissenloser. Drei Jahre später erreichte Magellan die Südsee, nachdem er um das südliche Ende des Kontinents gesegelt war. Es war Magellan, der diesem Ozean den Namen Pazifik gab, in Anerkennung des schönen Wetters, das er bei der Überquerung vorfand. Seine Flotte erreichte die Inseln des indischen Archipels und kehrte über das Kap der Guten Hoffnung nach Europa zurück, womit sie die erste Weltumsegelung vollendete.

Im selben Jahr, in dem Balboa ungerechterweise hingerichtet wurde (1517), wurde die Nordküste Yucatans und auch die Südküste Mexikos erforscht. Statt nackten Wilden zu begegnen, waren die Forscher überrascht, gut gekleidete und hochzivilisierte Menschen zu finden, die so kühn und kriegerisch waren, dass sie die Eindringlinge mit großem Gemetzel vertrieben. Velasquez, Gouverneur von Kuba, beschloss, das so entdeckte reiche Land zu erobern, und bereitete eine Flotte von zehn Schiffen vor, die er unter dem Kommando von Hernando Cortes aussandte, einem Mann, der bereits einige militärische Auszeichnungen erlangt hatte. Er landete am 4. März 1519 in Mexiko, wo seine Schiffe und Artillerie und insbesondere seine Pferde die wildeste Angst und das größte Erstaunen unter den Eingeborenen hervorriefen, die die Fremden als göttliche Wesen betrachteten. Sie sollten sich jedoch bald eines Besseren belehren lassen, denn es begann eine Herrschaft des Krieges und der Unterdrückung, die zum Tod des Kaisers Montezuma, zur Zerstörung ihrer alten Tempel und zur endgültigen Ausrottung der aztekischen Nation führte.

Mittlerweile wurde das Festland des amerikanischen Kontinents besucht und teilweise erkundet.

Die erste Reise zur Nordküste unternahm John Cabot im Jahr 1497 unter der Schirmherrschaft von Heinrich VIII. von England. Sein Ziel war weniger die Entdeckung eines neuen Kontinents als vielmehr die Entdeckung einer Nordwestpassage zur Küste Asiens. Cabot sichtete am 26. Juni Land, wahrscheinlich die Insel Neufundland. Am 3. Juli erreichte er die Küste Labradors. Er war damit der erste moderne Seefahrer, der den nordamerikanischen Kontinent entdeckte; Kolumbus war ein ganzes Jahr hinter ihm. Cabot erkundete die Küste neunhundert Meilen weit in südlicher Richtung und kehrte nach England zurück. Im nächsten Jahr besuchte sein Sohn Sebastian dieselbe Region und suchte immer noch nach der Nordwestpassage.

Auch die Portugiesen unternahmen frühe Reisen mit demselben trügerischen Ziel. Im Jahr 1500 erreichte Gaspar Cortereal den amerikanischen Kontinent. Auf seiner zweiten Reise ging sein Schiff verloren und auch sein Bruder, der ihn suchen wollte, kam ums Leben.

Im Jahr 1524 beschloss Franz I. von Frankreich, an diesen neuen Entdeckungen teilzuhaben. Eine Gruppe bretonischer Seeleute hatte die Küste bereits teilweise erkundet. Bereits 1506 wurde der Sankt-Lorenz-Golf

WASHINGTON.
**Direkte Reproduktion des Originalgemäldes von Gilbert Stuart im
Museum of the Fine Arts, Boston. Eigentum des Boston Athenæum.**

wurde entdeckt. Ein Geschwader von vier Schiffen unter Giovanni
Verrazano, einem italienischen Seefahrer im Dienste von Franz, erkundete
die Küste von den Carolinas nach Norden und besuchte wahrscheinlich die
Buchten von New York und Narragansett. Er suchte auch nach der
Nordwestpassage und konnte den König bei seiner Rückkehr davon
überzeugen, dass es keine solche Passage gab.

1534 wurde eine zweite Expedition unter dem Kommando von Jacques
Cartier ausgerüstet, einem furchtlosen Seefahrer, der zuvor bereits
Fischereireisen zu den Neufundlandbänken unternommen hatte. Diese
Expedition bestand aus zwei Schiffen und verließ St. Malo am 20. April.
Nach einem kurzen Aufenthalt in Neufundland segelte Cartier nordwärts,
passierte die Belleisle-Straße und erreichte den Sankt-Lorenz-Strom.

Hier landeten sie am 24. Juli und errichteten ein Kreuz, gekrönt von den
Lilien Frankreichs. Die Eingeborenen erwiesen sich als freundlich, und man
konnte zwei Männer überreden, die zurückkehrenden Reisenden zu
begleiten. Im folgenden Jahr wurde eine zweite Expedition unter Cartier
ausgesandt, mit der Anweisung, den Sankt-Lorenz-Strom sorgfältig zu
erforschen, eine Siedlung zu gründen und mit den Indianern nach Gold zu
handeln. Von diesem Gold fanden sie keines, aber der Fluss wurde bis zu der
Stelle erforscht, wo heute Montreal liegt. Die Eingeborenen scheinen ihr
Land sehr gut gekannt zu haben, denn sie erzählten Cartier, dass sie drei

Monate brauchen würden, um mit ihren Kanus den Fluss hinaufzusegeln, und dass er durch mehrere große Seen floss, von denen der größte einem riesigen Meer gleicht. Hinter dem entferntesten See gab es einen anderen Fluss, der in südlicher Richtung floss. Dies war der Mississippi. Der kanadische Winter hatte inzwischen eingesetzt, und die Entdecker litten schrecklich unter der Kälte und den Krankheiten. Sobald der Frühling kam, kehrten sie nach Hause zurück. Wie andere Abenteurer dieser Zeit vergalten sie die Gastfreundschaft der Eingeborenen mit tiefster Undankbarkeit und Verrat. Sie entführten den Häuptling Donacona – dessen Dorf auf dem Gebiet von Quebec lag und der die Entdecker verköstigt und beherbergt hatte – und zwangen ihn, sie mit acht Kriegern nach Frankreich zu begleiten, wo die unglücklichen Wilden bald nach ihrer Ankunft starben.

Die dritte Expedition unter Cartier mit einer Flotte, die von De Roberval, einem reichen französischen Adligen, ausgerüstet wurde, war nicht so erfolgreich. Die Indianer hatten die an ihrem Häuptling begangene Schandtat nicht verziehen, und die Weißen wurden in Stradacona (Quebec) mit allen Anzeichen von Hass und Feindseligkeit empfangen. Cartier, der seine Lage hier als sehr unangenehm, um nicht zu sagen gefährlich empfand, zog den Fluss hinauf zum Cape Rouge, wo er drei seiner Schiffe ankerte und die anderen beiden zur Versorgung nach Frankreich schickte. Es wurde versucht, eine Kolonie zu gründen, und der Sommer wurde mit einer erfolglosen Suche nach Gold verbracht. Sowohl die Kolonie als auch die Suche nach Gold wurden nach einem weiteren strengen Winter aufgegeben, und Cartier und seine Männer kehrten nach Frankreich zurück.

Es war dieselbe Gier nach Gold, die die Spanier dazu brachte, den südlichen Teil des amerikanischen Kontinents zu erkunden. Schon 1512 entdeckte Juan Ponce de Leon ein Land, das er Florida nannte, zum Teil, weil er es zum ersten Mal am Ostersonntag (Pascua *florida*) sah, und zum Teil, weil es seinem entzückten Blick wie ein wahres „Land der Blumen" vorkam. Ponce de Leon hatte neben der Goldsuche noch ein anderes Ziel; er war ein alter Mann und verabscheute sein Alter. Er war hierher gelockt worden durch eine wunderbare Geschichte über einen Brunnen, der jedem, der in seinem Wasser badete, ewige Jugend verlieh. Um diesen großartigen Wiederhersteller von Kraft und Blüte zu finden, wanderten Ponce de Leon und seine Anhänger durch schreckliche Wälder und Sümpfe, ertrugen jede Härte und Entbehrung und liefen stündlich Gefahr, zu sterben. Dass ein solcher Traum jemals von aufgeklärten und gebildeten Menschen gehegt werden konnte, muss nicht so seltsam erscheinen, wenn wir bedenken, was für eine Abfolge neuer und erstaunlicher Szenen sich in der kurzen Zeitspanne von zehn Jahren vor den Augen der alten Welt abgespielt hatten. Kein Wunder, dass ihre Fantasie entflammt und ihre Leichtgläubigkeit grenzenlos war. In diesem neuen Land, von dem die vorangegangenen Zeitalter überhaupt nichts gewusst hatten, war alles anders als das, was die alte Welt kannte. Alles schien möglich, nachdem das Unmögliche geschehen war. De Leon besuchte seinen Brunnen zweimal; beim zweiten Mal wurde er von den Indianern getötet.

Im Jahr 1528 unternahm Pamphilo de Narvaez im Namen Karls V. von Deutschland den Versuch, Florida in Besitz zu nehmen. Er stieß jedoch bei den Eingeborenen auf so große Feindseligkeit, dass er nach monatelanger Wanderung den Golf nur mit einer Handvoll der sechshundert Männer erreichte, mit denen er gelandet war. Diese verrückten Abenteurer bauten fünf armselige Boote und versuchten, der Küstenlinie bis zu den mexikanischen Siedlungen zu folgen. Vier Boote gingen in einem Sturm verloren; die Überlebenden landeten und versuchten, den Kontinent zu den spanischen Kolonien in Sonora zu überqueren. Es scheint unglaublich, aber bei diesem Unterfangen waren tatsächlich vier der Männer erfolgreich. Unter ihnen war Cabeca de Vaca, Schatzmeister der Expedition. Ihr Erscheinen in Europa neun Jahre nach ihrer Abreise erregte größtes Aufsehen, und die Aufregung, die ihre Geschichte auslöste, war enorm. Die Abenteuerlust der Spanier wuchs stärker denn je, und als der bereits berühmte Hernando de Soto, der mit Pizarro in Peru gewesen war, um die Erlaubnis bat, Florida im Namen Ferdinands von Spanien in Besitz zu nehmen, und diese auch erhielt, stellte sich ihm eine Vielzahl von Freiwilligen entgegen.

De Soto wurde zunächst zum Gouverneur von Kuba ernannt, um die Ressourcen dieser reichen Insel sinnvoll zu nutzen. Seine Flotte aus neun Schiffen und einer Streitmacht von 600 Mann segelte am 18. Mai 1539 von Havanna ab und ankerte zehn Tage später in der Tampa Bay. Das erste bemerkenswerte Abenteuer, das ihnen widerfuhr, war eine Begegnung mit einem der Gefährten von Cabeca de Vaca, der die ganze Zeit über als Gefangener unter den Indianern gehalten worden war. Er hatte sich gründliche Kenntnisse ihrer Sprache angeeignet und seine Dienste als Vermittler und Dolmetscher wurden bald von unschätzbarem Wert.

Geführt von Ortiz – dem Gefangenen – wanderten die Entdecker bis zum Frühling durch das unbekannte Land. Dann bot ein Eingeborener an, sie in ein fernes Land zu führen, das von einer Frau regiert wurde und reich an „gelbem Metall" war, das die Spanier für Gold hielten, sich aber als Kupfer herausstellte. Nach vielen Kämpfen und Blutvergießen wurde schließlich das Herrschaftsgebiet der Indianerkönigin erreicht. Die alten Chroniken geben einen malerischen und ziemlich ergreifenden Bericht über die Begegnung zwischen der armen Cacica und den Eindringlingen. Sie kam ihnen entgegen, um sie willkommen zu heißen, stieg aus ihrer Sänfte und machte Gesten der Freude und Freundschaft, nahm eine schwere Perlenkette von ihrem Hals und überreichte sie De Soto. Er nahm das Geschenk an und tat eine Zeit lang so, als sei er mit ihnen befreundet; doch nachdem er alle Informationen erhalten hatte, die die Königin zu geben hatte, nahm er sie gefangen und raubte sie und ihr Volk aller Wertgegenstände aus, wobei er sogar die Gräber verstorbener Adliger nach Perlen durchsuchte. Es ist erfreulich zu wissen, dass die Königin den Wachen entkommen konnte und eine Schachtel Perlen zurückerhielt, auf die De Soto besonderen Wert gelegt hatte.

Die Spanier änderten nun ihren Kurs und schlugen eine nordwestliche Richtung ein. Nach einigen Monaten befanden sie sich am Fuße der Appalachen-Bergkette. Anstatt diese zu überqueren, kehrten sie ihr den Rücken und wanderten in die Niederungen des heutigen Alabama, ohne zu wissen, dass genau diese Berge reich an dem Gold waren, das sie so sehnlichst begehrten.

Im Herbst 1540 gelangten die Überreste der Gruppe in ein großes Dorf namens Mavilla, an der Stelle der heutigen Stadt Mobile, wo eine schreckliche Schlacht stattfand. Mavilla wurde zu Asche niedergebrannt, und als der Kampf zu Ende war, befanden sich die siegreichen Spanier in einer verzweifelten Lage – weit entfernt von ihren Schiffen, ohne Proviant und mit Feinden auf allen Seiten. Die einfachen Soldaten hatten zu diesem Zeitpunkt genug von der Erkundung und wollten an die Küste zurückkehren. Aber De Soto, der geheime Informationen erhalten hatte, dass seine Flotte gerade in der Bucht von Pensacola, sechs Tagesreisen von Mavilla entfernt, vor Anker lag, beschloss, einen letzten Versuch zu unternehmen, seine Ehre durch eine bemerkenswerte Entdeckung wiederherzustellen. Er zwang seine Männer, nach Norden zu ziehen, und im Dezember erreichten sie ein Chickasaw-Dorf im heutigen Bundesstaat Mississippi. Bis zum Frühjahr hatten sie sich den gesamten Staat durchgekämpft, und im Mai erreichten sie die Ufer des mächtigen Flusses, der dem Staat seinen Namen gibt. Ohne zu wissen, dass er seine große Entdeckung gemacht hatte, machte sich De Soto an die Arbeit, Boote und Kähne zu bauen, mit denen er den Fluss überqueren konnte. Ständig von den Eingeborenen belästigt, setzten die Entdecker ihre Wanderung nach Norden fort, bis sie die Region des heutigen Staates Missouri erreichten. Sie zogen weiter nach Westen und schlugen ihr Winterlager an der Stelle auf, wo heute Little Rock in Arkansas liegt. Doch der Ort erwies sich als ungesund. Die Weißen erlagen allmählich Krankheiten. Juan Ortiz, ihr wichtigster Helfer, starb. Kundschafter, die ausgesandt wurden, um die Umgebung zu erkunden, brachten die düstersten Berichte von undurchdringlicher Wildnis und von feindlichen Banden mit, die sich von allen Seiten anschlichen, um sie anzugreifen. Am traurigsten von allem war, dass De Soto, gebrochen von Krankheit und langem Durchhaltevermögen, sich hinlegte und nie wieder aufstehen konnte. Er rief seine kleine Armee um sich, bat sie um Verzeihung für das Leid, das er ihnen zugefügt hatte, und ernannte Luis de Alvaredo zu seinem Nachfolger. Am folgenden Tag hauchte der unglückliche De Soto seinen letzten Atemzug aus und wurde heimlich außerhalb des Lagers begraben. Da er jedoch einen sofortigen Angriff der Eingeborenen befürchtete, falls der Tod des Helden bekannt würde, und da das neu errichtete Grab bei den Indianern in der Nachbarschaft Misstrauen erregen würde, ließ Alvaredo die Leiche in der Nacht exhumieren und, in mit Sand schwere Kleider gewickelt, in den Mississippi werfen.

Alvaredo führte sein Volk dann westwärts in der Hoffnung, die Pazifikküste zu erreichen. Doch nach langen Monaten des Umherirrens und in der Angst, vom Winter auf den Prärien überrascht zu werden, kehrten sie zum Mississippi zurück, wo sie ihr Lager aufschlugen und sechs Monate damit verbrachten, Boote zu bauen, mit denen sie den Fluss hinunterfahren konnten. Eine schreckliche Reise von siebzehn Tagen zwischen Ufern voller Indianer, die sie erbarmungslos mit vergifteten Pfeilen beschossen, brachte sie zum Golf, und eine weitere ermüdende Kreuzfahrt entlang der Küste von Louisiana und Texas brachte sie zur spanischen Siedlung Panuco in Mexiko. Das war im Oktober 1543; sie waren fast vier Jahre lang umhergeirrt.

Die Engländer folgten dem Beispiel der spanischen, französischen und portugiesischen Entdecker ziemlich langsam, aber als sie einmal angefangen hatten, setzten sie ihre Forschungen mit großem Elan fort. 1562 betrieb einer ihrer Abenteurer, Sir John Hawkins, Sklavenhandel und brachte Ladungen mit Negern nach Westindien. 1577 gelang Sir Francis Drake die Weltumsegelung. Zur gleichen Zeit unternahmen Willoughby, Frobisher, Henry Hudson und andere Versuche, die Nordwestpassage zu entdecken. Der einzige Versuch, in diesem Jahrhundert eine Kolonie in der Neuen Welt zu gründen, wurde von Sir Walter Raleigh unternommen; sein Stiefbruder, Sir Humphrey Gilbert, hatte die erste Charta erhalten, die jemals einem Engländer für eine Kolonie erteilt wurde, aber sein Projekt scheiterte und er selbst kam auf See um.

Raleigh wurde ein Patent erteilt, das ihn zum Lord Proprietary ernannte, mit nahezu unbegrenzter Macht, gemäß dem christlich-protestantischen Glauben, über alles Land, das er zwischen dem 33. und 40. Grad nördlicher Breite entdecken konnte. Aufgrund dieses Patents entsandte Raleigh zwei Schiffe unter dem Kommando von Philip Amidas und Arthur Barlow. Sie landeten auf der Insel Wococken und nahmen sie im Namen von Königin Elisabeth in Besitz. Das Land nannten sie Virginia, und sie schickten so glühende Berichte nach England, dass sieben Schiffe unter Sir Richard Grenville mit 150 Kolonisten ausgesandt wurden. Sobald diese landeten, brachte Sir Richard Grenville die Schiffe zurück nach England und erbeutete unterwegs eine reiche spanische Beute. Der Kolonie ging es nach einiger Zeit sehr schlecht, da Lane, der Gouverneur, für sein Amt völlig ungeeignet war. Die Indianer, die ihre Besucher loswerden wollten, veranlassten sie, den Roanoke River hinaufzufahren, an dessen oberen Ufern, wie sie behaupteten, ein Volk lebte, das sich mit der Raffination von Gold auskannte und dessen

Stadt von einer Mauer aus Perlen umgeben war. Nach dem Goldrausch kamen die Kolonisten, aber sie fanden nur Hungersnot und Elend vor. Die Indianer weigerten sich bei ihrer Rückkehr, ihnen weitere Vorräte zu geben, und stellten sogar den Maisanbau ein, in der Hoffnung, die Engländer ganz zu vertreiben. Aus Rache überfielen die Weißen den Häuptling, nachdem sie ihn zu einer Konferenz eingeladen hatten, und töteten ihn und viele seiner Leute. Dies war das Ende ihrer friedlichen Beziehungen mit den Indianern. Die Kolonie stand kurz vor dem Hungertod, als Sir Francis Drake, der Sklavenhändler-Edelmann, mit einer Flotte von 23 Schiffen vor dem Hafen erschien. Auf das dringende Gebet der hungernden Siedler hin brachte Sir Francis sie nach England zurück. Kaum waren sie weg, als ein mit Vorräten beladenes Schiff, das von Raleigh geschickt worden war, eintraf. Als das Schiff feststellte, dass die Kolonie verschwunden war, kehrte es zurück. Bevor es England erreichte, traf Sir Richard Grenville mit drei Schiffen in Roanoke ein. Nachdem er vergeblich nach der verschwundenen Kolonie gesucht hatte, kehrte auch er zurück und ließ 15 Männer auf der Insel zurück, um sie für die Engländer zu bewachen. Immer noch unentmutigt schickte Raleigh eine zweite Kolonie los, diesmal mit Landwirten, die er mit ihren Frauen und Kindern schickte. Als sie Roanoke erreichten, fanden sie die Knochen der fünfzehn Männer, die Grenville zurückgelassen hatte, und das Fort in Trümmern. Unterdessen bedrohte die spanische Invasion England. Raleigh war einer der aktivsten bei der Ausarbeitung von Widerstandsplänen. Es dauerte fast ein Jahr, bis er seiner Kolonie in Roanoke Vorräte schicken konnte; was ihm schließlich auch gelang, aber anstatt seine Mission direkt fortzusetzen, jagte der Kapitän zwei spanischen Prisen hinterher, geriet in Unglück und war gezwungen, nach England zurückzukehren. Zu diesem Zeitpunkt waren Raleighs Mittel fast erschöpft, aber es gelang ihm, Hilfsschiffe loszuschicken, die jedoch zu spät ankamen. Die Insel war eine Wüste und der einzige Hinweis auf das Schicksal der Kolonie war das Wort „Kroatisch" auf der Rinde eines Baumes. Man vermutet, dass sie dank der Freundlichkeit der Indianer gegenüber den Kroaten entkamen; vielleicht wurden sie von einem Stamm aufgenommen und wurden Teil der Wilden Menschen; die Indianer selbst haben eine solche Tradition. Raleigh schickte fünf verschiedene Suchtrupps hinter seiner kleinen Kolonie her, aber keiner von ihnen hatte auch nur den geringsten Erfolg.

Im Jahr 1602 erreichte Bartholomew Gosnold die Küste von Massachusetts, segelte nach Süden und landete auf einem Vorgebirge, das er Cape Cod nannte. Er entdeckte auch die Inseln Martha's Vineyard und Nantucket. Auf ersterer bauten sie ein Lagerhaus und ein Fort und bereiteten sich auf die Ansiedlung vor, aber als die Schiffe zur Abfahrt bereit waren, verloren sie ihren Entschluss und bestanden darauf, nach England zurückzukehren.

KAPITEL II.

„GUTE ALTE KOLONIENZEITEN."

Die Geschichte der Vereinigten Staaten begann vermutlich mit der Gründung einer Gesellschaft in England, die Kolonien in Amerika gründen wollte. Diese Gesellschaft wurde Virginia Company genannt und erhielt das Recht, das gesamte Land von Cape Fear bis zum St. Croix River zu besitzen. Die Gesellschaft hatte zwei Abteilungen – die London Company, die das südliche Territorium kontrollierte, und die Plymouth Company, die das nördliche kontrollierte. Es war die London Company, die die erste Kolonie gründete. Drei Schiffe unter Kapitän Christopher Newport segelten im Jahr 1607 von England aus mit der Anweisung, auf Roanoke Island zu landen. Ein Sturm trieb sie in die Chesapeake Bay und sie waren von der Schönheit ihrer Küste so begeistert, dass sie beschlossen, sich dort niederzulassen. Sie segelten den James River hinauf, fanden einen geeigneten Ort zur Landung und am 13. Mai wurde die Kolonie Jamestown gegründet. Die Gruppe bestand aus etwa hundert Männern, viele von ihnen Herren mit mehr oder weniger unsicherem Vermögen, deren Absicht, ihr Heimatland zu verlassen, fast ausschließlich selbstsüchtig war. Sie erwarteten, Gold zu finden, und ihre Gier war so groß, dass sie sich gleich daran machten, Staub zu waschen, anstatt den Boden zu kultivieren. Der folgende Sommer war schrecklich. Der Standort erwies sich als ungesund, und mehr als die Hälfte der Kolonie starb an einer Pest. Nur die freundliche Großzügigkeit der Indianer rettete den Rest vor dem Verhungern. Die Situation wurde noch unerträglicher durch Streitigkeiten und Meinungsverschiedenheiten im Verwaltungsrat, der aus sieben Männern bestand, die vor ihrer Abreise aus England ernannt worden waren. In diesem Rat hatten der Entdecker Gosnold, Kapitän Newport und Kapitän John Smith mitgewirkt. Letzterer war ein Mann von ausgeprägter Individualität, einer jener Charaktere, die in der Geschichte nicht selten sind und die von der einen Hälfte der Welt ebenso herzlich verabscheut wie von der anderen Hälfte bewundert werden. Zunächst wurde er von seinen Feinden daran gehindert, seinen Platz im Rat einzunehmen, verhaftet und monatelang unter Verdacht gehalten, doch im folgenden Herbst hat er die alleinige Oberhoheit über die gesamte Kolonie.

In Jamestown begann sich die Lage etwas aufzuhellen. Es gab reichlich Vorräte, und unter Smiths sorgfältiger Führung versprachen sie, den ganzen Winter zu reichen. Da sie sonst nichts zu beanstanden hatten, begannen die Dissidenten nun, Smith zu beschimpfen, weil er die Quelle des Chickahominy nicht entdeckt hatte. Ihre Theorie war, dass die Südsee oder der Pazifische Ozean nicht weit entfernt war und dass ein Fluss aus nordwestlicher Richtung sicher dorthin führen würde. Ob Smith große

Hoffnungen hegte, den Pazifik über den Chickahominy River zu erreichen, ist ungewiss, aber er versuchte, den Fluss bis zu seiner Quelle zu verfolgen.

Seine Erlebnisse auf dieser denkwürdigen Reise wurden seitdem in jeder Geschichte der Kolonien und in jeder Schulgeographie erzählt. Wie viel davon Wahrheit und wie viel Fantasie ist, lässt sich nicht entscheiden. Es sollte erwähnt werden, dass die ursprüngliche Geschichte von einer Person stammt, die nicht so sehr für ihre Wahrhaftigkeit als vielmehr für andere hervorragende Eigenschaften berühmt ist – nämlich von Captain John Smith selbst.

Neun weiße Männer begleiteten ihn auf der Reise flussaufwärts. Als das Boot schließlich nicht mehr weiterkam, kehrte Kapitän Smith einige Meilen zu einer Bucht zurück, wo er sein Boot außer Gefahr ankerte und mit zwei Männern und zwei indianischen Führern in einem Kanu zwanzig Meilen weiter flussaufwärts fuhr. Die Männer im Boot hatten strikten Befehl, nicht abzureisen, bis ihr Kommandant zurückkam. Sobald er außer Sichtweite war, wurde der Befehl missachtet; die Männer gingen an Land und einer von ihnen wurde von Indianern getötet.

Smith hatte sich inzwischen der Quelle des Flusses genähert. Das Land war sehr nass und sumpfig, aber es gab keine Anzeichen für die Nähe des Pazifischen Ozeans. Das Kanu wurde festgebunden, und Smith nahm sein Gewehr und einen Indianer und ging an Land, um Nahrung für seine Gruppe zu holen. Aber wie sich herausstellte, war der Landeplatz schlecht gewählt. Die beiden Männer im Kanu wurden von Indianern angegriffen und getötet, und Smith wurde nach verzweifeltem Widerstand gefangen genommen. Er fragte nach ihrem Häuptling und wurde vor Opechancanough geführt. Smith überreichte ihm einen Seemannskompass, der die Wilden so unterhielt, dass sie von ihren ersten Mordabsichten absahen und sich damit begnügten, ihn gefangen in die Stadt Orapakes zu führen, die etwa zwölf Meilen von der heutigen Stadt Richmond entfernt lag. Hier wurde er in einem der Häuser eingesperrt und ihm wurde eine enorme Menge Nahrung vorgesetzt. Es ist unwahrscheinlich, dass er unter den Umständen sehr großen Appetit hatte. Seine Gefangenschaft war jedoch nicht ohne angenehme Aspekte; ein Indianer, der von den Kolonisten aus Jamestown eine freundliche Behandlung erfahren hatte, zeigte seine Dankbarkeit, indem er Smith ein warmes Pelzgewand schenkte. Während die Orgien und Beschwörungen weitergingen – vermutlich um die Absichten des Gefangenen in Bezug auf die Indianer zu erraten – kam Opitchapan, der Bruder des Häuptlings Opechancanough, der etwas weiter oben wohnte, herunter, um den großen weißen Mann zu besuchen, und bewirtete ihn gastfreundlich.

Schließlich wurde beschlossen, den Gefangenen zum Hauptgebäude des Rates zu bringen und den erhabenen Powhatan sein Schicksal verkünden zu

lassen. Dementsprechend reisten sie nach Werowocomoco am York River –
damals als Pamaunkee bekannt. Hier fanden sie Powhatan, der in grober
Haltung auf einer Art Thron lag, der mit Matten bedeckt war, und zusätzlich
geschmückt durch die Anwesenheit zweier dunkelhäutiger Jungfrauen,
prächtig geschmückt mit Federn und Perlen und roter Farbe. Der Gefangene
wurde mit feierlicher Zeremonie empfangen, ein Festmahl wurde
ausgerichtet und dann fand eine lange Beratung statt. Das Ergebnis war ein
Todesurteil.

Zwei große Steine werden gebracht und vor Powhatan übereinander gelegt.
Wilde Hände packen den unglücklichen Smith und legen seinen Kopf auf die
Steine. Die Keulen schweben in der Luft, die Hand des Häuptlings beginnt
das verhängnisvolle Zeichen zu geben. Am Fuße des Throns klopft ein
sanftes Herz wild vor einer Mischung aus Liebe und Angst. Während die
Steine gebracht werden, flehte die arme kleine Pocahontas um Gnade, aber
es wurde nicht einmal bemerkt. Sie ist dem strengen alten Häuptling das
Liebste auf der Welt, aber selbst sie hat es nie gewagt, seine Autorität in Frage
zu stellen. Aber als sie die erhobene Hand sieht, verschwindet ihre Angst.
Alles außer der Liebe verschwindet. Sie stößt einen wütenden Schrei aus,
rennt von ihrem Platz, wirft sich neben *ihn* , nimmt ihn in die Arme und legt
ihren Kopf auf seinen. Die schönste Frau der Welt rettet den tapfersten
Mann. Oh! Das bezauberndste Bild der Geschichte! Die Menschen geben
vor, zu glauben, dass alles erfunden ist. Und wenn es so ist? Es aus den
Geschichtsbüchern wegzulassen, nimmt dem

**RESIDENZ DES PRÄSIDENTEN DER VEREINIGTEN
STAATEN, 1798.**

Geschichte jener Tage. Wenn es nicht passiert wäre, hätte es passieren können. Sicherlich passierte etwas, denn zwei Tage später durfte Smith nach Jamestown zurückkehren, unter der absurden kleinen Bedingung, zwei große Kanonen und einen Schleifstein zurückzuschicken. Diese Bedingung erfüllte Smith gewissenhaft, was ihm hoch anzurechnen ist, und zusätzlich zu den Kanonen und dem Schleifstein schickte er Powhatans Frauen und Kindern Geschenke. Aufzeichnungen sind manchmal so dumm; in diesem Fall erwähnen sie sorgfältig den Schleifstein, geben aber nicht den geringsten Hinweis darauf, was Captain Smith Pocahontas schickte. Smiths Verhalten während dieser ganzen Angelegenheit ist rätselhaft. Nach jedem Kanon der Romantik hätte er die Prinzessin heiraten sollen. Dass es anders war, ist der beste Beweis für die Wahrheit der Geschichte, denn wahre Geschichten enden immer unkünstlerisch.

Als Smith nach Jamestown zurückkehrte, fand er, dass die Dinge sehr schlecht standen und die Zahl der Kolonisten auf vierzig gesunken war. Er machte sich daran, sie zu ermutigen, und um seine Aufgabe zu erleichtern, traf jetzt ein Schiff mit Vorräten und zusätzlichen Siedlern ein. Die Indianer waren freundlich, und viele von ihnen kamen nach Jamestown, um Handel zu treiben. Pocahontas kam auch und brachte Captain Newport und Smith allerlei Dinge, die sie zweifellos ihrem Vater, dem großen Powhatan, abgerungen hatte.

Als Captain Newport nach England zurückkehrte, nahm er zwanzig Truthähne mit, die Powhatan ihm im Tausch gegen zwanzig Schwerter gegeben hatte. Dieser Handel gefiel dem alten Häuptling so gut, dass er versuchte, einen ähnlichen mit Smith abzuschließen. Als dies scheiterte und er wütend wurde, befahl er seinen Leuten, nach Jamestown zu gehen und die Waffen mit Gewalt zu holen. Der Präsident der Kolonie hätte den Raub unter dem Vorwand englischer Befehle, die Eingeborenen nicht zu beleidigen, zugelassen, aber Smith erhob sich in Wut und vertrieb die Eindringlinge aus der Siedlung.

Ein weiteres Schiff, die „Phœnix", traf nun ein. Die Kolonie war auf fast zweihundert Seelen angewachsen. Es gab reichlich Proviant und die Schwierigkeiten mit dem Schwert waren dank der Vermittlung von Pocahontas gütlich beigelegt worden, so dass alle Feindseligkeiten vorerst beendet waren. Das Jahr war 1608.

Smith setzte seine Erkundungen fort, segelte um die Chesapeake Bay herum und bis zur Quelle des Potomac River. In jenem Sommer legte er nicht weniger als 3.000 Meilen zurück, und dass man in Jamestown langsam seinen Wert zu schätzen begann, zeigt sich daran, dass er nach seiner Rückkehr die Freude hatte, das Amt des Präsidenten der Kolonie anzunehmen. Dieses hatte man ihm schon einmal angeboten, aber er hatte es abgelehnt.

Nun machte er sich ernsthaft an seine Aufgaben. Die Männer wurden zur Arbeit eingeteilt, einige stellten Glas her, bereiteten Teer und Pech vor, während Smith mit dreißig anderen fünf Meilen unterhalb des Forts Bäume fällten und Bretter sägen ging. Die Kolonie Jamestown hatte immer das Pech, zu viele Abenteurer-Gentlemen zu haben. Smith hatte es schwer mit ihnen, aber durch sein Taktgefühl und sein gutes Management holte er mehr Arbeit aus ihnen heraus, als irgendjemand sonst es hätte tun können.

Ihr Leben, abwechslungsreich durch einige Kämpfe mit den Indianern, viel internes Gezänk und erhebliches Pech mit der Ernte usw., ging noch ein weiteres Jahr weiter. 1609 stach eine weitere Kolonie von fünfhundert Männern und Frauen mit Vorräten und Proviant von England aus in See. Doch kaum waren diese neuen Siedler gelandet, begannen neue Probleme. Die Anführer, obwohl sie keinen Auftrag mitbrachten, bestanden darauf, die Herrschaft über die ursprüngliche Kolonie zu übernehmen und widersetzten sich Smith, den sie fürchteten und hassten.

Eine Zeit lang herrschte Anarchie. Die Anführer der Bande, Ratcliffe, Archer und andere, wurden inhaftiert. West gründete mit 120 Männern eine unabhängige Siedlung an den Wasserfällen des James River, und weitere 120 unter Martin ließen sich in Nansemond nieder. Diese Anführer waren jedoch nicht in der Lage, fair mit den Indianern umzugehen, und die neuen Siedlungen wurden nach viel Blutvergießen aufgegeben. Smith tat, was er konnte, um Frieden zu schaffen, gab jedoch angewidert auf und kehrte nach England zurück.

Nach seiner Abreise wurde es immer schlimmer. Innerhalb von sechs Monaten hatten Laster und Hunger die Kolonie von 500 auf 60 Personen dezimiert, und auch diese wären umgekommen, wenn nicht Hilfe aus England gekommen wäre.

Kurz darauf wurde Lord Delaware als Gouverneur der Kolonie ausgesandt. Er brachte Vorräte und eine große Zahl von Auswanderern mit. Diesen folgten weitere siebenhundert. Das Land, das bis dahin in Gemeinbesitz gewesen war, wurde unter den Kolonisten aufgeteilt, und eine Ära kluger Regierung und zufriedenen Wohlstands begann. 1613 heiratete Pocahontas John Rolfe, und dieses Ereignis verbesserte die Beziehungen zwischen den Weißen und den Indianern erheblich. Doch drei Jahre später gingen Pocahontas und ihr Mann nach Europa, wo die sanfte kleine Frau starb. Ihr Mann und ihr Volk betrauerten sie zutiefst, denn sie war nicht nur gut, sondern auch schön und sehr klug. Powhatan überlebte seine Tochter nicht lange, und so wurden die beiden besten Freunde der Weißen aus dem Land geworfen. Die rasche Zunahme der Kolonisten und die Ausbreitung ihrer Siedlungen begannen die Indianer zu beunruhigen, und 1622 wurde eine

Verschwörung geschmiedet, um die Invasion der Europäer zu vernichten und auszulöschen.

Es ist notwendig, ein oder zwei Ereignisse in der Kolonie vor diesem Jahr zu erwähnen. 1615 wurde in großem Stil mit dem Tabakanbau begonnen. Andere Beschäftigungen wurden vernachlässigt und Getreide wurde kaum angebaut. Der neue Handelsartikel erwies sich als so profitabel, dass er zu einer regelrechten Manie wurde. 1619 trat in Jamestown das erste gesetzgebende Gremium zusammen, das jemals in Amerika gegründet wurde, und wo eine Kolonialverfassung verabschiedet wurde. Im nächsten Jahr (1620) segelte ein holländisches Kriegsschiff den James hinauf und landete zwanzig Neger, die als Sklaven verkauft wurden. Im selben Jahr wurde eine Ladung junger weißer Frauen herübergeschickt und als Ehefrauen verkauft – eine Position, die angeblich etwas besser war als die von Sklavinnen. Der gezahlte Preis betrug 120 Pfund Tabak pro Frau.

Die Kolonisten waren auf die Feindseligkeiten, die auf Powhatans Tod folgten, nicht vorbereitet. Seine Herrschaft ging an seinen Bruder Opitchapan über, einen gebrechlichen alten Mann, den niemand fürchtete. Aber es gab einen Mann, der bald begann, die Eingeborenen zum Krieg aufzuhetzen. Dieser Mann war Opechancanough, der Smith gefangen genommen hatte. Manche haben ihn als den Bruder Powhatans bezeichnet, aber diese Meinung ist falsch. Er stammte aus einem der Stämme des Südwestens, wahrscheinlich aus Mexiko, und gelangte nur durch seine natürliche Begabung zu seiner Führungsposition. Von Hass auf die Weißen erfüllt, besuchte er persönlich alle Stämme der Konföderation Powhatans und stachelte sie zu mörderischer Wut an. Einige Leute in der Kolonie witterten Gefahr, aber die Mehrheit war so sicher in ihrem Glauben an ihre Sicherheit, dass es unmöglich war, sie dazu zu bewegen, Maßnahmen zu ihrem eigenen Schutz zu ergreifen. Die Siedlungen waren nun achtzig an der Zahl und in getrennten Plantagen über eine Fläche von 300 bis 400 Meilen verteilt.

Am Freitag, dem 22. März 1622, kamen die Indianer wie üblich mit Wild, Fisch und Früchten in die Siedlungen und boten diese auf dem Marktplatz zum Verkauf an. Plötzlich ertönte ein schriller Signalschrei und dann begann eine grauenhafte Szene aus Blut und Tod. An einem Morgen wurden 349 Siedler massakriert. Es ist bemerkenswert, dass ein einziger weißer Mann entkommen konnte, aber überrascht und wehrlos wie sie waren, sammelten sich die Siedler und schafften es tatsächlich, ihre Angreifer in die Flucht zu schlagen. Das Dorf Jamestown wurde von einer jungen Indianerin vor seiner Gefahr gewarnt, es wurden eilig Vorbereitungen zur Verteidigung getroffen, aber es kam zu keinem Angriff.

Die wildeste Panik ergriff jetzt die Kolonisten. Entfernte Plantagen wurden aufgegeben, und in kurzer Zeit gab es statt achtzig Siedlungen nur noch sechs, und diese drängten sich dicht um Jamestown. Der Krieg mit den Indianern ging unaufhörlich weiter. Opechancanough verfolgte die Weißen mit tödlichem Hass, und die Weißen ließen keine Gelegenheit aus, einen Indianer zu ermorden.

1624 wurde die London Company aufgelöst und Virginia zu einer königlichen Regierung erklärt. Die Kolonie behielt das Recht auf eine repräsentative Versammlung und auf ein Schwurgerichtsverfahren. Alle nachfolgenden Kolonien beanspruchten diese Rechte, sodass in Virginia der Grundstein für die amerikanische Unabhängigkeit gelegt wurde.

Die Feindseligkeiten der Indianer gingen weiter – und wurden sogar schlimmer, als die Weißen an Zahl und Macht zunahmen. Dieser ungleiche Kampf hatte nur ein Ende. Es kam ungefähr im Jahr 1643. Opechancanough war ein sehr alter Mann – er hatte hundert Jahre gelebt; er konnte nicht mehr allein gehen – sogar seine Augenlider mussten von den Fingern eines Dieners angehoben werden; aber in seinem verdorrten Körper war der Geist des Hasses und der Bitterkeit so voller Energie wie eh und je. Seine Macht über die Konföderation von Powhatan war so groß wie in alten Zeiten, und wieder einmal stachelte er die Wilden zu einem Versuch eines allgemeinen Massakers auf.

Fünfhundert Weiße wurden abgeschlachtet, doch Sir William Berkeley, der sich an die Spitze einer großen Truppe stellte, marschierte gegen die Indianer und vernichtete sie nicht nur vollständig, sondern nahm auch ihren alten Häuptling gefangen und brachte ihn nach Jamestown zurück. Die Konföderation löste sich sofort auf und die Macht der Weißen über das Land war stärker denn je.

Die zweite dauerhafte Siedlung in den Vereinigten Staaten – oder dem heutigen Bundesstaat – wurde 1614 von den Niederländern gegründet. Am äußersten Ende der Insel, auf der heute New York liegt, wurde ein Fort errichtet; ein weiteres wurde an der Stelle der Stadt Albany errichtet, und das Land dazwischen wurde Neuniederlande genannt. Im nächsten Jahr wurde in Albany eine Siedlung von einiger Bedeutung gegründet, aber das Fort auf Manhattan Island war viele Jahre lang nur ein Handelsposten.

DIE ERSTE SIEDLUNG IN NEW YORK.

Als erstes schlossen die Holländer Verträge mit den Indianern. Die Fünf Nationen befanden sich seit langem im Krieg mit den Algonkin in Kanada. Letztere hatten sich mit den Franzosen verbündet, die sich dort einige Jahre zuvor niedergelassen hatten, und mit ihrer Hilfe die Irokesen besiegt. In der Hoffnung auf ähnliche Verstärkung beeilten sich die Irokesen nun, mit dieser neuen Kolonie weißer Männer Freundschaft zu schließen. Der große Vertrag wurde 1618 an den Ufern des Norman's Kill geschlossen und von Botschaftern aller Stämme der Fünf Nationen bezeugt. Die Friedenspfeife wurde geraucht und das Kriegsbeil vergraben, und an der Stelle, an der das Emblem des Krieges versteckt war, gelobten die Holländer, eine Kirche zu errichten.

Auf diese Weise wurde den Einwohnern von Neu-Niederlande der ungestörte Besitz des Landes und des Indianerhandels garantiert.

Die eigentliche Kolonisierung des Ortes begann sofort, aber erst 1625 wurde ein Gouverneur ernannt. 1631 erstreckten sich die niederländischen Besitzungen von Cape Henlopen bis Cape Cod. Dieser Anspruch wurde von den englischen Siedlern in Neuengland bestritten, die auch Kolonien auf Long Island und in Connecticut gründeten. Sie versuchten, mit den Hudson River-Indianern Handel zu treiben, und schließlich erschien 1633 ein englisches Schiff in New Amsterdam. Der Gouverneur, der alte Wouter van Twiller, befahl ihm, abzufahren, aber der Kapitän, ein gewisser Jacob Eelkins, ging an Land und bat in freundlicher Art um Erlaubnis, den Fluss hinauffahren zu dürfen. Er fügte beiläufig hinzu, dass er zwar sehr dankbar für die Erlaubnis wäre, aber beabsichtige, weiterzufahren, ob sie nun erteilt würde oder nicht. Die Antwort des Gouverneurs bestand darin, anzuordnen, dass die Flagge des Prinzen von Oranien auf dem Fort gehisst und ein Salut mit drei Kanonen für Holland abgefeuert werden sollte. Daraufhin hisste Eelkins die englische Flagge und salutierte mit drei Kanonen vor dem König von England. Dann segelte er den Fluss hinauf nach Fort Orange, wo er einen regen Handel mit den Eingeborenen aufbaute. Dies war der Beginn einer allmählichen Machtübernahme.

NEW YORK IM JAHR 1644.

Nun begannen die Probleme mit den Indianern, die bis 1645 andauerten. 1638 ließen sich die Schweden am Delaware in der Nähe von Wilmington nieder und erweiterten ihren Besitz, bis die Holländer sie 1655 angriffen und eroberten. 1664 überließ der König von England seinem Bruder James das gesamte Land zwischen Connecticut und Delaware. Er hatte nicht das geringste Recht dazu, denn das Land gehörte den Holländern sowohl durch Entdeckungs- als auch durch Besiedlungsrecht. England und Holland lebten im Frieden, und der Sturz der niederländischen Herrschaft in Amerika war ein Akt eklatanter Ungerechtigkeit, und es ist nur überraschend, dass Holland so schwachen Widerstand leistete.

In der Geschichte dieser holländischen Siedlungen gibt es wenig Wichtiges, aber viel Interessantes. Die Sklaverei existierte seit 1628, aber sie war eine verhältnismäßig milde Form. Es war jedem erlaubt, sich seine Freiheit zu erkaufen, und eine große Zahl von Sklaven tat dies. In der gesamten Kolonie herrschte ein sehr demokratischer Geist. Die republikanische Gesinnung, die sie aus Holland mitgebracht hatten, verließ diese Siedler nie. Es gab keine religiöse Verfolgung, keine Intoleranz, keine so grausamen Ungerechtigkeiten im Namen des Rechts wie in Neuengland. Sie waren gute, ehrliche Bürger. Sie bauten Mühlen und Brauereien, züchteten fettes Vieh, wurden selbst fett und waren sehr glücklich.

Der erste Versuch, Neuengland zu kolonisieren, wurde 1602 von Gosnold unternommen und war erfolglos. 1606 gründete die Plymouth Company eine Siedlung an der Mündung des Kennebec River, aber die 45 wagemutigen Männer, aus denen sie bestand, verließen sie nach einem Winter voller Leiden und kehrten nach England zurück. Kapitän John Smith erkundete 1614 die Küste, fertigte eine Karte ihrer Länge an und gab ihr ihren heutigen Namen. Seine ernsthaften Versuche der Kolonisierung schlugen fehl und erst mit der Ankunft der Puritaner im Jahr 1620 wurde eine dauerhafte Siedlung gegründet.

Diese Puritaner waren, das muss man wohl kaum erklären, die strengsten der englischen „Nonkonformisten" oder Dissidenten der Staatskirche. Die meisten von ihnen waren Bauern aus Nottinghamshire und wurden in ihrer Heimat wegen ihres Glaubens so gnadenlos verfolgt, dass sie beschlossen, nach Holland auszuwandern, wohin eine Londoner Gemeinde einige Jahre zuvor geflohen war und wohin ihnen wiederum eine Gemeinde aus Lincolnshire folgte. Da Holland zum Schauplatz heftiger politischer Unruhen wurde, beschlossen sie, nach Amerika auszuwandern. Im Juli 1620 schifften sie sich auf dem Schiff „Speedwell" nach England ein. In Southampton trafen sie auf die „Mayflower", die ebenfalls für die Reise an Bord war. Sie stachen zweimal in See, mussten aber umkehren, da sich die „Speedwell" als seeuntüchtig erwies. Schließlich stach die „Mayflower" am 6. September allein in See. Ihr Ziel war eine Landzunge in der Nähe des Hudson River, gerade innerhalb der Grenzen des Territoriums der London Company. Dies muss die Küste des Staates New Jersey gewesen sein.

Im Morgengrauen des 9. November 1620 kamen die weißen Sandbänke von Massachusetts in Sicht. Sie segelten nach Süden, doch die Untiefen und Brandung erwiesen sich als so gefährlich, dass sie beschlossen, den gleichen Weg wie ihr Schiff einzuschlagen. Zwei Tage später, um die Mittagszeit, ankerten sie in der Bucht, die von der geschwungenen Halbinsel gebildet wird, die in Cape Cod endet.

Hier wurde, während das Schiff vor Anker lag, ein kurzer Regierungsvertrag aufgesetzt und John Carver, der sich sehr dafür eingesetzt hatte, die Erlaubnis des Königs für ihr Unternehmen zu erhalten, zum Gouverneur der Kolonie gewählt. Am Nachmittag wurden „fünfzehn oder sechzehn gut bewaffnete Männer" an Land geschickt, um die Gegend zu erkunden und Brennstoff zu sammeln. Am Abend kehrten sie zurück und brachten gute Berichte über die Gegend mit sowie die willkommene Nachricht, dass weit und breit weder Mensch noch Wohnung zu sehen war. Der nächste Tag war Sonntag, den die Auswanderer so streng hielten wie gewöhnlich. Am Montagmorgen, während die Frauen sich wuschen und die Männer ihre Arbeit begannen, indem sie ein Boot zur Reparatur an Land zogen, machten sich Miles Standish und sechzehn Männer zu Fuß auf, um das Land zu erkunden. Sie kehrten am Freitagabend zurück und brachten etwas Mais mit, den sie in einer verlassenen Hütte gefunden hatten. Die Erkundungen dauerten mehrere Wochen. Schließlich wurde ein geeigneter Ort gewählt; es gab einen bequemen Hafen, das Land war gut bewaldet; es gab Lehm, Sand und Muscheln für Ziegel und Mörtel und Steine für Schornsteine; es gab reichlich gutes Wasser, und das Meer und der Strand boten reichlich Fisch und Geflügel. Am Weihnachtstag landeten sie. Der Bericht sagt: „Montag, der 25. Tag, gingen wir an Land, einige um Holz zu fällen, einige um zu sägen, einige um zu spalten und einige um zu tragen; so ruhte sich den ganzen Tag niemand aus." Sie errichteten zuerst ein Gebäude zur gemeinsamen Nutzung. Neunzehn Grundstücke für Wohnhäuser wurden angelegt, und trotz der bitteren Kälte entwickelte sich die kleine Siedlung allmählich zu einer Stadt. Krankheiten brachen aus, und innerhalb von vier Monaten wurde die Hälfte ihrer Zahl weggefegt. Es war ein schrecklicher Winter, aber die heldenhaften Pilger zeigten keine Neigung, schwach zu werden oder zu verzagen. Sie lebten in ständiger Angst vor den Indianern, und da die Notwendigkeit der Verteidigung täglich offensichtlicher wurde, wurde eine militärische Organisation mit dem tapferen Miles Standish als Kapitän gebildet, und die Festung auf dem Hügel oberhalb der Wohnhäuser wurde mit fünf Kanonen ausgestattet.

Endlich kam „warmes und schönes Wetter"; und nie hätte der Frühling diesen Menschen schöner erscheinen können als damals, als er sie zum ersten Mal in Neuengland begrüßte. Die Kolonie in Plymouth wuchs und gedieh. Die Indianer drohten mehrmals mit Feindseligkeit, wurden aber jedes Mal von Miles Standish und seinen Männern zurückgedrängt.

1628 wurde unter John Endicott eine weitere Siedlung in Salem gegründet. Im darauffolgenden Jahr war diese Kolonie groß genug, um heftige Auseinandersetzungen zuzulassen, die zu einer Interessenteilung und der Gründung von Charlestown führten. 1630 wurde die „Kolonie Massachusetts Bay" durch die Ankunft einer großen Zahl von Siedlern vergrößert, von denen viele gebildete und kultivierte Menschen waren. Die Städte Boston, Watertown, Roxbury und Dorchester wurden gegründet. Im August trat das erste Court of Assistants seit der Ankunft der Kolonisten zusammen und beschloss, Häuser zu bauen und die Gehälter der Geistlichen zu erhöhen. In diesem Jahr wurde ein mutiger Schritt zur Etablierung der bürgerlichen Freiheit unternommen, indem der Regierungsrat von England nach Massachusetts verlegt wurde. 1633 begann man mit der Besiedlung von Connecticut. Im nächsten Jahr gab es „zwischen drei- und viertausend Engländer, verteilt auf zwanzig Weiler entlang und in der Nähe der Küste".

Es ist wirklich schade, dass diese großartigen alten Pilgerväter so wenig Sinn für Humor hatten, sonst wäre ihnen klar geworden, wie absurd es ist, niemandem Gewissensfreiheit zu gewähren, nachdem sie selbst aus genau dieser Situation geflohen waren. Die frühe Geschichte Neuenglands ist eine lange Liste religiöser Verfolgungen. Die erste davon ist die Besiedlung von Rhode Island. Spätere Zwietracht trug zur Besiedlung von Connecticut, Maine und New Hampshire bei.

Roger Williams war ein talentierter junger puritanischer Prediger, der durch die Intoleranz von Erzbischof Laud aus England vertrieben worden war. Als er in Boston ankam, stellte er fest, dass er mit der Kirche dort ebenso wenig im Einklang stand wie mit der Kirche von England. Später wurde er als Pfarrer nach Salem berufen, wo seine Lehren sehr populär waren; überall sonst in den Kolonien galten sie als abscheulich. Kein Wunder, denn der widerwärtige Pfarrer erklärte kühn, dass es falsch sei, einen Treueid auf einen Monarchen oder einen Beamten zu erzwingen, dass alle religiösen Sekten das Recht hätten, den gleichen Schutz durch die Gesetze zu fordern, und dass Zivilbeamte kein Recht hätten, das Gewissen der Menschen zu zügeln oder sich in ihre Art der Anbetung oder ihre religiösen Überzeugungen einzumischen. Diese ketzerische Lehre würde, wenn man sie zu Ende führe, sogar Katholiken und Quäkern erlauben, in Frieden zu leben! Man beschloss, Williams nach England zu schicken, wo es ihm zweifellos schlecht ergangen wäre, denn er hatte einen Kreuzzug gegen das Georgskreuz in der englischen Standarte gepredigt, es als Relikt des Aberglaubens und der Abgötterei bezeichnet und damit die

ABRAHAM LINCOLN.

Herzen seines Volkes, dass Endicott, eines der Mitglieder des Court of Assistants, öffentlich das Kreuz aus der Flagge schnitt, die vor dem Haus des Gouverneurs wehte. Also weigerte sich Williams, dem Befehl zur Rückkehr nach England Folge zu leisten, und verließ die Kolonie mit einigen seiner Freunde, reiste nach Süden und gründete eine Siedlung, die er Providence nannte. Das war im Jahr 1636. Im folgenden Jahr wurde seine neue Kolonie durch eine weitere Gruppe religiöser Flüchtlinge verstärkt, die mehr als nur flüchtige Erwähnung verdienen.

Neuengland war zum Mekka all jener geworden, die sich von der Staatskirche in ihrer Heimat entfremdet hatten. Scharen neuer Siedler strömten dorthin, angelockt von der Hoffnung auf das, was sie religiöse Freiheit nannten. Unter ihnen waren zwei besonders bemerkenswerte Persönlichkeiten – Hugh Peters, der enthusiastische Kaplan Oliver Cromwells, und Henry Vane, Sohn von Sir Henry Vane, einem Geheimrat, der beim König in der Gunst stand. Vane wurde in der Kolonie mit großer Bewunderung empfangen; und tatsächlich ist der religiöse Eifer, der ihn dazu brachte, alle seine Aussichten in England aufzugeben und aus Gewissensgründen Armut und Exil anzunehmen, sehr zu loben. Seine bescheidene Art und Strenge in Bezug auf religiöse Bräuche sowie sein Geschäftssinn führten dazu, dass er gleich nach seiner Ankunft zum Gouverneur der Kolonie gewählt wurde. Doch praktische Pflichten beanspruchten wenig von seiner Aufmerksamkeit; er war fast ausschließlich mit theologischen Feinheiten und doktrinellen Haarspaltereien beschäftigt. Diese wurden noch weiter durch eine Frau angeheizt, deren Einfluss zu dieser Zeit in der gesamten Kolonie große Unruhe zu stiften begann. In Neuengland war es Brauch, dass die führenden Männer der Gemeinden wöchentliche Versammlungen abhielten, um die Predigt des vorangegangenen Sonntags zu wiederholen und zu besprechen. Frauen waren von diesen Versammlungen streng ausgeschlossen, und eine gewisse Mrs. Hutchinson, deren Ehemann ein angesehener Mann in der Kolonie war, begann, eine Anzahl Frauen in ihrem Haus zu versammeln, die ähnliche fromme Übungen durchführten wie die Männer. Zunächst begnügte sich Mrs. Hutchinson damit, die Predigten und Lehren des Geistlichen zu wiederholen, doch bald begann sie, Fehler in den Reden zu finden und ihre eigenen Meinungen hinzuzufügen. Sie lehrte, dass die Heiligkeit der Werke kein Zeichen spiritueller Sicherheit sei, sondern dass Gott persönlich in allen guten Menschen wohne und dass sie nur durch innere Offenbarungen und Eindrücke die Entdeckung des göttlichen Willens erhielten. Das war alles sehr abstrakt und ungesund, aber die Prophetin legte es so eloquent dar und verkündete es, dass sie eine große Zahl von Anhängern gewann, nicht nur unter den Frauen, sondern auch unter den Männern. Vane verteidigte und beharrte auf ihren wildesten Theorien, und seinem Beispiel folgend wuchs das Interesse. Die Meinungsverschiedenheiten wurden mit jeder Konferenz, jedem Tag des Fastens und der Demütigung, den die neue Sekte abhielt, erbitterter. Schließlich wurde Mrs. Hutchinson 1637 verbannt, und viele ihrer Schüler zogen sich freiwillig zurück und schlossen sich der Bevölkerung von Providence an. Vane kehrte angewidert nach England zurück, und niemand bedauerte seinen Weggang.

Roger Williams' Kolonie, die so stark gewachsen war, kaufte den Indianern eine fruchtbare Insel in der Narragansett Bay ab, der sie den Namen Rhode Island gaben. In dieser Gemeinschaft waren religiöse Verfolgungen nicht erlaubt. Die humanen Prinzipien ihres Gründers waren tief in den Herzen der Menschen verankert und Rhode Island wurde bald zu einem Zufluchtsort für die Unterdrückten aller anderen Siedlungen.

Connecticut verdankt seine Entstehung ähnlichen Ursachen. Die Rivalität zweier Pastoren in der Siedlung Massachusetts Bay führte zum Sieg von Mr. Cotton über Mr. Hooker; letzterer war jedoch keineswegs verlassen, und als er vorschlug, eine eigene Kolonie in einiger Entfernung von seinem Rivalen zu gründen, boten eine beträchtliche Anzahl seiner Freunde und einige von Mrs. Hutchinsons Bewunderern an, ihn zu begleiten. Das Westufer des Connecticut River wurde als einladender Ort ausgewählt, und 1636 kamen etwa hundert Männer mit ihren Frauen, Kindern und ihrem Hab und Gut nach einem schrecklichen Marsch durch Sumpf- und Waldwildnis dort an und legten den Grundstein für eine Stadt.

Pennsylvania wurde 1681 William Penn zugesprochen, der sich zuvor für die Ansiedlung von Quäkern in New Jersey eingesetzt hatte. Bald darauf erhielt er den heutigen Staat Delaware, damals „Die Territorien" genannt. Im September 1682 segelte er mit einer großen Zahl seiner Glaubensbrüder in seine neue Provinz. Die Geschichte ihrer friedlichen Ansiedlung ist jedermann bekannt. Das sie regierende Gesetzbuch basierte auf dem Prinzip der bürgerlichen und religiösen Freiheit. Penn kehrte 1684 nach England zurück und hinterließ die Stadt Philadelphia, die er gegründet und ihr seinen Namen gegeben hatte, als wohlhabende Stadt mit 300 Häusern und 2.500 Einwohnern. Man muss sagen, dass diese Quäker sehr wenig mit der Sekte gemeinsam hatten, die in den Neuenglandstaaten so verfolgt wurde. Bei diesen letzteren handelte es sich in Wirklichkeit um eine Gruppe von Separatisten, die „*Ranters" genannt wurden*, und ihre Exzesse waren derart, dass sie den Abscheu und die Abneigung jeder Gemeinschaft rechtfertigten.

Die Besiedlung der südlichen Kolonien der Vereinigten Staaten kann kurz abgehandelt werden. Georgia wurde erst 1732 besiedelt. Die Provinzen North und South Carolina waren ursprünglich eine. Die ersten dauerhaften Siedlungen wurden 1650 von Auswanderern aus Virginia gegründet. 1665 gründete eine Gruppe von Plantagenbesitzern aus Barbados eine weitere Siedlung. Der König von England entsandte eine Hugenottenkolonie aus Frankreich. Die Stadt Charlestown wurde gegründet und sofort zur Hauptstadt der Kolonie gemacht. Das interessanteste Merkmal bei der Besiedlung der Carolinas war das „Grand Model Government", das von John Locke, dem berühmten englischen Philosophen, erdacht wurde. Ziel war es, die Kolonie so weit wie möglich der Monarchie anzunähern, deren Teil sie war, und „die Errichtung einer zahlreichen Demokratie zu vermeiden". Dieses Vorhaben konnte in Carolina nie Fuß fassen. Die Großadligen, Palatiner, Kaziken und anderen hohen Beamten standen in absurdem Kontrast zu den primitiven Hütten und Lebensgewohnheiten der Pioniere. Zwanzig Jahre lang wurden Anstrengungen unternommen, sie zu errichten, und die durch den Konflikt verursachten Zwietracht behinderten das schnelle Wachstum der Kolonie erheblich.

Auch der Staat Virginia neigte zu einer aristokratischen Regierungsform; seine Bevölkerung rühmte sich, „überzeugte Befürworter der Kirche von England und Anhänger des Königs" zu sein. Als Karl I. hingerichtet wurde, akzeptierte sie den Commonwealth ohne jeglichen Enthusiasmus, und als Karl II. den Thron bestieg, begrüßte sie die Veränderung mit großem Jubel. Kurz darauf wurde jedoch ein königlicher Gouverneur, Sir William Berkley, zu ihnen geschickt, und er erwies sich als solch ein Tyrann, dass die Bevölkerung erzürnt wurde. Es wurden Handelsgesetze erlassen, die die

Plantagenbesitzer in den Ruin trieben; Tabak zum Beispiel durfte nur in englische Häfen geliefert werden, und er musste nicht nur bei der Ankunft in England mit hohen Zöllen belegt werden, sondern wurde auch vor der Ausfuhr hoch besteuert. Die Regierung unternahm keine Schritte, um die ständigen Übergriffe der Indianer zu unterdrücken; die Versammlung wurde nicht alle zwei Jahre gewählt, sondern ständig in Sitzung gehalten, und das Land wurde von Stellensuchenden überschwemmt. Der Höhepunkt dieser Unruhen war der Ausbruch der sogenannten Bacon-Rebellion, die 1675 begann und hauptsächlich aus der Gleichgültigkeit der Behörden in der Indianerfrage resultierte. Dieser Aufstand brachte keine entscheidenden Ergebnisse, wird aber erwähnt, um die Haltung des Volkes gegen die Tyrannei zu zeigen.

Die anderen englischen Kolonien wurden unter liberalen Bedingungen gegründet und trotz ihrer Bigotterie und Intoleranz genossen sie weitaus mehr religiöse und politische Freiheit als jedes europäische Land jener Zeit. Die Regierung des Landes war an ihrer ursprünglichen Gründung nicht beteiligt, außer in den sehr einfachen Bedingungen der den Eigentümern erteilten Chartas. Lord Baltimore hatte die volle Freiheit, seine eigene Regierungsform in Maryland zu etablieren, und seine Vorliebe war äußerst liberal. William Penn wurde in Pennsylvania nicht gestört. Die Regierung von Plymouth wurde ohne jegliche Einschränkung oder auch nur Anregung von außen von einer Gruppe unabhängiger Männer gebildet, die aufgrund ihres Temperaments und ihrer Erfahrung für die Selbstverwaltung bestens geeignet waren. Alle Kolonien Neuenglands übernahmen nach und nach die Vorrechte der Regierung, sogar die Macht der Todesstrafe. 1643 wurde ein weiterer Schritt in der Entwicklung einer Republik getan; die Kolonien Massachusetts, Connecticut, New Haven und Plymouth vereinigten sich unter dem Titel Die Vereinigten Kolonien Neuenglands. Rhode Island wurde nicht aufgenommen, da es nicht damit einverstanden war, mit Plymouth vereinigt zu werden. Rhode Island unterschied sich von allen anderen Kolonien darin, dass es keine religiösen Einschränkungen der Bürgerrechte gab. New Hampshire war damals Teil der Kolonie Massachusetts. Das Regierungsorgan der Konföderation bestand aus einer jährlichen Versammlung von zwei Abgeordneten aus jeder Kolonie – deren lokale Regierung wie zuvor weitergeführt wurde. Diese Unabhängigkeit wurde vom Mutterland bis nach Cromwells Tod kaum angetastet. Mit der Wiederherstellung der Monarchie kam der Wunsch, die Freiheiten der Kolonien einzuschränken, die blühend und wichtig geworden waren. Karl II. überließ seinem Bruder James, dem Herzog von York, das gesamte Gebiet vom Connecticut River bis zu den Ufern des Delaware, und dieser Überlassung folgte die illegale Besetzung von New Amsterdam, später New York. Der Herzog von York ernannte Edmund Andros zum Gouverneur der Provinz und begann eine Reihe von Tyranneien, die mit der

Thronbesteigung des Herzogs nur noch zunahmen. Andros wurde nun zum Gouverneur aller Provinzen Neuenglands ernannt, wobei sein Herrschaftsbereich sich auch auf New York erstreckte. Als er 1686 in Boston ankam, verlangte er sofort die Herausgabe aller Chartas der Kolonien, während Erlasse erlassen wurden, die die bestehenden Freiheiten des Volkes aufhoben. Connecticut weigerte sich, seine Charta aufzugeben, und Andros marschierte mit einer Truppe Soldaten nach Hartford, um den Befehl durchzusetzen. Das war 1687. Nun begann eine völlig neue Ordnung der Dinge. Die Pressefreiheit wurde eingeschränkt und die Gesetze zur Unterstützung der Geistlichkeit wurden außer Kraft gesetzt. Nur Richtern war es erlaubt, Trauungen durchzuführen. Das Volk wurde nach dem Belieben des Gouverneurs besteuert und vor allem wurden die Eigentumsansprüche der Kolonisten auf ihr Land für wertlos erklärt. Indianerurkunden schätzte Sir Edmund nicht mehr als „einen Kratzer von einer Bärenklaue". Selbst Freibriefe und Erklärungen früherer Könige reichten nicht aus. Die Eigentümer waren gezwungen, Patente für ihre Ländereien anzumelden, und in einigen Fällen wurde eine Gebühr von 50 Pfund verlangt. Die Leute wurden auf willkürlichste Weise mit Geldstrafen belegt und eingesperrt; Alle Stadtversammlungen waren verboten, mit Ausnahme der im Mai. Niemand durfte das Land ohne Erlaubnis des Gouverneurs verlassen. Trotz seiner Bemühungen wurden Petitionen nach England geschickt, aber wenn sie gelesen wurden, wurden sie nicht beachtet. Anfang 1689 kam die Nachricht von der Thronbesteigung von Wilhelm von Oranien. Das Volk erhob sich sofort gegen Andros und zwang ihn, das Land zu verlassen. Im Staat New York fand zur gleichen Zeit ein ähnlicher Aufstand gegen ihren Tyrannen, den Leutnant von Andros, statt, der als Leisler-Aufstand bekannt wurde.

Das Volk nahm seine frühere Regierungsform wieder auf, ohne dass der neue Monarch sich zunächst daran störte. 1692 erhielt Massachusetts eine neue Charta, die sich nur geringfügig von der ursprünglichen unterschied, außer dass sich der König das Recht vorbehielt, einen königlichen Gouverneur zu ernennen.

Etwa zu dieser Zeit begannen sich die Auswirkungen der verschiedenen Kriege, die in Europa zwischen England und Frankreich gewütet hatten, in den Kolonien dieser Länder in Amerika zu zeigen. Invasionen in das Territorium des jeweils anderen Landes wurden häufig, an denen die Indianer teilnahmen, die froh waren, ihren wilden Instinkten freien Lauf zu lassen und die Weißen zu ermorden. König Wilhelms Krieg wütete von 1689 bis 1697. 1702 brach ein weiterer Krieg zwischen Frankreich und England aus, der von viel Blutvergießen in Amerika geprägt war. Die Irokesen verhielten sich in diesem Konflikt neutral und bewahrten so New York vor der Gefahr, während die Last des Leidens Neuengland traf. Die englische Invasion

Kanadas begann 1710, als Port Royal erobert und in Annapolis umbenannt wurde. Nova Scotia – oder Akadien – wurde dauerhaft den englischen Besitzungen zugeschlagen. 1713 endete der Krieg mit dem Frieden von Utrecht, und in den folgenden dreißig Jahren der Ruhe gewannen die Kolonien schnell an Bevölkerung und Bedeutung. Im Jahr 1744 brachen die Feindseligkeiten erneut aus und hörten kaum bis zum Ende des Franzosen- und Indianerkriegs auf.

Dieser Krieg hatte im Gegensatz zu den anderen seinen Ursprung in Amerika und endete mit einer entscheidenden Veränderung der relativen Positionen der französischen und englischen Kolonien. Ursprünglicher Ausgangspunkt des Konflikts war ein Streit um den Besitz des an den Ohio grenzenden Gebiets. Der wahre Inhalt des Falls kann in der entsprechenden Anfrage zusammengefasst werden, die zwei Indianerhäuptlinge schickten, um zu erfahren, „wo das Land der Indianer lag, denn die Franzosen beanspruchten das gesamte Land auf der einen Seite des Flusses und die Engländer auf der anderen." Keiner der Kolonialstreitkräfte hatte das geringste Recht auf das Gebiet.

Die erste Offensive wurde von den Franzosen durchgeführt, die drei britische Händler festnahmen, die in das umstrittene Land vorgedrungen waren. Die Indianer, aufgehetzt durch diese offensichtlichen Feindseligkeiten, begannen auf Anstiftung der Franzosen mit ihren Grenzverwüstungen. Nun trafen aus England Befehle beim Gouverneur von Virginia ein, die ihn anwiesen, zwei Forts in der Nähe des Ohio zu bauen, um französische Übergriffe zu verhindern und die Plünderungen der Indianer einzudämmen. Aber der Befehl kam zu spät; die Franzosen hatten bereits Forts gebaut und das Gebiet in Besitz genommen. Es wurde beschlossen, einen Boten zum Befehlshaber der französischen Streitkräfte am Ohio zu schicken und seine Genehmigung für die Invasion des Territoriums von Virginia einzuholen. Für diese Mission wurde ein junger Mann von erst einundzwanzig Jahren ausgewählt, der jedoch bereits Major in der Miliz von Virginia und ein angesehener Mann in der Kolonie war – der Mann war George Washington. Seine Reise dauerte einundvierzig Tage und war voller aufregender Abenteuer. Seine Beratungen mit den französischen Behörden ließen keinen Zweifel an ihrer kriegerischen Haltung, und Major Washington kehrte sofort nach Virginia zurück, wo sofort mit den Bemühungen begonnen wurde, eine Kolonialarmee aufzustellen. Die anderen Kolonien interessierten sich kaum für die Angelegenheit und Virginia war hauptsächlich auf sich selbst gestellt. Als jedoch klar wurde, dass ein Krieg mit Frankreich unvermeidlich war, wurde die Notwendigkeit der Zusammenarbeit in den Kolonien deutlich und die englische Regierung empfahl, in Albany eine Versammlung abzuhalten, um ein Bündnis mit den Irokesen zu schließen und einen Plan zur allgemeinen

Verteidigung gegen den Feind auszuarbeiten. Die Versammlung trat im Juni 1754 zusammen, schloss einen Vertrag mit den Sechs Nationen und erwog die Frage der kolonialen Union. Ein Plan wurde von Benjamin Franklin aus Philadelphia vorgeschlagen, dem Generalpostmeister Amerikas, der schon damals als einer der fähigsten Denker in den Kolonien galt. Dieser Plan wurde – durch einen seltsamen Zufall – am 4. Juli angenommen. Er sah eine allgemeine Regierung für die amerikanischen Kolonien vor, der ein vom König ernannter Generalgouverneur vorstehen und die von einem von den kolonialen Parlamenten gewählten Rat geleitet werden sollte. Der Rat sollte die Befugnis haben, Truppen auszuheben, Krieg zu erklären, Frieden zu schließen, Geld einzutreiben und alle für die öffentliche Sicherheit notwendigen Maßnahmen zu ergreifen. Das Vetorecht wurde dem Generalgouverneur übertragen und alle Gesetze mussten dem König zur Genehmigung vorgelegt werden.

Doch der Plan wurde sowohl von den kolonialen Versammlungen als auch vom König abgelehnt; von ersteren, weil er dem König zu viel Macht gab, und von letzteren, weil er den Kolonien zu viel Macht gab. Dann nahm das britische Ministerium die Kontrolle des Krieges selbst in die Hand und beschloss, eine Armee zu entsenden, die stark genug war, um die Franzosen in ihre rechtmäßigen Linien zu zwingen. Anfang 1755 wurde Braddock mit zwei Infanterieregimentern aus Irland entsandt, um mit den Streitkräften Virginias zusammenzuarbeiten. Die Kämpfe begannen sofort, obwohl erst eineinhalb Jahre später eine tatsächliche Kriegserklärung zwischen den beiden Ländern erfolgte.

Die interessanten und wichtigen Ereignisse dieses Krieges müssen nur angedeutet werden; das Ergebnis war ein Sieg für die Engländer, und der Friedensvertrag wurde am 10. Februar 1763 in Paris unterzeichnet. Gemäß seinen Bedingungen sollten Kanada, Neuschottland und Kap-Breton zu England gehören; Frankreich verzichtete auf alle Ansprüche auf das Gebiet östlich des Mississippi und behielt seinen Anspruch auf das Land westlich davon; Spanien trat Florida und alle seine Ansprüche auf das Land östlich des Mississippi an Großbritannien ab. Das wichtigste Ergebnis des Krieges war eher in den Kolonien als in England zu spüren. Er bildete eine Nation von Soldaten aus; er lehrte die Amerikaner, wie stark sie wirklich waren und wie wenig sie sich bei ihrer Verteidigung auf Großbritannien verlassen mussten. Die Verhärtung, die durch die von den englischen Offizieren angenommene Überlegenheit und die erzwungene Unterordnung der Amerikaner hervorgerufen wurde, war der Beginn eines Bruchs, der nie wieder geheilt werden sollte. Ein Krieg ist immer eine enorme Verschuldung. Die Kolonien hatten über dreißigtausend Mann verloren und ihre Schulden beliefen sich auf fast vier Millionen Pfund. Allein Massachusetts war vom Parlament entschädigt worden. England selbst war erdrückt von Schulden –

es hatte in siebzig Jahren vier Kriege durchgemacht – und seine Verschuldung erreichte die erschreckende Summe von 140 Millionen Pfund. Man begann, über die Einführung einer Besteuerung der Kolonien zur Erzielung sicherer und regelmäßiger Einnahmen zu diskutieren. Aber die Kolonien hatten bereits eine schwere Steuerlast. Sie waren nicht in der Stimmung, weitere Eingriffe in ihre Bürgerrechte geduldig hinzunehmen. Viele der alten Gesetze zur Beschränkung des Handels – die Zölle auf Zucker und Melasse zum Beispiel – wurden seit langem offen umgangen. Bis zur Thronbesteigung von Georg III. leisteten die Behörden diesem Widerstand keinen Widerstand, aber 1761, als der dritte Georg den Thron bestieg – dieser „sehr hartnäckige junge Mann", wie Charles Townshend ihn beschrieb –, beschloss er, das Gesetz durchzusetzen, und es wurden „Durchsuchungsbefehle" erlassen, mit denen Zollbeamte ermächtigt wurden, nach Waren zu suchen, für die keine Zölle gezahlt worden waren. Diese Maßnahmen waren bei der Bevölkerung Bostons auf heftigen Widerstand gestoßen, und trotz der behördlichen Wachsamkeit nahm der Schmuggel zu, während der Kolonialhandel mit Westindien nahezu zum Erliegen kam.

1764 wurden die Zuckerzölle gesenkt, aber auf Artikel, die bis dahin kostenlos importiert werden konnten, wurden neue Zölle erhoben. Gleichzeitig schlug Lord Grenville die Stempelsteuer vor. Alle Broschüren, Zeitungen, Almanache, alle Obligationen, Pachtverträge, Schuldscheine, Versicherungspolicen – kurz gesagt, alle für rechtliche Zwecke verwendeten Papiere – mussten, um gültig zu sein, auf gestempeltem Papier abgefasst sein, das nur von zu diesem Zweck ernannten Beamten des Königs gekauft werden konnte. Der Plan fand die uneingeschränkte Zustimmung des britischen Parlaments, aber seine Verabschiedung wurde auf das nächste Jahr verschoben, damit die Kolonien Gelegenheit hatten, ihre Meinung zu diesem Thema auszudrücken.

Diese Rücksichtnahme auf die Wünsche der Amerikaner war jedoch nur ein Vorwand. Die Präambel des Gesetzes erklärte offen die Absicht, Einnahmen aus „Seiner Majestät Herrschaft in Amerika" zu erzielen; das Gesetz gab auch den Admiralitätsgerichten mehr Macht und sah strengere Mittel zur Durchsetzung der Zahlung von Zöllen vor. Die Kolonien nahmen die Nachricht von diesen geplanten Gesetzen mit Empörung auf. Das Recht des Parlaments, einem nicht vertretenen Volk Zölle und Steuern aufzuerlegen, wurde verneint. In Boston, seit jeher ein Zentrum demokratischer Gefühle, wurde der Protest in unmissverständlichem Ton vorgetragen. Auch New York brachte seine Gefühle stark zum Ausdruck. Sogar Virginia äußerte lautstark seine Missbilligung. Trotzdem wurde das Gesetz im Unterhaus mit einer Mehrheit von fünf zu eins verabschiedet; im Oberhaus stieß es auf keinerlei Widerstand.

Am nächsten Tag schrieb Benjamin Franklin, der sich damals in London aufhielt, an seinen Freund Charles Thompson: „Die Sonne der Freiheit ist untergegangen. Sie müssen die Kerzen der Industrie und der Wirtschaft anzünden." „Die Fackeln, die wir anzünden werden", lautete die Antwort, „werden von ganz anderer Art sein."

Petitionen und Denkschriften wurden an das Parlament gerichtet, deren milder und versöhnlicher Ton nur schwach die Gärung und Aufregung in den Kolonien widerspiegelte. Plötzlich entstand eine Vereinigung mit dem Namen „Sons of Liberty", deren besonderes Ziel die Einschüchterung der Stempelbeamten zu sein schien. In allen Kolonien wurden die Beamten zum Rücktritt gezwungen oder überredet, und die ankommenden Briefmarken wurden entweder unverpackt gelassen oder beschlagnahmt und verbrannt. Es wurden Resolutionen verabschiedet, keine weiteren Waren aus England einzuführen, bis das Stempelgesetz aufgehoben würde.

Nun kam es zu einem Wechsel im britischen Ministerium, und trotz Widerstand wurde das Gesetz aufgehoben. Dies geschah nur aus Gründen der Zweckmäßigkeit, und es wurde bald klar, dass den Kolonien wenig gewonnen worden war. Das Stempelgesetz war abgeschafft, aber das Declaratory Act, das Sugar Act und das Mutiny Act – das die Kolonisten verpflichtete, Quartiere für englische Truppen bereitzustellen – blieben bestehen. Das Projekt, die amerikanischen Kolonien zu besteuern, wurde keineswegs aufgegeben. Zölle wurden auf Papier, Glas, Malerfarben und Tee erhoben. Eine große Zahl britischer Offiziere wurde in Boston stationiert, um die Zahlung dieser Zölle durchzusetzen. Es kam zu Unruhen, und in den Kolonien herrschte größte Empörung und Aufregung. Die britischen

WELTAUSSTELLUNG, NEW YORK, 1853.

Die Regierung versuchte vergeblich, die Kolonisten zum Kauf ihrer Waren zu bewegen, unternahm aber erfolglos einen letzten Versuch, indem sie ein Abkommen mit der East India Company schloss, wonach eine bestimmte Menge Tee nach Amerika verschifft wurde, um dort zu einem niedrigeren Preis verkauft zu werden, als er vor Einführung der Zölle verlangt wurde. Die Ladungen wurden nach New York, Boston, Philadelphia und Charleston, South Carolina, geschickt. Die Einwohner von New York und Philadelphia schickten sie nach England zurück; in Charleston wurde der Tee in Kellern gelagert, wo er schließlich verdarb; in Boston enterten als Indianer verkleidete Männer die Schiffe und warfen den Tee über Bord.

Die Folge dieser letzten überstürzten Aktion war die Verabschiedung des Port Bill, mit dem der Hafen von Boston für geschlossen erklärt und die Charta von Massachusetts wesentlich geändert wurde, um die Freiheiten der Bevölkerung einzuschränken. General Gage wurde mit Truppen ausgesandt, um Boston zu besetzen, das bereits vollständig mit englischen Soldaten besetzt war.

1774 trafen sich Delegierte aus elf Kolonien in Philadelphia und bildeten einen Kongress. Man einigte sich auf eine Erklärung der Rechte und beschloss, die anstößigen Maßnahmen aufzuheben, die man für die Wiederherstellung der Harmonie zwischen Großbritannien und Amerika für notwendig hielt. Eine Ansprache wurde vorbereitet und an den König und das britische Volk gesandt. Trotz dieser offenen Kriegsdrohungen wurden die Zwangsmaßnahmen fortgesetzt. Die Kolonien trafen Vorbereitungen

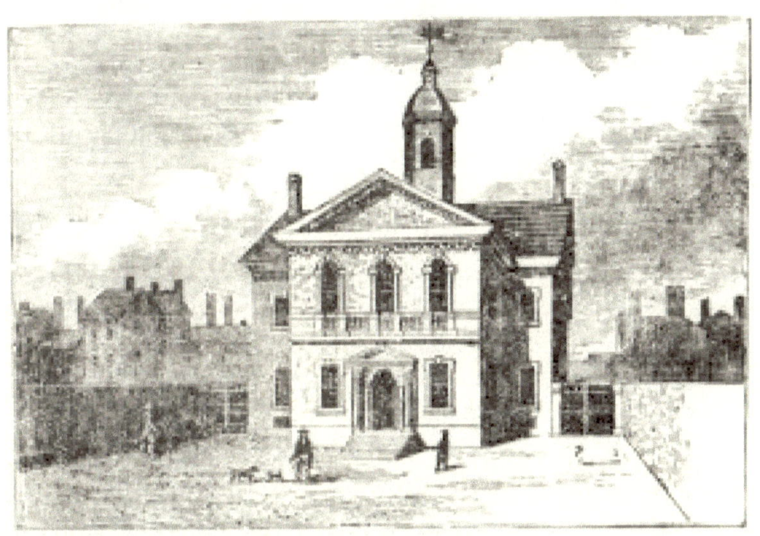

Zimmermannshalle.

zur Verteidigung, und ein Ausbruch konnte jederzeit drohen. Die Gelegenheit war bald gekommen. In Concord, achtzehn Meilen von Boston entfernt, waren zahlreiche Kriegsvorräte untergebracht, und General Gage schickte achthundert britische Soldaten, um sie zu vernichten. In Lexington stießen sie auf den ersten Protest in Form von siebzig bewaffneten Männern, denen befohlen wurde, sich zu zerstreuen. Da der Befehl nicht befolgt wurde, schossen die Briten, töteten acht der Kolonisten und zerstreuten den Rest. In Concord wurde erneut Widerstand geleistet, aber die Truppen führten ihren Auftrag erfolgreich aus. Das ganze Land griff nun zu den Waffen. In der Umgebung von Boston erschien eine kleine Armee, die durch Truppen aus Connecticut noch verstärkt wurde. Die Forts, Arsenale und Magazine in den gesamten Kolonien wurden von den Amerikanern besetzt; Crown Point und Ticonderoga wurden von Ethan Allen mit etwa zweihundertfünfzig unerfahrenen Männern aus New Hampshire eingenommen, verstärkt durch Benedict Arnold und eine kleine Truppe der Miliz von Connecticut. Es folgte die Schlacht von Bunker's Hill.

Der zweite Kontinentalkongress, der am 10. Mai 1775 in Philadelphia zusammentrat, beschloss, eine Armee von 20.000 Mann aufzustellen und auszurüsten, und ernannte George Washington zum Oberbefehlshaber. Am 2. Juli traf General Washington in Cambridge ein und übernahm das Kommando über die amerikanischen Streitkräfte. Zwei Expeditionen gegen die Briten in Kanada wurden organisiert. Eine unter General Montgomery eroberte Montreal, machte eine große Zahl Gefangener und sicherte beträchtliches Eigentum. Die andere unter Benedict Arnold marschierte durch Maine und traf vor Quebec auf Montgomery. Massachusetts, Rhode Island und Connecticut bewaffneten jeweils zwei Schiffe, um gegen den Feind vorzugehen. Der Kongress beschloss außerdem, eine Bewaffnung von dreizehn Schiffen auszurüsten. Drei Schiffe aus London, Glasgow und Liverpool wurden gekapert und ihre Ladungen mit militärischen Vorräten für die Briten konfisziert.

Im Herbst segelte General Gage nach England und das Kommando über die britische Armee ging an General Howe über. Das Parlament erklärte die Kolonien nun für nicht mehr unter königlichem Schutz und eine Armee von siebzehntausend Söldnern wurde eingesetzt, um sie zu unterwerfen. Am 7. Juni 1776 wurde im Kongress ein Antrag gestellt, die Kolonien zu freien und unabhängigen Staaten zu erklären. Der Antrag wurde diskutiert und am 4. Juli fast einstimmig angenommen.

Der Kampf hatte nun ernsthaft begonnen. Seit seiner Ankunft in Cambridge war General Washington damit beschäftigt, aus seinen Neulingen eine Armee zu organisieren und sie mit Munition und geeigneter Kleidung zu versorgen. Die reguläre Streitmacht der Amerikaner betrug im Februar etwa 14.000 Mann; zusätzlich standen dem Oberbefehlshaber etwa 6.000 Soldaten der Miliz von Massachusetts zur Verfügung. Mit diesen Truppen gelang es ihm, die Briten zur Räumung Bostons zu zwingen. Auf diesen Sieg folgten eine Niederlage in Kanada und die vollständige britische Besetzung von New York sowie der Staaten New Jersey und Rhode Island. Im Frühjahr 1777 traf ein Schiff aus Frankreich mit über 11.000 Waffen und 1.000 Fässern Schießpulver ein. Die Armee war vollständig mit Waffen und Munition ausgestattet und man war zuversichtlicher, dass sie Erfolg haben würde. Als die Kontinentalarmee nach Washingtons Sieg in Trenton allmählich New Jersey wieder in Besitz nahm, begannen sich die dezimierten Reihen zu füllen, und die Geschicke der Vereinigten Staaten sanken nie wieder auf einen so tiefen Stand wie nach der britischen Invasion in New York.

Etwa zu dieser Zeit traten mehrere angesehene französische Offiziere in den Dienst der Vereinigten Staaten, darunter der Marquis de Lafayette, der Baron St. Ovary und Graf Pulaski, letzterer ein edler Pole. Sie alle waren den Amerikanern von größtem Nutzen. Die wichtigste Verstärkung unserer Reihen war Baron Steuben, der Adjutant Friedrichs des Großen gewesen war und während des Siebenjährigen Krieges gedient hatte. Nach seinem Ausscheiden aus der preußischen Armee war er Großmarschall des Hofes des Fürsten von Hohenzollern-Hechingen. „Mein größter Ehrgeiz", schrieb er an Washington, „ist es, mir den Titel eines Bürgers der Vereinigten Staaten zu verdienen, indem ich für die Sache Ihrer Freiheit kämpfe." Er fügte hinzu, dass er nach seinem Dienst unter dem König von Preußen nur noch unter General Washington kämpfen wolle. Der Baron wurde zum Generalinspekteur der Armee ernannt, und es war größtenteils ihm zu verdanken, dass die Rohtruppen die Disziplin aufbrachten, die für den endgültigen Sieg erforderlich war. Unter ihm begann die Armee bald wie eine große Maschine zu funktionieren.

Die amerikanische Sache machte stetig Fortschritte. Die aufeinanderfolgenden Feldzüge von 1777-78-79-80 und 1781 müssen als Beispiel genannt werden. Nachdem die Briten aus New Jersey vertrieben worden waren, näherten sie sich Philadelphia über die Chesapeake Bay. Im August marschierte Sir William Howe von der Quelle des Elk River in Maryland in Richtung der Hauptstadt. Die Armeen trafen am 11. September am Brandywine River aufeinander und die Amerikaner wurden besiegt. Damit fiel Philadelphia an die Briten. Kurz darauf kam es bei Germantown zu einer weiteren unentschiedenen Schlacht. Der Feldzug in Pennsylvania war damit beendet und Washington zog sich für die Winterquartiere nach Valley Forge zurück. Inzwischen ereigneten sich im Norden wichtige Ereignisse. General Burgoyne mit siebentausend britischen und deutschen Soldaten wurde bei Fort Schuyler, bei Bennington und auf den Ebenen von Saratoga besiegt. Burgoynes Armee kapitulierte mit fast sechstausend Mann und viel Militäreigentum und wieder waren Ticonderoga und der Norden in den Händen der Amerikaner. Dies war wirklich der Wendepunkt des Krieges.

Frankreich, das über ein Jahr lang eine schwankende Politik verfolgt hatte, schloss nun einen Bündnisvertrag mit den Vereinigten Staaten, in dem vereinbart wurde, dass, sollte es während des Kriegs in Amerika zu einem Krieg zwischen Frankreich und England kommen, dieser zu einer gemeinsamen Sache gemacht werden sollte und dass keine der Vertragsparteien ohne die formelle Zustimmung der anderen Partei Frieden mit England schließen sollte. Sie vereinbarten außerdem, ihre Waffen nicht niederzulegen, bis die Unabhängigkeit der Vereinigten Staaten durch einen Vertrag gesichert sei.

Aufgrund des Bündnisses zwischen Amerika und Frankreich beschloss England, Philadelphia zu räumen und die königlichen Streitkräfte im Hafen von New York zu konzentrieren. Der einzige andere wichtige Vorstoß des Feindes war der auf die Stadt Savannah, die mit den Schiffen im Fluss sowie viel Munition und Vorräten eingenommen wurde. Der Feldzug von 1779 blieb ohne bedeutende Ergebnisse. Die Stadt Charleston, South Carolina, wurde von den Briten eingenommen, aber nicht für längere Zeit gehalten. In Savannah wurde eine Schlacht geschlagen, um die britischen Truppen von dort zu vertreiben. Dies war für die Amerikaner so verheerend, dass sich die Miliz entmutigt in ihre Heimat zurückzog und die französische Flotte das Land verließ. Kaum hatte Sir Henry Clinton sichere Informationen über den Abzug der französischen Verbündeten erhalten, schickte er eine große Expedition gegen South Carolina. Im April 1780 wurde Charleston umzingelt und einen Monat später kapitulierte Fort Moultrie, womit die Einnahme der

Stadt abgeschlossen war. In diesem Jahr kam es auch zu Benedict Arnolds Verrat und zur Hinrichtung des tapferen André.

Die militärischen Bewegungen des Jahres 1781 beschränkten sich hauptsächlich auf den Süden. Die Briten wurden in South Carolina zweimal besiegt, was den Krieg in diesem Staat beendete. In Virginia, in Yorktown, kapitulierte die britische Armee unter General Cornwallis, was praktisch den Ausgang des Unabhängigkeitskrieges entschied. Beide Nationen ernannten nun Kommissare zur Friedensverhandlung, und am 30. November 1782 einigten sie sich auf vorläufige Artikel, die in einen künftigen Friedensvertrag aufgenommen werden sollten, der endgültig abgeschlossen werden sollte, wenn zwischen Frankreich und England Frieden hergestellt wäre. Am 11. April 1783 erließ der Kongress eine Proklamation, in der er die Waffenruhe zu Land und zu Wasser erklärte. Der endgültige Friedensvertrag wurde am 3. September in Paris unterzeichnet. Am 25. November verließen die britischen Truppen die Stadt New York, und am selben Tag nahmen die Amerikaner sie in Besitz.

KAPITEL III.

DIE GESCHICHTE DER NATION.

Auf die Siegesfreude folgte eine Zeit der Unsicherheit und Besorgnis. Finanziell war das Land völlig zusammengebrochen. Der Krieg hatte eine Auslandsverschuldung von acht Millionen und eine Inlandsverschuldung von dreißig Millionen Dollar zur Folge. Die Armee war unbezahlt und meuterte; nur Washingtons Takt und Energie verhinderten einen Ausbruch. Die am 1. März 1781 ratifizierten Artikel der Konföderation reichten für die Notlagen, die überall auftraten, nicht aus. Der Kongress konnte keine Einnahmen erzielen, außer durch Beschlagnahme von den Staaten; er hatte keine Macht, Steuern zu erheben oder die Staaten zur Zahlung zu zwingen. Er hatte keine gemeinsame Exekutive und war eigentlich weniger eine Regierungsgewalt als vielmehr ein beratendes Gremium. In den gesamten Staaten herrschte ein Zustand, der an Anarchie grenzte. Die gesetzgebenden Körperschaften von Staaten mit Seehäfen besteuerten die Bevölkerung anderer Staaten für den Handel mit ausländischen Häfen über diese. Einige besteuerten sogar Importe aus Schwesterstaaten. Alle Staaten ignorierten die Beschlagnahmen des Kongresses, und New Jersey verweigerte tatsächlich die Zahlung gänzlich. Es wurde immer deutlicher, dass die Zentralregierung gestärkt und neue Verwaltungsmethoden eingeführt werden mussten, sonst würde die Konföderation auseinanderbrechen.

Alle Staaten außer Rhode Island ernannten Delegierte für eine Generalversammlung, die im Mai 1787 in Philadelphia abgehalten werden sollte, um „weitere Bestimmungen auszuarbeiten, die notwendig sein könnten, um die Bundesverfassung den Erfordernissen der Union anzupassen". Die Mitglieder waren die weisesten und ehrenhaftesten Männer Amerikas. Der ehrwürdige Franklin, heute einundachtzig Jahre alt, George Washington, eine lange Liste von Helden der Revolution und acht Unterzeichner der Unabhängigkeitserklärung waren unter den angesehenen Delegierten. Die Versammlung dauerte fast vier Monate. Die Verhandlungen waren geheim; das Tagebuch wurde Washington anvertraut, der es im Außenministerium hinterließ. Dieses Tagebuch wurde später gedruckt. Notizen mehrerer Mitglieder wurden 1840 veröffentlicht, und aus ihnen haben wir einen nahezu vollständigen Überblick über den Prozess der Verfassungsgebung.

Die Gegensätze der Staaten waren zahlreich und erbittert. Der wichtigste von ihnen war die Sklavenfrage. Die Diskussionen zu diesem Punkt wurden so hitzig, dass der Konvent vierzehn Tage lang kurz vor der Auflösung stand, und selbst Washington verzweifelte an einem günstigen Ausgang der

Verhandlungen und bereute beinahe, überhaupt etwas mit dem Konvent zu tun gehabt zu haben. Zu dieser Zeit hielt Franklin seine charakteristische Rede über die große Meinungsverschiedenheit, in der er sagte, wenn ein breiter Tisch gemacht werden soll und die Kanten der Bretter nicht passen, nimmt der Handwerker ein wenig von beiden und macht eine gute Verbindung. In ähnlicher Weise müssen sich hier beide Seiten von einigen ihrer Forderungen trennen, um sich auf eine entgegenkommende Position zu einigen. Mit der Einigung auf einen Kompromiss ging die Arbeit schneller voran, und am 12. September wurde der Druck der fertigen Verfassung angeordnet. Die Unterzeichnung und Ratifizierung der Verfassung durch die Staaten folgte.

Der erste Kongress trat am 4. März 1789 in New York zusammen. Delegierte aus allen Staaten außer Rhode Island und North Carolina kamen. Bei der Eröffnung der Wahlen wurde festgestellt, dass George Washington zum Präsidenten der Vereinigten Staaten gewählt wurde und John Adams, der die nächsthöchste Stimmenzahl hatte, zum Vizepräsidenten ernannt wurde. Am 23. April traf der gewählte Präsident in New York ein und wurde am 30. in sein Amt eingeführt. Nach einer mühsamen Sitzung wurde der Kongress vertagt und trat am ersten Montag im Januar zusammen.

Die nationale Regierung stieß bei einem beträchtlichen Teil der Wähler auf starken Widerstand, und so bildeten sich gleich zu Beginn zwei politische Parteien. Die Freunde der Verfassung wurden Föderalisten genannt, die Gegenpartei Antiföderalisten. Im November dieses Jahres nahm North Carolina die Verfassung an und wurde als Staat anerkannt, Rhode Island folgte im nächsten Jahr. 1790 wurde der Standort der Hauptstadt festgelegt und ihre Verlegung an den Potomac für das Jahr 1800 vorgesehen; in der Zwischenzeit sollte der Regierungssitz in Philadelphia eingerichtet werden. Eine Volkszählung ergab, dass die Vereinigten Staaten 3.929.326 Einwohner zählten, von denen 695.655 Sklaven waren. 1791 wurde der Widerstand gegen die Bundespartei stärker, als der Kongress die Staatsschulden übernahm und Hamilton den Plan einer Nationalbank vorbrachte. Jefferson, der erste Außenminister, war der Vorsitzende der Gegenpartei, die sich Republikaner nannte, die Hamilton-Partei als Monarchisten anprangerte und sich gegen die Tendenz zur Zentralisierung der Macht aussprach. Die Föderale Partei behielt jedoch die Mehrheit, und Washington und Adams wurden 1792 wiedergewählt. Bei den Wahlen von 1800 siegten die Republikaner; Jefferson wurde Präsident und Aaron Burr Vizepräsident. Die beiden Männer erhielten die gleiche Stimmenzahl, und der Kongress musste zwischen ihnen entscheiden. Viele Jahre lang blieb die Republikanisch-Demokratische Partei „Staatsrechte" an der Macht.

Das wichtigste Ereignis des frühen 19. Jahrhunderts war der Kauf Louisianas von den Franzosen. Dieses riesige Gebiet war nach dem Franzosen- und

Indianerkrieg an England verloren gegangen; es umfasste das gesamte Mississippital und erstreckte sich unendlich weit nach Westen. 1762 wurde es an Spanien übertragen, obwohl es erst 1769 in den Besitz überging. 1763 hatte Großbritannien durch Vertrag den Teil östlich des Mississippi erhalten. 1783 gelangte dieser natürlich in den Besitz der Vereinigten Staaten. Das gesamte Gebiet westlich und östlich vom 31. Breitengrad bis zum Golf blieb in spanischer Hand. Schon früh war man sich der Bedeutung der freien Nutzung des Flusses als Transportweg zum Meer bewusst. Diese Notwendigkeit wurde noch verstärkt, als die Siedlungen zunahmen und die spanischen Behörden eine feindselige Politik zu verfolgen begannen. 1800 gab Spanien die Provinz Louisiana an Frankreich zurück. Es dauerte einige Zeit, bis die Transaktion bekannt wurde, aber als sie öffentlich gemacht wurde, sah Jefferson, dass unsere Probleme mit Frankreich noch nicht vorbei waren. An dem Tag, an dem sie den Fluss in Besitz nahm, würde die lange strapazierte alte Freundschaft zu Ende gehen, und ein Krieg schien nahe, denn 1802 kam die Nachricht, dass eine Expedition sich zur Überfahrt nach Louisiana anschickte. Inzwischen war die Schifffahrt auf dem Fluss für amerikanische Bürger gesperrt; jeglicher Handel war ihnen verboten, und das Recht auf Hinterlegung in New Orleans wurde ihnen entzogen. Geschützt durch dieses Recht hatten Händler aus Kentucky und Ohio es gewohnt, Tabak, Mehl usw. den Fluss hinunter zu flößen und in Lagerhäusern zu lagern, bis Schaluppen oder Prahme eintrafen, die sie in ihre Häfen brachten. Nach dem Vertrag von 1795 musste immer ein geeigneter Ort für diese Waren offen sein, und als New Orleans gesperrt war, gab es keinen anderen Ort. Jeffersons Plan war, so viel Land am östlichen Ufer des Flusses zu kaufen, dass die Frage der Nutzung seiner Mündung für immer geklärt war. Obwohl die Föderalisten im Kongress, die Spanien den Krieg erklären wollten, heftig dagegen waren, wurde Jeffersons Vorschlag umgesetzt und James Monroe wurde entsandt, um mit den Gesandten in Frankreich und Spanien in Sachen Kauf zu verhandeln. Talleyrand behinderte die Angelegenheit so weit wie möglich, und Livingston war schließlich gezwungen, die Fesseln der diplomatischen Etikette zu sprengen und sich direkt an den Ersten Konsul zu wenden. Napoleon stimmte dem Verkauf zu, nicht nur eines Teils, sondern des gesamten Besitzes; der zunächst geforderte Preis betrug 125 Millionen Francs, und der endgültige vereinbarte Preis lag bei 80 Millionen. Jefferson, der nur befugt war, zwei Millionen Dollar auszugeben, akzeptierte den Vertrag, berief den Kongress ein und drängte ihn, den Kauf abzuschließen. 15 Millionen Dollar schienen eine enorme Summe für das Volk zu sein, und die alten Föderalisten kämpften heftig gegen die Maßnahme, aber am Ende wurde der Vertrag vom Kongress ratifiziert. Am 10. November wurde das Gesetz zur Schaffung der von der ersten Versammlung geforderten Wertpapiere im Wert von elf Millionen zweihundertfünfzigtausend Dollar verabschiedet, und im Dezember 1803 nahmen die Vereinigten Staaten Louisiana in Besitz.

Das so erworbene riesige Gebiet war für die Amerikaner jener Zeit eine unerforschte und unbekannte Region. Nur einige wenige Informationen von Jägern und Fallenstellern und die wilden Geschichten der Indianer hatten die Behörden erreicht. Und was für Geschichten! Es gab Indianer von gigantischer Statur, einen Salzberg von 180 Meilen Länge, der in der Sonne strahlend weiß leuchtete, auf dem kein einziger Baum stand, und salzhaltige Bäche flossen aus seinem Fuß. Es gab Prärien, die zu fruchtbar für alles andere als Gras waren, und einen Boden, der so fruchtbar war, dass Pflanzen gediehen. 1804 schickte die Regierung eine Gruppe von Forschern unter Lewis und Clark los; sie folgten dem Missouri bis zu seiner Quelle, überquerten die Berge bis zum Pazifik und durchquerten die gesamte Region, die heute als Oregon bekannt ist.

Der Handel in Amerika begann nun mit bemerkenswerter Geschwindigkeit zu wachsen, und die entstehenden Komplikationen mit anderen Ländern zwangen die Vereinigten Staaten, ihren Handel durch zwei Kriege zu schützen, einen mit Tripolis und einen mit England. Frankreich und England waren in jenen gewaltigen Kampf verwickelt, der auf die Ereignisse der Französischen Revolution folgte. Da England dringend Männer brauchte und nicht in der Lage war, sie von den deutschen Herzogtümern zu kaufen, wie es in seinem Krieg mit den Kolonien der Fall war, begann es mit dem System der Zwangsrekrutierung von Seeleuten, das schließlich so unerträglich wurde, dass ein Krieg notwendig wurde. Das Übel war von langer Dauer. Schon 1796 wurde in London die Freilassung von 270 Seeleuten beantragt, die innerhalb eines Jahres gefangen genommen worden waren. Die Bevölkerung der Vereinigten Staaten war empört. Es wurden Maßnahmen zur Ausstattung einer geeigneten Marinebewaffnung ergriffen und eine Politik der Aggression beschlossen.

Dem Krieg mit Großbritannien ging jedoch ein dreijähriger Krieg mit der Piratenmacht Tripolis voraus, die zusammen mit den anderen Barbareskenstaaten Nordafrikas das Mittelmeer viele Jahre lang für den Handel unsicher gemacht hatte. Die schwächeren Handelsnationen Europas hatten sich nach vergeblichen Versuchen, diese Verbrechen zu unterdrücken, bereit erklärt, einen jährlichen Tribut für die Sicherheit ihrer Schiffe zu zahlen. Die Vereinigten Staaten taten eine Zeit lang dasselbe, wurden dieses Kurses jedoch überdrüssig und erklärten Tripolis den Krieg. Der Kampf endete 1804 und führte zur teilweisen Unterdrückung der Piraterie. Es bedurfte eines zweiten Kampfes im Jahr 1815, um Algier und Tunis dazu zu bewegen, alle Tributansprüche der Vereinigten

Staaten aufzugeben. HAUPTGEBÄUDE, INTERNATIONALE JAHRHUNDERTAUSSTELLUNG, 1876.

Staaten, und dies wurde unter demselben talentierten Kommandanten erreicht, der den ersten Krieg zu einem erfolgreichen Abschluss brachte – dem tapferen Commodore Decatur.

Die Geschichte des zweiten Krieges mit Großbritannien beginnt, wie wir gesehen haben, bereits im Jahr 1796. Die aggressiven Handlungen dieser Macht waren von einer Art, die man heute nicht einen einzigen Monat lang tolerieren würde, wenn sie stattfänden. Ein offizieller Bericht des Außenministers aus dem Jahr 1812 erklärte, dass vor 1807 528 amerikanische Handelsschiffe von England gekapert worden seien und nach diesem Zeitraum 389. Der Wert dieser Schiffe und Ladungen würde sich, wenn man ihn auf die niedrigsten Zahlen schätzt, auf fast 30 Millionen Dollar belaufen. Ein reichlicher Grund für einen Krieg, gewiss; doch die Erklärung wurde im Kongress mit einer erstaunlich knappen Mehrheit angenommen. Die Bundespartei, die sich allen Jeffersonschen Maßnahmen widersetzte, bekämpfte mit besonderer Erbitterung – und mit besonderer Berechtigung – das Embargo, das die Exekutive verhängt hatte und das den Industriellen wirklich schwere Not zugefügt hatte. Die Depression hielt während des gesamten Krieges an, und das erlebte Leid gab den Maßnahmen der sogenannten „Friedenspartei" große Unterstützung, die ihrer erfolgreichen Beendigung alle Hindernisse in den Weg legte. Insgesamt war es ein Krieg, für den keine angemessenen Vorkehrungen getroffen wurden. Die Marine der Vereinigten Staaten war nicht in der Lage, es mit der englischen aufzunehmen; die reguläre Armee zählte weniger als siebentausend Mann, und auch für die anderen Kriegserfordernisse war nicht ausreichend gesorgt. Der Zeitpunkt war jedoch äußerst günstig. England war durch seinen Kampf mit Frankreich erschöpft, der sogar noch andauerte und die meiste

Aufmerksamkeit seiner Aufmerksamkeit erforderte. Dennoch wurde der Krieg so miserabel geführt, dass das erste Jahr für die Vereinigten Staaten eine Katastrophe war. Unsere Marineoperationen waren von Anfang an erfolgreich, und die bemerkenswerte Reihe von Siegen auf See erfüllte England mit Erstaunen und Bestürzung. Diesen Erfolgen folgten ähnliche auf den Seen, wo zwei der bemerkenswertesten Schlachten des Krieges gewonnen wurden. 1814 nahmen die Briten Washington ein, brannten das Kapitol, das Haus des Präsidenten, die öffentlichen Ämter, die Marinewerft und das Arsenal sowie die Brücke über den Potomac nieder. Sie wurden einige Tage später von den Amerikanern zurückgeschlagen und gezwungen, die Chesapeake Bay zu verlassen. Die britische Flotte segelte dann nach Süden und erschien im Dezember vor New Orleans. Jacksons tapfere Verteidigung dauerte fast einen Monat und endete mit einem Sieg für die Vereinigten Staaten. Noch bevor der erste Schuss abgefeuert wurde, war der Friedensvertrag unterzeichnet worden, aber die Nachricht erreichte die Kämpfer im Süden erst im Februar.

Der Vertrag regelte bestimmte Grenz- und Fischereifragen und sah die Abschaffung der Seestreitkräfte auf den Seen vor. Über die Zwangsrekrutierung wurde nichts gesagt, was durchaus möglich war, da Amerika seine Fähigkeit, seinen Handel und seine Bürger in zukünftigen Schwierigkeiten zu verteidigen, hinreichend unter Beweis gestellt hatte.

Das beste Ergebnis des Krieges war der rasche Anstieg der amerikanischen Fabriken, der durch die Unmöglichkeit während der Blockade bedingt war, Waren aus dem Ausland zu beziehen. Nach der Aufhebung der Blockade waren viele dieser Fabriken infolge des plötzlichen Zustroms ausländischer Waren ruiniert, aber der Impuls war gesund und die heimische Industrie hatte zumindest einen Aufschwung erlebt. Landwirtschaftliche Produkte stiegen stark im Wert, Land und Arbeitskräfte stiegen im gleichen Maße und die Schifffahrtsinteressen des Landes florierten mehr denn je. Während dieser Zeit zeichnete sich eine wachsende Tendenz zur Teilung des Landes in einen nördlichen und einen südlichen Teil ab. Im einen Teil schufen freie Arbeit und wachsende Handels- und Fertigungsinteressen eine Reihe von Bedingungen, während im Süden Sklavenarbeit und wachsender landwirtschaftlicher Reichtum ganz andere Bedingungen mit sich brachten. Mit der Erfindung der Egreniermaschine im Jahr 1791 erlangte die Baumwolle schnell eine herausragende Stellung unter den amerikanischen Industrien. Sklavenarbeit, die immer unerwünschter geworden war, wurde nun sehr geschätzt, und die Zahl der Sklaven im Land stieg von 657.047 im Jahr 1790 auf – in runden Zahlen – 1.600.000 im Jahr 1820. Zu dieser Zeit war die Sklaverei im Norden fast verschwunden, und die industriellen Interessen des Landes wurden so unterschiedlich, dass der Charakter der Menschen entsprechende Veränderungen erleiden musste. Im Norden wurde die Industrie über alles gelobt, und der Arbeiter war – theoretisch gesehen – jedem Menschen ebenbürtig. Im Süden sah man auf die Arbeit herab, und der Plantagenbesitzer gab sich gesellschaftlichen Vergnügungen hin und überließ sogar die Verwaltung seines Anwesens einem Agenten. Während im Norden die Tendenz zum Zusammenbruch aller Klassenunterschiede bestand, entwickelte sich der Süden immer mehr zu einer Aristokratie. Diese Vielfalt der Bedingungen sollte mit der Zeit zunehmen, bis ihr Endergebnis unweigerlich ein Krieg um die Erhaltung jener Prinzipien der Freiheit und Demokratie war, auf denen die Union gegründet wurde und von denen ihre Existenz abhängt.

Während dieser Zeit füllte sich auch der Westen mit bemerkenswerter Geschwindigkeit. Ein Staat nach dem anderen wurde aufgenommen, bis die ursprünglichen dreizehn bis 1820 auf vierundzwanzig angewachsen waren. Alle Staaten östlich des Mississippi wurden zu dieser Zeit aufgenommen, und westlich des Flusses waren es Missouri und Louisiana. Es war eine sehr rohe Bevölkerung, die die Grenze füllte. Flüchtlinge aus allen östlichen Staaten flohen, um der Justiz zu entgehen, und bildeten schließlich die Mehrheit der Einwohner. Viele Jahre lang herrschte die Schurkerei, aber der eindringende Vormarsch der Zivilisation brachte allmählich ein besseres Element mit sich, und der Westen bot den Unverbesserlichen einen weniger attraktiven Hafen.

An dieser Stelle muss auf die Invasion Floridas durch General Jackson im Jahr 1818 hingewiesen werden. Seit 1812 gab es Schwierigkeiten mit den Seminolen-Indianern, während viele entflohene Sklaven in den nördlichen Teil des Staates flohen und sich mit den Wilden vermischten. Diese Neger ließen sich am Appalachicola River nieder und trotzten, von den Briten mit Waffen ausgestattet, den amerikanischen Behörden. Ihre Festung wurde 1816 von General Clinch zerstört, aber die Belästigung durch die Seminolen hielt an. 1818 marschierte General Jackson in Florida ein, zerstörte die Indianerstädte und nahm die Stadt Pensacola und das spanische Fort St. Mark's in Besitz. Der dadurch hervorgerufene Streit mit Spanien führte am 22. Februar 1819 zur Abtretung ganz Floridas an die Vereinigten Staaten.

Die politische Lage des Landes von 1816 bis 1820, während Monroes Regierung, war insofern eigenartig, als es nur eine politische Partei gab – ein Zustand, den es vorher und nachher nie gegeben hatte. Diese Zeit wurde als „Ära der guten Stimmung" bezeichnet. In industrieller Hinsicht war es jedoch eine Zeit der großen Depression. Der Wohlstand, der auf den Krieg von 1812 folgte, war verschwunden, und die natürliche Abneigung gegen die ungewöhnlich hohen Preise hatte eingesetzt. Die Banken stellten die Zahlungen in Münzgeld ein, und Gold und Silber verschwanden. Die Bank der Vereinigten Staaten war in einem demoralisierten Zustand, und überall herrschten Ruin und Bankrott. Es dauerte mehrere Jahre, bis sich die Vereinigten Staaten von dieser Notlage erholten. Ein bemerkenswertes

Merkmal dieser Zeit war die Erörterung des Problems der internen Verbesserungen im Kongress. Große Mittel wurden für eine Kanalroute durch Florida, für eine Nationalstraße von Cumberland, Maryland, nach Ohio usw. bereitgestellt. Das größte Unternehmen war der Eriekanal, der vom Staat New York für zehn Millionen Dollar gebaut wurde. Zu den weiteren erwähnenswerten Ereignissen gehörten die Gründung der Anti-Slavery Association im Jahr 1815, die Gründung der ersten Sparkasse in Philadelphia, die Gründung von Colleges und Universitäten in fast allen Staaten der Union sowie die Überfahrt des ersten Ozeandampfschiffs.

Die Geschichte dieser Periode darf nicht ohne eine Anspielung auf die berühmte „Monroe-Doktrin" abgeschlossen werden. Amerika hatte sich lange Zeit aus der Einmischung in europäische Angelegenheiten herausgehalten, aber bis jetzt hatte es nie seine Entschlossenheit bekundet, sich nicht einmischen zu lassen. In Monroes Botschaft von 1823 findet sich eine Passage, die, obwohl sie nie offiziell vom Kongress gebilligt wurde, sofort zu einem festen und unabänderlichen Bestandteil unserer nationalen Politik wurde: dass jeder Versuch, ausländische Regierungssysteme auf irgendeinen Teil dieser Hemisphäre auszudehnen, als eine Gefahr für unseren Frieden und unsere Sicherheit angesehen wird und als Ausdruck einer unfreundlichen Haltung gegenüber den Vereinigten Staaten gewertet werden soll.

Im Jahr 1819 kam es zu der aufregenden Kontroverse, die als „Missouri-Kompromiss" bekannt wurde, die einen Aspekt der Sklavenfrage regelte und den Weg für ihre endgültige Lösung ebnete. Als Missouri die Aufnahme als Staat beantragte, stimmte das Repräsentantenhaus dafür, diese Aufnahme an das Verbot der weiteren Einfuhr von Sklaven und die Emanzipation aller nach der Aufnahme geborenen Sklavenkinder zu knüpfen, sobald sie das Alter von 25 Jahren erreichten. Der Senat lehnte diese Bedingung jedoch ab, und der Kongress vertagte sich, ohne zu einer endgültigen Entscheidung zu kommen. Während der gesamten nächsten Sitzung wurde über die Frage gestritten, bis der Staat in der Nacht vom 2. auf den 3. März 1820 aufgrund eines Kompromisses aufgenommen wurde. Die Sklaverei war auf seinem Territorium erlaubt, aber auf dem Territorium, mit Ausnahme von Missouri, das nördlich von 36 Grad und 30 Minuten nördlicher Breite liegt, für immer verboten. Wenn letzteres nur Missouri betroffen hätte, wäre es vergleichsweise unbedeutend gewesen, aber es ging um zwei wichtige Prinzipien, die das Wohl der gesamten Nation betrafen. Dabei ging es um die Fragen der Sklaverei und der staatlichen Souveränität im Gegensatz zur Vorherrschaft der Vereinigten Staaten. Das Ergebnis des Kompromisses war, dass das Land auf einer festen geographischen Basis in freie und Sklaventeile aufgeteilt wurde. Jede der beiden Gruppen konsolidierte sich immer mehr, und der Antagonismus zwischen dem Norden und dem Süden nahm unvermeidlich zu.

Im Jahr 1835 ereignete sich ein Ereignis, das für die Vereinigten Staaten von großem Interesse sein sollte. Es handelte sich um die Revolution in Texas, damals eine Provinz Mittelamerikas. Am 2. März 1836 wurde die Unabhängigkeitserklärung abgegeben; am 6. März ereignete sich das berühmte Massaker von Alamo und zwei Wochen später die Schlacht von San Jacinto, in der die mexikanischen Streitkräfte besiegt und der Präsident Santa Anna gefangen genommen wurde. Als Bedingung für seine Freilassung verließen die mexikanischen Truppen das Land und die Feindseligkeiten hörten auf. Die Unabhängigkeit von Texas wurde bald von den Vereinigten Staaten und Europa anerkannt und 1845 wurde die neue Republik auf eigenen Wunsch ein Staat der Amerikanischen Union. Mexiko, das die Unabhängigkeit von Texas nie anerkannt hatte, ärgerte sich über das Vorgehen der Vereinigten Staaten und im folgenden Jahr kam es am Rio Grande zu Zusammenstößen zwischen den beiden Ländern. Zwei sehr tödliche Konflikte, einer bei Palo Alto und der andere bei Resaca de la Palma, konnten nur zu einer Kriegserklärung unserer Regierung führen. Die Armee unter General Taylor rückte sofort nach Palo Alto vor, wo die Mexikaner am 8. Mai besiegt wurden. Im September nahm Taylor Monterey ein. Eine andere Armee unter General Kearney hatte erfolgreich Neumexiko besetzt und marschierte nach der Errichtung einer Zivilregierung mit Unterstützung von Commodore Stockton und Captain Fremont nach Kalifornien. Der Krieg endete im September des nächsten Jahres mit einem Sieg für die Amerikaner. Es war eine ununterbrochene Reihe von Erfolgen für die Vereinigten Staaten gewesen. Der Friedensvertrag wurde am 2. Februar 1848 unterzeichnet; gemäß seinen Bestimmungen wurden Oberkalifornien und Neumexiko von Mexiko aufgegeben, das im Gegenzug sein gesamtes erobertes Gebiet sowie 15 Millionen Dollar erhielt.

Im selben Jahr, in dem wir Kalifornien annektierten, wurde das Vorhandensein von Gold in großen Mengen in einem riesigen Gebiet des Landes nachgewiesen, und innerhalb weniger Monate waren bereits Tausende von Schatzsuchern damit beschäftigt, Schätze aus dem Sand zu waschen. Die Geschichte des „Goldrauschs" in Kalifornien im Herbst 1848 und in den darauffolgenden Jahren ist einzigartig und äußerst spannend. Die Szenen, die er auslöste, sind beispiellos in der Geschichte eines anderen Landes, außer Australien. Nach kurzer Zeit waren die Seifenlagerstätten Kaliforniens erschöpft, und es musste auf teurere Methoden zurückgegriffen werden. Das hydraulische Verfahren wurde 1852 erfunden; auch der Quarzabbau kam in Mode. In Colorado und Nevada wurden reiche Silbervorkommen entdeckt, und obwohl die Ära der individuellen Schatzsuche vorbei war, steckte in den Felsen des neuen Landes noch immer eine immense Menge an Reichtum, und die Auswanderung ging mit beispielloser Energie voran. Die Pazifikküste war nicht nur reich an Gold, sondern auch an Wäldern und vor allem an landwirtschaftlichen Anlagen. Mit all diesen Anreizen an der Küste kam die Entdeckung des Reichtums in den dazwischenliegenden Präriegebieten, und der große Westen begann sich zu füllen, bis er in 43 Jahren zur Heimat der kühnsten und vielversprechendsten Bevölkerung innerhalb der Grenzen der Vereinigten Staaten wurde. Ein Staat nach dem anderen wurde aufgenommen, Eisenbahnen und Telegrafen wurden auf dem ganzen Kontinent gebaut, und der Nation wurde ein riesiges und blühendes Gebiet hinzugefügt.

Die nächste Phase der amerikanischen Geschichte, die bei einer Aufzählung nur der wichtigen Ereignisse des nationalen Wachstums unsere Aufmerksamkeit verdienen muss, ist die Entwicklung des Abolitionismus. Die Sklavenfrage wurde nach der Verabschiedung des Missouri-Kompromissgesetzes nicht begraben, wie seine Befürworter versprochen und geglaubt hatten. Die Doktrin der Abschaffung wurde erstmals von William Lloyd Garrison in seiner Zeitung *The Liberator* vom 1. Januar 1831 offen vertreten. Bald darauf wurden Anti-Sklaverei-Gesellschaften gegründet, die jedoch im Norden auf so heftigen Widerstand stießen, dass sie ihre Versammlungen einstellen mussten. Die politische Stärke der Idee zeigte sich erst 1844, als der Kandidat der „Liberty"-Partei Polk zum Präsidenten der Vereinigten Staaten ernannte. Es waren jedoch das Ende des Mexikanisch-Amerikanischen Krieges und der darauf folgende große Vermögenszuwachs, die die Frage vor dem Kongress in den Vordergrund rückten. Bei der Diskussion des Vertrags von Mexiko schlug David Wilmot aus Pennsylvania vor, dem Bewilligungsgesetz die Klausel hinzuzufügen, dass die Sklaverei in allen Gebieten verboten werden sollte, die als Folge des Krieges erworben werden könnten. Obwohl der „Wilmot Proviso" abgelehnt wurde, stieß er im gesamten Norden auf wärmste Zustimmung.

Die Anti-Sklaverei-Fraktion gründete sich 1848 unter dem Namen „Free Soil Party" und stellte in der darauffolgenden Wahl ihren Kandidaten Martin Van Buren als Präsidentschaftskandidaten, entsandte Salmon P. Chase und Charles Sumner in den Senat und eine große Zahl ihrer Freunde ins Repräsentantenhaus. Die rasche Besiedlung des Westens verkomplizierte die Lage noch. Kalifornien und Oregon schlossen in ihrer territorialen Organisation die Sklaverei aus, und ersteres beantragte die Aufnahme als Staat auf Anti-Sklaverei-Basis. Es folgte eine heftige Debatte im Kongress, wobei die Vertreter der Südstaaten auf einer Organisation von Kalifornien, Oregon, Utah und New Mexico ohne Sklavereibeschränkungen bestanden. Die Free Soil Party forderte nicht nur die Aufnahme Kaliforniens, sondern auch die Organisation der anderen Territorien mit absolutem Verbot der Sklaverei. Der Streit endete mit einem von Henry Clay vorgeschlagenen

Kompromiss, in dem Kalifornien als freier Staat aufgenommen wurde, in Utah und New Mexico keine Beschränkungen durchgesetzt wurden, die Sklaverei im District of Columbia verboten und Vorkehrungen für die Rückkehr entflohener Sklaven aus allen Nordstaaten getroffen wurden. Der Kompromiss war für die Mehrheit der Bevölkerung so akzeptabel, dass die Proteste gegen die Sklaverei eine Zeit lang stark nachließen.

1855 wurde die Free Soil Party in die Republikanische Partei aufgenommen, die später eine solche Macht erlangen sollte. Es war die Klausel über entflohene Sklaven, die die Abschaffungsstimmung im Norden erneuerte. In den Jahren zuvor hatten entflohene Sklaven viele Freunde unter den Nordstaatlern gefunden, die ihnen nach Kanada halfen, und mit der Zeit wurde die Organisation zur Unterstützung und Unterbringung entflohener Schwarzer vollständiger, und nur sehr wenige Sklaven, denen es gelang, die Grenze zu überqueren, wurden jemals von ihren Herren zurückgeholt. Massachusetts erließ sogar ein Gesetz, um entflohenen Sklaven ein Schwurgerichtsverfahren zu ermöglichen, und Pennsylvania erließ ein Gesetz gegen Entführungen. Schließlich wurde am Obersten Gerichtshof eine Entscheidung getroffen, die den Besitzern eines Sklaven das Recht gab, ihn ohne Gerichtsverfahren wieder einzufangen, aber dies half wenig gegen die wachsende Stimmung gegen jede Sklaverei. 1850 wurde ein Gesetz über entflohene Sklaven verabschiedet, das in seinen Maßnahmen so ungerecht war, dass es der Entführung freier Neger, die im Süden als Sklaven gehalten wurden, kaum Hindernisse in den Weg legte. Dieses Gesetz erregte die größte Empörung und verschaffte den Abolitionisten, die zuvor als wilde Radikale galten, eine Schar glühender Sympathisanten. Im Dezember 1853 wurde die Gründung des Nebraska-Territoriums vorgeschlagen. Es wurde ein Zusatz zum Gesetzentwurf vorgeschlagen, der den Missouri-Kompromiss aufheben und es den Bürgern der Südstaaten erlauben sollte, ihre Sklaven in jedem der neuen Territorien oder Staaten zu halten. Der Entwurf wurde vom Ausschuss mit den geänderten Bestimmungen zurückgemeldet, die die Bildung zweier Territorien vorsahen, Kansas und Nebraska. Nach einem vier Monate dauernden Streit wurde der Entwurf angenommen, die seit 35 Jahren bestehende Maßnahme aufgehoben und das gesamte Gebiet vom Mississippi bis zu den Rocky Mountains der Sklaverei zugänglich gemacht. 1857 errang der Süden einen neuen Sieg, als der Missouri-Kompromiss vom höchsten Gericht des Landes für verfassungswidrig erklärt wurde. Die Abolitionistenpartei war nun im Norden sehr stark gestärkt, und vor der Sklavenaufregung waren alle anderen Fragen der öffentlichen Ordnung untergeordnet. Eine Neuorganisation der Parteien wurde notwendig; die Demokraten spalteten sich in zwei Sektionen, und die Free Soilers und ein Teil der Demokraten und der alten Whigs fusionierten zur Republikanischen Partei.

Die ersten Feindseligkeiten, die zu Blutvergießen führten, fanden in Kansas statt. Die Anti-Sklaverei-Gesellschaften des Nordens hatten eine organisierte Anstrengung unternommen, Kansas durch die Kolonisierung mit Abolitionisten zu sichern. Missouri unternahm einen ähnlichen Versuch, es für die Sklaverei zu sichern, allerdings eher durch Gewalt als durch Kolonisierung. Eine bewaffnete Gruppe von zweihundertfünfzig Missourianern marschierte in die neue Stadt Lawrence und forderte deren Siedler auf, das Territorium zu verlassen. Die Siedler weigerten sich und ihre Angreifer zogen sich zurück; aber diesem Wortgefecht folgte eine Reihe schwerwiegenderer Angriffe. 1855 wurde die Wahl einer Territorialgesetzgebung angeordnet. Die Sklavenhalter von Missouri und Arkansas betraten das Territorium in großen Gruppen, besetzten die Wahllokale und gaben ihre Stimmen für die Pro-Sklaverei-Kandidaten ab, während sie die Siedler vertrieben. Diese betrügerische Operation wurde vom Kongress ignoriert und die Vorgehensweise der Pro-Sklaverei-Gesetzgebung wurde gebilligt. Aber die Siedler des Freistaates waren zu zahlreich, um auf diese Weise mit ihnen zu verfahren, und so hielten sie 1859 eine weitere Versammlung ab, wählten ihre Kandidaten und verabschiedeten eine neue Verfassung, in der die Sklaverei verbot.

Diese gewalttätigen Methoden der Gesetzgebung wurden bis in den Kongress getragen, wo Charles Sumner 1856 von Preston S. Brooks aus South Carolina brutal angegriffen wurde, nachdem dieser die Rede über „Das Verbrechen gegen Kansas" gehalten hatte. Dieser Vorfall verstärkte die Bitterkeit des Parteigeistes und trug seinen Teil dazu bei, den fanatischen Ausbruch von John Brown in Harpers Ferry zu entfachen. Als die Wahlen von 1860 näher rückten, entschieden sich die hitzköpfigen Führer der Südstaatenpolitik, die gemäßigten Ansichten des nördlichen Teils ihrer Partei nicht zu akzeptieren, sondern ihre Reihen zu spalten und so die Wahl eines Kandidaten aus dem Norden sicherzustellen. Als die Republikaner Abraham Lincoln aus Illinois nominierten, dessen Haltung zu dieser Frage in einem Satz einer kürzlich gehaltenen Rede zusammengefasst wurde: „Ich glaube, diese Regierung kann nicht dauerhaft halb Sklaven und halb Freie dulden", wurde das Thema zum ersten Mal in einem politischen Wettbewerb klar definiert. Zehn Jahre lang war im Kongress immer dann offen mit einer Sezession gedroht worden, wenn eine pro-Sklaverei-Maßnahme stark abgelehnt wurde, aber jetzt wurde es mehr als eine Drohung; es war eine Bedrohung. Lincoln hätte gewählt werden müssen, auch wenn das Thema weniger wichtig gewesen wäre, und seine erfolgreiche Kandidatur war im Süden eher erwünscht als gefürchtet. In South Carolina war man auf die Sezession aus, und die „Feuerschlucker" des Südens freuten sich über das, was sie als direkte Provokation betrachteten.

Im Dezember 1860 verabschiedete South Carolina eine Verordnung zur Sezession und gründete eine unabhängige Regierung. Georgia, Florida, Alabama, Texas, Mississippi und Louisiana folgten; die nördlichen Sklavenstaaten warteten, bis der Krieg tatsächlich ausgebrochen war.

Die Südstaaten hatten den Kongress noch immer fest im Griff und mussten bis nach Lincolns Amtsantritt keine Einmischung befürchten; die Eroberung der amerikanischen Festungen und Waffenlager in den abtrünnigen Staaten verlief daher ohne Widerstand.

Erst im April ergriff die neue Regierung entscheidende Maßnahmen. Sogar die Tatsache, dass in Montgomery, Alabama, ein Kongress abgehalten, eine Verfassung angenommen und ein Präsident aus den konföderierten Südstaaten gewählt worden war, stieß auf keinen aktiven Widerstand. Als jedoch Fort Sumter im Hafen von Charleston von einer konföderierten Streitmacht belagert wurde, wurden Vorbereitungen getroffen, um es sofort zu entsetzen, wodurch die Frage des Krieges entschieden wurde. Anfang April segelte eine Flotte nach Süden und nahm das Fort in Besitz. Sobald dies in Charleston bekannt wurde, wurde zu Feindseligkeiten geraten, es sei denn, Major Anderson, der Befehlshaber der Union, würde das Fort sofort räumen. Er weigerte sich, und am 12. April 1861 um fünf Uhr morgens wurde der erste Schuss abgefeuert, der den Beginn des größten Bürgerkriegs der Geschichte einläutete.

Wir werden nicht versuchen, eine

LIBBY-GEFÄNGNIS.

Ich werde nicht ausführlich berichten, sondern nur die wichtigsten Ereignisse kurz zusammenfassen und einen allgemeinen Überblick über die Grundlage des Kampfes geben. Auf die Einnahme von Fort Sumter folgte ein Aufruf

Präsident Lincolns nach 75.000 Freiwilligen, die rasch gestellt wurden. Doch die wertvolle Marinewerft in Norfolk fiel in die Hände der Konföderierten, und die Einnahme Washingtons konnte nur durch eine hastige Truppenbewegung verhindert werden. Die erste Situation war etwas kompliziert; es gab praktisch einen Doppelkrieg – einer in Virginia und den nördlich davon gelegenen Gebieten, der andere in den östlich an den Mississippi grenzenden Staaten. Westlich des Flusses und entlang der Küste gab es kleinere Kriegsschauplätze, wo sich die Blockade als nützlich erwies, um den Süden vom Ausland abzuschotten.

Die abtrünnigen Staaten wählten Jefferson Davis zum Präsidenten und machten Richmond, Virginia, zu ihrer Hauptstadt. Die beiden Hauptstädte – Richmond und Washington – waren die Punkte, zwischen denen der Krieg in Virginia während der gesamten vier Jahre tobte. Die Wut, mit der diese Städte abwechselnd angegriffen und verteidigt wurden, trug wesentlich dazu bei, die kriegführenden Teile des Landes zu erschöpfen. Im Westen und entlang des Mississippi verlief die Schlachtlinie nach Süden, während eine entsprechende Bewegung aus dem feindlichen Land entlang des Flusses nach Norden vordrang, bis die beiden Armeen aufeinandertrafen und so den Mississippi wieder den Vereinigten Staaten überließen. Nach dieser Errungenschaft begannen sich die beiden Kriegsschauplätze zu einem zu vereinen, und die westliche Armee marschierte in die Atlantikstaaten ein und rückte vor, um Grant im Endkampf zu unterstützen.

Der Krieg begann ernsthaft, als General McDowell mit 28.000 Mann gegen General Beauregard vorrückte, der sich hinter dem kleinen Fluss Bull Run südlich von Washington verschanzt hatte. Beide Armeen bestanden aus undisziplinierten Männern. Die Kämpfe waren auf beiden Seiten heftig, und erst als Beauregard durch Johnstons Streitkräfte verstärkt wurde, wendete sich das Kriegsglück zugunsten der Südstaatenarmee. Die Nationaltruppen wurden demoralisiert, und der Großteil von ihnen floh in Unordnung vom Schlachtfeld. Diese Niederlage erschreckte und beunruhigte den Norden zutiefst. Man sah, dass ein gewaltiger Kampf mit einem äußerst mächtigen und entschlossenen Feind bevorstand, und man traf Vorbereitungen, um ihm zu begegnen. Die Milizregimenter der Staaten wurden „für drei Jahre oder den Krieg" in die Nationalarmee aufgenommen, und General George B. McClellan wurde das Kommando übertragen. Der Rest des Jahres 1861 wurde mit Drill und Truppenausrüstung usw. verbracht, mit Ausnahme einer Schlacht bei Ball's Bluff, in der die Konföderierten erneut siegreich waren.

Im Frühjahr 1862 begann General McClellan mit der aktiven Arbeit. Seine Pläne waren sehr aufwendig ausgearbeitet und sorgfältig ausgearbeitet. Es war eher der Feldzug eines Ingenieurs als der eines kämpfenden Soldaten. Er zog mit dem Großteil seiner Armee über die James River Peninsula nach Richmond, während General McDowell von Fredericksburg aus vorrückte und Banks und Fremont das Shenandoah Valley hinunterzogen. Die letzten beiden Kommandeure wurden von General Thomas J. Jackson, besser bekannt als „Stonewall", getroffen und vollständig geschlagen. McDowell wurde zurückgehalten, um Washington zu verteidigen. Also zogen McClellan und seine Armee allein weiter. Er verschwendete einige Zeit mit der Belagerung von Yorktown und kämpfte die Schlachten von Williamsburg am 5. Mai und Seven Pines am 31. Mai, wobei letztere nur sechs Meilen von Richmond entfernt lag. Bei Seven Pines wurde der konföderierte General JE Johnston schwer verwundet und Robert E. Lee folgte ihm als Anführer der Südstaatenheere.

„Stonewall" Jackson, der Banks und Fremont im Tal besiegt hatte, kam nun herab und schloss sich Lee an, und McClellan wurde zurück nach Harrison's Landing am James River getrieben. Während dieses Rückzugs wurden vom 25. Juni bis zum 1. Juli die Schlachten von Gaines's Mills, Savage Station, Glendale und Malvern Hill ausgetragen, allesamt verzweifelte und blutige. Malvern Hill war ein titanischer Konflikt, in dem die Nationalarmee siegreich war. Aber McClellan setzte seinen Rückzug fort, anstatt seinen Vorteil zu nutzen. Er verlangte ständig nach Verstärkung und machte die Regierung in Washington für seine Unfähigkeit verantwortlich, den Feind zu besiegen. Am 29. und 30. August wurden die Nationalstreitkräfte unter General Pope bei Bull Run besiegt, und bald darauf eroberte General Lee Harpers Ferry und überquerte den Potomac nach Maryland. McClellan traf ihn am 17. September bei Antietam und besiegte ihn in einer blutigen Schlacht. Lee fiel zurück, und McClellan verfolgte ihn nicht.

Der Präsident war schon lange unzufrieden mit der Politik McClellans, der offenbar ein Opfer übertriebener Vorsicht war. Daher wurde General Burnside als Kommandeur der Potomac-Armee an seine Stelle gesetzt. Er erwies sich als ebenso unbesonnen wie McClellan vorsichtig gewesen war, und die Folgen seiner Unbesonnenheit waren verheerend. Am 13. Dezember kämpfte er in Fredericksburg eine blutige, aber erfolglose Schlacht und wurde bald darauf von General Joseph Hooker im Kommando abgelöst. Dieser Kommandeur war ebenfalls unvorsichtig und wurde aufgrund seiner angeblichen Brillanz und seines Mutes im Kampf allgemein als „Fighting Joe" Hooker bekannt. Er führte die Armee am 1. und 3. Mai 1863 in Chancellorsville gegen die Konföderierten und wurde schrecklich geschlagen. Es war eine der schlimmsten Niederlagen, die die Unionstruppen im gesamten Krieg erlitten.

Nun gingen die Südstaatenarmeen, berauscht vom Sieg, zur Offensive über und drangen in den Norden ein. Sie marschierten durch Maryland und Pennsylvania, ohne dass ihnen wirksamer Widerstand entgegengesetzt wurde. Hooker und seine Armee nahmen die Verfolgung auf, doch in der letzten Juniwoche wurde Hooker seines Kommandos enthoben und durch

General George Gordon Meade ersetzt. Dieser weise und fähige Anführer trieb die Unionsarmee eilig nach Norden und stellte sich Lee am 1. Juli in Gettysburg entgegen. Dort wurde am 1., 2. und 3. Juli die größte Schlacht des Krieges und eine der wichtigsten in der Menschheitsgeschichte geschlagen. Sie kann hier nicht im Detail beschrieben werden, doch endete sie mit der völligen Niederlage der Konföderierten, die sich in aller Eile nach Virginia zurückzogen und nie wieder versuchten, in den Norden einzumarschieren. General Meade folgte ihnen, konnte sie jedoch nicht einholen und einnehmen. Im weiteren Verlauf des Jahres unternahm Meade zwei Versuche in Richmond, jedoch ohne nennenswerte Ergebnisse. Dies war die Lage in Virginia zu Beginn des Jahres 1864, als ein neuer Faktor auf der Bildfläche erschien, vor dessen weiterer Betrachtung einige Ereignisse an anderer Stelle wiedergegeben werden müssen.

Bis zu diesem Zeitpunkt waren die Konföderierten entlang der Küste von mehreren Expeditionen angegriffen worden. General TW Sherman und Commodore Du Pont hatten im November 1861 Beaufort besetzt. Anfang 1862 hatte General Burnside Roanoke Island und Newberne eingenommen. Im Westen, jenseits des Mississippi, hatte es viele Kämpfe gegeben, insbesondere in Arkansas, und die nationalen Waffen waren im Allgemeinen erfolgreich gewesen. Auch auf dem Wasser waren die nationalen Flotten überlegen. Zu keiner Zeit hatten die Konföderierten eine Flotte, die sich auf See behaupten konnte. Sie verfügten über eine Reihe von in England ausgerüsteten Schnellkreuzern, die als Freibeuter über den Ozean zogen und den amerikanischen Handel angriffen. Das bemerkenswerteste davon war die „Alabama", die im Juni 1864 vor Cherbourg, Frankreich, von der „Kearsarge" endgültig zerstört wurde. Sie verfügten auch über eine Reihe mächtiger Rammböcke und gepanzerter Kanonenboote zur Küsten- und Hafenverteidigung . Das berühmteste davon war die „Merrimack", die in Hampton Roads die großen Fregatten „Congress" und „Cumberland" zerstörte und der gesamten Unionsflotte ebenso gedient hatte. Zu gegebener Zeit erschien das kleine, gerade von John Ericsson gebaute Panzerschiff „Monitor" auf der Bildfläche, lieferte sich eine Schlacht und besiegte das Monster „Merrimack". Dies war eine der epochalsten Seeschlachten der Welt. Sie rettete nicht nur die gesamte Unionsflotte und vielleicht auch viele nördliche Hafenstädte vor der Zerstörung. Mit einem Schlag revolutionierte sie auch die Schiffsarchitektur und die Seekriegsführung. Die großen hölzernen Fregatten gehörten augenblicklich der Vergangenheit an; von da an war das typische Kriegsschiff eine schwer gepanzerte Maschine aus Eisen und Stahl, die nur wenige Kanonen in Drehtürmen oder schweren Eisenkasematten trug.

Doch die größten Operationen bis 1864 fanden in den West Central States statt. Anfang 1862 brachen die Nationalkommandanten auf, um den

Mississippi wieder in Besitz zu nehmen. Im Januar besiegte General Thomas die Konföderierten bei Mill Spring. Im Februar eroberte Commodore Foote Fort Henry am Tennessee River. Wenige Tage später eroberte General US Grant nach heftigsten Kämpfen Fort Donelson und seine Garnison von 15.000 Konföderierten. Dies war der erste wirklich große Sieg der Union, und Grant wurde sofort zu einer dominierenden Figur im Drama des Bürgerkriegs. Es folgten weitere Operationen, durch die die Konföderierten aus Kentucky und größtenteils aus Tennessee vertrieben wurden. Im April eroberten General Pope und Commodore Foote mit 7.000 Konföderierten die Insel Nr. 10 und machten so den Mississippi bis nach Memphis frei. Anfang April wurde bei Pittsburg Landing am Tennessee River eine große zweitägige Schlacht geschlagen. Die Generäle Grant und WT Sherman befehligten die Nationalarmee, während AS Johnston und GPT Beauregard die Konföderierten befehligten. Am ersten Tag waren die Konföderierten erfolgreich, doch am zweiten Tag sammelte sich die Nationalarmee, eroberte ihre Stellungen zurück und trieb den Feind in einer der blutigsten Auseinandersetzungen des Krieges vor sich her. General AS Johnston wurde getötet – ein unwiederbringlicher Verlust für die Sache der Südstaaten.

Die Unionsarmeen zogen nun südwärts nach Alabama und Mississippi. Anfang 1863 versammelten sie sich um Vicksburg, das „Gibraltar des Südens“, das einzige wichtige Hindernis für die Wiedereröffnung des Mississippi. Admiral Porter kooperierte mit seiner Flotte. Es folgte eine lange Belagerung, die von vielen verzweifelten Gefechten geprägt war und mit der Übergabe von Vicksburg mit 27.000 Mann an General Grant endete. Dies geschah am 3. Juli, genau zu der Zeit, als Meade Lee bei Gettysburg in die Flucht schlug. Wenige Tage später ergab sich Port Hudson General Banks; Admiral Farragut hatte in einem Seegefecht von unübertrefflichem Glanz bereits New Orleans erobert; und so wurde der gesamte Mississippi von den Nationalbehörden zurückerobert. Später erlitten sie eine schwere Niederlage. General Rosecrans wurde von den Konföderierten bei Chickamauga furchtbar geschlagen und nach Chattanooga getrieben, wo er belagert wurde. Dies geschah am 19. und 20. September. Doch Grant konnte seine Aufmerksamkeit nun dorthin richten und vertrieb die Konföderierten rasch von Chattanooga nach Süden nach Georgia.

Damit kommen wir zum Beginn des Jahres 1864. General Grants glänzende Erfolge im Westen veranlassten den Präsidenten, ihn in den Osten zu beordern, wo er zum Oberbefehlshaber aller Nationalarmeen ernannt wurde. Sherman wurde im Westen zurückgelassen, um dort unter Grants Führung das Kommando zu übernehmen. Diese beiden berühmten Befehlshaber entwickelten gemeinsam ihre Pläne und brachen Anfang Mai gleichzeitig zum größten Feldzug des Krieges auf. Sherman marschierte von Chattanooga südwärts gegen den fähigen konföderierten General J.E.

Johnston. Am Kenesaw Mountain und anderswo wurden verzweifelte Schlachten geschlagen, aber Sherman war unaufhaltsam. Im August tobte der Krieg um Atlanta, und Anfang September fiel diese wichtigste Stadt in Shermans Hände. Der Präsident der Konföderierten, der Johnston hasste, hatte ihn törichterweise seines Kommandos enthoben und Hood an seine Stelle gesetzt. Letzterer war ein tapferer und mutiger Soldat, aber – wie er selbst sehr wohl wusste – als Befehlshaber nicht Johnston ebenbürtig, und dieser Wechsel schadete den Konföderierten sehr. Hood war verzweifelt und versuchte, Sherman aufzuhalten. Er versuchte ein Ablenkungsmanöver, indem er nordwärts nach Tennessee marschierte. Er kämpfte in der Schlacht von Franklin, wo es zu einigen der schrecklichsten Blutbäder des Krieges kam, und belagerte Nashville. Sherman schickte General Thomas dorthin, und dieser lieferte Hood eine Schlacht. Das Gemetzel war furchtbar und am Ende des Tages war Hoods Armee so gut wie vernichtet. Das war am 15. Dezember. Sherman hatte sich inzwischen von seiner Versorgungsbasis losgesagt und alle Verbindungen mit dem Norden gekappt und war mit 60.000 Soldaten zu seinem berühmten „Marsch zum Meer" aufgebrochen. Er marschierte fast ohne Widerstand durch Georgia, von Atlanta nach Savannah, und eroberte die letztgenannte Stadt mit riesigen Vorräten am 21. Dezember. Von dort marschierte er nordwärts durch die Carolinas, um mit Grant in Virginia zusammenzuarbeiten.

In der Zwischenzeit hatte Grant seinen Feldzug mit den schrecklichen Schlachten in der Wilderness am 5. und 6. Mai, in Spottsylvania vom 8. bis 18. Mai, in North Anna und in Cold Harbor begonnen. Die Verluste auf beiden Seiten in diesen Gefechten waren furchtbar. Aber die Nationalarmee konnte sich problemlos durch Rekruten verstärken, während die Konföderierten keine Vorräte mehr hatten, auf die sie zurückgreifen konnten. Grant beschloss daher, den Kampf fortzusetzen und den Feind einfach zu erschöpfen. Es folgte ein langer Kampf in Petersburg, südlich von Richmond. Da er feststellte, dass er stetig verlor, versuchte Lee in seiner Verzweiflung, ein günstiges Ablenkungsmanöver zu schaffen, indem er seinen Leutnant Early nach Norden schickte, das Shenandoah Valley hinauf, nach Maryland und gegen Washington selbst. Zunächst war Early erfolgreich und hätte Washington beinahe eingenommen. Dann schickte Grant General Philip H. Sheridan gegen ihn und in zwei oder drei Schlachten wurde Early vernichtend geschlagen; die letzte Auseinandersetzung war die berühmte Schlacht von Cedar Creek am 19. Oktober.

Das Jahr 1865 begann mit einem Sieg der Nationalarmee überall. Der Krieg konzentrierte sich nun auf Süd-Virginia. Die Konföderierten verließen Richmond und Lee versuchte, sich nach Süden durchzuschlagen, um sich in North Carolina mit JE Johnston zu treffen. Grant und Sheridan konnten ihn jedoch abwehren und er musste sich am 9. April im Appomattox Court

House ergeben. Die Kapitulation Johnstons vor Sherman folgte am 26. April. General Grant behandelte seine Gefangenen mit größter Großzügigkeit und bat sie, ihre Pferde zu behalten, die sie, wie er sagte, für die Frühjahrsarbeit auf ihren Farmen brauchen würden. Damit war der titanische Konflikt praktisch beendet. Die anderen Gefechte, die erwähnt werden sollten, waren die große Schlacht in der Mobile Bay im August 1864, als Admiral Farragut die Forts und die Flotte der Konföderierten zerstörte, und die Einnahme von Fort Fisher durch General Terry im Januar 1865. Jefferson Davis wurde gefangen genommen und einige Zeit gefangen gehalten, wurde aber schließlich freigelassen und durfte ein Leben in Freiheit und Wohlstand in dem Land genießen, das er zu zerstören versucht hatte. Am 14. April 1865 wurde Präsident Lincoln von einem Mitglied einer verzweifelten Bande konföderierter Verschwörer ermordet, und die Nation versank in Trauer.

Verfassungsänderungen, die die Sklaverei für immer verboten und den Negern die Staatsbürgerschaft verliehen, wurden angenommen, die Staaten, die sich noch kurz zuvor in Aufruhr befunden hatten, wurden „rekonstruiert", und die wiederhergestellte und wiedervereinigte Nation nahm den Weg des Wohlstands wieder auf, der so jäh unterbrochen worden war.

Die Ereignisse seit Kriegsende müssen nur kurz angedeutet werden. Im Verlauf von 27 Jahren wurden viele wichtige Ereignisse verzeichnet. Die Auswirkungen des großen Kampfes waren im Großen und Ganzen positiv. Die beiden großen, beunruhigenden Fragen, die das Land von der Unterzeichnung der Verfassung bis 1861 spalteten, waren nun für immer geklärt. Die Sklaverei wurde abgeschafft, die erbittertste Quelle des regionalen Streits. Auch die Doktrin der Staatenrechte wurde beigelegt. Ein weiterer Nutzen des Konflikts war das nationale Bankensystem. Die Finanzen des Landes wurden auf eine sicherere Grundlage gestellt als je zuvor. Die Zeit des Wiederaufbaus war natürlich schmerzlich, aber am Ende waren beide Teile der Vereinigten Staaten stärker und besser als je zuvor. Andrew Johnson, der nach der Ermordung Lincolns Präsident wurde, ergriff Maßnahmen, die der Kongress missbilligte, und es begann ein erbitterter Streit, der die gesamte Amtszeit andauerte. Der Präsident erklärte gleich zu Beginn, dass keiner der Südstaaten aus der Union ausgetreten sei, da kein Staat austreten könne. Diese Doktrin wurde vom Kongress ignoriert, der der Ansicht war, dass die austretenden Staaten noch immer nicht Teil der Union waren und nur unter den vom Kongress festgelegten Bedingungen wieder aufgenommen werden konnten. Das Bürgerrechtsgesetz, das die Neger zu Bürgern der Vereinigten Staaten machte, wurde 1866 verabschiedet, und kurz darauf wurde der vierzehnte Verfassungszusatz angenommen. Die Kluft zwischen dem Präsidenten und dem Kongress wurde immer größer; ein Gesetzentwurf nach dem anderen wurde trotz seines Vetos verabschiedet, und 1868 verabschiedete das Repräsentantenhaus eine Resolution zur Amtsenthebung des Präsidenten wegen „schwerer Verbrechen und Vergehen" bei der Ausübung seines Amtes. Die unmittelbare Provokation war die Entlassung von Minister Stanton, ein Verfahren, das gegen den Tenure of Office Act verstieß, der vorsah, dass keine Amtsenthebung ohne Zustimmung des Senats erfolgen darf. Das Amtsenthebungsverfahren dauerte bis Mai, als die endgültige Abstimmung stattfand, und es fehlte die erforderliche Zweidrittelmehrheit für eine Amtsenthebung.

Infolge des „Militärgesetzes" wurde der Süden 1867 in fünf Distrikte aufgeteilt und unter Militärgouverneure gestellt. Dieser Ausschluss der besseren Klasse der Südstaatler von zivilen Pflichten legte alle Macht in die Hände einer untergeordneten Klasse von Männern aus dem Norden (im Süden „Carpet-baggers" genannt), die nach dem Krieg auf der Suche nach Stellung hierhergekommen waren. Das Handeln dieser Männer trug wenig dazu bei, die Harmonie zwischen den Bevölkerungsgruppen wiederherzustellen. Die Lage wurde auch nicht durch die Existenz einer Gruppe verkommener Südstaatler verbessert, die sich „Ku-Klux-Klan" nannten und verkleidet umherritten und Gewalttaten gegen die Neger und alle, die mit ihnen sympathisierten, verübten. Dieser Zustand änderte sich allmählich durch die Annahme der vom Kongress vorgeschlagenen Bedingungen. 1868 wurden alle begnadigt, die am Krieg beteiligt gewesen waren, mit Ausnahme derer, die wegen Straftaten angeklagt waren; 1870 akzeptierten die letzten Staaten den 14. und 15. Verfassungszusatz, und mit ihrer Aufnahme in den Kongress war das Problem des Wiederaufbaus gelöst und das Land kehrte zu seinem Normalzustand zurück.

Seitdem sind viele andere Fragen aufgekommen, aber solange sie nicht endgültig geklärt sind, können sie keinen angemessenen Platz in der Geschichte einnehmen. Die Arbeiterfrage, die Abstinenzbewegung, das Frauenwahlrecht, die Zölle, die Reform des öffentlichen Dienstes, das Eisenbahn- und Landmonopol und die Probleme mit den Indianern sind Beweis genug dafür, dass die Öffentlichkeit nicht zur Ruhe kommt. Das Indianerproblem, so ist zu hoffen, nähert sich einer Lösung. Es steht außer Frage, dass die Indianer sehr ungerecht behandelt wurden, und es bleibt nun den Vereinigten Staaten überlassen, die Bildungs- und Zivilisierungspolitik fortzusetzen, die sie erst so spät begonnen haben, die sich aber in ihren Ergebnissen als so zufriedenstellend erwiesen hat.

1868 wurde General Grant zum Präsidenten gewählt, ein Amt, das er acht Jahre lang innehatte. Während seiner Amtszeit wurde die Union Pacific Railroad fertiggestellt, die die beiden Ozeane verband. Der erste erfolgreiche Ozeantelegraf wurde 1866 fertiggestellt.

Das verheerendste Ereignis dieser Zeit war der Brand von Chicago, der am 8. Oktober 1871 ausbrach und eine vier Meilen lange Siedlung zerstörte. Hunderttausend Menschen wurden obdachlos und zweihundert Menschen kamen ums Leben. Spenden in Höhe von sieben Millionen Dollar flossen ein und fast ohne Verzögerung begann der Wiederaufbau. Nach wenigen Jahren war kaum noch eine Spur der Katastrophe zu sehen und die Stadt wuchs so schnell, dass das, was 1871 noch ein Trümmerhaufen gewesen war, 1890 die zweitgrößte Stadt der Vereinigten Staaten war.

Die zweite Amtszeit von Grants Präsidentschaft war von heftigen politischen Unruhen geprägt. Das „Credit Mobilier"-Programm, bei dem bestimmte Kongressmitglieder zugunsten der Pacific Railroad Company bestochen wurden, wurde aufgedeckt. Minister Belknap wurde vom Kongress wegen Betrugs angeklagt, aber freigesprochen. Andere Enthüllungen erschütterten das Vertrauen der Öffentlichkeit noch mehr.

Die Wahlen des Jahres 1876 führten zu großer Aufregung und heftigen Parteikämpfen, da die Präsidentschaftswahl so knapp ausfiel und die Methoden zur Ermittlung des siegreichen Kandidaten fragwürdig waren.

Die Ergebnisse aus Florida, Louisiana und South Carolina wurden angefochten, und schließlich wurde es notwendig, eine spezielle Methode zur Entscheidung des Wahlkampfs anzuwenden. Eine Kommission aus fünf Mitgliedern jedes Hauses des Kongresses und fünf Beisitzenden Richtern des Obersten Gerichtshofs entschied zugunsten des republikanischen Kandidaten Rutherford B. Hayes. Die Entscheidung war für die Demokraten ein großer Ärgernis, und die Frage ist noch immer umstritten. In diesem Jahr fand die Centennial Exhibition statt. Zuvor war das Land von einer großen Finanzpanik erfasst worden, die weit und breit für Verderben sorgte. Die Heuschreckenplage brachte im Westen viel Leid und Hungersnöte.

1880 wurde James A. Garfield zum Präsidenten und Chester A. Arthur zum Vizepräsidenten gewählt. Garfield setzte sich energisch für die Reform des öffentlichen Dienstes ein, die unter Mr. Hayes begonnen worden war, und die Partei spaltete sich in dieser Frage in zwei Lager. Zwei Führer der „Stalwart"-Sektion, Roscoe Conkling und Thomas C. Platt, gaben ihre Sitze im Senat auf. Die Aufregung, die diese Ereignisse auslösten, veranlasste den verrückten Stellenbewerber Charles J. Guiteau zu einer verzweifelten Tat. Am 2. Juli 1881 schoss er auf den Präsidenten und verwundete ihn tödlich im Eisenbahndepot in Washington. Nach Monaten des Leidens starb der Märtyrerpräsident am 19. September. Die Agitation für die Reform des öffentlichen Dienstes überlebte jedoch ihren Verteidiger, und die Stimmung zugunsten seiner Ideen ist enorm gewachsen und verspricht, noch stärker zu werden.

Bei den Präsidentschaftswahlen von 1884 wurde die lange Herrschaft der Republikaner durchbrochen durch

Unabhängigkeitshalle, Philadelphia.

der Sitz des demokratischen Kandidaten Grover Cleveland, der sich während seiner Amtszeit einen beneidenswerten Ruf erarbeitet hatte, sowohl in Bezug auf Integrität als auch auf kluge Verwaltung. 1888 trat er erneut zur Wahl an, wurde jedoch von Benjamin Harrison, dem republikanischen Kandidaten, besiegt.

So ist die Nation bis zum heutigen Tag gekommen, an dem sie in Freiheit und Wohlstand und allen wahren Elementen der Größe die überragende Stellung unter den Mächten der Welt einnimmt. Auf dieser Grundlage erfüllter Tatsachen muss der patriotische Seher, wenn er will, ihr Zukunftshoroskop erstellen.

KAPITEL IV.

WELTAUSSTELLUNGEN.

WÄHREND des letzten halben Jahrhunderts hat sich die Abhaltung von Weltausstellungen als beliebte und effektive Methode erwiesen, den industriellen Fortschritt der Welt zu präsentieren und aufzuzeichnen. Fast jede bedeutende Hauptstadt der Welt hat inzwischen eine oder mehrere dieser interessanten Ausstellungen abgehalten, wobei jede nacheinander bestrebt war, ihre Vorgänger an Umfang und Pracht zu übertreffen, bis die letzte von ihnen die Erfindung, Industrie, Kunst, Wissenschaft und den allgemeinen Fortschritt der gesamten Welt wahrhaftig in ihrer Gesamtheit darstellte. Es war angemessen, dass die erste dieser Weltausstellungen in der größten Stadt der Welt, London, abgehalten wurde. Sie wurde 1851 in einem riesigen Gebäude eröffnet, das zu diesem Zweck in Hyde Park errichtet wurde und als Crystal Palace bekannt ist. Dieses gewaltige Bauwerk bestand hauptsächlich aus Eisen und Glas und hatte eine Grundfläche von mehr als einer Million Quadratfuß. In Bezug auf Größe und Originalität des Designs war es eines der Wunder der Welt. Das Beispiel regte schnell ähnliche Unternehmungen in anderen Hauptstädten an. Dublin und Paris folgten bald, und fast gleichzeitig mit der Ausstellung in der irischen Metropole wurde eine ähnliche Ausstellung in der Hauptstadt der westlichen Hemisphäre eröffnet.

Der amerikanische Kristallpalast, der 1853 in New York eröffnet wurde, war von der Größe her viel kleiner als sein Vorbild in London und im Vergleich zu den gewaltigen Ausstellungen späterer Jahre insgesamt unbedeutend. Für seine Zeit war er jedoch verhältnismäßig allen anderen ebenbürtig, die jemals abgehalten wurden. Damals hatte New York City nur etwas mehr als eine halbe Million Einwohner oder etwa ein Drittel seiner heutigen Bevölkerung. Die Entwicklung der Vereinigten Staaten war noch weniger weit fortgeschritten. Die heutigen zentralen Weststaaten waren damals dünn besiedelte Grenzgebiete. Die Pazifik-Eisenbahnen waren ein Traum der trüben Zukunft. Das Atlantik-Kabel war eine Vision. Der Telegraph selbst war nur ein Rudiment seiner gegenwärtigen Entwicklung. Die Eisenbahn und das Dampfschiff waren primitive Dinge. Sogar Pferdewagen waren noch nicht in allgemeine Verwendung gelangt. Die Fotografie steckte noch in den Kinderschuhen. An das Telefon, das elektrische Licht und eine Reihe anderer großer Erfindungen, die heute allgemein gebräuchlich sind, dachte man noch nicht einmal im Traum. Was der New Yorker Crystal Palace von 1853 für die Chicagoer Weltausstellung von 1893 war, so sind Amerika und seine damalige Zivilisation für unser Land von heute.

Diese erste Weltausstellung auf amerikanischem Boden fand in dem heute als Bryant Park bekannten New Yorker Stadtbezirk statt. Heute liegt er im Herzen der Stadt, an der Sixth Avenue und der 40. und 42. Straße. 1853 lag er weit außerhalb der Stadt in den Vororten und war als Reservoir Square bekannt. Damals war er von offenen Feldern und Gärten umgeben, mit hier und da Reihen hübscher Landhäuser. Einige der Straßen in diesem Teil der Stadt waren gepflastert, aber es gab nur eine schwache Vorstellung davon, was eine weitere Generation sehen würde. Der kleine Park war 455 Quadratfuß groß und fast die gesamte Fläche wurde vom Crystal Palace eingenommen. Die zentrale Idee des Bauplans war die eines griechischen Kreuzes, dessen Arme nach Norden, Süden, Osten und Westen zeigten. Die äußeren Abmessungen des Gebäudes, von Norden nach Süden und von Osten nach Westen, betrugen 365 Fuß 5 Zoll, und die Arme waren jeweils 149 Fuß 5 Zoll breit. Die äußeren Winkel, die durch die Arme des Kreuzes gebildet wurden, waren mit dreieckigen Strukturen ausgefüllt, die ein Stockwerk hoch waren, wodurch der Umriss des Grundrisses ein Achteck bildete. An jedem Winkel des Gebäudes befand sich ein achteckiger Turm, 76 Fuß hoch, und über dem zentralen Schnittpunkt des Kreuzes erhob sich eine prächtige Kuppel mit einem Durchmesser von 100 Fuß und einer Höhe von 123 Fuß. Die Außenwände des Gebäudes bestanden fast ausschließlich aus Gusseisen und Glas. Die Böden waren aus Holz, und das Dach war aus Holz, mit Blech bedeckt und auf einem schmiedeeisernen Gerüst gestützt. Das Dach wurde im Erdgeschoss von 190 gusseisernen Säulen getragen, die jeweils 8 Zoll im Durchmesser und 21 Fuß hoch waren. Sie teilten den Innenraum in zwei Alleen oder Schiffe, die jeweils 41 Fuß 5 Zoll breit waren, mit Seitenschiffen von 54 Fuß Breite auf jeder Seite. Diese Schiffe hinterließen an ihrer Kreuzung einen achteckigen Raum mit einem Durchmesser von 100 Fuß. Die Seitenschiffe waren mit Galerien bedeckt, während die Mittelschiffe bis zum Dach offen waren und von halbrunden Bögen aus Gusseisen überspannt wurden. Die Kuppel wurde von 24 Säulen getragen, jede 62 Fuß hoch, die oben durch schmiedeeiserne Fachwerke verbunden waren. Oben auf diesen befand sich eine gusseiserne Grundplatte mit gusseisernen Schuhen für die Rippen der Kuppel, von denen es 32 gab. Diese Rippen waren oben an einen horizontalen Ring aus Schmiedeeisen und Gusseisen mit einem Durchmesser von 20 Fuß geschraubt, der von einer Laterne mit 32 Zierfenstern überragt wurde, die mit den Wappen der Union und der einzelnen Staaten verziert waren. Die gesamte für den Bau verwendete Eisenmenge betrug 1.800 Tonnen, davon 300 Tonnen geschmiedet und 1.500 Tonnen gegossen. Die Glasmenge betrug 15.000 Scheiben oder 55.000 Quadratfuß. Die verwendete Holzmenge betrug 750.000 Fuß Brettmaß. Die Hauptmaße des Gebäudes waren wie folgt: Vom Erdgeschoss bis zur Galerie 24 Fuß; vom Erdgeschoss bis zum First des Mittelschiffs 67 Fuß 4 Zoll; vom Erdgeschoss bis zur Kuppelspitze 123 Fuß

6 Zoll; Fläche des Erdgeschosses 157.195 Quadratfuß; Fläche der Galerie 92.496 Quadratfuß; Gesamtgrundfläche 249.691 Quadratfuß oder etwa 5¾ Acres.

Die Gesamtfläche der Ausstellungsräume der verschiedenen Länder betrug (ohne die Kirchenschiffe) etwa 14.000 Quadratmeter und teilte sich wie folgt auf: Vereinigte Staaten 54.530; Großbritannien 17.651; Schweiz 4.428; deutscher Zollverein 12.249; Holland und Belgien 3.645; Österreich 2.187; Dänemark, Schweden und Norwegen 4.231; Russland 729; Westindien 1.093; britische Kolonien 5.798. Die Gesamtzahl der Aussteller betrug 4.383. Davon kamen 1.778 aus den Vereinigten Staaten, 677 aus England, 116 aus der Schweiz, 813 vom deutschen Zollverein, 155 aus Holland und Belgien und 100 aus Österreich. Die Exponate waren wie folgt in 31 allgemeine Klassen unterteilt: Klasse I, Mineralien, Bergbau und Metallurgie, geologische und bergbauliche Abschnitte und Pläne. Klasse II, Chemische und pharmazeutische Produkte und Verfahren. Klasse III, Als Nahrungsmittel verwendete Substanzen. Klasse IV, In der Industrie verwendete pflanzliche und tierische Substanzen. Klasse V, Maschinen zur unmittelbaren Verwendung. Klasse VI, Maschinen und Werkzeuge für die Industrie. Klasse VII, Bauingenieurwesen, Architektur und Bauvorrichtungen. Klasse VIII, Schiffsbau, Militärtechnik, Rüstungen und Ausrüstung. Klasse IX, Landwirtschaftliche, gärtnerische und molkereiwirtschaftliche Geräte. Klasse X, Philosophische Geräte und aus ihrer Verwendung resultierende Produkte. Klasse XI, Baumwollwaren. Klasse XII, Wollwaren. Klasse XIII, Seiden- und Samtwaren. Klasse XIV, Flachs- und Hanfwaren. Klasse XV, Mischgewebe. Klasse XVI, Leder, Pelze, Haare und deren Waren. Klasse XVII, Papier, Schreibwaren, Schriften, Drucken und Buchbinden. Klasse XVIII, Gefärbte und bedruckte Stoffe. Klasse XIX, Wandteppiche, Teppiche, Scheuertücher, Spitzen, Stickereien, Posamenten und Handarbeitsarbeiten. Klasse XX, Bekleidung. Klasse XXI, Besteck und Schneidwerkzeuge. Klasse XXII, Eisen, Messing, Zinn und allgemeine Eisenwaren. Klasse XXIII, Arbeiten aus Edelmetallen und deren Imitationen. Klasse XXIV, Glaserzeugnisse. Klasse XXV, Porzellan und andere Keramikerzeugnisse. Klasse XXVI, Verzierte Möbel und Polsterwaren. Klasse XXVII, Erzeugnisse aus Schiefer und anderen Schmucksteinen. Klasse XXVIII, Erzeugnisse aus tierischen und pflanzlichen Stoffen, nicht gewebt oder gefilzt. Klasse XXIX, Verschiedene Erzeugnisse, Parfümerien und Spielsachen. Klasse XXX, Musikinstrumente. Klasse XXXI, Bildende Künste.

Der Plan des Gebäudes wurde von den Herren Carstensen & Gildemeister entworfen und anderen Plänen von Sir Joseph Paxton, dem Erbauer des Londoner Crystal Palace, vorgezogen. CE Detmold war der leitende Architekt und Ingenieur, Horatio Allen der beratende Ingenieur und Edward

Hurry der beratende Architekt. Am 3. Januar 1852 pachteten die Stadtbehörden von New York Reservoir Square für fünf Jahre und stellten damit das Grundstück für das Gebäude zur Verfügung. Am 11. März 1852 erteilte die New Yorker Legislative der Association for the Industry of All Nations eine Charta, und am 17. März trat der Vorstand zusammen und organisierte sich mit Theodore Sedgwick als Präsident und William Whetten als Sekretär. Die Regierung der Vereinigten Staaten unterstützte und förderte die Einrichtung, indem sie die zollfreie Einfuhr ausländischer Waren zu Ausstellungszwecken erlaubte. Daniel Webster, der damalige Außenminister, sicherte sich die Unterstützung der Vertreter der Vereinigten Staaten an den wichtigsten Höfen Europas, und die in den Vereinigten Staaten ansässigen Minister der ausländischen Mächte sympathisierten herzlich mit der Vereinigung und empfahlen sie ihren jeweiligen Regierungen wärmstens. Unter dieser Schirmherrschaft und mit dieser Ermutigung ging die Arbeit voran. Die erste Säule wurde am 30. Oktober 1852 mit entsprechenden Zeremonien aufgestellt; das Gebäude wurde am 15. Juli 1853, obwohl noch unvollendet, für die Öffentlichkeit zugänglich gemacht; und am Freitagabend, dem 20. August 1853, wurde die vollständige Eröffnung vollzogen.

Es gibt wohl keinen interessanteren Bericht über diese bemerkenswerte Institution und die wichtigsten damit verbundenen Ereignisse als den, den die wichtigsten Zeitungen der Metropolen jener Zeit lieferten. Lassen Sie uns zunächst aus einem Bericht über das Aufstellen der ersten Säule zitieren:

„Die Errichtung der ersten Säule des Crystal Palace fand am Samstagmittag auf dem Reservoir Square statt. Das Interesse und die Bedeutung des Anlasses zogen eine große Menschenmenge an. Es müssen mindestens zweitausend Personen anwesend gewesen sein."

Mehr könnte man nicht in Bänden erzählen. Zweitausend Personen waren bei einem solchen Anlass anwesend und sie nannten es eine „große Menschenmenge!" Trotzdem, so fuhr der Schreiber fort, „befand sich eine große Anzahl angesehener Bürger auf der Plattform neben der Säule. Unter den Anwesenden bemerkten wir seine Exzellenz Gouverneur Hunt, seine Ehren den Bürgermeister, Erzbischof Hughes, Felix Forreste, General Tallmadge, Henry Meigs, C. Crolius, Ex-Senator JA Bunting, Rev. Dr. Peet, Lambert Suydam, den ehrenwerten Richter Betts, die Senatoren McMurray und Beekman und mehrere andere eingeladene Gäste. General Tallmadge und andere waren als Abordnung des American Institute anwesend. Dodworths Band war während der Veranstaltung anwesend und spielte wunderbar. Als die Säule mithilfe eines Bohrturms aufgerichtet wurde, dirigierte der Gouverneur sie unter dem begeisterten Jubel der Anwesenden und Kanonenschüssen an ihren Platz, während die Band eine Nationalhymne spielte."

Die Hauptansprache hielt Theodore Sedgwick, der Präsident der Vereinigung. Seine Ausführungen sind hier eine Wiederholung wert, da sie die Gefühle zum Ausdruck bringen, die ihn und seine Mitarbeiter bei diesem Unternehmen inspirierten:

„ GOUVERNEUR HUNT : Im Namen der Direktoren der Vereinigung danke ich Ihnen herzlich und respektvoll für die Mühe, die Sie sich gemacht haben, um diesen Anlass mit Ihrer Anwesenheit zu ehren. Unser Dank gilt auch der Stadtverwaltung, nicht nur für ihre Anwesenheit heute, sondern mehr noch für die kluge Voraussicht, mit der sie dem Unternehmen in seiner Anfangszeit ihre großzügige Hilfe gewährt hat. Wir sind auch stolz, unter unseren Freunden die Funktionäre zweier Gesellschaften zu sehen – eine aus unserer eigenen und eine aus einem Schwesterstaat –, die so viel getan haben, um die Ziele zu heben und die Interessen der amerikanischen Industrie zu fördern, um den Weg zu ebnen, den wir jetzt beschreiten. Die allgemeinen Ziele, denen dieses Gebäude dienen soll, sind uns allen so vertraut, dass ich nicht näher darauf eingehen muss. Unsere Vorbereitungen sind so weit fortgeschritten, dass wir mit Zuversicht über unseren endgültigen Erfolg sprechen können. Dem europäischen Produzenten wird sicherlich auffallen, dass er erhebliche Ziele erreichen kann, indem er Beispiele seiner Fähigkeiten hierher schickt, die sich kein europäisches Land leisten kann. Andererseits hat der amerikanische Hersteller, der durch die Versendung der Produkte seines Könnens nach Europa vergleichsweise wenig außer Ehre zu gewinnen hat, einen klaren und deutlichen Anreiz, seine Waren hier auszustellen. Wenn kein unvorhergesehenes Ereignis eintritt, werden wir in der Lage sein, eine solche Ausstellung der kostbaren, kunstvollen und luxuriösen Produkte der Alten Welt zu veranstalten, wie man sie bei uns noch nie gesehen hat. Diese Überlegungen werden ihre Ergebnisse zeitigen, und wir sind ebenso zuversichtlich, dass der Fleiß unseres Landes mit jener furchtlosen Energie, die vielleicht mehr als alles andere ein hervorstechendes Merkmal unseres Nationalcharakters ist, eifrig in einen Wettbewerb eintreten wird, aus dem in jeder Hinsicht nur Gutes hervorgehen kann. Mehr werde ich zu diesem Punkt nicht sagen. Diejenigen, deren Augen wie meine von den überragenden Herrlichkeiten der Londoner Ausstellung entzückt waren – die die Macht, den Reichtum und die vielfältigen Ressourcen der Alten Welt kennen – die wissen, was diese genialen Geschöpfe, die Franzosen, zu erreichen versuchen, sollten gut innehalten, bevor sie sich über die Zukunft brüsten. Es genügt, wir werden alles tun, was Fleiß und Treue erreichen können. Ich werde auch nicht näher auf die Vorteile einer Ausstellung dieser Art eingehen. Es besteht kein Zweifel, dass es noch keine vergleichbaren Mittel gibt, um den Kreis des Wissens und des Geschmacks zu erweitern – und vor allem, um jenen gegenseitigen guten Willen und das Vertrauen zu stärken und zu vertiefen, die das sicherste Bollwerk nationaler Unabhängigkeit und die einzige Garantie des internationalen Friedens sind.

„Sir, im Augenblick wird alles aus der Feder dieses großen Staatsmannes, dessen Verlust wir bedauern, mit Interesse aufgenommen. Ich werde Sie daher mit der Lektüre des folgenden Briefes, den ich von ihm erhalten habe, überhäufen:

„ ' AUßENMINISTERIUM , }
„ ' WASHINGTON , 12. Oktober 1852. }

„ SEHR GEEHRTER HERR , ich habe Ihr Schreiben vom 7. Oktober erhalten und die beigefügten Papiere sowie die Skizze des Gebäudes, die Sie mir freundlicherweise zugesandt haben, sorgfältig geprüft. Letztere erscheint mir sehr schön. Ihr Name und der der mit Ihnen verbundenen Herren sind ausreichende Garantien dafür, dass das Unternehmen mit Energie, Treue und Kapazität durchgeführt wird. Es besteht kein Zweifel daran, dass eine Ausstellung der von Ihnen geplanten Art, wenn sie ordnungsgemäß durchgeführt wird, von allgemeinem Interesse und Nutzen sein wird. Sie überschätzen meinen Wunsch, Ihre Ansichten zu fördern, nicht. Natürlich kann ich Ihnen als Mitglied der Regierung der Vereinigten Staaten keine andere Hilfe geben, als Sie bereits vom Zollamt erhalten haben, indem ich Ihr Gebäude zu einem Zolllager mache. Aber ich werde den Vertretern der Vereinigten Staaten an den wichtigsten Höfen Europas schreiben und ihnen meine Einsicht in die Bedeutung Ihres Unternehmens und die zahlreichen Gründe, die mir einfallen, warum sie Ihrem Agenten, Herrn Buscheck, alle Hilfe und Unterstützung geben sollten, die ihnen angemessen ist. Ich bin, Sir, mit großem Respekt Ihr ergebener Diener,

„ ' DANIEL WEBSTER .
„ 'Theodore Sedgwick, Esq., New York.'

„Erlauben Sie mir, Sir, ein paar Worte zum Gebäude selbst zu sagen. Wir beabsichtigen – und ich glaube, das ist nicht zu viel verlangt –, dass der Palast selbst eine Epoche in der Architektur unserer Stadt einläuten wird. Wir glauben, dass er dem Bauen mit dem Material Eisen einen Impuls geben wird, der diesem Interesse von größtem Nutzen sein wird. Eisenkonstruktionen wurden bereits von einem äußerst intelligenten und versierten Mechaniker – Mr. James Bogardus – weit vorangetrieben, und ich glaube, dass die Erfahrung mit diesem Gebäude ihm einen großen zusätzlichen Impuls verleihen wird. Seine überlegene Leichtigkeit, Haltbarkeit, Billigkeit und einfache Konstruktion geben ihm enorme Vorteile gegenüber jedem anderen Material. Wir errichten ein Gebäude, das im Erdgeschoss zweieinhalb Morgen bedecken wird, und es wird im Winter in etwa sechs Monaten für eine Summe von nicht viel weniger als 200.000 Dollar fertig sein. Wenn jemand diese Zeit und die Zeit mit dem vergleicht, was für ein Gebäude aus jedem anderen Material außer Holz erforderlich wäre, ist die enorme Überlegenheit von Eisen am deutlichsten erkennbar. Aber es gibt, Sir, noch weitere Überlegungen, die ich klar darlegen möchte. Die großen Städte der älteren Welt, besonders auf dem Kontinent, besitzen große Galerien für Volksbildung und Unterhaltung. Es ist auf den ersten Blick bemerkenswert, obwohl eigentlich leicht verständlich, dass in einem Land, das ganz auf der Volksmacht beruht, vergleichsweise nichts im großen öffentlichen Maßstab für das Vergnügen und die Bildung unserer erwachsenen Bevölkerung getan wird. Wir haben keine Galerien, keine Parks. Dies ist nicht der Ort, um etwas zugunsten eines Parks zu sagen, obwohl dies ein Ziel ist, das jedem New Yorker am Herzen liegen sollte. Aber ich möchte in Bezug auf die anderen Ziele darauf hinweisen, wie einfach es in Zukunft sein wird, dieses Gebäude in eine große Volkskunstgalerie umzuwandeln. Seine Struktur ist für diesen Zweck hervorragend geeignet. Wir stehen hier auf städtischem Boden, und es wird künftig ganz in der Macht der Stadt liegen, dieses Ergebnis zu erreichen. Ich hoffe, dieses Gebäude wird noch lange nach dem Verschwinden unserer Vereinigung bestehen bleiben – so lange wie jene massive und majestätische Schöpfung; und so, in den Händen der öffentlichen Behörden, eines jener Monumente sein, die die Regierung dem Volke lieb machen. [Beifall.] Erlauben Sie mir, ein paar Worte zu unseren Zielen zu sagen. Das Unternehmen ist ein privates – gefördert durch keinerlei staatliche Hilfe; aber die Interessen sind so zahlreich und so verstreut, dass dem Vorwurf der Spekulation nicht der geringste Anschein zukommt. Es gibt, wage ich zu behaupten, nur sehr wenige Unternehmen von gleicher Größenordnung, die von einer so großen Zahl von Parteien vertreten werden, und so wird es möglich, der Leitung und Verwaltung des Unternehmens jenen breiten, liberalen, unparteiischen und sozusagen nationalen Charakter einzuprägen, der für seine richtige Entwicklung wesentlich ist. Wenn unser Erfolg so ist, wie wir ihn erwarten und beabsichtigen, dann werden wir die Ehre dafür für unsere Institutionen beanspruchen – jene Institutionen, die es Privatpersonen ermöglichen, das zu erreichen, wofür in anderen Ländern enorme staatliche Anstrengungen erforderlich sind. Wir werden die Ehre für das Land und für das Volk beanspruchen; für jene Mischung aus individueller Energie und praktischer Anpassung, die dem amerikanischen Charakter eine so wunderbare Effizienz verleiht; für jenen öffentlichen Geist und jenes private Wohlwollen, von dem wir heute hier so eindrucksvolle Beweise haben – der in diesem Augenblick Menschen aller Parteien zusammenbringt, um gemeinsam für ein gemeinsames Ziel von allgemeinem Interesse zu arbeiten. [Beifall.] Es bleiben noch andere Überlegungen, Sir, die ich zu einem anderen Zeitpunkt von höheren und heiligeren Persönlichkeiten zu entwickeln bitten werde, die ich jetzt aber nicht völlig übersehen kann. Wenn dieses Bauwerk errichtet wird – wenn seine hohe Kuppel bis zu dem Punkt hochgeklettert ist, an dem jetzt diese Flagge weht – wenn seine kristallklare Oberfläche in Strahlen unsere warme amerikanische Sonne reflektiert – wenn sein anmutiges und majestätisches Inneres mit den erlesensten Produkten beider Welten gefüllt sein wird – werden unsere Gedanken über alle materiellen Überlegungen, auf die ich angespielt habe, hinaus und darüber hinaus schweben und unsere eigene Nichtigkeit und die unendliche Überlegenheit der Macht erkennen, durch deren Gunst es uns erlaubt ist, das Wenige zu tun, das wir bewirken. Und dann werden wir uns vereinen, um unseren Dank für Seine Gnade und unsere Bitten um Seine Vergebung und seinen Schutz auszusprechen." [Lauter Beifall.]

Der Gouverneur antwortete sofort wie folgt:

„Herr Präsident, ich habe die Einladung der Vereinigung, der Sie vorstehen, angenommen und bin hierhergekommen, um an den entsprechenden Feierlichkeiten dieses Anlasses teilzunehmen und mein aufrichtiges Interesse und meine Zustimmung zu Ihrem edlen Vorhaben zu bekunden.

„Sie haben nun die erste Säule eines Gebäudes errichtet, das die Produkte von Genie, Industrie und Kunst aus allen zivilisierten

CHICAGO IM JAHR 1856.

Nationen der Welt. Dieses liberale Konzept steht im Einklang mit dem vorherrschenden Geist und den Tendenzen der Zeit, in der wir leben, und seine erfolgreiche Umsetzung wird einen markanten Meilenstein in der Geschichte des amerikanischen Fortschritts darstellen. Es ist ein großzügiges Konzept, das dem Gemeinsinn und Patriotismus der Bürger, die die Vereinigung bilden, gleichermaßen Ehre erweist und in seinem Einfluss auf den Fortschritt und das Glück der Gesellschaft wichtig ist.

„Die bereits erzielten Eroberungen und das zunehmende Interesse unserer Landsleute an der Kultur jener nützlichen Künste, die den physischen Wohlstand und die moralische Erhebung eines Volkes fördern, sind für den amerikanischen Staatsmann eine Quelle des gerechten Stolzes und der Ermutigung.

„Durch den Segen der Vorsehung ist es uns gestattet, unser Schicksal in einer Zeit tiefen Friedens zu gestalten. Mehr als ein Dritteljahrhundert lang war die zivilisierte Welt von jenen zerstörerischen Kriegen und Erschütterungen verschont geblieben, die so lange die besten Kräfte der Menschheit verschwendet hatten. Edlere Ziele beschäftigen die Gedanken der Menschen und der Völkerräte.

„Statt sich in Schlachtordnung zu treffen und Verwüstung und Verwüstung über die Erde zu bringen, herrscht eine freundlichere Rivalität, und die Regierungen gehen in einem großzügigeren Geist des Wettstreits miteinander um; in Werken der Wohltätigkeit und Verbesserung; in der Ausweitung des Handels, der Förderung der Industrie und den Triumphen friedlicher Erfindungen.

„Menschen, die durch Meere und unterschiedliche Sprachen und Institutionen weit voneinander getrennt sind, kommen sich heute durch schnellen und ständigen Handelsverkehr näher. Entfernte Länder können sich durch den freien Austausch nützlicher Entdeckungen und Verbesserungen gegenseitig unschätzbare Vorteile verschaffen, wodurch Industrie und Können auf der ganzen Welt gefördert werden, wobei jedes Land die Früchte seiner eigenen Zivilisation mit sich bringt und (vor allem) den Geist universeller Brüderlichkeit über den Globus verbreitet, der zu Gottes gegebener Zeit die Menschheitsfamilie durch herzliche Bande der Sympathie und Eintracht vereinen wird.

„Aus rein politischer Sicht muss die wunderbare Demonstration des Fleißes aller Nationen, die im letzten Jahr in England stattfand, als eines der wichtigsten Ereignisse der modernen Geschichte angesehen werden.

„Ich freue mich, Zeuge der aufgeklärten Bemühungen meiner Landsleute zu sein, einem so edlen Beispiel nachzueifern.

„Die Durchführung und der Erfolg des Unternehmens, das jetzt so vielversprechend begonnen hat, werden zwangsläufig einen heilsamen Einfluss ausüben und die wertvollsten Ergebnisse hervorbringen.

„Es wird den Nationalcharakter im Ausland stärken und unsere Interessen im Inland fördern.

„Es wird unser Volk zu neuen und höheren Anstrengungen anspornen, bis wir schließlich in jeder nützlichen und dekorativen Kunst eine Gleichheit mit den älteren Nationen erreichen. Es wird die Entwicklung und Verbesserung jener so vielfältigen und bemerkenswerten natürlichen Vorteile fördern, mit denen unser Land gesegnet ist; und einen weiteren Beweis für den erhebenden Einfluss freier Institutionen liefern.

„Abschließend, Herr Präsident und meine Herren der Vereinigung, gestatten Sie mir, Ihnen zu diesem glückverheißenden Beginn zu gratulieren. Das ganze Land wird sich über die Vollendung Ihres großen Vorhabens freuen. Nehmen Sie meine aufrichtigen Wünsche an, dass Ihre Arbeit im Dienste der Zivilisation und des wohltätigen Fortschritts mit dem Erfolg gekrönt sein möge, der einem so strahlenden Beispiel uneigennützigen Gemeinsinns gebührt.“

Bürgermeister Kingsland brachte anschließend in einigen kurzen Bemerkungen zum Ausdruck, wie wichtig ihm die Sache sei und wie aufrichtig er sich wünsche, dass es möglichst erfolgreich zum Abschluss gebracht werde.

General Talmadge vom American Institute gratulierte den Leitern des Crystal Palace herzlich zum Bau der ersten Säule ihres Gebäudes, und das unter so günstigen Umständen. Das American Institute (sagte er) sei froh, so würdige Kameraden zu finden, die mit ihnen zusammenarbeiteten, um den allgemeinen Wohlstand des Landes zu fördern.

Anschließend spielte die Band passende Melodien, und kurz darauf machte sich die „große Versammlung“ auf den Weg, jubelnd über das Ereignis des Tages und mit herzlichen Wünschen für die erfolgreiche Fertigstellung des New Yorker Crystal Palace. Dies war die erste offizielle Feier dessen, was seinen Planern als ein höchst gewaltiges Unterfangen erschien. Doch im nächsten Jahr gab es eine noch imposantere Demonstration, als am 14. Juli 1853 das fast fertiggestellte Gebäude offiziell eingeweiht wurde. Der Präsident der Vereinigten Staaten reiste von Washington nach New York, um an der erhabenen Zeremonie teilzunehmen. Seine mehrtägige Reise mit Kutsche, Boot und Zug war Thema vieler Kolumnen patriotischer Chroniken in der Tagespresse. Hier ist der Bericht einer führenden Zeitschrift über die Eröffnungsfeier:

„Der 14. Juli 1853 wird von nun an als großer Tag in unsere Geschichte eingehen. Damals wurde ein Gebäude der Kunst und Industrie geweiht, das architektonisch neuartig und prächtig war und Erzeugnisse aus allen Teilen der Erde enthielt. Der Crystal Palace ist weitaus schöner als sein Original in London, obwohl er viel kleiner ist. Er erstreckt sich jedoch über fünf Morgen. Seine Seiten bestehen aus Glas und werden von Eisen gestützt. Seine Kuppel ist wahrhaft prächtig und ein Triumph der Kunst. Die vorherrschenden Farben der Decke sind Blau, Rot und Creme. Der einzige Fehler, den wir bei den Farben der anderen Teile des Gebäudes finden, ist, dass die Stützpfeiler die gleiche Farbe wie die anderen massiven Werke haben, während eine gewisse Gleichheit vermieden würde, wenn sie bronzefarben wären.

„Trotz der enormen Verwirrung im Palast am Tag vor der Einweihung waren wir überrascht, als wir ihn gestern Morgen betraten und die Kuppel fertiggestellt und in ihrer ganzen künstlerischen Schönheit vorfanden. Die Treppen waren in Purpur und Gold geschmückt und viele der Abschnitte waren aufwendig verziert, vollständig angeordnet und enthielten ihre verschiedenen Beiträge.

„Die Größe der Stadt New York wurde durch das Wetter von gestern eindrucksvoll veranschaulicht. Der Präsident und sein Gefolge gerieten in den unteren Stadtteilen in einen heftigen Regen, der eine Stunde anhielt, während die ersten Besucher des Palastes nichts von den Umständen wussten, da die Luft trocken und die Sonne in diesem Viertel hell schien.

„Die Zugänge zum Palast waren sehr überfüllt, als wir gegen elf Uhr dort ankamen. Die dicht besiedelten Kneipen stellten ihre maßlosen Verführungen zur Schau. Die verschiedenen Shows mit Monstern, Quacksalbern und Tieren, so zahlreich wie die Jubiläumstage der Champs Élysées, öffneten ihre Attraktionen für einfache Leute. Kleine Spekulanten, die mit Fleisch, Obst und Getränken spekulierten, hatten ihre Tische und Stände *im Freien* . Ein Gewimmel von Omnibussen, Kutschen und Fußgängern umkreiste den Platz. Doch inmitten all dessen waren die hervorragenden Vorkehrungen der Polizei zur Aufrechterhaltung der Ordnung deutlich zu erkennen. Die Eingänge zum Palast wurden freigehalten, und den ganzen Tag über kam es zu keinerlei Unruhen. Verschiedenfarbige Eintrittskarten ließen die Besucher an drei verschiedenen Seiten des Palastes ein, wobei die vierte Seite an das riesige Croton-Wasserreservoir grenzte.

„Teilweise unter der Kuppel befanden sich zwei Plattformen, deren Mittelpunkt Baron Marochettis überaus absurde Washington-Statue einnahm, und dahinter Carews unbeschreiblich absurde Webster-Statue – die schlimmste Verleumdung dieses großen Mannes, die je begangen wurde oder werden kann. Eine dieser Plattformen war in Richtung Forty-second Street oder Nordschiff ausgerichtet, die andere in Richtung des Croton-Wasserreservoirs im Ostschiff. Dem Programm zufolge waren sie mit folgenden Personengruppen besetzt:

AUF DER NÖRDLICHEN EBENE.

General Franklin Pierce, Präsident der Vereinigten Staaten.

MITGLIEDER DES KABINETTS.

Jefferson Davis, Kriegsminister.
James Guthrie, Finanzminister. Caleb Cushing, Generalstaatsanwalt.

SENAT DER VEREINIGTEN STAATEN.

Salmon P. Chase, US-Senator aus Ohio.
Richard Brodhead, Jr., US-Senator aus Pennsylvania.

OFFIZIERE DER ARMEE.

Generalmajor Winfield Scott, Oberbefehlshaber.
Generalmajor John E. Wool und einige andere.

OFFIZIERE DER MARINE.

Kommodore James Stewart.
Kommodore Boorman vom Navy Yard.

Es waren mehrere andere Marine- und Militäroffiziere anwesend, aber ihre Namen
sind nicht bekannt.

GOUVERNEUR VERSCHIEDENER STAATEN.

Horatio Seymour, Gouverneur des Staates New York.
George F. Fort, Gouverneur des Staates New Jersey. Howell Cobb, Gouverneur
des Staates Georgia.

DER KLERUS.

Rt. Rev. Jonathan M. Wainright, DD, provisorischer Bischof von New York.
Most Rev. John Hughes, DD, Erzbischof von New York.Rt. Rev. Henry J.
Whitehouse, DD, Bischof von Illinois.Gardiner Spring, DD, William Adams, DD
und andere.

DIE JUSTIZ.

Richter Betts, Richter Edmonds, Richter Oakley, Richter Roosevelt, Richter
Sandford, Richter Emmett usw.

MILITÄR USW.

Generalmajor Sandford, Brigadegeneral Hall, Brigadegeneral
Morris, mit dem Stab des Generalmajors.

AUSLÄNDISCHE KOMMISSARE.

Die Herren Whitworth und Wallace von der englischen Kommission waren
anwesend. Lord Ellesmere haben wir nicht gesehen, er war um zehn Uhr noch
nicht in der Stadt angekommen. Lady Ellesmere und ihre Töchter waren
anwesend.

AUSSENMINISTER USW.

General Almonte, bevollmächtigter Minister aus Mexiko.
M. De Sartiges, bevollmächtigter Minister aus Frankreich. M. De Osma,
bevollmächtigter Minister aus Peru.

AUF DEM OSTBAHNSTEIG.

Offiziere der Armee und der Marine, eine beträchtliche Zahl.
Offiziere der „Leander". (Wir sind nicht sicher, ob welche anwesend waren – das
Schiff ist nicht hier.)In der Stadt ansässige ausländische Konsuln – eine gewisse
Zahl anwesend.Justiz des südlichen Bezirks von New York.Jacob A. Westervelt,
Bürgermeister von New York.Francis R. Tillon, Stadtschreiber der Stadt New
York.Richard T. Compton, Präsident des Stadtrats.Jonathan Trotter, Präsident de
Assistentenrats.Der Stadtrat war zahlenmäßig eher dünn vertreten.Isaac V. Fowle
Postmeister in New York.Rev. Dr. Ferris, Kanzler der Universität.Charles King,
LL. D., Präsident des Columbia College.Mitglieder der Presse, des Klerus, Beamt
des American Institute usw. usw.

„Wir glauben, dass kein ausländischer Kommissar aus Europa zur
Ausstellung gekommen war, sondern der Earl of Ellesmere. Die
Abwesenheit dieses Kommissars gestern war sehr bedauerlich, umso mehr,
als er wegen Unwohlseins nicht kommen konnte. Lady Ellesmere und ihre
beiden Töchter waren jedoch anwesend.

„Es gab zwei Militärkapellen – Dodsworth, stationiert in der Westgalerie;
Bloomfields US Band in der Südgalerie und ein Orchester mit Nolls
Militärkapelle und einem großen Chor, ebenfalls begleitet von einer Orgel, in
der Ostgalerie.

„Der Präsident wurde durch den Sturm aufgehalten und traf nicht zur
vereinbarten Zeit um ein Uhr ein, sondern wurde erst etwa eine Stunde später
verspätet. Als er jedoch mit seinem Gefolge, zivil und militärisch, eintraf,
wurde er von den Menschen im Gebäude, die sich unseres Wissens nach auf

etwa 20.000 beliefen, herzlich begrüßt. Die United States Band stimmte ‚Hail Columbia' an und beendete die Veranstaltung mit ‚Yankee Doodle'. Dieser Teil der Tagesveranstaltung war äußerst interessant. Als die Rufe verklungen waren und Tausende von schönen Händen, die ihre Taschentücher schwenkten, ihren ersten Ausbruch der Begeisterung erschöpft hatten, sprach Bischof Wainright mit voller, runder Stimme sein passendes Gebet.

„Dann stahl sich durch die riesigen Gänge die Hymne von Old Hundred, vertont mit halbsäkularen Worten. Die Wirkung, die wir dort unter der Kuppel hatten, war mystisch großartig. Man könnte sich vorstellen, dass sie die Stimmen ferner Nationen verkörpert, die in harmonischer Weite durch die Gänge schallen und die Akzente von Sanftmut und Wohltätigkeit tragen. Ihre künstlerische Interpretation wurde den Damen und Herren der Sacred Harmonic Society anvertraut, und sie führten ihre Aufgabe bewundernswert aus. Herr George Bristow war der Dirigent des Gottesdienstes. Herr Timm war jedoch der Hauptdirektor aller musikalischen Arrangements. Die Hymne lautete folgendermaßen:

„Hier, wohin alle Länder ihre Opfergaben senden,
hier, wo alle Künste ihren Tribut darbringen,
vor Deiner Gegenwart, Herr, beugen wir uns
und beten um Dein Lächeln und Deinen Segen.

„Denn Du beeinflussst die Gezeiten des Denkens
und hältst die Ergebnisse
all dessen in Deiner Hand, was menschliche Arbeit hervorgebracht
und alles, was menschliches Können geplant hat.

„Du führst die ruhelose Macht des Geistes
über das unbetretene Feld des Schicksals
und führst sie, kühn, aber blind umherwandernd,
zu mächtigen Zielen, die noch nicht offenbart sind.

„Als nächstes erhob sich Mr. Theodore Sedgwick, der Präsident der Crystal Palace Association, und wandte sich an Präsident Pierce. Der Präsident antwortete offensichtlich spontan und seine Worte waren wohlgewählt. Er schien von den früheren Anstrengungen, die er während seiner Reise unternommen hatte, um öffentlich zu sprechen, erschöpft zu sein und war sehr kurz angebunden. Mr. Pierce jedoch machte bei seinem Publikum einen sehr positiven Eindruck. Er sprach gewandt, ernsthaft und ungeniert vor einem so großen Publikum. Als der Präsident fertig war, schlug Mr. Sedgwick drei Hochrufe für den Präsidenten vor, die von der Menge erwidert wurden.

„So wie es sich für den Tag gehörte, verlief die Szene gut. Die Reden waren kurz gehalten, die Musik war schön und abwechslungsreich, und es herrschte offensichtlich große Rivalität zwischen den verschiedenen Bands und

Orchestern. Das Verhalten des Publikums war einwandfrei. Der weibliche Teil war hervorragend, und es muss hinzugefügt werden, dass die Direktoren großzügig einen Erfrischungsraum für Damen zur Verfügung stellten. Die Aufmerksamkeit der Verantwortlichen, einschließlich der neuen uniformierten Polizei, war unermüdlich. Die Fortschritte bei der Dekoration, Fertigstellung und Anordnung der Einzelheiten des Gebäudes und seiner Inhalte in den letzten Tagen, als alles Unordnung und Niederlage am versprochenen Eröffnungstag zu versprechen schien, waren ein wahres Wunder an Fleiß. Die Anordnung der Eintrittskarten, Plätze, Eingänge und Ausgänge war bewundernswert. Die Unterbringung des Reporterkorps war großzügig und durchdacht. Die Positionen der skulpturalen Attraktionen waren hinsichtlich Ort, Licht und kombinierter Wirkung gut gewählt. Kurz gesagt, das Ganze war hinsichtlich der äußeren Erscheinung mit einer unübertrefflichen Geschicklichkeit arrangiert.

„So etwas erlebte man nur einmal im Leben. Wenn unser Reichtum und unsere Stärke zunehmen, können wir einen viel größeren Kristallpalast bauen und mehr imperiale Schätze anhäufen, als wir uns jetzt leisten könnten, aber es kann nicht die Wirkung dieser Liebe haben. Dies war die erste Liebe dieser Art. Die zweite kann nicht die Begeisterung und den Ruhm der ersten bringen, obwohl sie den Reichtum des Genies in ihrer Produktion erschöpft. Hier sehen wir die erste entschiedene Stellung Amerikas unter den Industrie- und Künstlernationen der Erde. Hier sehen wir eine Anerkennung seines Fortschritts, seiner Macht und seiner Möglichkeiten. Hier finden wir eine Sehnsucht nach Frieden – Frieden, der das Antlitz der Erde mit dem Lächeln des Überflusses übersät, der die Herzen der Nationen vereint, der Armut und Knechtschaft abschafft. Gottes Erde liebt den Menschen bis ins Innerste; behandle sie gut mit Frieden, und sie wird ihn wie eine großzügige Mutter belohnen; misshandele sie mit Krieg, und sie wird ihn aus ihrer Gegenwart vertreiben. Das hat die Geschichte bewiesen; aber wir können mit Sicherheit davon ausgehen, dass die historischen Wechselfälle der Vergangenheit vermieden werden können, wenn wir den friedlichen und großzügigen Weg beschreiten, den uns der Crystal Palace weist."

Die Kommentare und Lobreden der Redner und der Presse zu dieser ersten amerikanischen Weltausstellung waren natürlich größtenteils in einem Ton gehalten, der heute nur im Kontrast interessant ist. Er ist archaisch, primitiv, embryonal, wenn auch nicht frei von dem, was man treffend als „Spread Eagleism" bezeichnet hat. Ein Autor jedoch diskutierte das Thema mit bemerkenswerter Beredsamkeit und in einem Geist der Aufgeschlossenheit, der fast jedes seiner Worte für die große Ausstellung von 1893 ebenso passend macht wie für die von vor vierzig Jahren. „Die Ausstellung", sagte er, „muss für die Amerikaner besonders lehrreich sein, weil sie ihnen Beweise für eine Fertigkeit in vielen Bereichen der Schöpfung liefert, die über ihre eigenen hinausgeht, und für Modelle der Handwerkskunst, die genau in den Punkten überlegen sind, in denen ihre eigenen am meisten mangelhaft sind. Niemand, so nehmen wir an, wird seine nationalen Vorlieben so weit treiben, dass er leugnet, dass wir in den feineren Bereichen der Fertigung und der Kunst noch eine ganze Menge zu lernen haben." So gewaltig unsere Fortschritte bei Eisenbahnen, Dampfschiffen, Kanälen, Druckereien, Hotels und landwirtschaftlichen Geräten auch waren – so schnell unsere Exzellenz in tausend Bereichen des Designs und des Handwerks auch wächst – so erstaunlich unsere Leistungen trotz aller Schwierigkeiten einer widrigen nationalen Politik auch sein mögen – so geschickt, einfallsreich und tatkräftig wir uns bei den Arbeiten erwiesen haben, die die bestehenden Bedingungen unserer Gesellschaft erforderten, so haben wir doch nur wenige Stoffe, die denen von Manchester gleichkommen, wenige Waren, die denen von Birmingham und Sheffield gleichkommen, keine Seide wie die von Lyon, keinen Schmuck wie den von Genf, keine Schals wie die des Ostens, keine Mosaike wie die von Italien. Aber bei unseren schnellen physischen Fortschritten – bei unserem wachsenden Wohlstand, unserer wachsenden Bevölkerung, unserem wachsenden Reichtum und unseren Luxusgütern aller Art – sind dies die Artikel, die wir haben sollten und müssen, um unserer Industrie Vielfalt zu verleihen, uns von der Abhängigkeit von anderen Nationen zu befreien, unseren Geschmack zu verfeinern und es den dekorativen und eleganten Geräten unseres Lebens zu ermöglichen, mit unserer äußeren Entwicklung Schritt zu halten. Bloßer Reichtum ohne die Verfeinerungen des Reichtums – barbarische Prahlerei, verschwenderische Schaustellung, extravagante Genußsucht – kann nur die Moral verderben und den Charakter erniedrigen. Aber die Pflege der schönen Künste befreit die Gesellschaft von ihrer Grobheit, verbreitet eine unbewusste Mäßigung und Anmut, mildert die Unebenheiten des menschlichen Umgangs, erhebt unsere Ideale und verleiht allen gesellschaftlichen Beziehungen ein Gefühl heiterer Freude. Unser einfaches Volk ist dem einfachen Volk anderer Nationen in Bezug auf einfache Lebensgrundlagen, Intelligenz und edle Tugenden unermesslich überlegen, steht ihnen jedoch in Bezug auf kultivierte und sanfte Umgangsformen und die Liebe zur Musik, Malerei, Bildhauerei und umso kultivierteren gesellschaftlichen Vergnügungen fast ebenso unermesslich weit hinterher.

„Diese Ausstellungen, die uns mit den hervorragenden Künsten anderer Nationen bekannt machen, können für uns nur von großem Nutzen sein. Aber sie haben auch einen anderen Nutzen – einen moralischen, wenn nicht religiösen, indem sie uns so eindringlich die Abhängigkeit der Nationen voneinander, ihre gegenseitigen Beziehungen und die absolute Notwendigkeit jedes einzelnen für die bequeme Existenz aller anderen lehren. Es gibt kaum einen Artikel im Kristallpalast, zu dem nicht in irgendeiner Weise die Arbeit der ganzen Welt beigetragen hat – kaum eine

Maschine, die nicht ein verkörpertes Zeugnis des industriellen Fortschritts der Welt ist – kaum ein Stoff, der uns, analysiert, nicht bis ans Ende der Welt trägt oder der uns nicht eng mit den Menschen aller Klimazonen verbindet – mit den Bergarbeitern, die das Rohmaterial aus der dunklen Höhle gequält haben, oder dem Taucher, der es vom Meeresgrund gebracht hat – mit dem einsamen Seemann, der es vor den Stürmen schützte – mit dem armen, mühseligen Mechaniker, der ihm Form oder Farbe gab, oder mit dem Künstler, der ihm seinen letzten Schliff gab. So lebt kein Mensch allein, nicht einmal in seinen gewöhnlichsten Beschäftigungen; er ist ein Teil von uns, so wie wir von ihm sind. Eine wunderbare und rührende Einheit durchdringt die Beziehungen der Rasse; alle Menschen sind für alle Menschen nützlich; und wir, die wir glauben, dass wir in einigen wichtigen Aspekten auf der höchsten Stufe der Menschheit stehen, haben ein tiefes Interesse an den Arbeitern der Täler – an der Schnelligkeit, der Vortrefflichkeit und dem Erfolg dessen, was sie tun, und an der Bequemlichkeit und dem Glück ihres allgemeinen Lebens. Wie Emerson in seinem süßen Gedicht so weise gesungen hat:

„Jeder wird von jedem gebraucht.
Nichts ist allein gerecht oder gut."

„Unser Thema gibt noch einen weiteren Gedanken, der eine Welt voller Bedeutungen enthält. Wir neigen dazu, in unseren Diskussionen von der

STRASSENLEBEN IN CHICAGO, WASHINGTON STREET UND WABASH AVENUE.

Fortschritt der Industrie, aber fragen wir uns immer, worin dieser Fortschritt besteht? Liegt er in der größeren Perfektion, zu der wir in der modernen Zeit die Werke unserer Hände gebracht haben? Schauen Sie sich die eleganten

Gewebe Persiens und Indiens oder die biegsamen Klingen Toledos und Damaskus an und sagen Sie, inwieweit wir diese Werke halbbarbarischer Zeitalter und Völker mit all unseren gepriesenen mechanischen Verbesserungen übertroffen haben! Können wir uns etwas Prächtigeres, Reicheres und Feineres vorstellen als die Gewänder, in die sich die orientalischen Fürsten noch heute kleiden, wie es ihre Vorfahren vor Jahrhunderten taten? Haben wir eine Farbe, die brillanter ist als die Tyranische, eine Skulptur, die der griechischen ebenbürtig ist, eine Architektur, die besser ist als die des „dunklen Mittelalters", Glasmalereien, die mit denen in den alten Kathedralen vergleichbar sind, Bronzearbeiter, die es mit einem Cellini aufnehmen können? Ist es nicht das höchste Kompliment, das wir einem Produkt von Geschick oder Genie machen, wenn wir von ihm sagen, dass es „klassisch" ist, dass es der Modelle würdig ist, die seit Jahrhunderten in unseren Galerien und Museen aufbewahrt werden? Was meinen wir also, wenn wir von uns als fortgeschrittener als frühere Nationen sprechen; was ist der Unterschied zwischen uns, der uns berechtigt, das Wort Fortschritt zu verwenden und mit selbstgefälligem, halb mitleidigem Blick auf die Errungenschaften der vergangenen Generationen zurückzublicken?

„Es ist dies: Durch unsere Entdeckungen in der Wissenschaft, durch unsere Anwendung dieser Entdeckungen in der praktischen Kunst, durch die enorme Steigerung der mechanischen Leistung infolge mechanischer Erfindungen haben wir alle schönen und glorreichen Ergebnisse von Fleiß und Geschick *verallgemeinert*, wir haben sie zu einem gemeinsamen Besitz des Volkes gemacht und der Gesellschaft als Ganzes, selbst dem einfachsten Mitglied, die Freuden, den Luxus und die Eleganz gegeben, die in früheren Zeiten das ausschließliche Privileg von Königen und Adligen waren. Früher ernährte, kleidete und schmückte die Arbeit der Welt den Prinzen und seinen Hofstaat oder den Krieger und seine Häuptlinge – aber jetzt ernährt, kleidet und schmückt sie den Bauern und seine Familie. Damals arbeiteten die zehntausend armen, elenden Schurken für den einen oder die wenigen, aber jetzt arbeiten die zehntausend für die zehntausend. Damals wurde der Reichtum der Provinzen ausgebeutet, um Pracht für den Herrn der Provinz anzuhäufen, aber jetzt wird dieser Reichtum vervielfacht und verbreitet, um dem Volk Glück zu bringen. All das konzentrierte Kapital von Lyon, Leeds und Lowell, all unsere komplizierten Maschinen, die zwar neue Anforderungen an menschliche Arbeit schaffen, sollen die Herstellung von Produkten billiger machen, da diese Billigung darauf abzielt, Woll- und Seidenstoffe für die ärmsten Klassen erschwinglich zu machen. Unsere heutigen Bücher mögen einzeln nicht besser sein als die Bücher aus der Zeit Elzevirs, aber Millionen von Menschen besitzen heute Bücher, wo früher nur Hunderte sie besaßen. Unsere Vasen und Tassen mögen nicht exquisiter gearbeitet sein als die Vasen und Tassen von Benevento Cellini, aber sie werden nicht wie seine für Päpste und Kaiser gemacht, sondern für Smith und Jones und alle Neben- und Nebenzweige der riesigen Familien von Smith und Jones. Unsere Straßen werden nicht mit enormen Kosten für königlichen Fortschritt oder den Durchzug einer Eroberungsarmee gebaut, sondern um die kostbaren Schätze der Industrie oder eine glückliche Fracht von Ausflüglern von Haus zu Haus zu transportieren und ihren Herzen ein Fest der Fröhlichkeit und unschuldigen Freude zu bereiten.

„Unser Fortschritt in der heutigen Zeit besteht also darin, dass wir die Mittel und Mittel eines höheren Lebens demokratisiert haben; dass wir die zivilisierenden Einflüsse der Kunst weit und breit verbreitet haben; dass wir die Massen der Bevölkerung auf den aristokratischen Standard des Geschmacks und des Genusses gebracht haben und immer mehr bringen und so den Einfluss von Glanz und Anmut auf alle Gemüter ausbreiten. Größere Kräfte sind in die Gesellschaft eingedrungen. All unseren individuellen Erfahrungen ist eine größere Vielfalt und ein reicherer Geschmack verliehen worden; und was noch wichtiger ist: Die Barrieren, die einst unsere Rasse trennten, die Intervalle von Zeit und Raum, die fast jeden Stamm und jede Familie zum Feind jedes anderen Stammes und jeder anderen Familie machten, sind ausgelöscht worden, damit die gemeinsamen Interessen und gemeinsamen Freuden uns erneuern und uns zu Freundschaft und der freundlichen Rivalität von Arbeitskollegen erwärmen konnten, die unter verschiedenen Umständen dieselben großen Ziele verfolgen.

„Richtig gelenkte Gesetzgebung hätte viel für die Zivilisation und den Fortschritt der Gesellschaft tun können und kann dies auch weiterhin tun. Leider hat die Gesetzgebung in den meisten Nationen der Erde, die ausschließlich von einer selbsternannten höheren Klasse kontrolliert wird, diese Bewegung eher behindert als beschleunigt. Doch angesichts dieses schrecklichen Hindernisses, unter all den Übeln des Inselmonopols Großbritanniens, das versucht, seine eigene Fertigungsindustrie auf Kosten der Industrie der übrigen Menschheit zu vergrößern, hat der Genius der praktischen Kunst gesiegt und wird noch mehr über alle Schwierigkeiten triumphieren. Sie erhebt den Arbeiter zu seiner wahren Position; sie erleichtert die Vereinigung der Menschen; sie harmonisiert ihre Interessen; und ob die Gesetzgebung dabei hilft oder nicht, sie wird unsere Rasse letztendlich von Abhängigkeit und Sklaverei befreien. Und hierin liegt der Hauptgrund, warum wir heute mit Genugtuung die Eröffnung des Kristallpalastes begrüßen.“

Der Crystal Palace war kein finanzieller Erfolg. Bei dem Unternehmen gingen fast eine Million Dollar verloren. Schließlich wurde das Gebäude am Abend des 5. Oktober 1858 mit den meisten seiner Inhalte durch einen Brand zerstört. Es war wirklich kein sehr großer Brand, gemessen an anderen, die es gab. Dennoch bedeutete er die Zerstörung einer ganzen

Weltausstellungseinrichtung und war zu dieser Zeit mehr als ein Wunder, das nur neun Tage dauerte. „Gestern Abend gegen fünf", hieß es in einer Zeitung am nächsten Morgen, „wurde Rauch aus einem großen Raum im Nordschiff und vor dem Eingang in der 42. Straße aufsteigen sehen, und weniger als eine halbe Stunde später war der Palast eine totale Ruine, und von diesem Gebäude ist nichts mehr übrig als ein Haufen unansehnlicher Ruinen. Die achteckigen Türmchen an jeder Ecke stehen noch, während man hier und da auf allen Seiten Eisenstapel, die Überreste von Treppen und Teile des Gerüsts der Galerien sehen kann.

„Aus dem oben erwähnten Raum drangen bald Flammen hervor und breiteten sich mit unglaublicher Geschwindigkeit in alle Richtungen aus. Zu diesem Zeitpunkt waren etwa 2.000 Personen im Gebäude verstreut, die alle, als der Alarm wegen ‚Feuer' ausgelöst wurde, zum Eingang an der Sixth Avenue stürmten, dessen Türen aufgerissen wurden. Der Eingang an der Fortieth Street wurde geschlossen, da es außer an der Sixth Avenue keine anderen Ein- oder Ausgänge gab. Unter der Leitung von Ex-Captain Maynard und mehreren Direktoren des Instituts wurde die Besuchermenge sicher auf die Straße geleitet, und unseres Wissens wurde niemand verletzt. Einige der Aussteller versuchten, ihr Eigentum zu retten, mussten sich jedoch zur Tür umdrehen und waren bald gezwungen, auf die Straße zu fliehen. Die Menge des geretteten Eigentums ist vergleichsweise gering. Mr. Smith, ein Angestellter des Instituts, verhielt sich edel. Er war für die Schmuckabteilung verantwortlich und war damit beschäftigt, einen Koffer zu reparieren, als der Alarm ausgelöst wurde. Er beendete den Koffer, schloss die Tür und ging dann in Richtung des Brandes. Der Rauch war so dicht, dass er fast erstickt wäre. Er sah das Feuer am Eingang zur 42. Straße und rannte dann zurück zu dem Besitz, der ihm anvertraut worden war. Es handelte sich um eine Anzahl Uhren im Wert von mehreren tausend Dollar. Er ergriff den Koffer, zog ihn aus seiner Halterung die Galerie entlang, eine Treppe hinunter und von dort auf die Straße hinaus, wobei der Eingang zu diesem Zeitpunkt bereits aufgebrochen worden war. Als er hinausging, stand die Kuppel in Flammen. Der Rauch war so dicht, dass er nur wenige Meter weit auf beiden Seiten sehen konnte, und er glaubt, er sei der letzte Mann im Palast gewesen, bevor die Kuppel einstürzte. Ein junger Mann namens Wallis, ebenfalls im Dienst des Instituts, hörte den Alarm und rannte auf Smith zu, den er mit einer Axt den Koffer aufbrechen lassen wollte, damit er leichter an den Schmuck und die Uhren herankommen könnte, aber Smith sagte ihm, er würde das nicht tun. Wallis musste auf die Straße rennen, da er im Rauch fast erstickt wäre. Die Aussicht von der Straße und den umliegenden Gebäuden war großartig, und Tausende von Menschen drängten sich zum Brandort."

Das erwähnte Institut war das bekannte American Institute in New York, das nach dem Ende der eigentlichen Weltausstellung den Palast mit seiner jährlichen Ausstellung belegt hatte. Man schätzte, dass der Gesamtschaden durch das Feuer eine Million Dollar betrug, aber die Liste der Hauptaussteller und ihrer individuellen Verluste, die am nächsten Tag veröffentlicht wurde, sieht jetzt absurd dürftig aus. Und so endete die erste Weltausstellung für Kunst und Industrie, die jemals auf dem amerikanischen Kontinent abgehalten wurde. Als die nächste stattfand, war dies praktisch eine neue Nation. Der größte Krieg der Neuzeit war ausgefochten worden und die nationale Verfassung in vielen wichtigen Punkten geändert worden. Überall waren politische und soziale Veränderungen von überraschendem Charakter sichtbar. Materielles Wachstum und Entwicklung waren in erstaunlichem Ausmaß erreicht worden. Große Erfindungen waren gemacht worden. Alle Umstände machten es tatsächlich angemessen und notwendig, dass die zweite Weltausstellung in jeder Hinsicht das, was wir gerade beschrieben haben, unermesslich übertraf.

Als die Weltausstellung 1853 in New York eröffnet wurde, war es offensichtlich, dass die amerikanische Nation vor großen und wichtigen Veränderungen stand. Als der Crystal Palace 1858 niederbrannte, stand die Nation am Rande des „bevorstehenden Konflikts", der lange vorhergesehen worden war. Der Krieg kam. Am Ende war Amerika eine neue Nation. Seine politischen, sozialen und industriellen Systeme waren transformiert. Sein Wachstum und seine Expansion erhielten einen enormen Impuls. Der Zustrom von Bevölkerung sowie Ideen und Kunst aus anderen Ländern war um ein Vielfaches größer als je zuvor. Und so näherte sich Amerika dem hundertsten Jahrestag seiner Unabhängigkeit, und es wurden Vorbereitungen getroffen, um diesen Zeitpunkt mit einer zweiten Weltausstellung zu würdigen.

Die Centennial Exhibition, die 1876 in Philadelphia stattfand, war die größte Messe, die die Welt bis dahin gesehen hatte. Keine ihrer Vorgängerinnen hatte ihr an Umfang gleichgekommen oder sie an Vielfalt oder allgemeinem Interesse übertroffen. Paris hatte 1867 eine kompaktere und systematischere Ausstellung geboten, und in Wien waren 1873 die orientalischen Nationen umfassender vertreten. Doch die American Exhibition war ihnen in vielen Punkten überlegen. Sie zeigte die Naturprodukte, Industrien, Erfindungen und Künste der westlichen Hemisphäre, wie sie noch nie zuvor gezeigt worden waren, und präsentierte sie zum ersten Mal in ihrer Fülle und Vollkommenheit im Gegensatz zu denen der Alten Welt. Auf dem Gebiet der Maschinen war sie allen ihren Vorgängerinnen unvergleichlich überlegen, ebenso auf dem Gebiet der landwirtschaftlichen Geräte und Produkte. Im Bereich der schönen Künste enthielt sie nicht so viele wirklich große Meisterwerke wie in Paris und Wien, aber sie umfasste eine breitere

Darstellung zeitgenössischer Kunst aus allen Teilen der Welt. Im Bereich der allgemeinen Industrie war die Ausstellung viel umfangreicher als je zuvor. Und als wirklich internationale Ausstellung übertraf sie alle anderen Messen bei weitem, da jeder zivilisierte Staat der Erde, mit Ausnahme Griechenlands und einiger kleinerer Republiken in Mittel- und Südamerika, vertreten war.

Die Ausstellung erstreckte sich über etwa 236 Acres des Fairmount Parks in Philadelphia. Das Gelände war für die Zwecke der Ausstellung hervorragend angepasst. Es war ein erhöhtes Plateau mit drei Ausläufern, die in Richtung des Schuylkill River ragten. Auf einem der drei Ausläufer befand sich die Memorial Hall, in der sich die Kunstausstellung befand, auf einem anderen die Horticultural Hall und auf dem dritten die Agricultural Hall. Auf der breiten Ebene, wo sie zusammentrafen, befanden sich das Hauptgebäude, die Machinery Hall, das Regierungsgebäude der Vereinigten Staaten und etwa hundert kleinere Gebäude. Das Gelände wurde von fünf Hauptstraßen, einer Ringbahn und vielen Meilen kleinerer Spazierwege durchzogen. Es gab einen ausgedehnten See und eine herrliche Fülle an Rasenflächen, Blumenbeeten und Gehölzen.

Das Hauptgebäude war das größte Gebäude der Welt. Es war 1.876 Fuß lang und 464 Fuß breit und erstreckte sich über 21 ½ Morgen Land. In der Mitte befanden sich vier quadratische Türme, die 120 Fuß hoch waren. Die Fassaden am Ende waren 90 Fuß hoch und die Ecktürme 75 Fuß. Das Mittelschiff war 1.832 Fuß lang, 120 Fuß breit und 70 Fuß hoch. Das Gerüst war aus Eisen, ausgefüllt mit Holz und Glas. Fast ein Drittel des Raumes wurde von amerikanischen Ausstellern eingenommen. Großbritannien und seine Kolonien belegten den nächstgrößten Bereich mit einer Ausstellung von enormen Ausmaßen und blendender Brillanz. Eine einzige Silberschmiede schickte Waren im Wert von einer halben Million Dollar. Frankreich und seine Kolonien sowie das Deutsche Reich waren ebenfalls prächtig vertreten. Weitere bedeutende Aussteller waren Holland, Belgien, Österreich, Russland, Spanien, Japan, Schweden und Norwegen, Italien und China. Auch Mexiko, Brasilien, die Schweiz, Portugal, Ägypten, die Türkei, Dänemark, Tunesien, Chile, die Argentinische Republik, Peru, der Oranje-Freistaat, die Sandwichinseln und Venezuela waren vertreten. Nie zuvor war eine derart umfassende Ausstellung der Künste und Industrien so vieler Völker der Welt an einem Ort versammelt.

Die Maschinenhalle, die speziell den sich bewegenden Maschinen gewidmet war, war 1.402 Fuß lang und 360 Fuß breit und hatte einen 208 mal 210 Fuß großen Anbau für hydraulische Maschinen. Es gab mehr als 10.000 Fuß Wellen, um die von der riesigen Corliss-Maschine erzeugte Antriebskraft zu den verschiedenen Maschinen zu leiten. Diese enorme Maschine hatte Zylinder mit 44 Zoll Durchmesser und 10 Fuß Hub, ein Schwungrad mit 30 Fuß Durchmesser und 56 Tonnen Gewicht und machte 36 Umdrehungen pro Minute. Es gab 20 Röhrenkessel mit jeweils 70 PS, und bei 60 Pfund Druck betrug die Arbeit der Maschine etwa 1.400 PS. Dieses Gebäude enthielt die bei weitem größte und vielfältigste Ausstellung von funktionierenden Maschinen, die es damals auf der Welt je gab.

Die Horticultural Hall war ein anmutiger maurischer Palast, größtenteils aus Glas gebaut und enthielt eine großartige Ausstellung von Bäumen, Sträuchern und Blumen aus allen Teilen der Welt. Die Agricultural Hall bestand aus einem 826 Fuß langen und 100 Fuß breiten Kirchenschiff, das von drei Querschiffen mit jeweils 465 Fuß Länge und 80 bis 100 Fuß Breite gekreuzt wurde. Der umschlossene Raum war ungefähr 12 Morgen groß und enthielt eine wunderbare Ausstellung von landwirtschaftlichen Geräten und Produkten aus allen Teilen der Welt. Die Memorial Hall war als dauerhaftes Gebäude gedacht und wurde solide aus Granit, Glas und Eisen errichtet. Sie ist 365 Fuß lang und 210 Fuß breit und hat an jeder Ecke einen quadratischen Turm und in der Mitte eine vierseitige Kuppel. Außer diesen Gebäuden errichtete die Regierung der Vereinigten Staaten ein gewaltiges Bauwerk von 360 mal 300 Fuß zur Präsentation der Tätigkeiten ihrer verschiedenen Ministerien; viele ausländische Regierungen besaßen eigene Gebäude, ebenso wie mehr als 20 Staaten; Darüber hinaus gab es Gebäude für die Richter und eine große Zahl spezieller Industriezweige.

Die technische Geschichte des Unternehmens kann wie folgt kurz wiedergegeben werden: Die Ausstellung war eigentlich eine natürliche Folge der Weltausstellung, die 1867 in Paris stattfand. Diese Veranstaltung war die bei weitem umfangreichste internationale Ausstellung, die bis dahin jemals abgehalten wurde, und ihr brillanter Erfolg hinterließ in der gesamten zivilisierten Welt einen deutlichen Eindruck. Österreich ergriff sofort Maßnahmen, um ihr Konkurrenz zu machen, und führte seine ehrgeizigen Pläne sechs Jahre später in Wien aus. Unter den vielen Amerikanern, die die wunderbare Show an den Ufern der Seine sahen, äußerten viele den Wunsch, ein Unternehmen dieser Art in ihrem eigenen Land zu sehen. Es wird angenommen, dass General CB Norton aus New York, einer der Kommissare der Pariser Ausstellung, der erste war, der die Idee einer Weltausstellung zur Erinnerung an den hundertsten Jahrestag der amerikanischen Unabhängigkeit vorschlug. Dies tat er, als er im Sommer 1866 in Begleitung von Mr. Dudley S. Gregory aus New York die Vorbereitungen für die Ausstellung auf dem Champs de Mars besichtigte. Sein Plan war, die Ausstellung im Central Park abzuhalten. Mr. Gregory kehrte im Herbst zurück und legte die Angelegenheit dem American Institute vor, aber es scheint, als seien keine Maßnahmen ergriffen worden. Die nächste Aufregung in dieser Frage fand im Juni 1868 statt, als Dr. CJ Jackson bei einem Treffen der Aussteller aus Massachusetts in Paris, das in der Music Hall in Boston stattfand und bei dem es um die Verteilung der von der französischen Regierung an dieses Land geschickten Auszeichnungen ging, eine Resolution zugunsten einer internationalen Ausstellung in Washington vorschlug, die am 4. Juli 1876 eröffnet werden sollte. Nach einigen Reden wurde die Resolution angenommen. Im Herbst desselben Jahres fand in New York unter dem Vorsitz von Dr. GB Loring eine Versammlung zur Förderung des Projekts statt. Ein neunköpfiges Komitee wurde ernannt, aber damit war die Angelegenheit erledigt. New York hatte die Größe und Bedeutung des Projekts nicht erkannt. Washington hatte ein besseres Verständnis, war aber zu arm, um irgendetwas zu tun, das mit Ausgaben verbunden war.

Jetzt musste Philadelphia sich engagieren. 1869 schrieb Mr. M. Richard Muckle vom *Philadelphia Ledger* einen Brief an Präsident Grant, in dem er dazu drängte, in der Stadt, in der die Unabhängigkeitserklärung unterzeichnet worden war, eine Weltausstellung abzuhalten, und dieser Brief, der weithin veröffentlicht und kommentiert wurde, brachte den Stein ins Rollen. Bald nach seinem Erscheinen erinnerten das Franklin Institute und die Academy of Fine Arts den Kongress an das Thema, und die Stadträte ernannten ein Hundertjahrkomitee. Im Februar 1871 besuchte ein Komitee der gesetzgebenden Versammlung von New Jersey Philadelphia, um sich mit den Räten zu beraten, und im April kam eine Delegation aus Virginia mit demselben Auftrag. Auf Veranlassung der Abgeordneten aus Pennsylvania befasste sich der Kongress in der Sitzungsperiode 1870/71 mit der Frage und verabschiedete am 3. März ein Gesetz, „um die Feier des einhundertsten Jahrestages der amerikanischen Unabhängigkeit durch eine internationale Ausstellung von Kunst, Gewerbe und Erzeugnissen aus Boden und Bergbau in der Stadt Philadelphia und im Staat Pennsylvania im Jahr 1876 vorzusehen". Aufgrund dieses Gesetzes wurden einhundert Kommissare ernannt. doch es erwies sich als unmöglich, ein Quorum dieses schwerfälligen Gremiums zu versammeln, und die Organisation wurde durch ein Zusatzgesetz geändert, das einen Kommissar und einen Stellvertreter aus jedem Staat und Territorium vorsah, die vom Präsidenten auf Vorschlag der Gouverneure ernannt wurden. Es wurden keine Gelder bereitgestellt. Im Juni 1872 verabschiedete der Kongress ein weiteres Gesetz, mit dem eine gesonderte Körperschaft namens Board of Finance gegründet wurde, die im ganzen Land durch Abonnements Gelder beschaffen und die gesamte Verantwortung für die Finanzen der Ausstellung übernehmen sollte. Die Ausstellung wurde in eine Aktiengesellschaft mit einem Kapital von 10.000.000 Dollar in Aktien zu je 10 Dollar umgewandelt. Sofort gingen hohe Abonnements von den Bürgern Philadelphias ein. Der Staat Pennsylvania stellte 1.000.000 Dollar zur Verfügung, die Stadt Philadelphia 1.500.000 Dollar, der Staat New Jersey 100.000 Dollar und die Staaten Delaware, New Hampshire und Connecticut jeweils 10.000 Dollar. Anschließend wurden in New York City Abonnements im Wert von insgesamt etwa 250.000 Dollar gesammelt. Auch die Geschäftsleute der Neuenglandstaaten spendeten, aber der Westen gab fast nichts und der Süden gar nichts. Der Gesamtbetrag, den das Ausland für die Ausstellung ausgab, betrug etwa 2.500.000 Dollar.

Am 26. Juni 1873 informierte Gouverneur Hartranft den Präsidenten, dass Vorkehrungen für den Bau der Gebäude getroffen worden seien. Aufgrund dieser Information erließ der Präsident am 3. Juli desselben Jahres seine Proklamation, in der er erklärte, dass die Ausstellung 1876 stattfinden würde. Minister Fish informierte am 5. Juli die Vertreter ausländischer Nationen über die Ausstellung und lud sie zur Teilnahme ein. Noch vor Beginn des Jahres 1876 gingen formelle Zusagen aus Großbritannien, Frankreich, Österreich, Deutschland, Belgien, Schweden, Holland, Spanien, Portugal, Italien, Norwegen, Ägypten, Dänemark, der Türkei, der Schweiz, Mexiko, Venezuela, Brasilien, Chile, Peru, der Argentinischen Konföderation, den Sandwichinseln, China, Japan, Australien, Kanada, Bolivien, Nicaragua, Kolumbien, Liberia, dem Oranje-Freistaat, Ecuador, Guatemala, El Salvador und Honduras ein. Am 3. März 1875 bewilligte der Kongress 505.000 Dollar für die Organisation einer offiziellen Regierungsausstellung, von denen 150.000 Dollar für den Bau eines speziellen Gebäudes für die Regierungsausstellung bestimmt waren. Am 4. Juli 1873 übergaben die Beauftragten von Fairmount Park offiziell 450 Acres Land in Lansdowne im Park für Gebäude und andere Zwecke der Ausstellung.

1873 entsandte die Kommission Professor WP Blake aus Connecticut als Sonderbeauftragten zur Wiener Ausstellung, um diese zu untersuchen und darüber zu berichten. Der Generaldirektor, Herr AT Goshorn, nahm ebenfalls eine gründliche Untersuchung dieser Ausstellung vor. Der erste Spatenstich für die Ausstellungsgebäude erfolgte am 4. Juli 1874. Die Maschinenhalle wurde im November 1875 fertiggestellt, die Gartenbauhalle und das Hauptgebäude im Januar 1876 und die Gedenkhalle und die Landwirtschaftshalle im April. Im Februar 1876 bewilligte der Kongress 1.500.000 Dollar, um die Zahlungen für die Gebäude abzuschließen, und ermöglichte es der Kommission so, die Ausstellung schuldenfrei zu eröffnen.

Die offizielle Eröffnung der Centennial Exhibition fand am 10. Mai 1876 statt. Um 9 Uhr an diesem Tag wurden die Tore des Geländes, mit Ausnahme der Tore am östlichen Ende des Hauptgebäudes, für die Öffentlichkeit zum festgelegten Eintrittspreis von jeweils 50 Cent geöffnet. Das Hauptgebäude, die Memorial Hall und die Machinery Hall waren bis zum Abschluss der Zeremonien gegen 13 Uhr für Gäste und Aussteller reserviert, als alle Beschränkungen aufgehoben wurden. Die Eröffnungszeremonien fanden im Freien auf einer Fläche von etwa 300 mal 700 Fuß zwischen dem Hauptgebäude und der Memorial Hall statt. Die Menge der Zuschauer in Sichtweite der Zeremonien, obwohl größtenteils nicht in Hörweite, war mehr

ULYSSES S. GRANT.

über 110.000. In den frühen Morgenstunden zog eine Militärparade von der Stadt zum Ausstellungsgelände. An der Spitze stand die First Troop of Philadelphia City Cavalry, die als Leibwache des Präsidenten der Vereinigten Staaten fungierte. Ihr folgten die Boston Cadets und die Boston Lancers, die Gouverneur Rice aus Massachusetts und seinen Stab eskortierten. Als nächstes kamen Gouverneur Hartranft aus Pennsylvania und sein Stab, gefolgt von Generalmajor Bankson und einer großen Truppe von Truppen des Staates Pennsylvania. An den Gebäuden und auf dem Gelände wurden keine Flaggen oder andere Insignien gehisst, bis ein bestimmtes Signal gegeben wurde, und alle Orgeln, Glocken und anderen Musikinstrumente warteten schweigend auf dasselbe Signal.

Um 10.15 Uhr begann das riesige Orchester mit 150 Mitgliedern unter der Leitung von Theodore Thomas, die verschiedenen Nationalhymnen der Welt zu spielen. Zuerst wurde der „Washington March" gespielt, danach folgte die Nationalmusik der Argentinischen Republik, Österreichs, Belgiens, Brasiliens, Dänemarks, Frankreichs, Deutschlands, Großbritanniens, Italiens, der Niederlande, Norwegens, Russlands, Spaniens, Schwedens, der Schweiz und der Türkei, und zum Abschluss „Hail Columbia". Bei der Ankunft des Präsidenten der Vereinigten Staaten – General US Grant – in Begleitung des brasilianischen Kaisers Dom Pedro, des Generaldirektors der Ausstellung und anderer bedeutender Persönlichkeiten wurde der

„Centennial Inauguration March" aufgeführt, der von Richard Wagner für diesen Anlass komponiert worden war. Anschließend sprach der Reverend Dr. Matthew Simpson, Bischof der Methodist Episcopal Church, ein Gebet. Ein von John Greenleaf Whittier geschriebenes Kirchenlied wurde vom Chor mit 1.000 Stimmen zu Musik von John K. Paine mit Orgel- und Orchesterbegleitung gesungen. John Welsh, Präsident des Centennial Board of Finance, übergab die Gebäude offiziell der Centennial Commission. Der Chor sang eine von Sidney Lanier aus Georgia geschriebene Kantate mit Musik von Dudley Buck, Solos von Myron W. Whitney. General Joseph R. Hawley, Präsident der United States Centennial Commission, übergab die Ausstellung offiziell dem Präsidenten der Vereinigten Staaten, der in einer kurzen Ansprache antwortete und mit den Worten schloss: „Ich erkläre die Internationale Ausstellung hiermit für eröffnet." In diesem Moment wurden überall tausend Flaggen entrollt, unzählige Glocken und Pfeifen erklangen, ein Salut aus hundert Kanonen wurde abgefeuert und Händels „Hallelujah Chorus" wurde vom großen Chor mit Orgel- und Orchesterbegleitung gesungen. Dann formierten sich der Präsident und andere angesehene Gäste zu einer kleinen Prozession und zogen durch die Hauptgebäude. In der Maschinenhalle setzten der Präsident und der Kaiser von Brasilien die große Maschine und alle damit verbundenen Maschinen in Gang. Dabei half ihnen Herr George H. Corliss, der Erbauer und Geber der Maschine. Anschließend wurden der Präsident und die anderen Gäste zum Pavillon der Richter begleitet, wo ein kurzer Empfang stattfand. Damit waren die Eröffnungsfeierlichkeiten abgeschlossen, und von da an waren das Gelände und die Gebäude an jedem Wochentag bis zum 10. November, dem Tag der Schließung der Ausstellung, für die Öffentlichkeit zugänglich. Der Eintritt betrug 50 Cent.

Eine Reihe von Landesregierungen organisierten Ausflüge zur Ausstellung für Staatsbeamte und Bürger im Allgemeinen. Diese „Staatstage", wie sie genannt wurden, waren wie folgt: New Jersey, 24. August; Connecticut, 7. September; Massachusetts, 14. September; New York, 21. September; Pennsylvania, 28. September; Rhode Island, 5. Oktober; New Hampshire, 12. Oktober; Delaware und Maryland, 19. Oktober; Ohio, 26. Oktober; und Vermont, 27. Oktober.

Die anderen wichtigen Ereignisse im Kalender der Saison waren wie folgt: 23. Mai Sitzung der Wahren Templer; 24. Mai Treffen der Preisrichter; 30. Mai Dekorationstag und Eröffnung des Bankers' Building; 1. Juni Parade der Tempelritter; 7. Juni Tagung in Brewers' Hall; 12. Juni Internationale Frauen-Mäßigkeitskonferenz; 15. Juni Einweihung des Eiswasserbrunnens durch die Söhne der Mäßigkeit; 27. Juni bis 10. Juli Lager der West Point-Kadetten; 1. Juli Ausflug der Soldatenwaisen aus Lincoln Home; 4. Juli Hundertjahrfeier der Unabhängigkeitserklärung und Einweihung des Brunnens der Catholic

Total Abstinence Beneficial Society; 6., 7., 8., 13., 18., 19., 20., 21. Juli Ausflüge der Philadelphia & Reading Railroad für ihre Mitarbeiter; 15. Juli Lager der Kadetten aus Columbus, Ohio; 3. bis 9. August Lager der Truppen aus Pennsylvania; 30. August Exkursion der Mitarbeiter von Steinway & Sons; 22. August Beginn nationaler und internationaler Ruderwettkämpfe auf dem Schuylkill River; 23. August Parade der Ritter des Pythias; 28. August Parade der Schweizer Bürger; 29. August Empfang durch den Bürgermeister von Philadelphia; 1. September bis 18. Oktober Viehausstellung; 2. September Lager der Nationalgarde von Connecticut; 4. September Internationaler Ärztekongress; 20. September Odd Fellows' Day; 23. September Internationale Schützenteams – Schotten, Iren, Australier und Amerikaner – besuchten die Ausstellung; 28. September großes Feuerwerk; 7. Oktober Lager der Kadetten des Virginia Military Institute; 12. Oktober Einweihung der Kolumbus-Statue; 14. Oktober, Einweihung der Statue von Dr. Witherspoon; 19. Oktober, Turnier; 26. Oktober, Tag der Händler; 2. November, Einweihung der Statue von Bischof Allen durch farbige Bürger; 7. November, Empfang durch das Women's Centennial Executive Committee; 9. November, Internationaler Pyrotechnik-Wettbewerb; 10. November, Abschlusszeremonie.

Die Hundertjahrkommission der Vereinigten Staaten hielt am 4. Juli auf dem Independence Square eine eindrucksvolle Gedenkfeier zum hundertsten Jahrestag der Unabhängigkeitserklärung ab. Das folgende Übungsprogramm sah folgendes vor:

1. Große Ouvertüre „The Great Republic", basierend auf dem Nationallied „Hail Columbia", arrangiert für diesen Anlass vom Komponisten George F. Bristow aus New York, aufgeführt vom Orchester unter der Leitung von Patrick Sarsfield Gilmore.

2. Der Präsident der Kommission, General Joseph R. Hawley, eröffnete die Versammlung und kündigte den amtierenden Vizepräsidenten der Vereinigten Staaten, Senator Thomas W. Ferry, in Abwesenheit des Präsidenten der Vereinigten Staaten als den Vorsitzenden des Tages an.

3. Gebet von Rev. Dr. William B. Stevens, protestantischer Bischof der Episkopalkirche von Pennsylvania.

4. Hymne „Welcome to all Nations" von Oliver Wendell Holmes zur Musik von Kellers „National Hymn".

5. Lesung der Unabhängigkeitserklärung aus dem Originalmanuskript von Richard Henry Lee aus Virginia.

6. Grüße aus Brasilien; eine Hymne zum 100. Jahrestag der amerikanischen Unabhängigkeit, komponiert von AC Gomes aus Brasilien auf Wunsch des Kaisers Dom Pedro; vorgetragen vom Orchester.

7. Lesung von „National Ode" von Bayard Taylor.

8. Großer Triumphmarsch mit Chor „Our National Banner", Text von Dexter Smith aus Massachusetts, Musik von Sir Julius Benedict aus England.

9. Rede von William M. Evarts aus New York.

10. Halleluja-Chor aus Händels „Messias".

11. Doxologie, „Der alte hundertste Psalm".

Aus Platzgründen können hier weder die Rede noch andere Programmpunkte abgedruckt werden, mit Ausnahme der Hymne „Welcome to All Nations" von Oliver Wendell Holmes, die wie folgt lautete:

ICH.

Hell auf den Bannern aus Lilien und Rosen
geht die letzte Sonne des Jahrhunderts unter!
Kränze die schwarzen Kanonen, die unsere Feinde finster anstarrten.
Die Nation vergisst alles außer ihren Freundschaften!
Sie vergisst alles außer ihren Freunden und ihrer Begrüßung!
Diese sind um sie herum, aber wo sind ihre Feinde?
Siehe, während die Sonne des Jahrhunderts untergeht,
Frieden mit ihren Girlanden aus Lilien und Rosen!

II.

Willkommen! Ein Ruf wie Kriegstrompeten schallt,
weckt die wilden Echos, die ringsum schlummern!
Willkommen! Erzittert es von der Glocke der Freiheit;
Willkommen! Die Mauern ihres Tempels hallen wider!
Horch! Die grauen Mauern ihres Tempels hallen wider!
Die fernen Stimmen verklingen über Fluss und Tal;
Willkommen! Noch immer flüstern die Echos ringsum;
Willkommen! Noch immer zittert die Glocke der Freiheit!

III.

Throne der Kontinente! Inseln des Meeres!
Euch gehören die Girlanden des Friedens, die wir umschlingen!
Willkommen noch einmal im Land der Freien,
beschattet von Palmen und Pinien.
Leise murmeln sie, die Palmen und die Pinien:
„Verstummt ist unser Streit im Land der Freien."
Über eure Kinder schlingen sich ihre Zweige,
Throne der Kontinente! Inseln des Meeres!

Die Preisverleihung an die Aussteller fand am Mittwoch, dem 27. September, im Jurysaal statt, begleitet von einem interessanten Programm mit Musik und Ansprachen.

Am 9. November veranstaltete die Centennial Commission and Board of Finance in der St. George's Hall ein Abschiedsbankett für die ausländischen Kommissare und Preisrichter. Zu den Gästen bei dieser Gelegenheit zählten die Kommissare und diplomatischen Vertreter der an der Ausstellung beteiligten Länder, der Oberste Richter und die Richter des Obersten Gerichtshofs der Vereinigten Staaten, eine Reihe von Senatoren und Mitgliedern des US-Kongresses, der Außenminister und andere Mitglieder des Kabinetts der Vereinigten Staaten, die Gouverneure von Pennsylvania, Massachusetts, Delaware und New Jersey, der Bürgermeister von Philadelphia, die Präsidenten der Stadträte von Philadelphia sowie die Beamten und Mitglieder der Fairmount Park Commission, der Centennial Commission und des Centennial Board of Finance. Der Präsident der Vereinigten Staaten führte den Abend als Vorsitzender. Während des Banketts hielten Vertreter der verschiedenen teilnehmenden Gremien und Kommissare der vertretenen Länder Ansprachen, die jeweils unter dem Beifall der Gäste vom Präsidenten der Centennial Commission vorgestellt wurden.

Die Abschlusszeremonie der Ausstellung fand am Freitag, dem 10. November, statt. Sie sollte wie die Eröffnungsfeier im Freien stattfinden, wurde aber wegen stürmischen Wetters in der Judges' Hall abgehalten. Bei Sonnenaufgang wurde ein Bundessalut mit dreizehn Kanonen abgefeuert. Das eigentliche Programm wurde mit dem von Richard Wagner komponierten und vom Orchester unter Theodore Thomas gespielten Inaugurationsmarsch eröffnet. Ein Gebet sprach der Reverend Dr. Joseph A. Seiss. Es folgten Ansprachen von DJ Morrell, United States Centennial Commissioner aus Pennsylvania und Vorsitzender des Exekutivkomitees; John Welsh, Präsident des Centennial Board of Finance; AT Goshorn, Generaldirektor, und Joseph R. Hawley, Präsident der United States Centennial Commission; abwechselnd mit Musikstücken von Chor und Orchester. Nach der Ansprache von General Hawley wurde die Nationalhymne „My Country, 'tis of Thee" vom Orchester, Chor und Publikum vorgetragen. Während des Gesangs wurde die amerikanische Flagge, die John Paul Jones 1779 auf seiner Fregatte „Bon Homme Richard" trug, über der Plattform entrollt und ein Salut aus 47 Kanonen abgefeuert. Dann erhob sich der Präsident der Vereinigten Staaten und sagte: „Ich erkläre hiermit die Weltausstellung von 1876 für beendet." General Hawley sagte: „Der Präsident der Vereinigten Staaten wird jetzt das Signal geben, die große Maschine anzuhalten." Dann winkte der Präsident einem Telegrafisten zu, der sofort eine elektronische Nachricht an den Ingenieur in der

Maschinenhalle schickte, und um genau 15.40 Uhr stellte die große Maschine ihren Betrieb ein. Das Singen der Doxologie durch Chor und Publikum beendete die Zeremonie.

Es ist interessant, zu Dokumentations- und Referenzzwecken einige Statistiken zur Ausstellung hinzuzufügen. Fast alle Warenlieferungen und fast alle Besucher wurden über die Strecken zweier Eisenbahngesellschaften nach Philadelphia gebracht, der Pennsylvania und der Philadelphia & Reading. Im Jahr 1874 lieferten diese Strecken 3.341 beladene Güterwaggons auf das Ausstellungsgelände, 1875 10.479 und 1876 6.340; insgesamt 20.160 beladene Waggons mit etwa 200.000 Tonnen Fracht. Während der Dauer der Ausstellung kamen am Centennial-Bahnhof der Pennsylvania Railroad 23.972 Personenzüge an und am Bahnhof der Philadelphia & Reading Railroad 42.495. Die durchschnittliche Anzahl der Züge täglich betrug mehr als 410 und die durchschnittliche Anzahl der Waggons pro Zug mehr als 6, so dass in allen Zügen über 20.000.000 Passagiere Platz fanden. Der größte Service an einem Tag im Pennsylvania-Depot bestand aus 250 Zügen mit 2.004 Wagen und 58.347 Passagieren; und am Philadelphia & Reading-Bahnhof am selben Tag 370 Züge mit 2.867 Wagen und 185.800 Passagieren; insgesamt 620 Züge, 4.871 Wagen und 244.147 Passagiere. Während der gesamten Ausstellung kamen im Pennsylvania-Depot 1.392.697 Passagiere an und im Philadelphia & Reading 1.726.010.

Aus allen Ländern der Welt gingen auf der Ausstellung 154.273 Pakete mit Waren im Gewicht von 57.116.658 Pfund ein, und am Ende der Messe wurden 58.700 Pakete mit einem Gewicht von 27.041.271 Pfund vom Gelände entfernt.

Vom 10. Mai bis zum 10. November 1876 wurden insgesamt 9.910.966 Personen auf das Gelände gelassen, von denen Eintrittsgelder in Höhe von 3.813.724,49 $ erhoben wurden. Die höchste Zahl an Besuchern an einem Tag wurde am Pennsylvania Day (28. September) mit 274.919 Personen zugelassen. Die niedrigste Zahl, 12.720, wurde am Freitag, dem 12. Mai, zugelassen. Die höchste Zahl an Personen, die in einer Stunde durch ein einzelnes Tor gingen, betrug 1.870. Der beliebteste Wochentag unter den Besuchern war Donnerstag mit durchschnittlich 76.905 Besuchern, und der unbeliebteste war Montag mit durchschnittlich 50.051 Besuchern.

Die Gesamtzahl der Personen, die zur und von der Ausstellung transportiert wurden, betrug 19.821.932, davon 3.574.528 mit Nahverkehrszügen, 2.334.804 mit der Eisenbahn von außerhalb der Stadt, 10.557.100 mit der Straßenbahn, 556.500 mit dem Dampfschiff, 803.000 mit der Kutsche und 1.996.000 zu Fuß.

KAPITEL V.

DIE KOLUMBISCHE AUSSTELLUNG.

D ie Weltausstellung in New York von 1853 war die dritte Weltausstellung, die jemals abgehalten wurde, und fand fast zeitgleich mit der zweiten statt. Die Weltausstellung in Philadelphia von 1876 war die achte. Die Weltausstellung in Chicago von 1893 wird die vierzehnte sein und wird an Größe und Interesse alle ihre Vorgänger übertreffen. In der Regel wurden solche Ausstellungen lediglich abgehalten, um Handel und Produktion anzukurbeln und die Öffentlichkeit über den Fortschritt von Kunst und Industrie zu informieren. Eine bemerkenswerte Ausnahme von dieser Regel wurde 1876 beobachtet, als die Weltausstellung in Philadelphia neben der Erfüllung dieser Ziele auch dazu diente, den hundertsten Jahrestag der amerikanischen Unabhängigkeit zu feiern. So soll auch die große Weltausstellung in Chicago den vierhundertsten Jahrestag jenes denkwürdigen Unternehmens markieren, bei dem Christoph Kolumbus eine neue Welt entdeckte, nicht nur, wie die Legende auf seinem Banner verkündete, für Kastilien und León, sondern für die Zivilisation und die Menschheit.

So groß der materielle und sonstige Fortschritt der Nation zwischen 1853 und 1876 auch war, so war er zwischen diesem Datum und heute nicht weniger markant und eindrucksvoll. Die Ausstellung in Chicago dürfte daher in gleichem Maße die in Philadelphia an Vielfalt und Umfang übertreffen. Es gibt neue Erfindungen zu präsentieren, von denen man 1876 noch nichts gehört hatte, die heute aber in aller Munde sind. Es sind die Früchte der Arbeit und des Könnens der vielen Millionen, die zur amerikanischen Bevölkerung hinzugekommen sind. Es sind die Ergebnisse der Erfahrungen und Beobachtungen auf den großen Messen in anderen Ländern. Unzählige Umstände und Bedingungen tragen dazu bei, dass diese Ausstellung bei weitem die bedeutendste ist, die die Welt je gesehen hat.

In den Jahren 1889 und 1890 wurde in der Öffentlichkeit viel über die geplante Feier des vierten Jahrhunderts Kolumbiens diskutiert. Als man sich allgemein darauf einigte, dass die Veranstaltung hauptsächlich in Form einer Weltausstellung stattfinden sollte, stellte sich die Frage, in welcher Stadt das Unternehmen angesiedelt werden sollte. Die Rivalität wurde äußerst heftig, insbesondere zwischen New York, Chicago und Washington, und bald war klar, dass einer dieser drei den Preis gewinnen musste. Aber welcher? Washington war die Hauptstadt des Landes und somit ein geeigneter Standort; es war erreichbar und verfügte über prächtige Anlagen für diesen Zweck. New York hingegen war die Metropole, die geschäftliche und gesellschaftliche Hauptstadt, der wichtigste Hafen, die Stadt von größter Größe, größtem Reichtum und größtem Interesse. Für Chicago wurde angeführt, dass es mit seinem erstaunlichen Wachstum und Unternehmergeist den amerikanischen Geist am besten verkörpere, dass es dem Zentrum des Landes am nächsten liege und in puncto allgemeine Eignung keiner anderen Stadt nachstehe . Die endgültige Entscheidung wurde dem Kongress überlassen, und er fiel für Chicago aus; Daraufhin wurden alle Rivalitäten vergessen und New York und die ganze Nation schlossen sich loyal der Arbeit an, um dieses gigantische Unterfangen voranzutreiben.

Der Kongress und der Präsident gaben dem Unternehmen ihren offiziellen Stempel und das Außenministerium lud die Nationen der Welt offiziell ein, an der großen Ausstellung teilzunehmen. Als Antwort darauf schickten nicht weniger als 49 Nationen und Kolonien umgehend ihre Zusagen und werden dementsprechend Exponate mitbringen, die die Fortschritte in den Künsten und Wissenschaften und den allgemeinen Fortschritt jedes einzelnen auf jedem Gebiet menschlicher Bemühungen zeigen. Diese sind: Argentinische Republik, Österreich-Ungarn, Belgien, Bolivien, Brasilien, China, Chile, Kolumbien, Costa Rica, Dänemark, Dänisch-Westindien, Ecuador, Frankreich, Algerien, Französisch-Guayana, Deutschland, Großbritannien, Barbados, British Columbia, Britisch-Guayana, Honduras, Kapkolonie, Ceylon, Jamaika, New South Wales, Neuseeland, Trinidad, Guatemala, Haiti, Britisch-Honduras, Japan, Mexiko, Niederländisch-Guayana, Niederländisch-Westindien, Nicaragua, Paraguay, Persien, Peru, Russland, El Salvador, San Domingo, Siam, Spanien, Kuba, Puerto Rico, Türkei, Uruguay, Venezuela und Sansibar. Natürlich werden auch alle Staaten und Territorien der Union vollständig vertreten sein, mit Ausstellungen, die jene von Philadelphia im Jahr 1876 bei weitem übertreffen werden.

Es ist angebracht, zumindest einen kurzen Blick auf die außergewöhnliche Stadt zu werfen, in der diese jüngste und größte Weltausstellung stattfinden soll – außergewöhnlich sowohl in ihrer Geschichte als auch in ihrem gegenwärtigen Status. Der erste Weiße, der ihren Boden betrat, war der berühmte französische Missionar Pater Marquette. Er kam 1673 dorthin. Später besuchten La Salle, Joliet, Hennepin und andere die Region, aber keiner von ihnen ließ sich dort nieder. Während Boston, New York, Philadelphia, Baltimore und andere Städte eine große Größe und ein fast ehrwürdiges Alter erreichten, blieb das Gelände dieser westlichen Metropole eine Wildnis. 1804 errichtete die Regierung jedoch an der Mündung des Chicago River einen militärischen Grenzposten, den sie Fort Dearborn nannte. Die kleine Garnison blieb acht Jahre dort und wurde dann 1812 von den Indianern vernichtet, obwohl einige andere weiße Siedler überlebten und ihre Stellung hielten. Der nächste Siedlungsversuch fand 1829 statt, als James

Thompson das Gelände für eine geplante Stadt erkundete. Am 10. August 1833 wurde die Siedlung gegründet, es gab 28 wahlberechtigte Einwohner. Am 4. März 1837 erhielt sie die Stadtrechte und von da an wuchs der Ort so schnell und stark, dass man sich das nicht hätte vorstellen können. 1840 hatte die Stadt 4.479 Einwohner, 1850 28.269, 1860 112.172 und 1870 298.977.

Im Herbst 1871 ereignete sich ein Ereignis, das nicht nur in der Geschichte Chicagos, sondern der ganzen Welt bemerkenswert war. Kurz vor Mitternacht, am 9. Oktober, brach an der Ecke De Koven Street und Jefferson Street ein Feuer aus. Das Wetter war seit Wochen trocken gewesen und es herrschte ein starker Wind. Noch vor Tagesanbruch hatte sich das Feuer bis zum Lincoln Park vorgekämpft, fast vier Meilen weit; und am folgenden Nachmittag hatte es sich über 2.100 Morgen ausgebreitet, 100.000 Menschen waren obdachlos und Eigentum im Wert von 200.000.000 Dollar wurde zerstört. Der Geschäftsteil der Stadt lag in Schutt und Asche. Mit der für sie typischen Großzügigkeit eilte das ganze Land der betroffenen Stadt zu Hilfe. Schnell wurde ein Fonds von fast 5.000.000 Dollar gesammelt und mit der Arbeit zur Unterstützung der Bedürftigen und zum Wiederaufbau der Stadt begonnen. Innerhalb von zwei Jahren war fast jede Spur der gewaltigen Katastrophe verschwunden und das Wachstum der Stadt ging noch schneller voran als zuvor. 1880 hatte sie 503.185 Einwohner, 1890 war sie auf die enorme Zahl von 1.098.576 angewachsen – sie war die zweitgrößte Stadt der Union. Die Zuwachsrate beträgt über 1.000 pro Woche.

Als Chicago gegründet wurde, umfasste es eine Fläche von zweieinhalb Quadratmeilen.

DAS CAPITOL.

umfasst 181,7 Quadratmeilen. Seine Uferlänge am See beträgt 22 Meilen und seine Uferlänge am Fluss 58 Meilen. Es gibt mehr als 2.230 Meilen Straßen, die meist breit und gut gepflastert sind. Seine Wasserversorgung wird weit draußen aus dem Michigansee bezogen und beträgt 100 Gallonen täglich für jeden Einwohner, obwohl die Werke in der Lage sind, die doppelte Menge zu liefern. 26 unabhängige Eisenbahnlinien führen in die Stadt, was sie zum größten Eisenbahnknotenpunkt in Amerika macht. Die wichtigsten Straßen sind Atchinson, Topeka & Santa Fé, Baltimore & Ohio, Chicago, Burlington & Quincy, Chicago, Milwaukee & St. Paul, Chicago, Rock Island & Pacific, Chicago, St. Paul & Kansas City; Chicago & Alton, Chicago & Eastern Illinois, Chicago & Grand Trunk, Chicago & Northern Pacific, Chicago & Northwestern, Cleveland, Cincinnati, Chicago & St. Louis; Illinois Central, Lake Shore & Michigan Southern, Louisville, New Albany & Chicago; Michigan Central, mit Verbindung zu anderen Straßen der Vanderbilt-Talsperre; New York, Lake Erie & Western; Northern Pacific, Pennsylvania, Union Pacific, Wabash und Wisconsin Central.

Auch an Transportmöglichkeiten auf dem Wasser mangelt es Chicago nicht. Seine Lage ermöglicht ihm einen einfachen Zugang zu allen Handelsaktivitäten des großen Seensystems und es hat eine direkte Wasserverbindung über den St. Lawrence River mit Montreal und über den Eriekanal und den Hudson River mit New York. Im Jahr 1890 wurden in Chicago 18.472 Schiffe angeliefert und abgefertigt, was einer Tonnage von 8.774.154 Tonnen entspricht. Etwa 25 Prozent des gesamten Seetransporthandels entfallen auf Chicago.

Darüber hinaus besteht über den Illinois-Michigan-Kanal eine Verbindung zum Mississippi, wobei das jährliche Verkehrsaufkommen etwa 1.000.000 Tonnen beträgt.

In einer Stadt mit so schnellem Wachstum wie Chicago sind Immobilienhandel und Gebäudebau wichtige Geschäftsbereiche. So wurden im Jahr 1890 in der Stadt insgesamt 11.608 Gebäude mit einer Bruttofrontlänge von mehr als fünfzig Meilen errichtet und kosteten 47.322.100 Dollar. Im selben Jahr beliefen sich die Immobilientransaktionen auf 227.486.959 Dollar.

Die allgemeinen Geschäfte Chicagos können nur anhand von Zahlen beschrieben werden, die für das menschliche Fassungsvermögen zu gewaltig sind. Kein Mensch kann zum Beispiel ermessen, was „eine Milliarde Dollar“ bedeutet. Nun, der Handel Chicagos im Jahr 1890 belief sich auf mehr, nämlich auf 1.380.000.000 Dollar. Ein Großteil davon kam von den Getreidefarmen des Nordwestens, denn Chicago ist der größte Getreidemarkt der Welt. Den Berichten des Board of Trade zufolge erhielt die Stadt im Jahr 1890 15.133.971 Scheffel Gerste und verschiffte 9.470.221;

sie erhielt 81.117.251 Scheffel Mais und verschiffte 90.556.109; sie erhielt 4.358.058 Fässer Mehl und verschiffte 4.410.535; sie erhielt 13.366.699 Scheffel Weizen und verschiffte 11.975.276; 64.430.560 Scheffel Hafer erhalten und 70.768.222 verschifft; 2.946.720 Scheffel Roggen erhalten und 3.280.433 verschifft; 6.244.847 Scheffel Leinsamen erhalten und 6.594.581 verschifft; 72.102.031 Pfund Grassamen erhalten und 59.213.035 verschifft; 7.663.828 lebende Schweine erhalten und 1.985.700 verschifft; 77.985 Pfund Schweinefleisch erhalten und 392.786 verschifft; 147.475.267 Pfund Schweineschmalz erhalten und 471.910.128 verschifft; 300.198.241 Pfund Pökelfleisch erhalten und 823.801.460 verschifft; 109.704.834 Pfund Schlachtrindfleisch erhalten und 964.134.807 Pfund versandt.

Im selben Jahr wurden 2.219.312 Stück Vieh und 5.733.082 Schweine geschlachtet. Der Holzverkauf betrug 2.050.000.000 Fuß. Die Brauereien produzierten 2.250.000 Fässer Bier. Der allgemeine Lohnhandel brachte insgesamt 486.600.000 US-Dollar ein, davon 93.730.000 US-Dollar für Kurzwaren, gefolgt von Lebensmitteln mit einem Volumen von 56.700.000 US-Dollar; Stiefel und Schuhe 25.900.000 US-Dollar; Kleidung 21.500.000 US-Dollar; Eisenwaren 5.680.000 US-Dollar; Tabak und Zigarren 10.850.000 US-Dollar; Musikbücher und Notenblätter 22.000.000 US-Dollar; Bücher, Schreibwaren und Tapeten 25.500.000 US-Dollar; Roheisen 20.035.000 $, Kohle 25.075.000 $, Eisenwaren und Besteck 17.500.000 $, Spirituosen 13.800.000 $, Schmuck, Uhren und Diamanten 20.400.000 $ und andere Produkte in kleinerem Umfang.

Auch in der Industrie steht diese wunderbare Stadt nicht zurück. Die Statistiken von 1890 weisen 3.250 Fabriken mit einem Kapital von 190.000.000 Dollar, 177.000 Arbeitern, 96.200.000 Dollar Löhnen und einer Gesamtproduktion im Wert von 538.000.000 Dollar aus. Allein die Eisenindustrie beschäftigte 34.000 Arbeiter, die 18.500.000 Dollar an Löhnen erhielten.

Um den Anforderungen dieses enormen Geschäftsvolumens gerecht zu werden, sind umfangreiche Bankdienstleistungen erforderlich. Die Gesamtsumme der Bankeinlagen in Chicago belief sich 1890 auf 4.093.145.904 US-Dollar.

Zahlen sind trockene Lektüre. Aber diese wenigen Statistiken sind notwendig, um zu zeigen, was für eine Art von Stadt diese westliche Metropole ist, in der die größte Industrieausstellung der Welt stattfinden soll. Wie die Stadt ausgewählt wurde, wurde bereits gesagt. Die Bedingungen, unter denen die Arbeiten durchgeführt wurden, können gut mit den Worten von WT Baker, dem Präsidenten des örtlichen Ausschusses der Kommissare, erklärt werden: „Das Gesetz des Kongresses, das am 25. April 1890 verabschiedet wurde und die Ausstellung vorsieht, besagt in der Präambel, dass ‚eine solche Ausstellung nationalen und internationalen Charakters sein sollte, damit nicht nur die Menschen unserer Union und dieses Kontinents, sondern auch die aller Nationen teilnehmen können.' Und um diese Absicht umzusetzen, stellte der Kongress zwei Vertreter zur Verfügung, die seinen Willen durchsetzen sollten. Der erste ist eine Kommission, die aus zwei Kommissaren aus jedem Staat und Territorium der Vereinigten Staaten besteht, die vom Präsidenten auf Vorschlag der Gouverneure der Staaten und Territorien ernannt werden, und acht Kommissaren auf freiem Fuß, die vom Präsidenten ernannt werden. Der so gebildete Ausschuss wurde als World's Columbian Commission bezeichnet. Die Aufgaben der Kommission beziehen sich auf Exponate und Aussteller oder, wie es im Gesetz heißt, „eine Klassifizierung der Exponate vorzubereiten, den Plan und den Umfang der Ausstellung festzulegen, alle Richter und Prüfer für die Ausstellung zu ernennen, alle Prämien, sofern vorhanden, zuzusprechen und generell für den gesamten Verkehr mit Ausstellern und Vertretern ausländischer Nationen verantwortlich zu sein."

„Der andere durch das Gesetz des Kongresses anerkannte Akteur ist die World's Columbian Exposition, eine nach den Gesetzen des Staates Illinois gegründete Gesellschaft. Diese Gesellschaft kümmert sich hauptsächlich um die Mittel und Wege, den Bau von Gebäuden, deren Instandhaltung, Schutz und Überwachung, die Vergabe von Konzessionen, die Erhebung und Auszahlung aller Einnahmen und die Festlegung der Regeln für die Ausstellung. Sie besteht aus über 28.000 Aktionären und wird von einem Vorstand aus 45 Direktoren kontrolliert. Diese Direktoren wurden aus den Reihen der aktiven Geschäftsleute Chicagos ausgewählt und sind allesamt Männer, die in ihren Aktivitäten in den Bereichen Finanzen, Handel und Produktion einen ehrenvollen Erfolg erzielt haben und ihre Zeit und ihre beste Energie für den Erfolg der Ausstellung einsetzen. Viele ihrer Namen sind überall dort bekannt, wo der amerikanische Handel sich ausbreiten durfte. Der Verwaltungsrat ist in dreizehn ständige Ausschüsse unterteilt, die für die einzelnen Abteilungen der Kommission zuständig sind. Das Verzeichnis und alle Ausgaben werden von ihnen ebenso streng geleitet und kontrolliert, wie dies bei den privaten Angelegenheiten der am besten geführten Handelsunternehmen der Fall ist.

„Die Zuständigkeit dieser beiden Gremien hinsichtlich der Einzelheiten der Arbeit, die anfangs etwas umständlich war, wurde durch einen Vertrag zwischen ihnen geregelt, und sie arbeiten harmonisch und effektiv zusammen. Im Rahmen dieses Vertrags wurden fünfzehn große Abteilungen bestimmt, deren Leiter vom Generaldirektor ernannt werden, der der geschäftsführende Beamte der Kommission ist, und alle Ausgaben, mit Ausnahme des Gehalts des Generaldirektors, werden von der World's Columbian Exposition Company getragen."

Damit die Stadt Chicago die Ehre genießen konnte, die ihr durch die Ausrichtung der Ausstellung zuteil wurde, musste sie einen geeigneten, für die Nationale Kommission akzeptablen Standort sowie 10.000.000 Dollar bereitstellen, eine Summe, die nach den Gesetzen des Kongresses für die vollständige Vorbereitung der Ausstellung als notwendig und ausreichend erachtet wurde. Dieser Verpflichtung kamen die Bürger Chicagos umgehend nach. Ein geeigneter Standort und 10.000.000 Dollar wurden bereitgestellt, und als Beweis dafür erließ der Präsident der Vereinigten Staaten seine Proklamation, in der er die Nationen der Erde einlud, an der Ausstellung teilzunehmen. Die 10.000.000 Dollar wurden zunächst durch Zeichnungen des Grundkapitals der Gesellschaft in Höhe von über 5.000.000 Dollar und eine kommunale Zuwendung an die Stadt Chicago in Höhe von 5.000.000 Dollar sichergestellt. Menschen aller Klassen, von den reichsten Millionären bis zu den ärmsten Lohnempfängern, zeichneten das Grundkapital, und die gesamte Summe von 5.000.000 Dollar war in kürzester Zeit gezeichnet. Es wurde eine zusätzliche Aktienemission durchgeführt, die ebenfalls schnell aufgenommen wurde, bis die Zeichnungen der Bevölkerung fast 8.000.000 Dollar betrugen. Zusammen mit der städtischen Bewilligung kamen so etwa 13.000.000 Dollar in die Kasse der Ausstellung. Doch im Laufe der Arbeiten wurden die ursprünglichen Pläne in diese und jene Richtung erweitert, bis man sah, dass die ursprüngliche Schätzung von 10.000.000 Dollar völlig unzureichend war. Dementsprechend wurde die Regierung um ein Darlehen von 5.000.000 Dollar gebeten, um die Gesamtmittel auf 18.000.000 Dollar zu bringen.

Die Planer der Ausstellung schätzen, dass sich die Gesamteinnahmen aus den Eintrittskarten auf mindestens 7.000.000 Dollar belaufen werden. Dies wird nicht als übermäßig angesehen, wie man daran erkennt, dass es sich um weniger als 1.200.000 Dollar im Monat, 300.000 Dollar in der Woche oder 50.000 Dollar am Tag handelt, Sonntage nicht eingerechnet. Die Ausstellung soll sowohl nachts als auch tagsüber geöffnet sein, und in Chicago und im Umkreis von wenigen Stunden Fahrt gibt es mehr als 2.000.000 Menschen, die als Besucher in Betracht gezogen werden können, ohne die Besucher aus der Ferne mit einzubeziehen. Mit 7.000.000 Dollar Eintrittsgeld, 2.000.000 Dollar aus Bergung und 1.000.000 Dollar aus der Vermietung von Privilegien auf dem Gelände würden die Einnahmen der Ausstellung 10.000.000 Dollar erreichen. Davon soll der Regierung 5.000.000 Dollar zurückgezahlt und der Rest unter den Zeichnern des Stammkapitals aufgeteilt werden. Die von der Stadt bereitgestellten 5.000.000 Dollar sind ein absolutes Geschenk und müssen nicht zurückgezahlt werden.

Aber selbst diese enormen Summen stellen nur einen Teil des Geldes dar, das für die Columbian Exhibition ausgegeben wird. Die Regierung der Vereinigten Staaten wird etwa 2.000.000 Dollar ausgeben. Der Staat Illinois stellt etwa 800.000 Dollar bereit, Pennsylvania 350.000 Dollar, Iowa und Ohio jeweils 250.000 Dollar und die anderen Staaten bis zu 100.000 Dollar. Die Gesamtausgaben der einzelnen Staaten werden sich daher auf fast 6.000.000 Dollar belaufen, oder, mit den nationalen Mitteln, auf fast 8.000.000 Dollar. Ausländische Staaten werden zwischen 4.000.000 und 5.000.000 Dollar ausgeben. Große Summen werden auch von privaten Unternehmen beigesteuert, so dass die Gesamtausgaben für die Ausstellung nicht unberechtigterweise auf 35.000.000 bis 40.000.000 Dollar geschätzt werden.

Wie viel Geld die Besucher in Chicago in Hotels und anderswo ausgeben werden, wie viel Besucher aus anderen Teilen des Landes für den Schienenverkehr bezahlen werden und wie viel Geld Besucher aus dem Ausland in die Vereinigten Staaten bringen und dort ausgeben werden, sind Summen, die man sich nur mit der lebhaftesten Vorstellungskraft vorstellen kann. Die folgenden Tatsachen können eine kleine Vorstellung davon vermitteln: Einer offiziellen Schätzung, die ein US-Konsul in Deutschland vor einigen Jahren dem Außenministerium vorlegte, zufolge betrug die jährliche Summe, die Amerikaner nach Europa bringen und dort für Reisen, Vergnügungen, Kunst und Bildung ausgeben, 105.000.000 Dollar. Das war vor einigen Jahren. Der gegenwärtige Jahresdurchschnitt liegt wahrscheinlich bei über 125.000.000 Dollar, und kompetente Richter haben ausgerechnet, dass er im Jahr 1889 aufgrund der Pariser Weltausstellung 200.000.000 Dollar betrug. Man kann wohl davon ausgehen, dass im Jahr 1893 eine beträchtliche Flut von Reichtum die amerikanische Küste erreichen wird.

An dieser Stelle könnte ein Vergleich mit den Weltausstellungen, die zuvor in anderen Ländern stattfanden, interessant sein. Die Fläche der verschiedenen Ausstellungsgelände betrug: London 1851 21½; Paris 1867 87; Wien 1873 280; Philadelphia 1876 236; Paris 1889 173; und Chicago 1893 1.037. Die Anzahl der Quadratmeter unter den Dächern der Gebäude wird wie folgt angegeben: London 1851 700.000; Paris 1867 3.371.904; Philadelphia 1876 1.688.858; Paris 1889 1.000.000; und Chicago 1893 5.000.000. Die Zahl der Aussteller betrug: London 1851 17.000, Paris 1867 52.000, Wien 1873 42.000, Philadelphia 1876 30.864 und Paris 1889 55.000. Die Zahl der Tage, an denen die Ausstellungen geöffnet waren, betrug: London 1851 144, Paris 1867 217, Wien 1873 186, Philadelphia 1876 159, Paris 1889 183 und Chicago 1893 179 Tage. Die Zahl der Besucherzahlen betrug in London 1851 6.039.195, in Paris 1867 10.200.000, Wien 1873 7.254.687, Philadelphia 1876: 9.910.996 Dollar, Paris 1889: 28.149.353 Dollar. Schließlich betrugen die Einnahmen in London im Jahr 1851 1.780.000 Dollar, Paris 1867: 2.103.675 Dollar, Philadelphia 1876: 3.813.724 Dollar und Paris 1889: 8.300.000 Dollar.

Eine aktuelle offizielle Aufstellung der Abmessungen der verschiedenen Gebäude und der Gesamtkosten der Gebäude und des Geländes, die der direkten Kontrolle der Ausstellungsleitung unterliegen, zusammen mit den geschätzten Betriebskosten lautet wie folgt:

Gebäude.	Abmessungen in Fuß.	Fläche in Acres.	Kosten.
Bergwerke und Bergbau,	350 x 700	5.6	260.000 US-Dollar
Manufakturen und freie Künste,	787 x 1687	30,5	1.000.000
Gartenbau,	250 x 1000	5.8	300.000
Elektrizität,	345 x 700	5.5	375.000
Damen,	200 x 400	1.8	120.000
Transport,	250 x 960	5.5	280.000
Verwaltung,	260 x 260	1.6	450.000
Fisch und Fischerei,	163 x 363	1.4	—200.000
Anhänge (2),	135 Durchm.	.8	
Landwirtschaft,	500 x 800	9.2	540.000
Annektieren,	328 x 500	3.8	—200.000
Versammlungshalle usw.	450 x 500	5.2	
Maschinen,	500 x 800	9,8	—1.200.000
Annektieren,	490 x 551	6.2	
Kraftpferd,	80 x 600	1.1	
Bildende Kunst,	320 x 500	3.7	—500.000
Anhänge (2),	120 x 200	1.1	
Forstwirtschaft,	200 x 500	2.3	100.000
Sägewerk,	125 x 300	.9	35.000

Molkerei,	95 x 200	.5	30.000
Lebendvieh (2),	53 x 330	1.3	
„ Schuppen,		40,0	—150.000
Kasino,	175 x 300	1.2	150.000
		144,8	5.890.000 USD

Sortieren, Abfüllen usw.	450.000
Landschaftsgestaltung,	323.490
Viadukte und Brücken,	125.000
Pfeiler,	70.000
Verbesserungen der Wasserstraßen,	225.000
Eisenbahnen,	500.000
Dampfanlage,	800.000
Elektrizität,	1.500.000
Statuen an Gebäuden,	100.000
Vasen, Lampen und Pfosten,	50.000
Sitzplätze,	8.000
Wasserversorgung, Kanalisation usw.	600.000
Verbesserung der Seepromenade,	200.000
Hilfsorganisation des Weltkongresses,	200.000
Ausgaben der Bauabteilung,	520.000
Organisation und Verwaltung,	3.308.563
Betriebsaufwand,	1.550.000
	16.420.053 USD

Hinzu kommen noch einige weitere Posten, so dass sich der Gesamtbetrag auf über 17.000.000 US-Dollar beläuft.

Der für die Columbian Exhibition gewählte Standort ist wahrhaft prachtvoll. Keine Weltausstellung hat jemals einen übertroffenen oder ihm ebenbürtigen Standort gehabt. Er umfasst Jackson Park und Washington Park sowie die Midway Plaisance, einen 600 Fuß breiten Streifen, der die beiden Parks verbindet. Jackson Park, wo sich fast alle Gebäude befinden werden, liegt wunderschön am Ufer des Lake Michigan, hat eine Seefront von drei Kilometern und eine Fläche von 586 Acres. Washington Park umfasst 371 Acres und die Midway Plaisance 80 Acres. Für die Gestaltung und Verschönerung dieser Parks wurden vor ihrer Auswahl als Weltausstellungsstandort 4.000.000 Dollar ausgegeben. Die Ausstellungsgesellschaft wird für ähnliche Zwecke zusätzlich über 1.000.000 Dollar ausgeben. Diese Parks sind durch mehr als 35 Meilen Boulevards mit einer Breite von 100 bis 300 Fuß mit dem zentralen Teil der Stadt Chicago und mit dem allgemeinen Park- und Boulevardsystem verbunden. Die Midway Plaisance ist eine beliebte Zufahrt zum oberen Ende des Jackson Parks und ist eine breite und geräumige Allee, die reich mit Bäumen und Sträuchern geschmückt ist. Der umzäunte Teil davon, der mit dem Ausstellungsgelände verbunden ist, verläuft direkt nach Osten und bietet auf seiner gesamten Länge einige der malerischsten und originellsten Effekte der gesamten Messe. Es wird eine „Straße in Konstantinopel", eine „Straße in Kairo" und andere Reproduktionen von Szenen aus der Alten Welt geben. Es wird eine sehr anschauliche Reproduktion eines Indianerlagers geben, die den roten Mann in seinem natürlichen Zustand zeigt. Dann werden zwei Hektar den amerikanischen Indianern gewidmet sein, wie sie unter der väterlichen Obhut der Regierung zu sehen sind. Typen aller führenden Stämme werden in ihren ursprünglichen Wohnstätten und bei ihren charakteristischen Gewerben dargestellt. Somit wird die Perspektive entlang der Plaisance, ob vom Boden oder von einer Höhe aus betrachtet, außergewöhnlich attraktiv sein. In den beiden Parks wurden Hunderttausende von Bäumen und Sträuchern gepflanzt und verpflanzt, so dass die große Ausstellung in einer Umgebung von solch natürlicher Schönheit stattfinden wird, wie sie ihre Vorgänger nie erlebt haben.

Sowohl die Ingenieure als auch die Landschaftsgärtner und Architekten wurden effizient an die Arbeit geschickt. Zwanzig Meilen Wasserleitungen wurden verlegt, um eine tägliche Versorgung mit 64.000.000 Gallonen zu gewährleisten. Zur Stromversorgung der Maschinen gibt es Kessel und Motoren mit 25.000 PS und zur Stromerzeugung 18.000 PS; zum Antrieb kleiner, unabhängiger Exponate gibt es 2.000 PS, für Pumpen 2.000 PS und für Druckluft 3.000 PS. Für die Beleuchtung des Geländes und der Gebäude werden 7.000 Bogenlampen und 100.000 Glühlampen benötigt. Es wurden Vorbereitungen getroffen, um alle 24 Stunden 6.000.000 Gallonen Abwasser zu entsorgen. Die Aufträge für die Bauarbeiten wurden an die niedrigsten kompetenten Bieter vergeben, die sich finden ließen. So wurden sie in

Philadelphia, New York und Boston vergeben, in San Francisco, Seattle und Omaha; in Minneapolis und Duluth; in Kansas City und St. Louis; in Leavenworth und Louisville; in Milwaukee, Detroit, Cleveland und Pittsburgh; in Birmingham, Alabama; in Wilmington, Delaware; in Plainfield, New Jersey; in Jackson, Michigan; und in Stamford, Connecticut. Dies ist ein kleiner Hinweis auf den nationalen Charakter der Arbeit. Sein internationaler Charakter zeigt sich auch in der Vergabe von Aufträgen in London, Paris, Berlin, Rom, Edinburgh, Florenz und Konstantinopel.

Doch die Bauarbeiten werden jetzt mit solch charakteristischer Energie vorangetrieben, dass von den fertiggestellten Gebäuden eher in der Gegenwart als in der Zukunftsform gesprochen werden kann. Eine kurze Beschreibung der wichtigsten von ihnen wird hier nicht schaden:

Eines der schönsten Gebäude auf dem Ausstellungsgelände ist das Landwirtschaftsgebäude, wie es sich für die führende Agrarnation der Welt gehört. Es steht in der Nähe des Seeufers und ist fast von den Lagunen umgeben. Der Baustil ist im klassischen Renaissancestil gehalten und das Gebäude hat eine Grundfläche von 500 mal 800 Fuß. Es besteht aus einem einzigen Stockwerk mit einer Gesimslinie in 65 Fuß Höhe. Riesige korinthische Säulen flankieren den Haupteingang, jede ist 50 Fuß hoch und hat einen Durchmesser von 5 Fuß. An jeder Ecke und aus der Mitte des Gebäudes erheben sich riesige Pavillons, die in der Mitte 144 Fuß im Quadrat messen. Die vier Eckpavillons sind durch Vorhänge verbunden und bilden einen durchgehenden Bogengang um die Oberseite des Gebäudes. Der Haupteingang führt durch eine 64 Fuß breite Öffnung in ein Vestibül und von dort in die Rotunde mit einem Durchmesser von 100 Fuß, die von einer 130 Fuß hohen Glaskuppel überragt wird. Die Eckpavillons werden von 96 Fuß hohen Kuppeln überragt.

An der Südseite des Landwirtschaftsgebäudes befindet sich ein weiteres großes Gebäude, das hauptsächlich als Versammlungssaal für Viehzucht und Landwirtschaft dient. Dies soll der gemeinsame Treffpunkt für alle Personen sein, die sich für Viehzucht und Landwirtschaft interessieren. Dieses Gebäude enthält einen schönen Hörsaal mit einer Sitzplatzkapazität von etwa 1.500 Personen, in dem Vorlesungen und Konferenzen zu Themen im Zusammenhang mit Viehzucht, Landwirtschaft und verwandten Industrien abgehalten werden.

Das Forstgebäude steht neben dem Landwirtschaftsgebäude und ist das einzigartigste aller Ausstellungsgebäude. Seine Grundfläche beträgt 200 mal 500 Fuß. An allen vier Seiten befindet sich eine Veranda, deren Dach von einer Kolonnade getragen wird, deren Säule aus drei Baumstämmen besteht, die jeweils 25 Fuß lang sind. Diese Stämme sind in ihrem natürlichen Zustand, die Rinde ist intakt. Sie wurden von den verschiedenen Staaten und

Territorien der Union sowie von verschiedenen anderen Ländern beigesteuert, die jeweils Exemplare ihrer charakteristischsten Bäume lieferten. Die Wände des Gebäudes sind mit entrindeten Baumstämmen bedeckt . Das Dach ist mit Rinde gedeckt. Innen ist das Gebäude mit einer großen Vielfalt an Hölzern ausgestattet, die so behandelt wurden, dass ihre Maserung, ihre Farben, ihre Polierbarkeit usw. optimal zur Geltung kommen. Es wird eine wunderbare Ausstellung von Forstprodukten im Allgemeinen enthalten, zweifellos die vollständigste, die je gesehen wurde.

BÄRENGRUBE (LINCOLN PARK).

der Welt, darunter Baumstämme und Baumteile, bearbeitetes Schnittholz in Form von Balken, Brettern, Schindeln usw., Färbehölzer und -rinden, Moose, Gummi, Harze, Pflanzenelfenbein, Rattan, Weidenwaren und Holzwaren im Allgemeinen usw. Es wird auch eine große Ausstellung von

Sägemühlen und Holzbearbeitungsmaschinen geben, darunter vier komplette Sägemühlen, die in einem Anbau an das Forstgebäude zu sehen sein werden.

In der Nähe des Forstgebäudes befindet sich das Molkereigebäude, das nicht nur eine vollständige Ausstellung von Milchprodukten, sondern auch eine Molkereischule enthalten wird, in deren Zusammenhang eine Reihe von Tests zur Bestimmung der relativen Vorzüge verschiedener Milchrindrassen als Milch- und Butterproduzenten durchgeführt werden. Dieses Gebäude steht in der Nähe des Seeufers, hat eine Grundfläche von 95 mal 200 Fuß und ist zwei Stockwerke hoch. Im ersten Stock gibt es neben dem Bürogebäude einen großen Raum für Butterausstellungen und weiter hinten einen Betriebsraum, in dem eine Modellmolkerei betrieben wird. Auf zwei Seiten dieses Raums gibt es Sitzplätze für 400 Zuschauer, die den Betrieb der Modellmolkerei miterleben können. In einer Galerie über diesem Raum werden die Käseausstellungen zu sehen sein.

Das Gartenbaugebäude steht unmittelbar südlich des Eingangs zum Jackson Park von der Midway Plaisance aus, mit Blick auf die Lagune. Zwischen dem Gebäude und der Lagune befindet sich eine Terrasse, auf der im Freien Blumen- und Pflanzenausstellungen stattfinden, darunter große Becken für verschiedene Lilien und andere Wasserpflanzen. Das Gebäude ist 1.000 Fuß lang und 250 Fuß breit und besteht aus einem zentralen Pavillon mit zwei Endpavillons, von denen jeder durch einen vorderen und hinteren Vorhang mit dem zentralen verbunden ist und zwei Innenhöfe von jeweils 88 mal 270 Fuß bildet. Diese Höfe sind mit Ziersträuchern und Blumen bepflanzt. Über dem zentralen Pavillon erhebt sich eine Glaskuppel mit einem Durchmesser von 187 Fuß und einer Höhe von 113 Fuß, unter der die größten Palmen und Baumfarne ausgestellt werden, die man bekommen kann. Das Gebäude ist der Ausstellung von Blumen, Pflanzen, Weinreben, Samen, Gartenbaugeräten und allen damit verbundenen Gegenständen und Industrien gewidmet.

Die enormen Bergbauindustrien Amerikas würden, abgesehen von denen des Rests der Welt, viel Platz für ihre ordnungsgemäße Unterbringung benötigen. Die Hall of Mines and Mining steht am südlichen Ende der westlichen Lagune und ist 700 Fuß lang und 350 Fuß breit. Ihre Architektur ist im Stil der frühen italienischen Renaissance gehalten. Innen besteht sie aus einem einzigen Stockwerk, das von 60 Fuß breiten Galerien umgeben ist. Es gibt also einen riesigen Innenraum von 630 Fuß Länge und 230 Fuß Breite, mit einer maximalen Höhe von 100 Fuß in der Mitte und 40 Fuß an den Seiten. Er wird von einem freitragenden Stahldach überspannt, das reichlich mit Glas beleuchtet ist.

Das Fine Arts Building ist ein edles Beispiel klassischer griechischer Architektur. Seine Grundfläche beträgt 500 mal 320 Fuß und ist in ein Mittelschiff und ein Querschiff unterteilt, die 100 Fuß breit und 70 Fuß hoch sind. An der Kreuzung dieser beiden Schiffe befindet sich eine Kuppel mit einem Durchmesser von 60 Fuß. Die Spitze der Kuppel befindet sich 125 Fuß über dem Boden und wird von einer kolossalen Statue überragt, die eine geflügelte Nike darstellt. Das Gebäude hat eine wunderschöne Lage im nördlichen Teil des Parks. Die Südfront ist der Lagune zugewandt, von der es durch wunderschöne Terrassen mit Balustraden abgetrennt ist. Eine riesige Treppe führt vom Haupteingang hinunter zum Wasser. Die Nordfront ist auf einen weiten Rasen und eine Gruppe staatlicher Gebäude ausgerichtet. Das umliegende Gelände ist reich mit Statuengruppen und anderen Kunstwerken geschmückt.

Die große Entwicklung der Elektrotechnik in den letzten Jahren erfordert ein großes Gebäude, in dem eines der neuartigsten und brillantesten Exponate der Messe ausgestellt werden kann. Das 345 Fuß breite und 700 Fuß lange Elektrogebäude hat seine Südfront zum großen Innenhof, seine Nordfront zur Lagune, seine Ostfront zum Manufakturgebäude und seine Westfront zur Halle für Bergbau und Bergbau. Sein Grundriss besteht aus einem 115 Fuß breiten und 114 Fuß hohen Längsschiff mit einem zentralen Querschiff derselben Abmessungen. Diese haben ein Satteldach. Der Rest des Gebäudes, der die Außenwinkel des Mittelschiffs und des Querschiffs ausfüllt, ist 62 Fuß hoch und hat ein Flachdach. Die Außenwände bestehen aus einer durchgehenden Reihe korinthischer Pilaster, die auf einem Stylobat ruhen und ein massives Gebälk stützen. In der Mitte der Nordseite befindet sich ein Pavillon, der von zwei 195 Fuß hohen Türmen flankiert wird. In der Mitte befindet sich ein riesiges halbrundes Fenster, über dem sich 102 Fuß über dem Boden eine offene Galerie mit herrlicher Aussicht auf den See und den Park befindet. Auf der Südseite befindet sich eine riesige Nische, 78 Fuß breit und 103 Fuß hoch, deren Öffnung von einem Halbkreisbogen eingerahmt wird. In der Mitte dieser Nische steht auf einem hohen Sockel eine kolossale Statue von Franklin. Die zentralen Pavillons im Osten und Westen bestehen aus 168 Fuß hohen Türmen. An jeder der vier Ecken des Gebäudes befindet sich ein Pavillon mit einem 169 Fuß hohen Turm. Das Gebäude trägt außerdem 54 hohe Masten, an denen tagsüber Banner und nachts elektrische Lampen wehen.

Das Fischereigebäude besteht aus einem großen zentralen Baukörper mit zwei kleineren polygonalen Gebäuden, die an beiden Enden durch Arkaden verbunden sind. Die Gesamtlänge beträgt 1.100 Fuß und die Breite 200 Fuß. Im zentralen Teil wird die allgemeine Fischereiausstellung zu sehen sein; in einem der polygonalen Gebäude die Angelausstellung und in dem anderen die Aquarien. Die äußere Architektur ist spanisch-romanisch. Der

Einfallsreichtum des Architekten hat alle Kapitelle, Medaillons, Konsolen, Gesimse und andere Zierdetails nach dem Vorbild von Fischen und anderen Meeresformen gestaltet. Die Aquarien werden etwa 140.000 Gallonen Wasser enthalten, von denen 40.000 Gallonen Salzwasser sind. Sie werden aus einer Reihe von zehn Tanks bestehen, deren Glasfronten eine gute Sicht auf den Inhalt ermöglichen.

Der Beitrag des United States Naval Department ist einer der innovativsten, die je auf einer Weltausstellung zu sehen waren. Er besteht aus einem Gebäude, das nach außen hin eines der neuesten und mächtigsten Kriegsschiffe ist. Es handelt sich jedoch nur um eine Nachbildung eines Schlachtschiffs, das aus Mauerwerk besteht und auf Pfählen im See ruht. Es verfügt über alle Ausstattungsmerkmale, die zu einem echten Schiff gehören, wie Kanonen, Geschütztürme, Torpedorohre, Netze und Ausleger, Anker, Kettenkabel, Davits, Markisen, Schornsteine, einen Militärmast usw. sowie alle Geräte zum Betrieb derselben. Nahe der Spitze der Militärmasten befinden sich Unterstände für Scharfschützen, in denen Schnellfeuergeschütze montiert sind. Die Batterie besteht aus vier 13-Zoll-Hinterladergewehren, acht 8-Zoll-Gewehren, vier 6-Zoll-Gewehren, zwanzig 6-Pfünder-Schnellfeuergeschützen, sechs 1-Pfünder-Schnellfeuergeschützen, zwei Gatling-Gewehren und sechs Torpedorohren. Diese sind alle genau wie bei einem echten Schlachtschiff platziert und montiert. Entlang der Steuerbordseite befindet sich ein Torpedoschutznetz. Die gesamte Struktur ist 348 Fuß lang und 69 Fuß 3 Zoll breit. Sie wird während der Ausstellung von Offizieren und Männern bemannt, die vom Marineministerium abkommandiert werden, um Boots-, Torpedo- und Geschützübungen durchzuführen und die Disziplin und Lebensweise aufrechtzuerhalten, die auf den echten Schiffen der Marine zu beobachten sind.

Das Woman's Building, das passenderweise von einer Frau entworfen wurde, ist architektonisch eines der attraktivsten. Es ist von üppigem Gebüsch und Blumenbeeten umgeben, mit einem Hintergrund aus stattlichen Waldbäumen, und blickt auf die große Lagune. Zwischen dem Gebäude und der Lagune befinden sich zwei mit Balustraden verzierte Terrassen, die von prächtigen Treppen durchquert werden. Die Hauptfassade des Gebäudes ist 400 Fuß lang und 200 Fuß tief. Die Architektur ist im Stil der italienischen Renaissance gehalten. Die Hauptgruppe besteht aus einem Mittelpavillon, der an jedem Ende von Eckpavillons flankiert wird, die im ersten Stock durch offene Arkaden in den Vorhängen verbunden sind und eine schattige Promenade bilden, die sich über die gesamte Länge des Gebäudes erstreckt. Das Gebäude ist insgesamt zwei Stockwerke hoch und hat eine Gesamthöhe von 60 Fuß. In der Mitte befindet sich eine schöne Rotunde, 65 mal 70 Fuß groß, gekrönt von einem reich verzierten Oberlicht. Das Gebäude enthält ein

Modellkrankenhaus, einen Modellkindergarten, eine Modellküche, eine Bibliothek, Erfrischungsräume, einen großen Versammlungsraum und andere Abteilungen zur Präsentation der vielfältigen Branchen, für die sich Frauen besonders interessieren.

Es ist hier unmöglich, die architektonischen Merkmale oder den wunderbaren Inhalt der großen Maschinenhalle im Detail zu beschreiben. Sie ist eines der prächtigsten Gebäude auf dem Gelände, misst 850 mal 500 Fuß Grundfläche und steht am äußersten südlichen Ende des Parks, direkt südlich des Verwaltungsgebäudes und westlich des Landwirtschaftsgebäudes, von dem sie durch eine Lagune getrennt ist. Der allgemeine Aufbau des Innenraums ist der von drei riesigen nebeneinander liegenden Eisenbahnwaggons, die jeweils von Fachwerkbögen überspannt und auf allen vier Seiten von einer 50 Fuß breiten Galerie umgeben sind. Der Großteil der ausgestellten Maschinen wird in diesem Gebäude und seinem großen Anbau untergebracht.

Das Gebäude, das der Ausstellung von Manufakturen und freien Künsten gewidmet ist, ist das größte von allen. Seine Grundfläche misst 1.687 mal 787 Fuß oder fast 31 Morgen. Innerhalb erstreckt sich eine 50 Fuß breite Galerie um alle vier Seiten, und von dieser gehen 86 kleinere Galerien mit einer Breite von 12 Fuß ab. Diese sind vom Erdgeschoss aus über 30 Treppen zu erreichen, die jeweils 12 Fuß breit sind. Ein 50 Fuß breiter Gang, Columbia Avenue genannt, erstreckt sich von einem Ende des Gebäudes zum anderen, und ein Querschiff von ähnlicher Breite kreuzt ihn in der Mitte. Das Hauptdach besteht aus Eisen und Glas, und sein Firstbalken ist 150 Fuß über dem Boden. Es bedeckt eine Fläche von 1.400 mal 385 Fuß. Die tatsächliche Grundfläche des Gebäudes, einschließlich der Galerien, beträgt etwa 40 Morgen. Der allgemeine Baustil ist korinthisch, mit fast endlosen Reihen von Säulen und Bögen. Es gibt vier große Eingänge, einen in der Mitte jeder Fassade. Diese haben das Aussehen von Triumphbögen, deren zentrale Öffnung jeweils 40 Fuß breit und 80 Fuß hoch ist. Über jedem befindet sich ein großes Dachgeschoss, das mit 18 Fuß hohen Adlerskulpturen verziert ist. An jeder Ecke des Gebäudes befindet sich ein Pavillon mit riesigen gewölbten Eingängen, deren Design den Hauptportalen des Gebäudes entspricht. Dieses stattliche Gebäude ist dem See zugewandt und nur Rasenflächen und Promenaden trennen es vom Wasser. Nördlich davon befindet sich das Regierungsgebäude der Vereinigten Staaten, südlich davon der Hafen und die Lagune, und westlich davon das Elektrizitätsgebäude und die Lagune, die es von der großen Insel trennt.

Die Transportausstellung ist eine der interessantesten der gesamten Ausstellung und befindet sich in einem riesigen romanischen Gebäude zwischen den Gartenbau- und Bergbaugebäuden. Es ist nach Osten ausgerichtet und bietet einen schönen Blick auf die Lagune und die große

Insel. Seine Fläche misst 960 mal 250 Fuß, zusätzlich gibt es einen riesigen Anbau mit weiteren 9 Acres. Der Haupteingang des Gebäudes erfolgt durch einen riesigen, sehr reich verzierten Bogen. Das Innere des Gebäudes ist im Stil einer römischen Basilika gestaltet, mit breitem Mittelschiff und Seitenschiffen. In der Mitte befindet sich eine Kuppel, die 165 Fuß über dem Boden ragt und über acht Aufzüge erreicht wird. Die Exponate in diesem Gebäude und seinem Anbau umfassen alles, was mit Transport zu tun hat, einschließlich aller Arten von Eisenbahnmaschinen und -wagen, Dampfschiffen und anderen Schiffen, Reisebussen, Taxis und Kutschenballons und Brieftauben, Fahrrädern und Kinderwagen, Kassenbändern für Geschäfte, pneumatischen Schläuchen, Personen- und Lastenaufzügen usw.

Das Regierungsgebäude der Vereinigten Staaten steht in der Nähe des Seeufers, südlich der Hauptlagune. Seine Architektur ist klassisch und ähnelt dem Nationalmuseum und anderen Regierungsgebäuden in Washington. Es besteht aus Eisen, Ziegelstein und Glas und misst 350 mal 420 Fuß. In der Mitte befindet sich eine achteckige Kuppel mit einem Durchmesser von 120 Fuß und einer Höhe von 150 Fuß. Die südliche Hälfte des Gebäudes ist den Ausstellungen des Postamts, des Finanzministeriums, des Kriegsministeriums und des Landwirtschaftsministeriums gewidmet. Die nördliche Hälfte ist dem Innenministerium, dem Smithsonian Institute und der Fischereikommission vorbehalten. Die Ausstellung des Außenministeriums befindet sich zwischen der Rotunde und dem Osten und die des Justizministeriums zwischen der Rotunde und dem Westende. Die Rotunde selbst wird von allen Ausstellungsstücken freigehalten.

Das Juwel aller Gebäude ist das der Ausstellungsverwaltung. Es steht am westlichen Ende des großen Hofes, nach Osten ausgerichtet, direkt vor den Bahnhöfen. Es umfasst eine Fläche von 260 Quadratfuß und besteht aus vier Pavillons mit jeweils 84 Quadratfuß, die durch eine riesige zentrale Kuppel mit 120 Fuß Durchmesser und 220 Fuß Höhe verbunden sind. In der Mitte jeder Fassade bleibt eine 82 Fuß breite Nische, in der sich der große Eingang des Gebäudes befindet. Der allgemeine Entwurf ist im Stil der französischen Renaissance gehalten. Das erste Stockwerk ist dorisch und weist heroische Ausmaße auf, das zweite ionisch. Die vier großen Eingänge sind jeweils 50 Fuß breit und 50 Fuß hoch, tief vertieft und von halbkreisförmigen Bögen bedeckt. Die große Kuppel, die eines der auffälligsten Merkmale der Ausstellungslandschaft sein wird, ist außen reich vergoldet. Innen ist sie mit einer Fülle von Skulpturen und Gemälden geschmückt.

Das Illinois State Building ist natürlich bei weitem das schönste aller Gebäude, die von den verschiedenen Staaten der Union errichtet wurden. Es steht auf einer hohen Terrasse in einem der schönsten Teile des Jackson Parks und bietet einen herrlichen Blick auf das Gelände. Es ist 450 Fuß lang und 160 Fuß breit. Im Norden bildet die Memorial Hall einen 50 mal 75 Fuß großen Flügel. Im Süden befindet sich ein weiterer Flügel, 75 mal 123 Fuß, drei Stockwerke hoch und enthält die Büros der Geschäftsleitung und zwei große öffentliche Säle. Über dem mittleren Teil des Gebäudes befindet sich eine schöne Kuppel mit einem Durchmesser von 72 Fuß und einer Höhe von 235 Fuß. Das gesamte Gebäude besteht fast ausschließlich aus Holz, Stein, Ziegel und Stahl, die vom Staat Illinois hergestellt wurden.

Keine Skizze der Columbian Exhibition wäre vollständig, wenn man ihre Hauptprojektoren und -manager nicht erwähnte. Der Präsident der World's Fair Columbian Commission ist Thomas Wetherill Palmer, der am 25. Juni 1830 in Detroit, Michigan, geboren wurde. Er stammt aus Neuengland und seine Eltern gehörten zu den ersten Siedlern in Michigan. Mr. Palmer besuchte das St. Clair College und die University of Michigan und unternahm nach seiner Collegezeit eine lange Wanderreise durch Spanien, wodurch er das Land kennenlernte, in das er später als US-Gesandter entsandt wurde. Nach einigen Jahren eines erfolgreichen Handelslebens in Detroit und einer ehrenvollen Teilnahme an der Politik des Staates wurde er zum US-Senator gewählt und diente sechs Jahre lang. 1889 wurde er zum Gesandten für Spanien ernannt. Bei der ersten Sitzung der World's Fair Columbian Commission, die am 26. Juni 1890 in Chicago stattfand, wurde er einstimmig zum Präsidenten gewählt und trat sofort sein Amt an.

GEN. THOS. W. PALMER, PRÄSIDENT DER NATIONALEN KOMMISSION, WORLD'S COLUMBIAN EXPOSITION.

Frauen und ihre Arbeit werden auf dieser Ausstellung deutlicher vertreten sein als auf allen ihren Vorgängern, und deshalb wurde passenderweise ein Vorstand von Managerinnen gebildet. Bei seiner ersten Sitzung am 20. November 1890 wurde Mrs. Potter Palmer aus Chicago einstimmig zur Präsidentin gewählt. Sie wurde in Louisville, Kentucky, geboren, ihr

Mädchenname war Bertha Honore, und sie wurde in Louisville und Baltimore, Maryland, erzogen. Sie heiratete 1871 Potter Palmer, einen der bedeutendsten Geschäftsmänner Chicagos, und ist seitdem eine der prominentesten und am meisten bewunderten Führungspersönlichkeiten der Gesellschaft dieser Stadt, außerdem ist sie mit zahllosen wohltätigen und pädagogischen Unternehmungen verbunden.

FRAU POTTER PALMER, PRÄSIDENTIN DER NATIONALEN FRAUENKOMMISSION.

Der Generaldirektor der Ausstellung, ihr oberster Geschäftsführer, der die eigentliche Verantwortung für die Durchführung der Weltausstellung trägt, ist Col. George R. Davis aus Chicago. Er wurde 1840 in Massachusetts geboren und besuchte die Schulen dieses Staates. Zu Beginn des Sezessionskrieges meldete er sich freiwillig in der Unionsarmee und leistete während des gesamten Kampfes mit großer Auszeichnung seinen Dienst. 1871 schied er aus dem Militärdienst aus und trat in das Geschäftsleben in Chicago ein, wo er außerordentlich erfolgreich war. 1878 wurde er in den Kongress gewählt und 1880 und 1882 wiedergewählt. Im Herbst 1886 wurde er zum Schatzmeister von Cook County, Illinois, gewählt, zu dem auch die Stadt Chicago gehört.

HON. GEORGE R. DAVIS, GENERALDIREKTOR DER WORLD'S COLUMBIAN EXPOSITION.

Der Präsident des Directory of the World's Columbian Exhibition ist WT Baker, ein bedeutender Kommissionskaufmann aus Chicago, der 1841 im Staat New York geboren wurde. Er wurde mehrfach zum Präsidenten der Chicago Board of Trade gewählt.

Benjamin Butterworth aus Ohio wurde zum Sekretär der World's Columbian Exposition gewählt. Er ist seit Jahren als einer der brillantesten Männer im Repräsentantenhaus in Washington bekannt. Während der Debatte im Kongress über die Frage einer Mittelzuweisung für die National Fair Commission sprach er sich entschieden für eine solche Mittelzuweisung aus, und es war hauptsächlich seinen Bemühungen zu verdanken, dass sie schließlich verabschiedet wurde.

PRÄSIDENT WT BAKER VON DER WORLD'S COLUMBIAN EXPOSITION.

Der ehrenwerte John T. Dickinson, Sekretär der World's Columbian Commission, wurde 1858 in Houston, Texas, geboren und ist seit einigen Jahren ein bekannter Anwalt, Herausgeber und Politiker in diesem Staat.

Leiter der Abteilung für Öffentlichkeitsarbeit und Förderung der Ausstellung ist Major Moses T. Handy, einer der bekanntesten Zeitungsleute der Vereinigten Staaten. Er wurde 1847 in Missouri geboren, wuchs in Virginia auf und hatte eine glänzende Karriere als Journalist in den Redaktionen des *Richmond Dispatch* , *Richmond Inquirer* , *New York Tribune* , *Philadelphia Times* , *Philadelphia Press* und *Philadelphia News* .

Die Ausstellung soll am 12. Oktober 1892, dem 400. Jahrestag der Landung von Kolumbus, mit entsprechenden Zeremonien offiziell eröffnet werden. Sie wird jedoch für die allgemeinen Zwecke der Ausstellung erst am 1. Mai 1893 für die Öffentlichkeit zugänglich gemacht und bleibt von diesem Tag bis zum 30. Oktober 1893 geöffnet. Während der Ausstellung werden auf ihrem Gelände und in ihren Gebäuden unzählige Kongresse und Feste von nationalem und internationalem Interesse abgehalten, und sie wird zweifellos eine wahrhaft universellere Ausstellung sein als alle, die bisher auf der Welt abgehalten wurden. Der Geist, der die Planer des Unternehmens beseelte, kann vielleicht nicht besser ausgedrückt werden als von Präsident Palmer in seiner beredten Ansprache vor der Kolumbus-Kommission in Chicago am 26. Juni 1890. „Bildung", sagte er, „ist der wichtigste Schutz für die Zukunft; nicht Bildung durch Bücher allein, sondern durch die Vermischung unserer Menschen aus Ost, West, Nord und Süd, aus Bauernhöfen und Fabriken." Solche großen Versammlungen wie die unserer geplanten Messe sind die Schulen, in denen sich unsere Leute mit den Ellbogen berühren und die Männer und Frauen aus Maine und Texas, aus Washington und South Carolina lernen zu erkennen, dass sie alle von einem Blut sind, dieselbe Sprache sprechen, denselben Gott anbeten und dieselbe Flagge grüßen.

„Wenn wir ein freies Volk bleiben wollen, wenn die Staaten ihre Autonomie behalten wollen, wenn wir gemeinsam stolz auf den Namen Amerika sein wollen, wenn wir die Katastrophen früherer Jahre vermeiden wollen, müssen die Amerikaner sich vermischen, in Kontakt kommen und jene gegenseitige Sympathie entwickeln, die für eine harmonische Familie unerlässlich ist. Isoliertes, unabhängiges Reisen kann dies bewirken, aber nicht in einem solchen Ausmaß wie bei Versammlungen wie dieser, bei denen sich Millionen versammeln, um die Leistungen der anderen und der Menschen von jenseits des Meeres zu besprechen und zu vergleichen. Alle müssen die Wirkung der Centennial Exhibition auf die Bildung selbst der so genannten gebildeten Menschen und die daraus resultierenden Impulse bemerkt haben. Sie gab allen einen größeren Horizont, unterdrückte den Egoismus, weckte Sympathien und brachte uns zum Nachdenken.

„Es wurde treffend gesagt, dass ‚Industrieausstellungen Meilensteine des Fortschritts sind, ein Maßstab für die Dimensionen der produktiven Aktivität der Menschheit. Sie kultivieren den Geschmack, sie bringen die Nationen einander näher und fördern so die Zivilisation, sie wecken neue Bedürfnisse und führen zu einer gesteigerten Nachfrage, sie fördern den Geschmack für Kunst und fördern so das Genie der Künstler.'

„Und das ist Zivilisation – ein Prozess, durch den

DAS AUDITORIUM-HOTEL.

Die Bürger jedes Staates, sowohl ausländische als auch einheimische, werden ihre gegenseitige Abhängigkeit kennenlernen. Viele werden möglicherweise aus selbstsüchtigen Motiven kommen, aber die soziale Atmosphäre, die sie hier atmen werden; dieser undefinierbare Einfluss, der Menschen durchdringt und beeinflusst, die in Massen mit einem gemeinsamen Ziel zusammenkommen, wird sie weiten und ihnen beibringen, dass Diskussionen und nicht Gewalt der richtige Weg sind, um Meinungsverschiedenheiten beizulegen oder Ziele zu fördern – und so die Menschheit auf diese gute Zeit vorbereiten, die so lange her ist.

in Massen , durch ihre Vertreter zu uns kommen , und unser eigenes Volk sollte mit allen erdenklichen und erschwinglichen Mitteln in diese große Bürgerschule geführt werden, während es allen an dieser Verwaltung Beteiligten überlassen bleibt, dafür zu sorgen, dass keine berechtigte Erwartung enttäuscht wird.

„Zu anderen Zeiten gab es Zusammenkünfte, bei denen der Geist der Rivalität und des Vergleichs zum Ausdruck kam, aber nur wenige wurden zur Teilnahme eingeladen und nur eine begrenzte Zahl von Zuschauern konnte es sich leisten, daran teilzunehmen. Bei diesen Turnieren war Muskelkraft wichtiger als Verstand. Diese Vorführungen lehrten, wie man zerstört, und nicht, wie man erschafft. Die Rivalität besteht heute darin, wie man erschafft und nicht zerstört, und die teilnehmenden Ritter sind diejenigen mit aktivem Gehirn und geschickter Hand, deren Zuschauer und Richter die besser erzogenen und besser gebildeten Bürger von heute sind.

„Diese Ausstellung – an einem neuen Ort, in einer neuen Welt – nimmt größere Dimensionen an als ein Markt für Waren oder Finanzzahlen. Wir sollten daraus einen Kongress der Nationen machen, bei dem Landwirtschaft, Industrie und Handel die Dienerinnen der Ideen sein sollten – bei dem die Kunst die Allegorie des Friedens malen und die Statue der Brüderlichkeit meißeln sollte – bei dem die Musik ein Klagelied auf die tote Eile und ein Epithalamium auf die Hochzeit der Nationen spielen sollte.

„Unser Land hat den Fortschritt in der friedlichen Schlichtung vorangetrieben. Die Genfer Kommission, die Fischereikommission bei der Beilegung bereits bestehender Schwierigkeiten, der Panamerikanische Kongress hat den Weg für die friedliche Beilegung von Fragen geebnet, die den Menschen dieser Hemisphäre künftig entstehen könnten. Ich betrachte diese großen Errungenschaften unserer Hauptstadtregierung als ruhmreicher als jede Handlung irgendeiner Regierung seit unserem großen Bürgerkrieg.

„Die Ausstellung soll nicht nur den Ausstellern, sondern allen Besuchern einen gewinnbringenden Gewinn bringen und ihnen ein höheres Verständnis von der Pflicht des Bürgers und der Mission des Staates vermitteln. Unsere materielle Macht ist sehr groß, zu groß, als dass wir auf einer anderen Ebene als der höchsten agieren könnten. Unsere Mittel und unsere Fähigkeit, unseren finanziellen Verpflichtungen nachzukommen, sind für die Mächte der alten Welt ein Wunder. Unser Ziel sollte es sein, unsere moralische Haltung in allen öffentlichen Fragen, national oder international, so unanfechtbar zu machen wie unsere monetäre Kreditwürdigkeit. Unsere Anleihen sind auf den Märkten der Welt höher bewertet als alle anderen – unsere Meinungen und Taten sollten im Verhältnis dazu einen ebenso hohen Stellenwert einnehmen.

„Die ersten 400 Jahre sind vergangen – sie wurden von den Heldentaten von Männern und Frauen erhellt und von nationalen und individuellen Verbrechen überschattet. Die Nachkommen der Puritaner und Kavaliere, der Hugenotten und Katholiken, der Sklaven und Indianer, zusammen mit denen von anderen Kontinenten und den Inseln des Meeres treffen sich in friedlicher Rivalität, wo der Wald verschwindet und die Prärie sich ausdehnt.

„Endlich sind wir eine Nation mit einem gemeinsamen Erbe. Lexington und Yorktown, Bunker Hill und Eutaw, Saratoga und Guildford Court House, New Orleans und Plattsburg sind unser gemeinsamer Ruhm.

„Wir haben im Norden und im Süden Menschen, die wir mit Stahlhaken an uns binden können, wenn wir uns weiterhin ihren Respekt und ihr Vertrauen bewahren. Ich möchte keine gewaltsame Erweiterung unseres Territoriums, wenn dies möglich ist. Ich möchte, dass sie kommen, wie eine Braut zu ihrem Ehemann kommt – in Liebe und Vertrauen – und dass sie ihren täglichen Weg an unserer Seite gehen, weil sie ihr Schicksal mit dem unseren verbinden möchten. Um diesen Erfolg zu erreichen, ist Zeit erforderlich, Geduld, strikte Einhaltung ihrer Rechte, gebührende Rücksichtnahme auf ihre Vorurteile und ein selbstloser Wunsch nach Wohlergehen, bei dem alle Annehmlichkeiten des Lebens gepflegt werden. Wir müssen uns ihren Respekt in unserem eigenen Land durch Ordnung erzwingen und ihnen zeigen, dass unsere zusammengesetzte Zivilisation – in der wir alles Gute aus dem Ausland auswählen und alles Gute in unserem eigenen Land behalten – darauf ausgerichtet ist, sie ebenfalls glücklicher und größer zu machen.

„Sollte diese Gelegenheit, diese Nationalausstellung, einem solchen Zweck dienen, wie wir es uns zu Recht wünschen, dann wäre dieses Treffen mehr als ein finanzieller Erfolg – mehr als ein eitler kommerzieller Triumph. Es würde die neue Ära betonen, die, wie ich hoffe, anbricht, und die Initiative ergreifen für das, was zur Föderation dieser Hemisphäre führen könnte."

So wird die Columbian Exhibition die ersten vier Jahrhunderte der amerikanischen Geschichte ehrenvoll abschließen und durch die Pracht ihrer Ausstellung strahlende Strahlen auf die kommenden unbekannten Jahre und Jahrhunderte werfen. Die Zukunft muss aus der Vergangenheit und der Gegenwart heraus beurteilt werden. So wie die Gegenwart großartiger ist als die Vergangenheit, so wird, so dürfen wir hoffen, auch die Zukunft großartiger sein als die Gegenwart.

Herr Chauncey M. Depew hat diesen Vergleich sehr anschaulich dargestellt.

„Zur Zeit der Centennial Exhibition lebten 45.000.000 Menschen in unserer Bevölkerung, heute sind es 64.000.000. Damals gab es 37 Staaten, aber seither haben wir unserer Flagge sieben Sterne hinzugefügt. Damals betrug der Getreideertrag unserer Farmen etwa 2.200.000.000 Dollar, heute sind es über 4.000.000.000 Dollar. Damals betrug der Ertrag unserer Fabriken etwa 5.000.000.000 Dollar, heute sind es über 7.000.000.000 Dollar. Solch ein Fortschritt, solch eine Entwicklung, solch ein Fortschritt, solch eine Anhäufung von Weizen und die Möglichkeiten zum Wohlstand – Wohlstand im weitesten Sinne, der neue Beschäftigungsmöglichkeiten und neue Chancen auf Unabhängigkeit und ein Eigenheim eröffnet – haben keinen anderen vergleichbaren Zeitraum seit Beginn der Aufzeichnungen charakterisiert.

„Die Weltausstellung in Kolumbien wird international sein, weil sie die Menschen und Produkte aller Nationen der Welt gastfreundlich willkommen heißt und unterhält. Sie wird ihnen die umfassendste Gelegenheit geben, uns zu unterrichten und von uns zu lernen, neue Handelswege mit unseren Märkten zu eröffnen und Materialien zu entdecken, die für ihre Märkte wertvoll sein werden. Aber ihre Entstehung, ihre Größe, ihr Standort, ihre Architektur und ihre markanten und bleibenden Merkmale werden amerikanisch sein. Die Stadt, in der sie stattfindet und die nach nur fünfzig Jahren ihres Bestehens zu den ersten Städten der Welt zählt, ist amerikanisch. Das große Süßwassermeer im Binnenland, dessen Wellen an die Ufer des Jackson Parks schlagen werden, ist amerikanisch. Die Prärie, die sich mit ihren Tausenden von Quadratmeilen Land nach Westen erstreckt, vor einem halben Jahrhundert eine Wildnis, heute aber mit Eisenbahnen überzogen und von Netzen aus elektrischen Leitungen überspannt, reich an florierenden Bauernhöfen, wachsenden Dörfern, aufstrebenden Städten und einem tatkräftigen, gebildeten und fortschrittlichen Volk ist rein amerikanisch.

„Die Centennial Exhibition von 1876 feierte die ersten hundert Jahre der Unabhängigkeit der Republik der Vereinigten Staaten. Die Columbian Exhibition feiert die Entdeckung eines Kontinents, der zur Heimat von Menschen aller Rassen geworden ist, zur Zuflucht für diejenigen, die wegen ihres Einsatzes für bürgerliche und religiöse Freiheit verfolgt wurden, und zum revolutionären Faktor in den Angelegenheiten dieser Erde, einer Entdeckung, die in materieller, intellektueller und spiritueller Hinsicht mehr für die Menschheit geleistet hat als alle anderen Ereignisse seit Christi Geburt.“

KAPITEL VI.

DER GRUNDSTEIN DER GESELLSCHAFT.

müssten die Heiratsbräuche in den Vereinigten Staaten radikal geändert werden.

In den frühen Tagen unseres Landes, als die meisten Einwohner Vertreter der Klassen waren, die die Bevölkerung aller neuen Länder stellten, war die Ehe, wie unter den niederen Bauernschichten überall sonst auf der Welt und auch unter den Wilden, nur eine Verbindung zwischen Mann und Frau. Frauen wurden schiffsweise hergebracht, um sie als Ehefrauen an die früheren Plantagenbesitzer von Virginia abzugeben; es sind uns keine Geschichten über Grausamkeiten oder Fehlpaarungen überliefert, doch handelte es sich bei den Transaktionen ebenso eindeutig um Kauf und Verkauf wie beim späteren Handel mit schwarzen Sklaven. Die rasche Besiedlung des Landes, die Entwicklung der Zivilisation, die durch die Vermehrung großer Dörfer und Städte eintrat, die allgemeinen Möglichkeiten zur Erlangung von Bildung, wie sie in keinem anderen Land existieren, haben unser Land zu dem Land gemacht, in dem Generationen schneller aus der sozialen Stellung ihrer Vorfahren aufsteigen können. Folglich gibt es keinen Teil der Welt, in dem die Ehebeziehung so streng gehütet werden sollte wie hier.

Kommt Ihnen das in diesem Land der Freiheit und in diesem Zeitalter der Emanzipation von engstirnigen Ansichten übertrieben vor? Dann schauen Sie sich einmal genau eine Liste der reichsten und einflussreichsten Männer an, die in den letzten Jahren in den Vordergrund gerückt sind, insbesondere in den neueren Staaten; betrachten Sie ihre ehelichen Beziehungen – dies wird keinem von ihnen schaden, der respektabel ist – und bedenken Sie die Art des Einflusses, den diese Menschen auf die Gesellschaft um sie herum ausüben. Das Thema ist weder leicht noch angenehm zu diskutieren, aber glücklicherweise gibt es nicht viele Menschen, die nicht selbst darüber sprechen können.

Es ist unmöglich zu erwarten, die gewünschte Veränderung durch religiöse Mittel herbeizuführen, die sich Christen und Philosophen als erstes in den Sinn drängen. So wünschenswert es auch sein mag, unser politisches System hat es uns als Volk unmöglich gemacht, zu den Gebräuchen einer Zeit zurückzukehren, die uns in Bezug auf die Heiligkeit der ehelichen Beziehungen überlegen war. So sehr diese Beziehungen von manchen als Sakramente angesehen und von anderen als besonders geheiligt werden mögen, ist die Umwandlung der ehelichen Beziehung in eine Angelegenheit bloßer Zivilverträge eine so allgemein verbreitete Rechtstatsache geworden, dass man von der Mehrheit der Menschen nicht mehr erwarten kann, sich an die Präzedenzfälle und Gebräuche verschiedener Kirchen zu halten. Tatsache ist, dass die Kirchen es nicht selbst tun. Geschiedene, die kein moralisches Recht haben, wieder zu heiraten, nehmen ständig neue Partner und Geistliche führen die Zeremonie durch.

Die Gefahr besteht, abgesehen von einer leichten Scheidung, auf die ich später noch näher eingehen werde, in der wahrscheinlichen Veränderung der sozialen Stellung der Vertragspartner. Männer und Frauen, die sich in sehr jungen Jahren paaren, wie es in allen kleinen Dörfern und landwirtschaftlichen Bezirken üblich ist, stellen häufig fest, dass sie durch einen glücklichen Zufall finanziell besser gestellt sind als erwartet, und in den neueren Teilen des Landes, in denen ein großer Teil unserer Bevölkerung lebt, bringt eine solche Veränderung der materiellen Stellung soziale Bedeutung und Einfluss mit sich. Wie überall sonst auf der Welt zeigt sich die Veränderung der Stellung bei Mann und Frau unterschiedlich. Der wohlhabende Mann wird schnell zu einem angesehenen Mann unter seinen Mitmenschen und erhält rasch eine große Menge jener wertvollen Bildung, die aus dem resultiert, was ein Philosoph als „Abnutzung des Geistes" bezeichnet hat. Seine Frau, die von der Plackerei befreit ist, die fast untrennbar mit Armut verbunden ist, folgt ihrem Mann intellektuell nicht, es sei denn, dies ist ihre natürliche Neigung. Sie widmet folglich ihre Freizeit und ihre verbesserte materielle Stellung dem Luxus und der Pracht. Diese unterschiedlichen Umstände einer einst vereinten Familie bilden die Grundlage für viele tausend Scheidungsprozesse.

Sie nehmen Anstoß an dem Ausdruck „intellektuell"? Sie liegen falsch. Ich weiß, es ist Mode, Literatur, Recht, Theologie und andere sogenannte gelehrte Berufe als die einzigen zu betrachten, die den Intellekt der Welt in sich tragen, aber das ist alles Unsinn. Es erfordert genauso viel Intellekt – Intellekt von ebenso hoher Qualität –, eine Eisenbahn durch ein neues Land zu bauen, eine neue Dreschmaschine zu erfinden, eine turbulente Stadtversammlung zu leiten oder ein Gesetz durch die Legislative zu bringen, wie ein Gedicht, eine Predigt oder einen Roman zu schreiben oder einen Fall vor Gericht zu vertreten. Edison und Ericsson sind ebenso intellektuelle Männer wie Longfellow oder Lowell; der Unterschied in ihrem Leben liegt in Geschmack und Detail – nicht in Verstand und intellektueller Anstrengung. Die Position, in die Geld einen Menschen überall bringt, außer in den großen Städten – und es ist nicht sicher, diese zu sehr zu erwarten – zwingt ihn, seinen Intellekt sehr stark zu nutzen und ihn häufig zu schärfen. Sofern seine Frau nicht im wahrsten Sinne des Wortes seine Partnerin ist, wird sie zurückgelassen. Das ist nicht das Schlimmste; es gibt viele kluge Frauen, die auf den Mann lauern, der viel Geld und eine dumme Frau hat.

Bei denen, die noch nicht verheiratet sind, ist die gleiche Gefahr immer offensichtlich. Männer haben sich bei der Auswahl ihrer Partnerinnen immer mehr von Impulsen als von Vernunft leiten lassen, und bis heute heiraten Philosophen oft Narren. Daher ist es nicht verwunderlich, dass junge Männer mit starker natürlicher Intelligenz und großer Energie, die dennoch noch nicht den richtigen Start ins Leben hatten oder ihre Kräfte noch nicht bis zum Äußersten entwickelt haben, ihre Bräute aus reiner Einbildung oder Laune auswählen, was nie zu schlechten Ergebnissen führen würde, wenn ihre Lebensumstände immer so blieben, wie sie am Anfang waren. Aber die Berichte über Hunderte von Scheidungsfällen, die die Öffentlichkeit bis zu einem gewissen Grad amüsiert, sie noch mehr angewidert und den denkenden Teil entsetzt haben, zeigen, dass angebliche Unvereinbarkeiten im Allgemeinen das Ergebnis von Veränderungen der Lebensumstände sind, die dazu geführt haben, dass Mann und Frau aus Gründen auseinandergelebt haben, die überhaupt nichts mit dem ehelichen Stand zu tun haben.

Es wäre natürlich anzunehmen, dass die Kirchen diesem Thema besondere Aufmerksamkeit schenken würden, da die Moral der Welt mehr von einer richtigen Ehe abhängt als von allen anderen Einflüssen zusammen, die Religion selbst nicht ausgenommen. Nun, die Kirche tut etwas in dieser Richtung. Sie tut eine Menge, aber nicht ein Tausendstel von dem, was nötig ist. Ein Pfarrer, gleich welcher Konfession, nimmt gern die Gelegenheit wahr, jungen Leuten die Ernsthaftigkeit der Ehe, die Notwendigkeit von Zuneigung, Beständigkeit und Nachsicht nahezubringen und ihnen nach besten Kräften leuchtende Bilder der endgültigen Folgen ehelicher Treue zu zeigen. Aber ständige Warnungen, wie sie vor vielen Sünden von weniger schwerwiegendem Einfluss auf die Welt ausgesprochen werden, hört man in Kirchen selten. Einige Konfessionen ordnen an, alle drei Monate Predigten zum Thema Ehe zu halten. Würde man sie nur alle drei Tage anhören, würden ihre Anweisungen angesichts der Bedürfnisse der großen Masse der Menschen, die an der ehelichen Beziehung am meisten interessiert oder zumindest am neugierigsten darauf sind, nicht allzu häufig erfolgen.

Eine glückliche Ehefrau, glücklich während und nach einem halben Eheleben, das nicht ohne die üblichen familiären Probleme und Sorgen blieb, sagte mir einmal, das Problem der Ehe liege darin, dass ehelicher Impuls und ehelicher Sinn die seltensten Fähigkeiten der weiblichen Natur seien. Ich würde es nicht wagen, dies zu zitieren, wenn es nicht von einer Frau und nicht von einem Mann gesagt worden wäre. Da sie werdenden Bräuten manchmal das höchste Bewusstsein für ihre kommenden Pflichten und Privilegien vermitteln wollte, aber nicht bereit war, ihr eigenes Herz offen zu legen, versuchte sie, etwas Gedrucktes zu finden, das sie ihnen als Rat und Ermahnung geben konnte, aber es gelang ihr nicht. Romane über Liebe und Ehe gibt es zu Tausenden. Wie viele davon sind für Zwecke der Belehrung und Warnung überhaupt von Wert? Die Antwort überlasse ich den Frauen, die am meisten Romane lesen. Von den Müttern konnte ich nie die Namen von einem halben Dutzend erfahren.

Es scheint so etwas wie eine Vererbung durch das Geschlecht zu geben. Die Frau war jahrtausendelang die Sklavin oder das Spielzeug des Mannes, und sie rächt sich unbewusst, aber auf schreckliche Weise für das Unrecht, das ihr vom roheren Geschlecht zugefügt wurde. Das Beste, worauf sie früher hoffen konnte, das Beste, worauf viele ihres Geschlechts heute hoffen, ist ein Zuhause, Schutz und freundliche Behandlung. Die Freundlichkeit mag darin bestehen, dass der Mann seinem Pferd oder seinem Hund, vielleicht seinem Freund, seine Ehre erweist, aber die Tatsache, dass die Frau ihm rechtlich gleichgestellt ist, die Wertschätzung dafür ist ebenso selten wie der Entschluss der Frau selbst, sich dieser Position gleichzustellen.

Was ist das Ergebnis? Mädchen, süße Mädchen, Mädchen, die von guten Männern nur ein wenig unter den Engeln betrachtet werden, heiraten oft aus Gründen, die es nur den gewöhnlichsten Frauen erlauben sollten, überhaupt zu heiraten. Ein Mädchen, das wir alle wegen ihrer Güte, Zartheit und Süße anbeten, versetzt uns eines Tages plötzlich in Schrecken, indem es einen groben Kerl zum Ehemann nimmt, der nichts als sein Portemonnaie hat, das für ihn spricht. Würde sie sich ohne Ehegelübde und Zeremonie an ihn binden, wenn auch vielleicht mit absoluter Ehrlichkeit der Hingabe und Zielstrebigkeit, wäre die Welt entsetzt. Doch wo ist der Unterschied in Bezug auf ihr eigenes Leben? Viele andere Frauen wissen, wenn sie es nicht weiß, dass keine aufwendige Zeremonie oder Feierlichkeit jemals eine perfekte Ehe zwischen einer Frau und einem Flegel herstellen kann. Und doch wird die alte Geschichte von „Die Schöne und das Biest" jeden Tag tausendmal wiederholt, nur dass die märchenhafte Note, die das Biest in einen Gentleman verwandelte, heutzutage nie vorkommt – außer in Romanen.

Es herrscht eine dumme Vorstellung, die aus vulgären Naturen geboren wurde, die zu vulgär sind, um zu verstehen, dass der Allmächtige die Menschheit nie mit einer Eigenschaft ausgestattet hat, die nicht einem edlen Zweck diente, und dass es nicht sicher ist, junge Menschen etwas über die Realitäten der Ehe wissen oder denken zu lassen. Die Leute spielen sofort auf feste Leidenschaft an, als ob die einzige mögliche Leidenschaft im Ehestand körperlicher Natur wäre, und als ob Kameradschaft, Sympathie, Hingabe, Zärtlichkeit und Kontinuität einer Freundschaft, die feierlich fürs Leben versprochen wurde, einer Freundschaft von einer Art, nach der sich Kinder instinktiv sehnen und die Jugendliche sich mehr wünschen als alles andere zusammen, jungen Menschen nie in den Sinn gekommen wäre. Dies ist eine beleidigende Unterstellung gegenüber Ihren und meinen Kindern und allen anderen Männern daneben.

Ein ausgeprägtes Pflichtgefühl kann viel dazu beitragen, die verderbliche Vorstellung junger Frauen von der Ehe zu korrigieren, aber es allein reicht nicht aus. Frauen mit ausgeprägtem Pflichtgefühl sind wahrscheinlich häufiger als Männer mit derselben wünschenswerten Qualifikation. Und doch kennen wir alle Männer, die sich von ihren Ehepartnern abgewandt haben, die rein, treu und pflichtbewusst waren – also alles, was ein gewissenhafter Diener sein kann. Aber wenn die Frau eines Mannes für ihn nicht mehr ist als eine erstklassige Dienerin, kann sie ihn nicht davon abhalten, der Versuchung nachzugeben, wenn er dazu geneigt ist. Kein Mann, der diesen Namen verdient, heiratet, um eine Dienerin zu bekommen. Es ist weitaus bequemer und außerdem unendlich billiger, Diener und Haushälterinnen über die üblichen Kanäle zu bekommen. Religion ist der stärkste Einfluss zum Guten, den die Menschheit kennt, aber Religion allein kann aus einer wohlmeinenden Frau keine perfekte Ehefrau machen. Es gibt keine Lebensumstände, in denen eine Tugend erfolgreich durch eine andere ersetzt werden kann, und kein Maß an Gebet und Glauben kann aus einer guten Frau eine gute Ehefrau machen, ohne dass es einen ausgeprägten ehelichen Impuls und Zweck gibt.

Auch der Mutterinstinkt kann das nicht, ein ehrlicher Impuls, der viele gute Frauen zu Ehefrauen gemacht hat, die sonst nie geheiratet hätten. Die Mutter der Kinder eines Mannes zu sein, sollte und kann einer Frau hohen Respekt einbringen, aber viele Mormonen, die ihre Frauen von ganzem Herzen respektieren, zögern nicht, die Gesellschaft anderer Frauen zu suchen.

Eine Frau braucht den ehelichen Instinkt, um eine gute Ehefrau und einen glücklichen und treuen Mann zu werden. Wenn sie diesen Instinkt nicht hat, sollte sie ihn sich aneignen, bevor sie einem Mann ihre Hand und ihr Leben gibt. Je besser der Mann, desto hartnäckiger sollte sie zögern, ohne diese erforderliche Eigenschaft zu heiraten. Eine Mutter, die die Notwendigkeit dieses Impulses und dieser Eigenschaft nicht einschärft, vernachlässigt ihre Pflicht mehr, als wenn sie die Strümpfe ihrer Kinder ungeflickt und ihr Abendessen ungekocht lässt.

Da sich fast alle Gefühle mit den Beziehungen der Geschlechter und insbesondere mit dem beschäftigen, was man Liebe nennt, wird allgemein angenommen, dass junge Frauen durch oberflächliche Lektüre ausreichend über das unterrichtet werden, was häufig als große Leidenschaft bezeichnet wird. Diese Bezeichnung „große Leidenschaft" beschreibt genau das, was uns Romanautoren normalerweise als Liebe präsentieren, und stellt für einen jungen Menschen, der ans Heiraten denkt, ebenso wenig eine Erziehung oder Vorbereitung dar wie die Außenseiten vieler Schulbücher für einen Studenten, der an einem College seinen Abschluss machen möchte. Der Romanautor beendet seine Geschichte wohlüberlegt dort, wo die Ehe beginnt. Bis dahin ist für Mann und Frau alles ganz einfach, aber dort, wo die

Notwendigkeit des Wissens beginnt, beendet der Romanautor seine Geschichte diskret. Wie kann er mehr tun? Würde er seine Geschichte so schreiben, wie sie im Lichte menschlicher Erfahrung sein sollte, ist es fraglich, ob junge Männer und junge Frauen sie überhaupt lesen würden.

Ist die ganze Schuld am Scheitern von Ehen den Frauen zuzuschreiben? Keineswegs. Die Männer sind schrecklich fehlerhafte Geschöpfe, aber es ist die allgemeine

VOGELPERSPEKTIVE DER GEPLANTEN GEBÄUDE DER UNIVERSITÄT VON CHICAGO.

Die Meinung, dass aus irgendeinem Grund oder aus mehreren Gründen der eheliche Instinkt beim Mann stärker entwickelt ist als bei der Frau. Die meisten von uns kennen nicht sehr gute Männer, manche von ihnen überhaupt nicht, die von der Heirat an zu vorbildlichen Ehemännern werden. Wie viele kennen wilde Frauen, sorglose Mädchen, von denen man dasselbe sagen könnte? Ob dies an der unsichtbaren Verbindung zwischen dem Materiellen und dem Geistigen liegt; ob die Natur der Frau durch die moderne Sitte, Mädchen im Haus aufzuziehen, ihnen körperliche Bewegung zu verwehren und sie vom Umgang mit ihren Brüdern zu trennen, ganz zu schweigen von anderen Mitgliedern des roheren Geschlechts, in einem embryonalen Zustand bis an den Rand des Verfalls gehalten wird; ob der zunehmende Wohlstand der Welt es nicht mehr notwendig macht, dass die gesamten Belange der Familie, einschließlich einiger vertraulicher Gespräche zwischen Mann und Frau, wie einst von den Kindern gehört werden müssen – Tatsache ist jedenfalls, dass die Meinung, die junge Mädchen heutzutage über die Ehe haben, eine der erschreckendsten ungenauen Vorstellungen ist, die man in Gesprächen überall antreffen kann.

Wie kann dann die gewünschte Veränderung herbeigeführt werden? Nur durch die öffentliche Meinung, bei der die Kirchen die Führung übernehmen sollten. Die Eheschließung durch Zufall, die gängige Methode, sollte missbilligt und entmutigt werden, ganz gleich wie romantisch oder „listig" die Vorarbeiten erscheinen mögen. Jeder weiß, dass Männer niemals eine Geschäftspartnerschaft eingehen, die jederzeit beendet werden kann, ohne ein gewisses Gefühl für die Eignung und Kompatibilität der Vertragspartner zu haben. Wenn sie in dieser Hinsicht versagen, würden alle ihre Freunde protestieren und alle ihre Bekannten würden sich über sie lustig machen. Der Ruf beider Parteien würde durch einen solchen Fehler leiden. Dasselbe, wenn auch weitaus ernster, sollte für die Lebenspartnerschaft gelten, die bei einer Hochzeit geschlossen wird. Alle Verwandten der Vertragspartner haben mindestens ein Interesse auf dem Spiel, das es rechtfertigt, gegen einen Fehler zu protestieren – ich spiele auf den Ruf der Familie an.

Sollen junge, zarte, liebevolle Herzen dann nicht selbst entscheiden dürfen? Unsinn! Wie viel Liebe im wahrsten Sinne des Wortes steckt in der großen Mehrheit der Ehen? Wenn die Männer als Klasse ihre Liebsten genauso lieben würden wie ihre Hunde, gäbe es weniger Grund zur Klage; aber Männer werden ihrer Hunde selten überdrüssig; wer kennt nicht Männer, die ihrer Frauen überdrüssig sind?

Rede ich wieder über die Unfähigkeit der Frau, ihrem Mann treu zu bleiben? Nein, aber ich sage, dass das Mädchen, das die „beste Partie" macht, wie es so schön heißt, und das aus Geldgründen heiratet, über seinem Stand heiratet, mehr akzeptiert, als es später vielleicht leisten kann. Ehen sollten zwischen Gleichgestellten geschlossen werden – zwischen Personen, die in der Lage sind, einander in jeder Situation zu unterstützen, in die ihr materielles Leben sie jemals führen kann.

Was die Männer betrifft, die größten Sünder, wenn auch nicht diejenigen, die am meisten unter Ehefehlern leiden, so sollte der Mann, der heiratet, ohne dass er seine Frau zu seiner engsten Gefährtin machen will, von allen seinen Bekannten als vorsätzlicher Schurke angesehen werden. Eine zufällige Leidenschaft ist keine Entschuldigung für die Ehe; ebenso wenig wie herablassendes Mitleid. Der Mann, der nur heiratet, um eine ständige Köchin, Haushälterin oder ein Spielzeug zu haben, ist ebenso ein Schurke und verdient ernstere und allgemeinere Verwünschung, als wenn er ohne die Formalität der Ehe vertraute Beziehungen mit einer Frau eingehen würde. Die ganze Gemeinschaft sollte sich vor Männern oder Frauen in Acht nehmen, die aus Ehebanden weniger machen, als die höchste Ehre verlangt.

Manche Menschen, deren eheliche Beziehungen unregelmäßig sind, sind ansonsten tadellos, sagen Sie? Ja; aber das Gleiche kann man auch über manche Diebe und Fälscher sagen; bis auf ihren einen Fehler sind sie gute

Kerle. Der moralische Einfluss eines untreuen oder nachlässigen Ehemannes oder einer untreuen Ehefrau auf die Gemeinschaft ist schlimmer als der eines gewöhnlichen Kriminellen, denn es gibt keine feste Leidenschaft in der menschlichen Natur, die die Gedanken der Menschen dazu bringt, über Diebstahl, Fälschung oder Mord nachzudenken und Entschuldigungen für die Personen zu finden, die sich dessen schuldig gemacht haben.

KAPITEL VII.

DER DÄMON DER SCHEIDUNG.

In einer der älteren theologischen Perioden, die noch nicht so alt ist, gab es die Theorie, dass Satan ein notwendiger Teil der Gottheit sei. Gegenwärtig scheint es eine ähnliche Theorie zu geben. Sie besagt, dass Scheidung ein notwendiger Bestandteil des Ehesystems ist.

Diese Vorstellung richtet in Bezug auf Moral und Sitten ebenso viel Unheil an, wie Satan es tun könnte, wenn er Teil der Allmacht wäre.

Scheidungen sind bei bestimmten Klassen beliebt, weil das Eheleben – nicht die Ehe – manchmal ein Misserfolg ist, aber die Schuld liegt nicht bei der Institution, sondern beim Einzelnen. Als vor einigen Monaten über Mrs. Mona Cairds tiefsinnigen Aufsatz „Ist die Ehe ein Misserfolg?" gesprochen wurde, meinte Rev. David Swing aus Chicago, die Frage hätte lauten sollen: „Ist gesunder Menschenverstand ein Misserfolg?" Dr. Swing packte dann die Wurzel des Übels, indem er sagte: „Das Böse entsteht nicht, weil Männer und Frauen verheiratet sind, sondern weil sie Narren sind." Doch dies ist fast die einzige Klasse, für die unsere Scheidungsgesetze gemacht sind, und je liberaler die Gesetze, desto dümmer können sich die Narren leisten zu sein.

Wäre Scheidung nur deshalb so beliebt, um unerwünschte Partner loszuwerden, wäre das schon schlimm genug. Tatsächlich ist es aber tausendmal schlimmer, denn sein Hauptzweck besteht darin, dem Mann oder der Frau zu einem neuen Partner zu verhelfen. Dieser Grund wird in einem Scheidungsantrag nie genannt; das ist auch nicht nötig; die Gemeinschaft hat gelernt, dies als selbstverständlich anzunehmen.

Rabbi Silverman hat diesen Fall vor kurzem im großen Temple Emanu-El in New York treffend auf den Punkt gebracht, als er sagte: „Der wahre Scheidungsgrund ist, dass hinter dem Zivilvertrag nichts steht, das die Ehe so festigt und zusammenschweißt, dass nichts sie auseinanderreißen kann. Der wahre Scheidungsgrund ist, dass die Ehe gescheitert ist, weil sie keine faktische Ehe war, sondern nur dem Namen nach. Es war keine Verbindung der Herzen zum gegenseitigen Glück, sondern nur eine Partnerschaft für eitle Freude und Profit." Solange wir Scheidungen leicht zulassen, fördern wir dann nicht solche Ehen?

Jede Scheidung, die nicht aus dem vom Gründer des Christentums anerkannten Grund erfolgt, ist für die Gesellschaft insgesamt schädlicher als jedes andere Verbrechen, Mord nicht ausgenommen. Die meisten Verbrechen haben möglicherweise einen positiven Reflexeinfluss, indem sie Männer dazu bringen, ihre eigenen Impulse und ihr Leben besser im Auge zu behalten. Doch Männer oder Frauen, die sich aus einem anderen als dem schwerwiegendsten Grund scheiden lassen, steigern mit Sicherheit – abgesehen von den Auswirkungen auf sie selbst – die Unzufriedenheit von Bekannten, deren Eheleben nicht so ist, wie sie es sich erhofft oder gewünscht hatten.

Eine absolut notwendige Voraussetzung für ein reines und glückliches Eheleben ist der Glaube, dass die Ehe so lange währt wie das Leben selbst. Ohne den Anreiz dieses enormen Verantwortungsbewusstseins wird sich niemand so verändern und neu erschaffen, dass er der passende Gefährte eines anderen sein kann. Selbst mit diesem Impuls scheitert der Versuch oft, wie wir alle aus der Beobachtung unserer eigenen Bekannten wissen. Die Möglichkeit einer Beendigung der Beziehung oder, schlimmer noch, einer Änderung der ehelichen Beziehungen zuzugeben, bedeutet, in den Bemühungen nachzulassen und ein selbstsüchtiger Zeitdiener zu werden – ein Hochstapler statt eines Partners.

Die Auswirkungen eines Scheidungsverfahrens auf den Kläger müssen nicht theoretisiert werden. Sie können durch persönliche Beobachtung in fast jedem amerikanischen Gericht, das Scheidungen gewährt, festgestellt werden, denn solche Fälle werden immer häufiger. Ob der Kläger ein Mann oder eine Frau ist, ob der Grund Trunkenheit, Desertion, Unvereinbarkeit der Gemüter, Geisteskrankheit, Leichtsinn oder einer der vielen Gründe ist, aus denen in einigen Staaten Scheidungen gewährt werden, der Kläger oder Beschwerdeführer wird, wenn er während des Verfahrens Tag für Tag genau beobachtet wird, selbst von seinen besten Freunden Anzeichen geistiger Verschlechterung erkennen. Zwei Leben auseinander zu reißen ist bestenfalls eine ernste Sache. Zwei Freunde, die nur durch gewöhnliche Bindungen verbunden waren, haben sich selten getrennt, ohne dass die schlimmen Auswirkungen für beide sichtbar waren. Wenn die Freundschaft jeden Teil des Lebens beider beeinflusst hat, wie es sogar bei Ehepaaren der Fall gewesen sein muss, die überstürzt geheiratet haben und nicht einmal begonnen haben, in aller Ruhe zu bereuen, ist die Wirkung so ausgeprägt, dass eine Person, die die Scheidung will, fast immer einige ihrer Anhänger verliert, die vorher ihre engsten Freunde waren, bevor der Fall entschieden ist. Wo Liebe war, wird Hass geweckt, obwohl dieser vielleicht gar nicht existierte. Der Streit über Tatsachen, über Erinnerungen an Schwierigkeiten und Meinungsverschiedenheiten, die deprimierende Buchstäblichkeit und Materialismus der Beweise, wie sie vor Gericht verlangt werden, der völlige Materialismus, die Herzlosigkeit und Gefühllosigkeit aller Verfahren, wie sie nach den Gesetzen durchgeführt werden müssen, sind derart, dass sie jede Natur außer der edelsten erniedrigen – aber edle Naturen wollen keine Scheidung.

So schlimm der Zustand des Klägers und die Auswirkungen auf sein eigenes Verhalten und Benehmen auch sein mögen, so ist er doch nicht so beklagenswert wie die des Angeklagten. Sich vor einem Gericht vor Zeugen einer direkten Anklage zu stellen, selbst wenn es sich nur um Beamte des Gesetzes handelt, die in ihren Meinungen und Handlungen unparteiisch und richterlich sein sollen, die Verletzung der Privatsphäre in Bezug auf Interessen und Beziehungen, die mehr als alle anderen – außer vielleicht denen eines Menschen gegenüber seinem Gott – selbst den rohesten Gemütern heilig sind, kann nur auf die stärksten Naturen Auswirkungen haben. Das Leben des Angeklagten in einem Scheidungsverfahren wird wahrscheinlich von vornherein vernichtet, es sei denn, die Klage ist völlig grundlos und unfair. Je mehr Schuld der Angeklagte hat, desto mehr muss er leiden, nicht nur in Bezug auf seine eigene Selbstachtung, sondern auch in Bezug auf die seiner Mitmenschen. Der neugierige Blick der Zuschauer, der eindringliche Blick der Geschworenen, die Abneigung des Richters auf der Richterbank, die Leichtfertigkeit des Zeugen auf dem Zeugenstand – all dies hat Einflüsse, die viele unschuldige Menschen dazu bringen würden, Anzeichen von Schuld zu zeigen. Auf jemanden, der wirklich im Unrecht ist, müssen all diese Einflüsse noch deprimierender sein.

Unter Juristen ist es ein gängiges Sprichwort, dass eine Frau, die sich aus einem noch so geringfügigen Grund von ihrem Mann scheiden lässt, danach ziemlich sicher in eine schlechte Lage geraten wird. Dies ist, so sagen die Juristen, nicht unbedingt ein Hinweis darauf, dass die Frau schuld ist, sondern dass die psychische Belastung, der sie ausgesetzt war, die Belastung ihres Selbstrespekts, größer ist als mangelnde Menschlichkeit. Welche Folgen dies für sie in der Gesellschaft hat, wissen wir alle. Der derzeitige Herrscher Englands hat entschieden, dass keine geschiedene Frau, egal in welchem Land sie geschieden wurde, jemals vor Gericht erscheinen darf. Die Regel scheint grausam, aber die sozialen Folgen scheinen sie zweifellos zu rechtfertigen.

Wenn Kinder im Spiel sind, was normalerweise der Fall ist – denn aus irgendeinem Grund erscheinen kinderlose Personen selten vor den Scheidungsgerichten –, sind die Folgen für sie schlimmer als für den Kläger oder den Beklagten. Der wichtigste gute Einfluss, dem Kinder ausgesetzt sind, ist der des Zuhauses. Eine Meinungsverschiedenheit zwischen Vater und Mutter unterbricht diesen natürlich. Ein völliger Bruch zwischen den Eltern kann nicht umhin, sofort die schlimmsten möglichen Auswirkungen auf die Kinder zu haben. Alle Kinder – außer Ihren und meinen – sind manchmal Bestien. Es gibt keine schlimmeren Geschichtenerzähler, keine schlimmeren Verleumder, keine schlimmeren Erzähler grausamer Dinge als kleine Kinder. Es ist nicht so, dass sie von Natur aus ungewöhnlich böse oder wild sind, aber unzureichende Ausbildung, mangelnde

Selbstbeherrschung, fehlendes erwachsenes Anstandsgefühl führen dazu, dass die Zunge sagt, was auch immer im Herzen ist; und jeder Erwachsene, der gezwungen ist, auf seine eigene Zunge zu achten, sollte sich durch Mitgefühl die Wildheit vorstellen können, die den Kindern geschiedener oder sich scheiden lassender Menschen von ihren Partnern zugefügt wird. Wie ungehorsam oder respektlos Kinder ihren Eltern gegenüber auch sein mögen, der kindliche Instinkt ist bei allen vorhanden, und ein Seitenhieb auf einen der Elternteile wird von den Kindern am stärksten gespürt.

Dem Kind bleibt der gewöhnliche Trost einer Person, die durch das Herz einer anderen Person verletzt wurde, verwehrt. Es hat weder Religion noch Philosophie, noch nicht einmal Stoizismus, die es stützen. Es muss bitter leiden, und wenn es Trost sucht oder sich Trost wünscht, wohin soll es sich wenden, wenn die beiden Urheber seines Daseins, die es mit gleichem Respekt zu betrachten gelernt hat, uneins sind und jeder bereit ist, den anderen zu beschuldigen und herabzusetzen? Das Kind einer geschiedenen Person ist in der Gesellschaft von Kindern ein ausgesprochenes Objekt der Neugier, sei es bei Nachbarschaftsfesten, in der Schule, in der Sonntagsschule oder sogar in der Kirche. Der kleinste Streit bringt den unvermeidlichen Spott mit sich, dass „deine Mutter vor deinem Vater weggelaufen ist", oder „dein Vater in die Mutter einer anderen verliebt ist", oder „du hast jetzt keinen Vater mehr", oder etwas in der Art. Erst vor kurzem berichteten die Zeitungen der Vereinigten Staaten vom Selbstmord eines neunjährigen Kindes, das den Tod gesucht hatte, um der Qual zu entgehen, durch die Trennung seiner Eltern verspottet zu werden.

Vier Zeilen aus einem Gedicht von Pope, die wahrscheinlich jedem bekannt sind, verdeutlichen die allgemeine Wirkung, die Scheidungen auf die Gesellschaft haben:

„Das Laster ist ein Ungeheuer von solch abscheulicher Gestalt,
dass man es nur sehen muss, um es zu hassen.
Doch wenn man es zu oft sieht und sein Gesicht kennt,
ertragen wir es zuerst, dann bemitleiden wir es und schließlich umarmen wir es."

Die Nachricht, dass jemand aus irgendeinem anderen Grund als dem schwerwiegendsten eine Scheidung erwirkt hat, lässt im Allgemeinen jeden amerikanischen Gesellschaftskreis, der sich als respektabel bezeichnet, erschauern. Selbst Ehemänner und Ehefrauen, deren Eheerfahrungen nicht so freudig waren wie erwartet, sind schockiert über die rechtliche Zerrüttung einer Familie – das Schauspiel des ehelosen Ehemanns, dessen Frau tatsächlich lebt, oder der Frau ohne Partner oder Beschützer, deren Ehemann dennoch noch nicht tot ist. Aber die Wucht des Schocks lässt allmählich nach, wenn man sich häufig mit beiden Parteien trifft. Die Fehler des abwesenden Mitglieds werden in Erinnerung gerufen, die guten Seiten des angeblichen Schuldigen werden ebenfalls in Erinnerung gerufen, und nach und nach werden Entschuldigungen vorgebracht, bis die Veränderung so kühl betrachtet wird wie die Auflösung einer Geschäftspartnerschaft. Leider sind die Parteien einer Scheidung auch oft brillante Mitglieder der Gesellschaft, in der sie sich bewegt haben, denn die lebhaftesten Personen sind im Allgemeinen die unzufriedensten. Die Unruhe in bestimmten Phasen des gesellschaftlichen Lebens, der Wunsch, weniger zu Hause eingesperrt zu sein und mehr Gesellschaft in allgemeiner und angenehmer Gesellschaft zu haben, trägt in hohem Maße zu Scheidungen bei, auch wenn die schuldigen Parteien dies abstreiten mögen. Und die Personen, die am häufigsten vor den Scheidungsgerichten erscheinen, sind jene, die in ihren jeweiligen sozialen Kreisen am beliebtesten waren.

Das ist schlimm genug, aber es ist nur der Anfang des Übels. Was ein Mann getan hat, kann ein Mann – oder eine Frau – tun, und das gilt sowohl für das Böse als auch für das Gute. Wenn Herr A oder Frau B durch die Scheidung einer Menge offensichtlicher Eheprobleme entgangen sind, warum sollten Herr und Frau C das nicht auch tun? Sie meinten es gut – das ist ein Eingeständnis, das die meisten Menschen früher oder später zugunsten aller machen, die nicht absolut teuflisch sind –, aber sie scheiterten. Warum sollten sie es nicht noch einmal versuchen? Außerdem haben sie dann ihre Freiheit wieder, und das Verlangen nach Freiheit ist im animalischen Teil der Natur eines jeden stark genug, um aufzusteigen und alles andere niederzutrampeln, wenn es nur irgendwie gefördert wird. Nach und nach, aber sehr schnell, entmutigt die Betrachtung des Scheidungsproblems Bemühungen zur Selbstverbesserung und zur Vervollkommnung des Ehelebens. Es ist ein Abtöten und Abtöten jedes ehrenhaften ehelichen Impulses. Der Versuch, zwischen zwei Übeln zu entscheiden, ist eine Erfahrung, die für jeden demoralisierend ist; zwischen Gut und Böse zu entscheiden, wenn das Gute nicht wünschenswerter erscheint als das Böse, ist noch viel schlimmer. Doch dies ist der geistige und moralische Zustand eines jeden, der noch verheiratet ist und die Scheidung als mögliche Befreiung von Beziehungen betrachtet, die unbefriedigend sind, aber dennoch zu dem gemacht werden könnten, was sie sein sollten.

Die Auswirkungen des Umgangs mit Geschiedenen – und es gibt keine Gesellschaftsschicht, in der es sie nicht gibt – sind besonders bedauerlich für junge Menschen im heiratsfähigen Alter. Selbst der größte Heide, der die Einflüsse der Ehe studiert hat, wird zugeben, dass die heranwachsende Generation ernsthafter über eine Ehe nachdenken muss. Aber was kann man von einem gutmütigen, wohlmeinenden, gedankenlosen, sorglosen, vergnügungssüchtigen, selbstsüchtigen jungen Mann oder Mädchen erwarten – und diese Adjektive treffen auf fast alle jungen Menschen zu –, das, während es darüber nachdenkt, einer attraktiven Person des anderen Geschlechts einen Heiratsantrag zu machen oder sie anzunehmen, durch bestimmte Tatsachen und Vorfälle ständig daran erinnert wird, dass die Bindung, wenn sie lästig wird, nach Belieben gebrochen werden kann?

Manche Ehemänner und Ehefrauen streiten wie Hund und Katz, aber trotz allem lieben sie ihre Kinder Gott sei Dank innig. Welcher anständige Mann oder welche anständige Frau würde eine Tochter verheiraten, in der Hoffnung, dass sie irgendwann von ihrem Mann aus einem Grund verstoßen werden könnte, den die Gerichte von Utah, Chicago oder Indiana als Scheidungsgrund anerkennen? Welche Eltern würden ihrem Sohn erlauben, sich mit einem Mädchen zu paaren, das seiner möglicherweise überdrüssig wird, sich durch rechtliche Schritte von ihm loslöst und die Frau eines anderen Mannes wird?

Ärzte und geistliche Führer sind sich einig, dass das ständige Nachdenken über die niederen Entwicklungen und Interessen der Ehebeziehung dem menschlichen Charakter äußerst abträglich ist. Über welche anderen Phasen des Ehelebens kann sich jemand noch lange Gedanken machen, der auch nur an die Möglichkeit einer Scheidung aus irgendeinem anderen als dem schwerwiegendsten Grund denkt? Die Beziehung, die man so betrachtet, ist der der Tiere so ähnlich, dass die Liebe, soweit sie existiert, auf die Ebene der Leidenschaft herabgedrückt werden muss, und die Leidenschaft später auf die der Lust, und die Lust wiederum auf die Ebene des Appetits, bis Wesen, die einst Hoffnungen, Bestrebungen und Sehnsüchte hatten, die, obwohl sie nicht durch Wissen und Grundsätze gestärkt waren, an sich edel waren, sich praktisch auf die Ebene der Tiere stellen. Nach Aussage von Leitern und Geistlichen großer Gefängnisse gibt es Hoffnung auf Besserung für fast jeden Verbrecher, dessen Straftaten nur aufgrund der sogenannten selbstsüchtigen Instinkte begangen wurden, womit im Allgemeinen Zerstörungswut und Diebstahl gemeint sind. Aber diese gleichen Experten für Kriminalität sind absolut hoffnungslos, was die Besserung von jemandem angeht, dessen sexuelle Instinkte verdorben oder sogar verkehrt geworden sind. Dennoch ist es für jeden schwierig, ein Scheidungsverfahren durchzustehen oder ernsthaft über die Möglichkeit einer Scheidung nachzudenken, ohne dass sexuelle Gefühle, Impulse und Sehnsüchte auf diese Weise nachlassen. Welche Hoffnung besteht, dass solche Personen in Zukunft eine respektable Stellung in der Gesellschaft einnehmen werden?

Kann man Scheidungen weniger populär und einfacher machen? Ja. Wie? Durch eine Verfassungsänderung, gegen die kein anständiger Bürger, der kein Anwalt ist, zu stimmen wagen würde, nämlich dass die Bundesregierung ein Scheidungsgesetz erlässt, das die Gesetze der Bundesstaaten ersetzt. Tricks und Zugeständnisse an Scheidungsanwälte können nicht so leicht durch den Kongress geschmuggelt werden wie durch die gesetzgebenden

Körperschaften der Bundesstaaten. Der Kongress ist für eine Menge Drecksarbeit zuständig, aber nicht für diese Art.

Der Kongress könne kein strenges Scheidungsrecht erlassen, sagen einige Anwälte, aber vielleicht haben diese Herren ihre eigenen Gründe, das zu behaupten. Der ehemalige Justizminister Russell aus New York, der sich eingehend mit dem Thema befasst hat, sagte kürzlich, eine solche Verfassungsänderung sei möglich, weil mehr als zwei Drittel der Bundesstaaten bereits dazu neigten, Scheidungen nur aus schwerwiegendsten Gründen zuzulassen.

Bei der Ausarbeitung und Annahme einer solchen Verfassungsänderung würde der Kongress auf die Unterstützung einer Quelle zählen, deren Bedeutung nicht überschätzt werden kann. Ich meine die Kirche; nicht eine einzelne Konfession, sondern alle – Mormonen ausgenommen. Bischof Foss von der Methodistenkirche sagte kürzlich, man könne sich darauf verlassen, dass seine Konfession eine solche Bewegung unterstützen würde; Bischof Whittaker von der Protestantischen Episkopalkirche äußerte sich ähnlich. Die katholische Kirche erkennt nur einen Scheidungsgrund an, und die Hebräer sind ebenso unnachgiebig. Tatsächlich sind sich alle Glaubensrichtungen in diesem Punkt einig, und wenn die Änderung zur Abstimmung oder Ratifizierung ansteht, kann der Einfluss einer solchen „Kirchenunion" nicht bekämpft – geschweige denn überwunden werden.

Die Auswirkungen eines Scheidungsgesetzes auf die Gemeinschaft dürften denen einer verbrannten Brücke ähneln, die viele Soldaten gerade überquert haben. Da es keine Möglichkeit gibt, zurückzugehen, besteht jeder Anreiz, weiterzumachen und das Beste aus dem zu machen, was vor einem liegt.

KAPITEL VIII.

DIE PROBLEME DES BAUERN.

D ER durchschnittliche amerikanische Bauer ist einer der besten Menschen auf der Welt. Er ist aber auch einer der unglücklichsten.

Er kommt im Allgemeinen durch Zufall zu seinem Beruf. Er hatte vielleicht nicht vor, Landwirt zu werden, aber durch Tod, Familienwechsel oder andere Umstände, die völlig außerhalb seiner Kontrolle liegen, gelangt er in den Besitz der Familiengüter, die fast sicher mit Hypotheken belastet sind, und muss das Familiengeschäft weiterführen, um seinen Lebensunterhalt zu sichern. Von Anfang an ist er zur Einsamkeit verdammt, die einer der schlimmsten Flüche ist, die die Menschheit erleiden kann. Er kann es sich nicht leisten, Hilfe anzustellen, denn wenn er Kapital hätte, wäre er kein Landwirt, und es erfordert Kapital, um angemessene Unterstützung bei der Führung eines Bauernhofs zu erhalten. Er muss alle seine Arbeiten selbst erledigen. Wenn er sie nicht erledigen kann, muss sie unerledigt bleiben. In der Regel sind die Landwirte der Vereinigten Staaten lange vor Tagesanbruch am Morgen wach, und ihre Arbeit geht noch lange nach Einbruch der Dunkelheit am Abend weiter. Die Arbeitszeit des Tages, die für die

TACOMA-GEBÄUDE.

Die Arbeitszeit eines gewöhnlichen Arbeiters beträgt zehn Stunden, die der begünstigten Klassen acht oder sieben oder sogar sechs, während sie für den Bauern in der Regel mindestens vierzehn von vierundzwanzig Stunden beträgt. Seine Arbeit ist nie getan, ebenso wenig wie die der Frauen.

Als natürliche Folge davon ist er immer erschöpft. Die Gewohnheiten und die Nachfrage der Märkte beschränken ihn im Allgemeinen auf eine einzige Ernte. Ob Weizen, Mais oder Hafer, die Aussaatzeit ist verhältnismäßig kurz. Ebenso die Erntezeit. Der Hof ist größer, als ein einzelner Mann oder eine einzelne Familie jemals bewirtschaften könnte, aber da die amerikanische Nachfrage derzeit nur nach Rohstoffen besteht, hat er keine Wahl. Er muss die Grundnahrungsmittel anbauen, von denen das Ausland bereit ist, den Überschuss gegen Bargeld zu kaufen. Andernfalls wäre seine Lage schlimmer als die eines Sklaven. Es ist für einen einzelnen Mann sehr schwierig, mit einem guten Pferdegespann mehr als einen Acre Land pro Tag zu „umzubrechen". Was kann also der alleinstehende amerikanische Bauer, der 160 Acre Land besitzt, das übliche „Viertel", mit seinem riesigen Anwesen anfangen? Um für seine Familie richtig zu sorgen, sollte er alles bepflanzen; aber wenn er alles anbauen würde, außer im Fall von Weizen, würde die Hälfte bis drei Viertel der Ernte durch mangelnde notwendige Bewirtschaftung verloren gehen. Sein Pferd ist wie er selbst ein überarbeitetes Tier. In jedem Teil des Landes gilt der Bauer als sicher, der ein Paar guter Pferde besitzt. Aber Tiere, die an den langen Sommertagen 26 Tage im Monat von Sonnenaufgang bis Sonnenuntergang arbeiten, können durch keine Fütterung oder Pflege bei der Arbeit gehalten werden. Früher oder später kann eines der Pferde zusammenbrechen, und dann ist der Bauer hilflos, wenn er nicht Geld zur Verfügung hat, um Ersatz zu kaufen. Unter hundert Bauern findet man nicht zehn, die so glücklich sind.

Denn der Bauer ist immer arm. Wäre es anders, wäre er kein Bauer. Schon eine sehr geringe Erfahrung auf dem Bauernhof und eine noch geringere Beobachtung der Menschen um ihn herum zeigen ihm, dass er im Maschinenbau oder im Handelsgewerbe mehr Geld verdienen kann als in seinem eigenen, von anderen Berufen ganz zu schweigen. Aber er ist von Anfang an benachteiligt, egal, ob er jung anfängt und noch Junggeselle ist. Wenn er eine Familie hat, ist er, was die Möglichkeit einer Veränderung betrifft, einfach hilflos. Der durchschnittliche Bauer lebt in der Hoffnung, dass seine Kinder, von denen er im Allgemeinen viele hat, ihm mit der Zeit eine Hilfe sein werden. Oft scheinen sich seine Hoffnungen für kurze Zeit zu erfüllen. Aber Kinder sind nicht so beständig wie Erwachsene. Sie ziehen umher, wann immer sie Zeit für sich haben. Sie kommen in die Dörfer. Sie lernen ein Leben kennen, das weniger Mühe und mehr Komfort beinhaltet als das, an das sie gewöhnt sind, und einer nach dem anderen beginnt, den Wunsch nach einer Veränderung anzudeuten. Es ist völlig unnatürlich, dass der Bauer diesen Wunsch ignoriert. Egal wie sehr er ihre Gesellschaft liebt, er weiß tief in seinem Herzen, dass ein Wechsel vom Leben auf dem Bauernhof in einen weniger anspruchsvollen Tätigkeitsbereich ihnen körperlich und geistig, möglicherweise auch moralisch, zugutekommen würde. Seine Söhne bemühen sich, Verkäufer in Geschäften oder Angestellte in Anwaltskanzleien oder als Anwälte für das eine oder andere Unternehmen zu werden – alles, um der ständigen und ermüdenden Plackerei auf dem Bauernhof zu entgehen. Seine Töchter lassen sich trotz der gepriesenen Unabhängigkeit des Bauern und seiner Familie sehr leicht dazu überreden, in jede Fabrik in der Nähe zu gehen. Es ist nicht so, dass sie ihr Zuhause weniger lieben, aber sie lieben die Gesellschaft mehr, und da sie wie alle anderen Menschen sind, reagieren sie sehr empfindlich auf den aufmunternden Einfluss des Geldes – echtes Bargeld, das man einmal pro

Woche erhält, statt eines möglichen Guthabens auf dem Familienkonto im Dorfladen am Ende des Jahres.

Denn der amerikanische Landwirt ist im Allgemeinen dem Händler ausgeliefert. Der Händler ist so gut wie der durchschnittliche Händler und praktisch in jeder Hinsicht ein Händler. Er ist im Allgemeinen der Inhaber eines Gemischtwarenladens, in dem der Landwirt im Laufe des Jahres alles kauft, was er für seine Familie auf offene Rechnung benötigt; mit der Maßgabe, dass seine Ernte nach der Ernte dem Händler übergeben und eine allgemeine Bilanz gezogen wird. In einem guten Jahr kann das Ergebnis zugunsten des Landwirts ausfallen, aber gute Jahre sind in den Vereinigten Staaten nicht die Regel, obwohl das Land, wie man sagt, der Garten der Welt ist. Menschen, die arbeiten und ihre Kräfte bis zum Äußersten anstrengen, benötigen mehr an alltäglichen Annehmlichkeiten als diejenigen, deren Leben regelmäßiger verläuft, und obwohl der Landwirt mit dem örtlichen Händler sehr ernsthaft über die Preise verhandeln kann, ist das Ergebnis praktisch dasselbe: Er kauft, was auch immer seine Familie braucht, solange er es „abrechnen" kann. Er muss zu dem vom Händler festgelegten Preis kaufen, denn es ist für ihn völlig unmöglich, das, was er braucht, woanders zu suchen.

Einige Zeitungen haben sich aufsehenerregend über das System der Schuldknechtschaft beschwert, zu dem einige Schwarze oder Freigelassene aus dem Süden seit der Zeit der Sklaverei von den Ladenbesitzern der Plantagen gezwungen wurden, aber es gibt keinen praktischen Unterschied zwischen ihrer Lage und der der Bauern im ganzen Land. „Der Kreditnehmer ist der Diener des Kreditgebers", und der Mann, der kein Geld zum Kaufen hat, muss sich den Forderungen desjenigen unterwerfen, der ihm Kredit gewährt. In fast jedem County der Vereinigten Staaten sind Bauernscheine auf dem Markt, und häufig werden diejenigen, die zu den niedrigsten Preisen verkauft werden, von Männern ausgestellt, an deren Ehrlichkeit und Zahlungsbereitschaft niemand den geringsten Zweifel hegt. Der einzige Grund ist, dass die absoluten Lebenshaltungskosten des Bauern den Barwert seiner landwirtschaftlichen Produkte übersteigen.

Es ist üblich, vom Leben eines Bauern als dem glücklichsten und sichersten Beruf der Welt zu sprechen. Fast jeder kennt einen erfolgreichen Bauern und stützt sein Urteil auf sein Wissen über diesen einzelnen Menschen. Aber Fakten sind hartnäckige Dinge, und sie wurden in den Vereinigten Staaten auf eine Weise bewiesen, die diejenigen, die auf den Bauern neidisch sind, zum Nachdenken bringen sollte.

Laut dem letzten Zensusbericht betrug der durchschnittliche Wert der Ackerflächen der Vereinigten Staaten, einschließlich der Gebäude, weniger als zwanzig Dollar pro Acre. Der durchschnittliche Wert der Produkte betrug weniger als acht Dollar pro Acre. Ein Viertel Land, die übliche Größe einer amerikanischen Farm in den Staaten, die am stärksten von der Landwirtschaft geprägt sind, beträgt hundertsechzig Acre. Der Leser kann seine eigenen Schlüsse ohne große Schwierigkeiten ziehen, wenn er bedenkt, dass Lebensmittel, Medikamente, Kleidung und alles andere, was nicht von der Farm produziert wird, in den ländlichen Gebieten genauso viel kostet wie in den großen Städten und im Allgemeinen noch viel mehr.

Es wird gesagt, dass das in den Bergbaugebieten der Vereinigten Staaten geförderte Gold an Arbeitskraft und materiellem Verlust weitaus mehr kostet, als sein Wert ausmacht. Die Kosten für Ackerland in den Vereinigten Staaten lassen die offensichtliche Goldverschwendung absolut unbedeutend erscheinen. Es gibt heute Tausende von amerikanischen Bauernhöfen, wahrscheinlich Hunderttausende, deren Land unter dem Hammer nicht so viel Geld einbringen würde, wie die Zäune dieser Bauernhöfe gekostet haben. Die Kosten für die Rodung von Waldland, um es für die Landwirtschaft nutzbar zu machen, waren in fast allen Teilen des Landes weitaus höher, als der Wert des Landes zum höchsten geltenden Preis ausgleichen würde. Die Arbeit des Einzäunens und Rodens wurde von anderen Generationen durchgeführt, die von ihren Bauernhöfen weniger bekamen, als die heutigen Bewohner erhalten.

Eines der beliebtesten Argumente von Männern, die junge Männer dazu drängen, nach Westen zu gehen, eine Farm zu übernehmen und mit dem Land aufzuwachsen, ist, dass es ihnen nie an ausreichend Nahrung mangeln wird. Diese Aussage ist völlig richtig. Ein Mann kann immer reichlich Nahrung von seinem eigenen Anwesen haben, wenn er es überhaupt anbaut oder Vieh hat. Aber eine begleitende Tatsache ist – und diese Tatsache sollte sorgfältig bedacht werden – dass er häufig keinen Ort hat, an dem er seine Produkte mit Gewinn verkaufen kann. Er ist so weit von jedem Markt entfernt, dass er das, was er nicht isst, häufig verschwenden muss. Maiskolben wurden in Teilen des Westens viele Winter lang als Brennstoff verwendet, nicht weil es kein Holz gab, sondern weil es keinen geeigneten Ort gab, an dem man den Mais verkaufen konnte, selbst wenn man die bloßen Kosten für das Schälen und den Transport zum Markt in Kauf nahm, ganz zu schweigen von den früheren Kosten für das Pflanzen, Kultivieren und Ernten. Wo ein Bauer in der Nähe eines Marktes lebt, wie in einigen östlichen Staaten, ist sein Tisch nicht besser gedeckt als der des billigsten Mechanikers in der Stadt. Er hat vielleicht 80 Morgen Weizen, aber wenn seine Familie Kohl essen möchte, muss sie auf den Dorfmarkt gehen und ihn kaufen; der Bauer selbst hat keine Zeit gehabt, ihn anzupflanzen und zu pflegen. Sommergäste finden auf dem Land weniger Gemüse als in der Stadt.

Es stellt sich natürlich die Frage, warum der Bauer seinen Betrieb nicht wechselt, wie es Hunderttausende von Handwerkern und anderen Männern jedes Jahr tun. Die Antwort ist, dass es ihm unmöglich ist. Er kann seinen Hof nicht verlassen, ohne seine Familie in den Ruin zu treiben, denn wer das Pflanzen und Kultivieren vernachlässigt, verliert den Kredit, von dem er in 99 von 100 Fällen leben muss. Er kann seinen Hof nicht bei einer Auktion unter den Hammer bringen, als wäre er ein Stadthaus oder ein Dorfhaus, denn Käufer von Bauernhöfen sind die seltensten aller Immobilienkäufer in den Vereinigten Staaten. Dies steht nicht im Einklang mit europäischen Präzedenzfällen oder Annahmen, wurde aber in jedem Staat und fast jedem County der Union nachgewiesen.

Heißt das alles, dass sich die Landwirtschaft nicht lohnt? Nein. Die Landwirtschaft wird sich lohnen, wenn sie durch Kapital und praktisches Wissen abgesichert ist. Aber es ist fast unmöglich, dass der amerikanische Landwirt der heutigen Generation über Kapital aus irgendeiner Quelle verfügt. Wenn die Landwirtschaft intelligent betrieben wird, kann sie in jedem Teil der Vereinigten Staaten von einem Mann mit genügend Geld in der Tasche profitabel gemacht werden. Hiram Sibley, einer der bemerkenswertesten Männer, die die Vereinigten Staaten je hervorgebracht haben, verwaltete zum Zeitpunkt seines Todes im Jahr 1888 vierhundert verschiedene Farmen in neun verschiedenen Staaten der Union, wobei er alles per Korrespondenz abwickelte, und er prahlte – und das war zweifellos seine ehrliche Art –, dass er mit jeder dieser Farmen einen Gewinn erzielte. Aber Sibley war zwanzigfacher, wahrscheinlich vierzigfacher Millionär. Was auch immer seine Farmen brauchten, sie konnten es sofort und zum niedrigsten Marktpreis haben, denn er hatte immer Bargeld, um zu bezahlen, was er wollte. Dennoch sagte dieser erfolgreiche Farmer, dieser Millionär, dieser gewissenhafte Geschäftsmann bis zu seinem Tod, dass es in den Vereinigten Staaten keinen bemitleidenswerteren Menschen als den Farmer gäbe.

Niemand weiß mehr über ein bestimmtes Geschäft als derjenige, der sich nicht um die Einzelheiten kümmern muss. Daher ist die Meinung und Behauptung weit verbreitet, das Problem des Bauern liege in seiner Sorglosigkeit. Die Leute machen auf die scheinbar unnötigen Ausgaben aufmerksam, die er ständig tätigt, insbesondere für Annehmlichkeiten und sogar Luxus für seine Familie. Aber was kann der Bauer tun? Überall östlich des Mississippi ist er in der Nähe eines Dorfes. Seine Kinder gehen mit denen des Dorfes zur Schule. Sie lernen Annehmlichkeiten und Luxus kennen, an die sie zu Hause nicht gewöhnt sind. Sie sprechen darüber. Sie denken darüber nach. Sie sehnen sich danach. Der Bauer selbst ist ein Mensch. Jeder, der ihn für einen Flegel hält, begeht einen schrecklichen Fehler. Wann immer es in seiner Macht steht, sein Zuhause komfortabler zu gestalten, tut er dies mit einem Grad an Ernsthaftigkeit, der geradezu furchtbar ist. Er ist bestrebt, sich vor dem möglichen Vorwurf seiner eigenen Kinder zu schützen, er sei ein weniger sorgfältiger Versorger als jemand, mit dem seine Familie eng befreundet ist.

Wenn ein Jahr kommt, in dem die Ernte viel verspricht, wird der Bauer alles kaufen, was seine Familie braucht, wenn er es mit einem Wechsel bezahlen kann, der fällig wird, nachdem die Ernte des Jahres verkauft ist. Hersteller von Nähmaschinen, Orgeln, Klavieren, Möbel- und Nippesverkäufer, Vertreter von Subskriptionsbüchern gehen mit ihren Waren zuerst und am zuverlässigsten zu den Bauern. Der Bauer wird seinen Wechsel abgeben, der Verkäufer wird jemanden finden, der ihn diskontiert, und am Ende muss er bezahlt oder ein Kompromiss geschlossen werden. Wenn die Ernte viel ausmacht, ist vielleicht alles bezahlt. Wenn nicht, steckt der Bauer tiefer als je zuvor im Schuldensumpf. Ihm bleibt der scheinbar schwache, aber für ihn große Trost, dass seine Familie einige der Vorteile der Dorfbewohner genossen hat, die sie beneidet haben, und dass er eines Tages irgendwie mit der Welt dafür abrechnen wird. Vielleicht wird diese offensichtliche Extravaganz seine Familie länger zusammenhalten als die Familie seines Nachbarn A oder B oder C, aus der die Jungen in die Läden und Geschäfte des Dorfes abgewandert sind und die Mädchen als Hausangestellte in die Stadt oder vielleicht in die Fabriken, alles, um der harten Arbeit, aber noch mehr der Einsamkeit und Kargheit des Durchschnittsbauernhauses zu entgehen.

Wie hilflos und aussichtslos die gegenwärtige Lage des amerikanischen Landwirts ist, kann man sich am besten vorstellen, wenn man einen Blick auf die Landwirtschaft in den Neuenglandstaaten wirft. Hier sind zu Lebzeiten der heutigen Generation an jedem Fluss und Bach, der genug Kraft hat, ein Rad anzutreiben, Mühlen entstanden. Tausende von Menschen drängen sich alle paar Meilen entlang dieser Wasserläufe, arbeiten in Mühlen und Fabriken und sind für ihre Nahrungsmittelversorgung absolut von der Umgebung abhängig. Und doch gibt es in keinem anderen Teil des Landes so viele verlassene Bauernhöfe. Vor kurzem wurden die zwölf besten Bauernhöfe im Staat Vermont praktisch aufgegeben, weil es ihren Besitzern unmöglich schien, sie ohne Verluste zu bewirtschaften, und im Parlament wurde ein Gesetzentwurf eingebracht, um diese besonderen Bauernhöfe – die, ich wiederhole, die besten im Staat waren – von der Besteuerung zu befreien, damit sich jemand dazu überreden ließe, sie zu bewirtschaften. Es ist nicht so, dass die Bauern keinen Markt für ihre Erzeugnisse hätten, sondern die besseren landwirtschaftlichen Produkte oder das, was in den größeren Städten als Erzeugnisse des Gemüseanbaus bezeichnet wird, sind von Natur aus so vergänglich, dass die Rentabilitätsaussicht eines guten Bodens durch den Verlust des Feldes selbst nach der Ernte schnell zunichte gemacht werden kann.

Sogar in der Nähe der Großstadt New York, wo manche Leute Zinsen für Land im Wert von 5.000 Dollar pro Acre zahlen, um es für den Gemüseanbau zu bebauen, gibt es Tausende von Acres Land, die Jahr für Jahr völlig vernachlässigt werden, so wie dies in den letzten zwanzig Jahren der Fall war. Es ist möglich, dass einige davon gewinnbringend bebaut worden wären, aber da in den Städten eine stetige Nachfrage nach Arbeitskräften herrschte, für die ein sicherer und regelmäßiger Lohn garantiert ist, verließen die Söhne und Töchter der Bauern ihr Zuhause, und der Vater blieb ohne Unterstützung und ohne Mittel, um Hilfe einzustellen. Selbst wenn er Hilfe eingestellt hätte, wäre das Ergebnis dasselbe gewesen — die Bilanz am Ende des Jahres auf der falschen Seite.

Häufig wird vorgeschlagen, dass die Landwirte von der Regierung oder ihrem Bundesstaat eine Prämie auf spezielle Produkte erhalten sollten, und dieses System ist, soweit es die einzelnen Bundesstaaten betrifft, nur teilweise in Kraft. Der Landwirt selbst ist eindeutig der Meinung, dass er nicht vernachlässigt werden sollte, obwohl die Gesetzgebung für fast jede andere Klasse in der Industriewelt besondere Hilfe und Unterstützung bietet. Wenn er anfängt, eine solche Unterstützung zu fordern, wozu er jetzt durchaus bereit ist, wird die Öffentlichkeit vor einer Frage von größerer Tragweite stehen als jedes bisher aufgetretene Arbeitsproblem. Sondergesetze klingen unpopulär, aber sie sind eine Tatsache, wie jeder, der die Vorgänge im Kongress und in der Legislative verfolgt, gut weiß.

Die Granger-Bewegung im Westen war der Anfang dieses Versuchs, die Lage der Bauern zu verbessern. Wie andere große Volksbewegungen begann sie mit einem plötzlichen Impuls, der mehr Ernsthaftigkeit als Intelligenz beinhaltete; doch jeder, der die Bedürfnisse der Bauern und die Verwaltung der Eisenbahnen kennt, weiß, dass sie auf einer soliden Grundlage beruhte. Viele Jahre lang übernahmen die Eisenbahnen den Löwenanteil der Ernteerträge der Bauern mit der Begründung, dass es diesen Anteil des Erntewertes kostete, Mais, Weizen oder Schweinefleisch auf den Markt zu bringen. Warum dies so viel kostete, ist im Fall vieler Straßen gut bekannt, die durch die Bewässerung ihrer Vorräte oder die Subventionierung von Bauunternehmen um ein Vielfaches ihres Wertes kapitalisiert wurden. Bei den künftigen Bemühungen der Landwirte, Anerkennung und angemessene Vergütung für ihre Dienste zu erhalten, sind die Ursachen des Problems vielleicht nicht ganz so eindeutig. Wenn jedoch nicht in Richtung gesetzgeberischer Unterstützung gehandelt wird, werden die Bauernhöfe im Westen mit der Zeit ebenso weitgehend verlassen sein wie die in den Oststaaten, in denen es heute Tausende von Bauernhöfen gibt, deren Land und Gebäude unbewohnt sind und jedem zur Verfügung stehen, der dumm genug ist, sie zu bewohnen - so drückt es der Landwirt aus.

Es wurde häufig vorgeschlagen, dass der Landwirt durch die Teilnahme an Genossenschaften zur Versorgung seiner Familie mit Vorräten und anderen Bedarfsgütern auf seinem Hof einen großen Teil der finanziellen Erträge seiner Jahresarbeit einsparen könnte. Theoretikern ist vielleicht nicht bekannt, dass dieser Vorschlag nichts Neues ist. Er kam dem Landwirt in Hunderten von Landkreisen in den Sinn und er versuchte, ihn umzusetzen. Aber was kann ein Mann tun, der kein Kapital zum Kauf hat, um aus erster Hand einzukaufen? Vor vierzig oder fünfzig Jahren wurden in großem Umfang Bauernläden und Bauernvereine in allen Staaten ausprobiert, die heute den bevölkerungsreichsten Teil des Mississippitals bilden. Manchmal führte dies zur Einrichtung von Vorratsdepots für die Landwirte allein, aber ein einziges Jahr mit schlechter Ernte, sei es durch Dürre, Insektenplagen oder Überschwemmungen oder jede andere Ursache, die völlig außerhalb der Kontrolle des Landwirts liegt, würde den Ruin jedes Unternehmens bedeuten, das zufällig mit nur für kurze Zeit ausreichendem Kapital gegründet wurde.

Wie bereits erwähnt und was bei allen Überlegungen zu den Lebensumständen und der Zukunft des Landwirts berücksichtigt werden muss, ist der Landwirt der Vereinigten Staaten fast immer ein Mann ohne Kapital und ein Mann, der ständig darum kämpft, mit seiner Produktion seinen täglichen Bedarf zu decken. Wenn ein Landwirt pleiteging, musste der Fehlbetrag in bar ausgeglichen werden, selbst wenn einige der Geldgeber ihre Ländereien verkaufen mussten. Konkursverfahren oder „Vereinbarungen" mit Gläubigern waren nicht einfach. Es ist keine Übertreibung zu sagen, dass es in den meisten Teilen der Vereinigten Staaten viel einfacher wäre, einen nutzlosen Gegenstand oder einen Millionen-Dollar-Diamanten zu verkaufen, als eine Farm kurzfristig zu Geld zu machen, auch wenn der Verkäufer bereit wäre, ein ruinöses Opfer zu bringen. In den besseren und besser besiedelten Staaten gibt es Hunderttausende von Bauern, die ihre Ländereien seit Jahren auf dem Markt haben und bereit und begierig sind, sie mit Verlust zu verkaufen, aber dennoch absolut keinen Käufer finden konnten, außer unter den Leuten ihrer eigenen Klasse, die kein Geld hatten, um im Voraus zu zahlen, und die einfach eine Hypothek als Sicherheit für zukünftige Zahlungen anbieten konnten, und aus dieser Hypothek könnte man im Falle des Zahlungsverzugs bei Zinsen oder Kapital für ein Jahr oder länger nichts herausbekommen, und selbst dann nur nach Verfahren, die höchst umständlich durchzuführen sind und wahrscheinlich nur zu einem schrecklichen Verlust für den Gläubiger führen. Die Zahl der Männer, die in den landwirtschaftlichen Bezirken der Vereinigten Staaten „landarm" sind, ist fast unberechenbar. Der Mann, der eine Farm von zwei- oder dreihundert Morgen besitzt, nominell mit hundert Dollar pro Morgen bewertet, ist angeblich zwanzig- oder dreißigtausend Dollar wert und kann alle seine Schulden begleichen. Die Wahrheit ist, dass er oft mehr unter dem Mangel an kleinen Notwendigkeiten leidet, für die er bar bezahlen muss, als der Stadtmechaniker oder Arbeiter, der für seine Dienste nur ein paar Dollar pro Woche erhält.

Warum leiht er sich nicht Geld von einer Bank und stellt als Sicherheit eine Hypothek zur Verfügung? Gott segne Sie, keine Bank, die Landwirten Geld leiht, und zwar mit den Risiken und der Zeit, die normalerweise dafür nötig ist, könnte ihr Geschäft weiterführen.

Der Vorschlag mag überraschend klingen, aber er ist dennoch praktisch, denn für die angemessene Ernährung der Bevölkerung kann es dennoch notwendig sein, dass die Landwirtschaft, wie auch die Polizeiarbeit in den Städten, der Unterhalt einer Armee und die Führung der Post, auf Kosten der Regierung betrieben wird. Dies scheint in Ägypten in den Tagen des Pharaos und seines Verwalters Joseph die Methode gewesen zu sein, und Amerika muss möglicherweise noch einmal darauf zurückgreifen. Die Regierung muss entweder die Farmen verwalten oder die Bauern unterstützen; das Volk kann entscheiden, was getan werden soll.

KAPITEL IX.

DIE RUM-KRAFT.

Die meisten Leute haben von dem Mann gehört, der in einer Auseinandersetzung mit einem bösartigen Stier das Tier schließlich am Schwanz packte. Er konnte das Tier nicht verletzen, wagte es jedoch nicht, loszulassen, sodass es äußerst unbarmherzig herumgeschleudert wurde und letzten Berichten zufolge immer noch geschleudert wurde. Der Stier war im Unrecht, der Mann im Recht; dennoch hatte er das Tier nur am Schwanz: Anstatt das Tier zu beruhigen oder zu erschrecken, machte er es nur wütend und wurde für seine gut gemeinten Bemühungen streng bestraft.

Das amerikanische Volk befindet sich in seinem Kampf mit der Rummacht in der Position des Mannes mit dem Stier. Die Rummacht ist im Unrecht; das Volk hat Recht, aber es hat das Monster nur am Schwanz, also macht es ihm nur Sorgen und bereitet sich selbst Unglück.

Es ist nicht nötig, den Schaden aufzuzählen, der Einzelnen und Familien durch den Alkoholhandel zugefügt wird. Fast jede Anschuldigung, die der fanatischste Prohibitionist erhebt, kann von tausend Männern, die Alkohol verkaufen, untermauert werden, ganz abgesehen davon, was absolute Abstinenzler wissen, glauben oder sich vorstellen.

WOHNSITZ DES EHRENWÜRDIGEN POTTER PALMER.

Bischof Warren von der Methodist Episcopal Church ist kein leicht erregbarer Mensch, aber er übertreibt die Wahrheit keineswegs, wenn er sagt: „Die Verbrechen der traurigen und verfluchten Zeitalter sind zahllos, und eine fruchtbare Quelle von allen ist die Maßlosigkeit. Sie raubt dem Körper seine Kraft, den Sinnen ihre Zartheit, dem Geist seine Schärfe, dem Geist sein Leben. Sie entfacht jede Leidenschaft, macht jeden niederen Appetit zum Meister von Geist und Willen und hinterlässt den Menschen als völliges Wrack. Über ihr Wirken gibt es erschreckende Statistiken über Raubüberfälle, Brandstiftungen, Morde, Geisteskrankheiten und Flüche bis in die dritte und vierte Generation; aber es gibt keine Statistiken, die den Kummer der Ehefrauen, den Hunger der Kinder, die Enttäuschung liebevoller Eltern und das physische Erbe von Verfall und unbezwingbarem Appetit messen können. Sie ist der einzige große, krasse, schreiende Fluch unserer Rasse und unseres Zeitalters. Sie ist der persönliche Feind aller Eltern, Sonntagsschullehrer und Prediger der Gerechtigkeit.“

Miss Frances Willard, die erfolgreicher in der Abstinenzarbeit ist als jeder andere Mann auf dem gleichen Gebiet, legt den Fall ebenso ernsthaft dar wie

Bischof Warren und mit der zusätzlichen Kraft, die Zahlen immer verleihen – Zahlen, die niemand widerlegt, weil niemand das kann. Sie sagt: „Kein Mensch mit der geringsten Intelligenz kann die Tatsache ignorieren, dass die Kneipe heute die größte zerstörerische Kraft in der Gesellschaft ist; dass die gesammelten Aussagen von Richtern, Geschworenen und Vollzugsbeamten belegen, dass fünfzig Prozent der Idiotie und des Wahnsinns, achtzig Prozent der Verbrechen und neunzig Prozent der Armut auf starken Alkohol zurückzuführen sind; dass die Kneipe in fast jeder Stadt mit zehntausend Einwohnern das Zünglein an der Waage ist; dass sie der Fluch der Arbeiter und der geschworene Feind des Heims ist.“

Es ist auch nicht notwendig, auf den Schaden aufmerksam zu machen, der freien Institutionen in Wahlzeiten durch den Einfluss von Rum zugefügt wurde. Der verstorbene „Petroleum“ Nasby, den wir alle als liebenswerten Kerl und fähigen Redakteur kannten, trank einst durchschnittlich eine Gallone Whisky pro Tag. Als er mit dem Trinken aufhörte, schrieb er eine Reihe von Leitartikeln zur Mäßigkeit, die mit den Worten „Lähmt die Macht des Rums“ endeten. „Pete“ war selbst in der Politik gewesen: Er wusste, was die „Macht“ des Rums war und wie sie eingesetzt wurde.

Die demoralisierende Wirkung von reichlich Alkohol ist so bekannt, dass die erste Pflicht eines lokalen Wahlkampfmanagers, egal welcher Partei, darin besteht, geeignete Vereinbarungen mit Rum-Läden zu treffen, um kostenlose Getränke bereitzustellen, mit dem Ziel, die Meinung der Wähler zu ändern. Der Mann, der Meinungen hat, egal welche, wird diese wahrscheinlich ändern, wenn er unter dem Einfluss einiger Drinks steht, wenn man ihn danach fragt; und wenn sein flüssiger Trost auf Kosten eines anderen Mannes bereitgestellt werden soll, werden die Meinungen der beiden wahrscheinlich völlig übereinstimmen, bevor die Transaktion abgeschlossen wird. Stimmen lassen sich leichter mit Rum als mit Geld kaufen, egal wie hoch die Summe sein mag, die einem politischen Chef oder einem Bezirkskomitee zur Verfügung steht. Die Öffentlichkeit hörte vor einigen Jahren zu ihrem Entsetzen, dass ein wichtiger Staat durch die allgemeine Verteilung neuer Zwei-Dollar-Scheine für die siegreiche Partei gewonnen worden war. Die Wahrheit ist, wie jeder, der die damals nahegelegenen Bezirke des erwähnten Staates besucht, erfahren kann, dass zuvor viel mehr Geld als die Gesamtzahl der Zwei-Dollar-Scheine ausmachte, in Rum-Bars ausgegeben worden war, zu denen man Leute überreden konnte, die bereit waren, sich anzuhören, was man als „faire Darstellung widersprüchlicher Ansichten“ bezeichnete. Alkohol ist in den westlichen Staaten billiger als in großen Städten. Und es ist auch schlimmer. Ein bisschen davon reicht weit, und der Mann, der einen Abend in einer Rum-Bar in einer ländlichen Gegend verbringt, ist jeder Ungeheuerlichkeit gewachsen, verglichen mit der eine scheinbare Änderung der Meinung zu politischen Themen eine bloße Kleinigkeit ist. Wie Channing zu sagen pflegte: „Rum überlistet den Lehrer, den Geschäftsmann, den Patrioten und den Gesetzgeber gleichermaßen."

Abgesehen von Gefühlen und praktischen Fakten sagt Rev. Theodore Cuyler, dass die Alkoholfrage „einen direkteren Einfluss auf die Bereicherung oder Verarmung der nationalen Ressourcen hat als jede Frage von Zöllen oder Währungen. Der Alkoholhandel und die Auswirkungen des Handels berühren mehr Geld als jeder andere bekannte Handel. Die Steuer auf die nationalen Ressourcen, die pro Flasche erhoben wird, ist weitaus höher als die gesamten Steuern für alle öffentlichen Zwecke."

Die Statistiken über den Alkoholkonsum sind zweifellos noch erschreckender als die über den blutigsten und sinnlosesten Krieg, den die Welt je erlebt hat. Einige der veröffentlichten Statistiken sind völlig unzuverlässig; ein Sinn für Reformen bedeutet nicht immer auch einen Sinn für Zahlen; daher werden Zahlen oft als Lügen dargestellt, wie Grabsteine. Aber die Wahrheit ist schlimm genug. Für jeden, der etwas über aktuelle Werte weiß, ist klar, dass man für den Preis eines Glases schlechten Biers ein Pfund gutes Brot kaufen kann und für den Preis eines Glases besten Whiskeys ein Pfund bestes Fleisch. Und doch wird für Bier und Whiskey viel mehr Geld ausgegeben als für Brot und Fleisch.

Warum?

Verdorbener Appetit, antwortet der professionelle Moralist. Das ist der größte Unsinn, obwohl es der häufigste Grund für übermäßigen Genuss von Genussmitteln ist. Ein Appetit muss genau genommen von fester Natur sein. Es gibt keinen Trunkenbold, der einen festen Appetit auf Alkohol hat. Der sogenannte verdorbene Appetit ist eine gelegentliche Manifestation des Einflusses von langem Genuss alkoholischer Genussmittel, aber es ist ebenso wenig möglich, ihn zu verlängern und ihn zu einem festen Zustand im Leben eines Menschen zu machen, wie es für einen Menschen möglich ist, eine Reise zum Mond zu unternehmen.

Der erste Zweck des Trinkens für jeden, der anfängt, Alkohol zu trinken, ist, sich „gut zu fühlen", und es lässt sich nicht leugnen, dass dies ein allgemeines Verlangen in jeder Schicht der Menschheit ist, von der höchsten bis zur niedrigsten. Die meisten Menschen der niederen Ordnung sind voller körperlicher Defekte, von den Muskeln und Gelenken bis zu denen der lebenswichtigen Organe und Nerven. Wenn Sie einen Feldarbeiter aus dem Süden fragen, wie er sich fühlt, können Sie darauf wetten, dass er antworten wird: „ziemlich mies", und um Linderung seiner Schmerzen zu bekommen, greift er zum Alkohol, wann immer er ihn bekommen kann. Der Indianer ist ein weiteres Exemplar des Menschen, der sich „gut fühlen" möchte. Er gilt körperlich als prächtiges Naturkind, aber er ist selten ohne ernste Funktionsstörungen oder einen vererbten Fluch des Fleisches, der ihn zum willigen Sklaven jedes Stimulans macht, das er bekommen kann. Eine große Anzahl Unglücklicher, die aus anderen Ländern in die Vereinigten Staaten gekommen sind, sind praktisch in derselben Verfassung; Sie wurden über Generationen und Jahrhunderte ausgehungert, misshandelt und unterernährt, für sie ist ein Glas Rum wie die Berührung eines Engels und ein Krug voll gleichbedeutend mit einer himmlischen Schar. Es hat keinen Sinn, von „verdorbenen Gelüsten" zu sprechen, wenn man an diese Menschen denkt, aus denen die Masse der Kunden des Rumhändlers besteht.

Der zweite starke Drang zum Trinken ist dem ersten ähnlich; er dient dazu, sich „aufzuraffen". Die menschliche Natur ist entweder eine schrecklich schwache Maschine oder eine, die die Mehrheit ständig überlastet. Die Energien der Menschen, angetrieben von ihren Bedürfnissen, übersteigen allzu oft ihre Kräfte; dann wird auf Anregung zurückgegriffen, wenn sie zur Hand ist. Es ist ganz richtig, dass ein Laib Brot oder ein Pfund Fleisch mehr Kraft und auch Anregung bietet als ein Glas Schnaps; aber das Essen wirkt langsam; der Schnaps wirkt schnell. Es gibt fast unzählige Trinker unter den besseren Klassen, die Schnaps medizinisch verwenden, so wörtlich wie andere Menschen Chinin verwenden. Ihre Alkoholsucht ist nie ein Genuss; sie würden genauso gerne ein anderes Stimulans nehmen, wenn es ebenso praktisch und wirksam wäre, aber sie kennen keins; ihre Ärzte auch nicht.

Wenn Männer das Bedürfnis nach Stimulation verspüren, aber den Konsum von Alkohol fürchten, werden sie sich anderswo Hilfe suchen. Mit dem nominellen Rückgang des Einflusses von Rum in den Vereinigten Staaten vor einigen Jahren begann der enorme Verkauf von Bitterstoffen, Schmerzmitteln, Narkotika, Stimulanzien, Nervennahrung, Gehirnnahrung und anderen Allheilmitteln mit ähnlicher Wirkung, mit denen die Anzeigenspalten vieler Zeitungen, darunter die meisten religiösen Wochenzeitungen, gefüllt waren, wie es einige heute noch sind. In der Stadt New York, wo es auf dreißig Familien einen Rumladen gibt, ist es nicht alltäglich, Opium oder Chloral im Atem des Mannes neben einem in der Kirche, in der Straßenbahn oder im Geschäftsviertel zu riechen. Aber im Staat Maine, der mehr Erfahrung mit strikter Prohibition hat als alle anderen Staaten der Union zusammen, ist es schwer, eine Menschengemeinschaft zu betreten, ohne sich der Tatsache bewusst zu werden, dass der Rückgriff auf diese Stimulanzien in diesem tugendhaften Staat ganz normal ist. Ich sage das nicht, um Maines Bemühungen, den Alkohol loszuwerden, zu verachten. Die Prohibitionsbewegung in Maine hat in mancher Hinsicht unschätzbar viel Gutes bewirkt. Es gibt keinen anderen Bundesstaat in der Union, in dem junge Männer noch nie in Kneipen eingeladen wurden und nicht wissen, was eine öffentliche Gelegenheit zum Trinken ist.

Will ich damit sagen, dass alkoholische Stimulanzien absolute Lebensnotwendigkeiten sind? Nein, das will ich nicht, aber – unterschätzen

Sie nicht die Bedeutung dieses kleinen Wortes – die Mehrheit unserer Wähler tut das, und in diesem Land regieren Mehrheiten. Es gibt insgesamt zu viel Genuss und Trunkenheit – man gibt dem Wunsch, sich „gut zu fühlen", zu sehr nach. Der Konsum von Alkohol in großen Mengen wirkt sich negativ auf den Charakter und das Verhalten eines jeden aus; die Abstinenzler werden Ihnen alle möglichen schrecklichen Statistiken darüber liefern, welchen Anteil Rum an der Füllung unserer Gefängnisse, Armenhäuser und Irrenanstalten hat, und Gott selbst würde schaudern, wenn er uns sagen würde, wie viele Häuser er zerstört – wie viele Witwen und Waisen er hervorbringt. Bei einer Unterteilung des Themas, die nicht in den Zuständigkeitsbereich von Statistikern fällt, werden Ärzte zugeben, dass Rum mehr sexuelle Unmoral verursacht als alle anderen Ursachen zusammen. Man muss nicht befürchten, die Gesamtheit der negativen Auswirkungen von übermäßigem Alkoholgenuss zu übertreiben – Worte oder Zahlen können dies nicht übertreiben.

Nachdem wir nun zugegeben haben, dass der Fluch des Rums in den Vereinigten Staaten genauso groß ist, wie jeder Moralist oder Prohibitionist je behauptet hat, folgt daraus, dass ein Gegenmittel notwendig ist. Und natürlich stellt sich die Frage: Welches soll dieses Mittel sein?

Die fast einstimmige Antwort lautet: Kontrollieren Sie den Dämon durch Gesetze. Die Mehrheit der gesetzestreuen Bürger ist durchaus bereit zuzugeben, dass dies getan werden sollte, aber die Frage stellt sich und wird von Jahr zu Jahr dringlicher: Wie soll das Gesetz aussehen? Soll es in Richtung Prohibition gehen? Die Erfahrung mehrerer Staaten, Maine nicht weniger als anderer, zeigt überwältigend, dass Prohibition nicht verbietet. Vielleicht wird in Maine nicht so viel Alkohol konsumiert, als ob es in jeder Stadt offene Bars gäbe. Aber jeder, der gern ein Glas trinkt, weiß aus Erfahrung, dass es im Staat Maine genauso einfach ist, seinen Geschmack zu befriedigen wie in der Stadt New York. Noch schlimmer ist es, wenn ein Fremder, der aus einem anderen Staat nach Maine reist und dort überhaupt Bekannte hat, so von gastfreundlichen Seelen bedrängt wird, die ihm das Gefühl geben möchten, ganz zu Hause zu sein und sich so wohl zu fühlen, wie er es in seiner Heimatstadt oder seinem Heimatdorf tun könnte. Außerdem wird ihm eine solche Vielfalt an alkoholischen Getränken vorgesetzt, dass er im Allgemeinen mit schwererem Kopf zu Bett geht und morgens mit schlimmeren Kopfschmerzen aufwacht, als wenn er in dem am schlimmsten vom Rum verfluchten Teil des Landes gewesen wäre.

Habe ich die Argumente für die Prohibition gehört? Nun, kann irgendjemand umhin, sie gehört zu haben? Kein Projekt, das jemals der Öffentlichkeit vorgelegt wurde, wurde ernsthafter und beharrlicher vertreten. Aber welchen Sinn hat es, ein Gesetz zu fordern, von dem man weiß, dass die Mehrheit der Bevölkerung dagegen sein wird? Angenommen, ein Staat verabschiedet während einer momentanen Begeisterung mit einer knappen Mehrheit ein Prohibitionsgesetz, wobei einige Trinker selbst von ihren Nachbarn gezwungen werden, gegen ihre eigenen Neigungen für das Gesetz zu stimmen. Wie soll das Gesetz dann aufrechterhalten werden? Durch die öffentliche Meinung. Wer schafft die öffentliche Meinung? Die Mehrheit. Aber die Mehrheit trinkt und wird dies auch noch einige Generationen lang tun, wenn nicht alle Anzeichen versagen. Jeder Staat hat ein Gesetz gegen Bestechung und Korruption von Wählern. Ist Bestechung oder Korruption weniger verbreitet als vor der Verabschiedung des Gesetzes? Nein, es wird von Jahr zu Jahr schlimmer. Warum? Weil die öffentliche Meinung es nicht wagt und nicht will, das Gesetz zu unterstützen. Persönliche Interessen, die sich in Parteigefühlen ausdrücken, ignorieren seine Verletzung – nicht die ganze Zeit, sondern nur jedes Mal, wenn etwas damit zu gewinnen ist.

Beide Seiten der Prohibitionsfrage wurden kürzlich in einem Gespräch zwischen einem prominenten Prohibitionisten und Bischof Foss von der Methodistenkirche gut dargestellt. Foss hat jahrelang fleißig daran gearbeitet, den Einfluss des Rums zu verringern, glaubt aber, dass eine Einschränkung das einzig praktikable Mittel ist. „Bischof", sagte der Prohibitionist, „wenn Sie auf der Straße eine Klapperschlange sehen würden, die Menschen beißt und Menschenleben zerstört, würden Sie sie töten oder versuchen, sie einzusperren?" Der Bischof antwortete: „Wenn ich sie 30 Jahre lang die Straße rauf und runter gejagt hätte, versucht hätte, sie zu töten, aber nie etwas erreicht hätte, außer sie noch hässlicher zu machen, würde ich mich glücklich schätzen, wenn ich die Chance hätte, sie einzusperren."

Sollte das Gesetz dann die Form einer Beschränkung annehmen? Ja, aber die Gesetzgeber stellen sofort fest, dass es viele Männer gibt, die eine bestimmte gesetzliche Bestimmung befürworten, die jedoch gegen ihre Durchsetzung durch irgendeine Methode sind, die in Form eines Gesetzesentwurfs vor einem Parlament oder Kongress vorgeschlagen wird. Eine restriktive Maßnahme wirkt sich sofort auf viele Geschäftsinteressen aus. Moralisten würden den Verkauf von Alkohol gerne einschränken. Das würden auch viele Alkoholhändler tun. Wenn eine Umfrage unter den Alkoholgroßhändlern in den Vereinigten Staaten durchgeführt würde, unabhängig von der Region oder dem Umfeld, würde sie mit überwältigender Mehrheit dafür ausfallen, die Zahl der Rumläden zu begrenzen und nur die besseren Waren zu verkaufen. Vielleicht sind die Großhändler keine Philanthropen, aber ihre Arbeit geht in die Richtung der Philanthropie, da sie mit alten und gut veredelten Spirituosen mehr Geld verdienen und es daher vorziehen würden, dass nichts anderes verkauft wird.

Eine Einschränkung kann nur durch Lizenzgesetze erreicht werden, und die gesamte Öffentlichkeit ist sich sofort einig, dass sie diese nicht akzeptiert. Ein Lizenzgesetz, das den Handel in einer großen Stadt regelt, wäre für die gesamten Interessen des Alkoholhandels in den ländlichen Gebieten äußerst schädlich. Daher protestieren die Landhändler durch ihre Vertreter in den Parlamenten entschieden gegen jegliche Gesetze wie das berühmte Scott-Gesetz, das bei der Einschränkung des Alkoholhandels im Staat Ohio so hilfreich war. Die von einem Einzelhändler in einer großen Stadt verlangte Lizenz würde den gesamten Gewinn eines Landhändlers aufzehren, selbst wenn er der einzige in seiner Stadt wäre. Die Preise in der Stadt und die Preise auf dem Land sind unterschiedlich. Es kann auch mit unbestrittener Autorität zur Information von Prohibitionisten und anderen Herren, die sich nie selbst mit den praktischen Einzelheiten des Alkoholhandels befasst haben, festgestellt werden, dass das Getränk des Landmanns im Vergleich zu dem des Stadtmenschen ungefähr so ist wie eine volle Badewanne im Vergleich zu einem Becken mit Wasser.

Nach der Beschränkung und als niedrigste, wenn auch nicht unwichtigste Maßnahme auf der Liste der Reformmaßnahmen kommt das Prinzip der Regulierung. Kann der Alkoholhandel reguliert werden? Sollte er im Interesse der Moral und der öffentlichen Sicherheit reguliert werden? Ja. Wir regulieren alles andere – absolut alles –, was die Sicherheit der Menschheit betrifft. Wir legen per Gesetz oder Sondergenehmigung fest, wo Dynamitfabriken angesiedelt werden sollen, wie Dynamit transportiert, wo es gelagert und wie es verkauft werden soll und jede andere Phase des Handels mit diesem gefährlichen, aber nützlichen Handelsartikel. Wir regulieren den Handel mit Schießpulver; es gibt nur sehr wenige Staaten, in denen Minderjährigen der Kauf beliebiger Mengen Schießpulver oder anderer Sprengstoffe gestattet ist. Wir regulieren den Verkauf giftiger Medikamente, egal wie nützlich sie auch sein mögen, und verbieten dem Apotheker, sie ohne ärztliche Anweisung zu verkaufen, und wir verpflichten ihn, sie besonders zu klassifizieren und jede Packung, Flasche oder Schachtel, die er verkauft, zu etikettieren und den Namen des Käufers aufzuzeichnen. Wir regulieren sogar die Geschwindigkeit der Pferde in großen Städten; Obwohl jeder Mensch, wenn er sich ein Pferd und eine Kutsche leisten oder mieten kann, bequem und vergnüglich fahren darf, ist es in allen großen Gemeinden vorgeschrieben, dass er nicht schneller als eine bestimmte Geschwindigkeit fahren darf. Keine dieser Vorschriften wird als Einschränkung der persönlichen Freiheit angesehen. Alle werden als notwendige Vorsichtsmaßnahmen zum Wohle der gesamten Gemeinschaft angesehen.

Leider kommt der größte Widerstand gegen die Regulierung, die die einfachste und praktischste Methode zur Reduzierung der Gefahren des Rumhandels ist, nicht von den Rumtrinkern selbst, sondern von jenen, die nie Alkohol trinken – ich meine die Prohibitionisten. Ihr Grundsatz scheint der alte, großherzige, aber völlig undurchführbare Grundsatz „ein ganzes

Brot oder keins" zu sein. Bei einer Reihe von kürzlichen Kommunal- und Landtagswahlen, bei denen es um die Regulierung des Alkoholhandels ging, stimmten die Prohibitionisten normalerweise mit den Befürwortern des freien Rums, nicht weil sie Alkohol oder Alkoholhändler lieben, sondern weil sie es vorzogen, die Dinge so zu lassen, wie sie waren, wenn sie nicht ihren Willen durchsetzen konnten. Ihr Ziel war, soweit man es erkennen kann, dass die Gesellschaft umso eher energisch dagegen protestieren und „die einzig wahre Ansicht" vertreten würde, je furchtbarer die Lage der Gesellschaft durch den freien Rumkonsum werden könnte, was die bescheidene Art der Prohibitionisten ist, ihre eigene Meinung auszudrücken. Die von allen verabscheuten russischen Nihilisten arbeiten nach dem gleichen Prinzip: Die Dinge können nicht besser werden, bis sie zuerst so schlimm wie möglich gewesen sind.

Der gegenwärtige Einfluss des Rums in den Vereinigten Staaten auf Moral, Sitten, Gesellschaft und Politik muss jenen angelastet werden, die sich am ernsthaftesten darum bemüht haben, ihn einzudämmen. Ich spreche hier wieder von den Prohibitionisten. Sie haben jede praktische Anstrengung, die Übel des Alkoholkonsums einzudämmen, verhindert. Sie haben alle restriktiven oder regulierenden Maßnahmen ungefähr so betrachtet, wie Mr. Garrison einst die Verfassung der Vereinigten Staaten in Bezug auf die Sklaverei betrachtete – als Pakt mit dem Teufel. Es muss die Zeit kommen, in der es nicht nur unmodern, sondern auch unanständig und entwürdigend sein wird, wenn jemand Alkohol trinkt, außer in Krankheitsfällen; aber wenn diese Zeit kommt, werden die Menschen denjenigen, die sich am meisten gegen den Einfluss des Rums ausgesprochen haben, überhaupt keinen Dank schulden. Noch einmal und zum letzten Mal spreche ich von den Prohibitionisten.

KAPITEL X.

LANDESVERTEIDIGUNG.

der Himmel nur denen hilft, die sich selbst helfen, werden die Vereinigten Staaten beim ersten Mal, wenn sie in Schwierigkeiten mit einer ausländischen Macht geraten, beklagenswert hilflos sein.

Seit dem Ende des Bürgerkriegs hat uns der General der Armee jedes Jahr ernsthaft und einfühlsam vor dem unvollständigen Zustand unserer Befestigungen gewarnt und uns darauf hingewiesen, dass unsere Artillerie weder für Angriffs- noch für Verteidigungsoperationen geeignet ist, da andere Nationen sich mit verbesserten Waffen ausgestattet haben. Der Admiral der Marine hat ähnliche Berichte vorgelegt. Eine Zeit lang sah dies wie eine unnötige Vorsichtsmaßnahme aus oder wie das, was ein angesehener Kongressabgeordneter einmal als die Umständlichkeit einer alten Frau bezeichnete. Hatten wir nicht gerade über die größten Armeen triumphiert, die in einem halben Jahrhundert außer uns selbst ins Feld geschickt worden waren? Hatten wir nicht aus dem Nichts eine Marine organisiert, sie hervorragend bewaffnet und mit ihr alles getan, was die Seemacht des Landes anstreben sollte? Gewiss, wir hatten nur wenige Festungen, aber auch nicht so viele Häfen. Der Bau einiger Hafenfestungen in den Vereinigten Staaten wurde noch vor dreißig Jahren von den Ingenieuren aller anderen zivilisierten Mächte bewundert, und die Öffentlichkeit wusste davon. Wenn man hinterher erfuhr, dass diese großartigen und teuren Konstruktionen nutzlos und unzulänglich waren und dass man mit zwei oder drei Kanonen eines zwei- oder drittklassigen Schiffs einer zwei- oder drittklassigen Seemacht sie in Stücke schlagen konnte, wäre das eine Demütigung gewesen, wenn es einen nicht auch wütend gemacht hätte.

In den ersten Jahren nach Kriegsende wurden von Zeit zu Zeit Versuche unternommen, unsere militärischen und Marineeinrichtungen in gutem Zustand zu halten. Wir hatten bewundernswerte Stabsabteilungen und große „Fabriken" zur Herstellung von fast allem, was an Waffen und Munition benötigt wurde. Wir hatten den Kern einer Marine und Armee, aus der eine Friedenseinrichtung hätte ausgewählt werden können, die auf der ganzen Welt ihresgleichen sucht. Aber wir ließen alles laufen. Nie zuvor hatte es ein solches Schauspiel wie die Auflösung und das Verschwinden der großen Armeen des Nordens und des Südens gegeben, und Historiker haben dies verherrlicht. Soldaten jedoch, deren Meinung wir möglicherweise noch respektieren müssen, betrachteten das Schauspiel in einem völlig anderen Licht. Wir waren schon einmal – von England – auf höchst unerwartete Weise beim Nickerchen erwischt worden, sagten diese alten Kerle; wir haben teuer für unsere Nachlässigkeit bezahlt; aber jetzt wiederholen wir genau denselben Fehler. Ausgezeichnete Männer, die

Bergwerksbau.

Diejenigen, die bereit waren, im Dienst zu bleiben, durften gehen, Material aller Art wurde so schnell wie möglich versteigert und nichts wurde bereitgestellt, um es zu ersetzen. Die zahlenmäßige Stärke des stehenden Heeres wurde immer weiter reduziert, bis selbst die Indianer uns verachteten. Indianermassaker an der Grenze wurden häufig der Schurkerei oder Doppelzüngigkeit der Weißen zugeschrieben. Zweifellos wurden die Indianer sehr oft provoziert, aber was Zurückhaltung durch Angst angeht, wurden sie dieser sehr notwendigen Disziplin nur sehr wenig unterworfen. Große Gruppen bewaffneter Indianer konnten tapfere, aber kleine Abteilungen der US-Truppen in kleinen Lagern oder Forts festhalten, sie isolieren und tagelang verspotten, Vieh stehlen, Siedler ermorden, das Land verwüsten – und das alles, weil sie eine Armee verachteten, die so klein war, dass sie nie mehr als eine Handvoll gegen einen plötzlichen Indianerüberfall aufbringen konnte.

Man muss sich nur einige der Warnungen ansehen, die wir in den letzten Jahren erhalten haben. In seinem letzten Bericht als Oberbefehlshaber der Armee (1887) sagte General Sheridan: „Der Zustand unserer Küstenverteidigung hat sich im Laufe des Jahres weiter verschlechtert, und die meisten von ihnen wären im Falle eines Krieges im Ausland von kaum wirklichem Nutzen, sowohl was das Material, aus dem sie gebaut sind, als auch was ihre Lage und ihre derzeitige Bewaffnung betrifft."

Was wurde dagegen unternommen? Nichts.

General Sheridan riet uns außerdem, unsere Soldaten mit modernen Magazingewehren auszustatten, da alle anderen Nationen ihre Armeen mit diesen Waffen ausgerüstet hätten.

Was wurde dagegen unternommen? Nichts.

General Sheridan sagte weiter: „Ich bin ein starker Befürworter der allgemeinen Initiative, der Nationalgarde der einzelnen Staaten jede mögliche Hilfe zukommen zu lassen, da diese Truppen in jedem größeren Notfall einen wichtigen Teil unserer Streitkräfte bilden würden."

Was wurde dagegen unternommen? Nichts.

Vor Sheridan protestierte General Sherman jedes Jahr klar, energisch und vernünftig gegen unsere Vernachlässigung, gute Verteidigungsanlagen zu unterhalten, aber es kam zu keinerlei Verbesserungen. Nach Sheridans Tod setzte General Schofield, der ranghöchste Offizier der Armee, die gute Arbeit fort. Erst vor zwei oder drei Monaten sagte General Schofield in seinem Bericht, dass die neuen Geschütze, die wir herstellen, eine Erhöhung der Zahl der Artilleristen unabdingbar machen werden, und er drängte auf die sofortige Aufstellung von zwei neuen Regimentern. Erwartet irgendjemand, sie zu sehen?

Admiral Porter hat jahrelang tapfer auf die Dickköpfe im Kongress eingehämmert, weil sie die Marine vernachlässigten, aber erst als der verstorbene Samuel J. Tilden seiner eigenen Partei eine scharfe Kritik zu diesem Thema hielt, begannen wir mit dem Aufbau einer Marine. Selbst jetzt gibt es noch immer ein ständiges Zögern; der Kongress verhält sich in Bezug auf die Marine wie das Mädchen einer bestimmten Klasse in Bezug auf seine Verehrer – so sehr darauf erpicht, das Allerbeste zu bekommen, dass es Gefahr läuft, nichts zu bekommen.

Beide politischen Parteien scheinen sich darin einig zu sein, die reguläre Armee auf die kleinstmögliche Zahl zu reduzieren. Während die Republikaner an der Macht waren, hofften einige Offiziere der Armee auf einen Regierungswechsel und folglich auf einen Parteiwechsel an der Spitze, damit die Armee „eine Show abliefern" könne. Als jedoch die Demokraten mit Präsident Cleveland an die Macht kamen, gab es keinen wahrnehmbaren Unterschied, außer dass es schwieriger war als zuvor, Munition zu beschaffen, mit der man morgens und abends die Flagge grüßen konnte. Die Armee, so klein ihre gesetzliche Maximalstärke auch sein mag, ist seit Jahren nicht mehr voll besetzt, und einige der höheren Offiziere der Armee haben ernsthafte Zweifel, ob sie überhaupt voll besetzt werden kann.

Warum? Weil Männer desertieren – in einem Ausmaß, wie es in keiner Armee einer anderen Nation je der Fall war. General Schofield sagt in seinem Jahresbericht, dass *es im letzten Jahr 2.436 Desertionen gab – mehr als 10 % der gesamten Armee!* Die Angst vor Strafe scheint keine Wirkung zu haben, und General Schofield sah sich verpflichtet, zu empfehlen, dass jedem Soldaten die Hälfte seines Solds bis zum Ende seiner Dienstzeit einbehalten werden soll. Ist das nicht ein demütigender Zustand für die Armee der freiesten Nation der Welt?

Es muss einen ernsthaften Grund für diesen anomalen Zustand der Streitkräfte geben. Unsere Soldaten werden besser ernährt, besser gekleidet und weitaus besser bezahlt als die Soldaten jedes anderen Landes. Ein amerikanischer Soldat erhält neben seiner Verpflegung und Kleidung pro Tag mehr Geld, als ein britischer Soldat in einer Woche vorweisen kann. Seine Dienstzeit ist kürzer und seine Einsatzmöglichkeiten sind angenehmer, oder sollten intelligenten Männern so erscheinen. Doch die Verpflichtung als Soldat, die einem arbeitslosen Mann im Ausland als erstes in den Sinn kommt, scheint in den Vereinigten Staaten am wenigsten beliebt zu sein.

Ein Grund hierfür ist zweifellos, dass es uns an allem fehlt, was den Ruhm des Krieges erreicht. Unsere einzigen Feinde sind die Indianer, die gemeinsten, hinterhältigsten und verräterischsten Feinde, gegen die derzeit eine zivilisierte Nation kämpft, und es ist weniger ruhmreich, einen oder viele von ihnen gefangen zu nehmen, als in einem normalen Krieg Gefangene zu machen. Die Soldaten anderer Länder bekommen zumindest viel von der Pracht des Krieges zu sehen, wenn auch nur sehr wenig von seinen Umständen. Auffällige Kleidung, häufige Paraden, zahlreiche Gelegenheiten zur Schaustellung, Lager in der Nähe großer Städte und Dörfer, die Freiheit, sich unter zivilisierten Menschen frei zu bewegen und Geld auszugeben – all das sind derzeit Anreize für Männer, sich einer ausländischen Armee anzuschließen und dort zu bleiben.

Doch welche Anreize werden dem amerikanischen Soldaten geboten? Er wird gleich nach seiner Einberufung in ein Ausbildungslager gesteckt und, sobald er diensttauglich ist, an die Grenze geschickt. Groschenromanen zufolge ist die Grenze ein entzückendes Land, aber kein nüchterner Mensch mit offenen Augen findet es anders als langweilig. Es ist ein dünn besiedeltes Land, uninteressant für jeden außer Spekulanten und Jägern. Der Soldat hat nichts, womit er spekulieren könnte, und darf nur sehr selten auf die Jagd gehen. Er wird in engen Grenzen gehalten, sieht fast niemanden außer seinen eigenen Offizieren und Kameraden, hat nichts außer Lagerdienst zu verrichten, außer wenn er auf langen Erkundungstouren außerhalb der Lagerlinien unterwegs ist oder, noch unangenehmer, wenn er für die Polizei, Gartenarbeit oder andere mühsame Aufgaben innerhalb des Lagers abkommandiert wird. Dem amerikanischen Soldaten kommt natürlich der Gedanke, dass er, wenn er schon acht Stunden am Tag damit beschäftigt ist, Häuser oder Ställe zu bauen, Brunnen zu graben, Dämme aufzuschütten, den Boden zu pflügen oder Gartenfrüchte für die Versorgung der Posten zu hacken, dieselbe Arbeit genauso gut in den Vereinigten Staaten für anderthalb Dollar am Tag verrichten könnte und so zwischen Sonnenuntergang und Sonnenaufgang seine Freiheit hätte.

Abgesehen davon, dass polizeiliche Vorsichtsmaßnahmen gegen die Indianer immer noch notwendig sind, scheint die einzige Entschuldigung, die irgendjemand, außer dem Militäroffizier, für die Existenz unserer Armee überhaupt zu finden geneigt zu sein, darin zu bestehen, dass wir im Notfall einen militärischen Kern haben sollten. Aber was ist dieser Kern wert? Zweitausend Offiziere, unter denen sich zweifellos einige der bestausgebildetsten Soldaten der Welt befinden, bilden fast unsere gesamte Streitmacht, auf die wir uns im Falle von Schwierigkeiten vertrauensvoll verlassen könnten. Der einfache Soldat ist, wenn man ihn als durchschnittlichen Charakter betrachtet, praktisch wertlos zu einer Zeit, in der die Vergrößerung der Armee plötzlich notwendig werden könnte. In Frankreich oder Deutschland können Offiziere jederzeit aus den Mannschaften ausgewählt werden. Natürlich unterscheiden sich die Systeme der beiden Länder stark von unseren. Die Wehrpflicht und die Anforderung, dass jeder erwachsene Mann einen Teil seiner Zeit in der Armee dient, macht aus jedem einen Soldaten.

Aber ist es nicht ziemlich bezeichnend, dass die besseren Leute, die wir für zusätzliche Offiziere suchen müssten, wenn wir plötzlich eine große Armee aufstellen müssten, selten unter unseren eigenen Stammsoldaten zu finden sind? Einige der Gründe für diesen beklagenswerten Mangel an wertvollem Material wurden bereits genannt. Es gibt nichts, was einen Mann dazu bewegen könnte, das Militärleben zu betreten, und der einfache Soldat wird zu häufig als einfacher Arbeiter eingesetzt.

Aber darüber hinaus gibt es noch einen größeren Kummer. Unsere Armee ist so aristokratisch wie keine andere auf der Welt und die Distanz zwischen den Offizieren und den einfachen Soldaten ist so groß, dass sie einfach unermesslich ist. Freiwillige murrten immer, dass einige ihrer Offiziere „auftrumpften“. Es ist kaum fair zu sagen, dass reguläre Offiziere auftrumpften, aber es ist sicherlich wahr, dass die einfachen Soldaten in der Regel von ihren Vorgesetzten als Wesen einer ganz anderen Art behandelt werden. Nur wenige Männer steigen aus den Reihen auf. Einige Männer, die heute hoch auf den Regimentslisten stehen, waren früher einfache Soldaten, und einige Beispiele dieser Art gibt es heute noch, aber die freien Stellen sind zu gering, um gute Männer in die Reihen zu ziehen. Lassen Sie irgendjemanden eine Zeit lang auf einem Militärposten leben und erklären Sie, wenn er kann, wie jemand mit genügend Selbstachtung, um für einen militärischen Rang jeglicher Art geeignet zu sein, sich überhaupt dazu durchringen kann, in die US-Armee einzutreten.

All dies könnte geändert werden, ohne die zahlenmäßige Stärke der Armee zu erhöhen, und zwar durch eine völlige Änderung der Methoden, die keine Reibungen, Desorganisation oder Reorganisation hervorrufen würde, aber dennoch eine bessere Klasse junger Männer ermutigen würde, sich zu melden – eine Änderung, die tatsächlich einige der Allerbesten des Landes sichern würde. Eine so kleine Armee wie unsere sollte im höchsten Sinne eine Militärschule sein. Dem steht nichts im Wege. Es gibt keine Armee, die mehr Freizeit zur Verfügung hat oder Offiziere, die als Ausbilder besser geeignet sind. Keine Armee der Welt hat einen höheren Prozentsatz hochgebildeter Offiziere. Kein Land kann einen größeren Anteil gut ausgebildeter, ruheloser, arbeitsloser, aufstrebender junger Männer vorweisen. Es gibt keine Ingenieurtruppe für eine Eisenbahn, eine Mine, einen Flussverbesserungsverein, ein Entwässerungsunternehmen oder irgendetwas anderes, das angewandte mathematische und mechanische Fähigkeiten erfordert, die nicht einen großen Stab intelligenter junger Männer zu einem Aufwand sichern kann, der den eines gewöhnlichen Soldaten nicht übersteigt. Diese Männer arbeiten im Allgemeinen härter und kommen, was den persönlichen Komfort betrifft, schlechter weg als die ärmsten Soldaten, und doch sind sie mit ihrer Chance nicht nur vollkommen zufrieden, sondern drängen sich in ihrem Verlangen, sie zu bekommen, auch heftig in die Haare.

Nehmen wir an, dass die Aufnahmekriterien für die Armee nicht nur nach ihrer körperlichen Verfassung und ihrer vermeintlichen Fähigkeit zum Gehorsam ausgewählt würden, sondern dass die Aufnahmekriterien für die Armee genauso hoch wären wie die für West Point. Nehmen wir an, die Regierung würde der Bevölkerung versichern, dass die Rekruten genauso gut behandelt würden wie die Kadetten an der Militär- oder Marineakademie, dann hätte die Armee im Handumdrehen die Wahl zwischen hunderttausend intelligenten, wohlgeborenen, wohlerzogenen, ehrenhaften und ehrgeizigen jungen Männern. Wie bereits gesagt, ist es kein Problem, eine beliebige Anzahl von Männern dieser Klasse dazu zu bringen, unter der Aufsicht von Ingenieuren harte und unangenehme Aufgaben zu übernehmen. Der Anreiz besteht neben der finanziellen Entschädigung darin, dass sie sich zumindest bis zu einem gewissen Grad auf die Art von Arbeit vorbereiten können, mit der ihre Vorgesetzten bereits beschäftigt sind. Sie sind aufmerksame Beobachter, eifrige Schüler, intelligente Assistenten, und viele heute bedeutende Ingenieure haben in genau solchen Kreisen angefangen.

Die US-Armee könnte ebenso gut eine große Schule für Ingenieurswesen und militärische Taktik sein. Es ist allgemein bekannt, dass das bloße Kompanieexerzieren, das fast das einzige ist, dem der amerikanische Soldat je ausgesetzt ist, dank der Verteilung der Truppen in einer Weise, dass kaum ein Regiment innerhalb einer einzigen Einberufungsperiode eines Soldaten in der Armee zusammen war, sehr wenig Zeit in Anspruch nimmt. Es ist nicht schwieriger, sich darin zurechtzufinden, als in der Miliz der verschiedenen Staaten und Städte. Tatsächlich kann fast jedes Milizregiment oder jede Milizkompanie mit Kompanieexerzieren einmal pro Woche bei einer Parade einen besseren Eindruck machen als jede andere „Schau"-Kompanie regulärer Soldaten außer zwei oder drei. Der Rest des Militärlebens besteht aus Wachdienst, den Einzelheiten des Lagerdienstes und angewandter Technik, die jeder Mann durch Erfahrung so schnell erlernen kann wie eine gleiche Anzahl von Assistenten in einem Bautrupp anderswo. Im Westen ist hinlänglich bekannt, dass die Eisenbahnbautrupps neben einer Masse einfacher Arbeiter auch viele intelligente junge Burschen umfassen, die Flanellhemden und Kuhfellstiefel anziehen, Spitzhacke, Schaufel und Schubkarre in die Hand nehmen, nicht so sehr wegen des Lohns, der ihnen gezahlt wird, sondern weil sie die Kunst des Eisenbahnbaus lernen. Wenn solche Männer die Behandlung ertragen können, die normalerweise den Arbeitern eines Eisenbahnbautrupps zuteil wird, wären sie sicherlich mit den Manieren der Offiziere der US-Armee zufrieden.

Doch - und hier liegt ein wichtiger Unterschied - würde kein Eisenbahnchef, wie tyrannisch er auch sein mag, es wagen, einem seiner Arbeiter zu befehlen, ihm das Abendessen zu kochen, an seinem Tisch zu bedienen, sein Pferd zu striegeln oder irgendeine andere Dienstleistung zu verrichten, die gemeinhin als niedere Arbeit bezeichnet wird. Der amerikanische Soldat in der regulären Armee hingegen ist manchmal gezwungen, derartige Aufforderungen als selbstverständlich anzusehen.

Vor kurzem wurde von einem erfahrenen Militäroffizier ein Plan vorgeschlagen, mit dem die Armee auf dieser Grundlage ohne zusätzliche Kosten und ohne die Möglichkeit von Reibungen reorganisiert werden könnte. Vor einigen Jahren schlug Major Sumner von der regulären Armee, selbst Sohn eines alten regulären Soldaten von nationalem Ruhm, einen ähnlichen Plan für einen einzigen Zweig der Streitkräfte vor – die Kavallerie. Sein Plan bestand darin, aus der wandernden Bevölkerung wilder Jungen der verschiedenen Städte einige der intelligenteren auszuwählen und aus ihnen ein einziges Kavallerieregiment zu organisieren, das sorgfältig ausgebildet und speziell geschult werden sollte, wobei die vielversprechendsten und verdienstvollsten Rekruten in die Beförderungslinie aufgenommen werden sollten und alle ermutigt werden sollten, nach möglichen Rängen, Verantwortungen und Positionen zu suchen, als Teil der Entschädigung für die notwendigen Beschränkungen, denen sie unterworfen sein könnten. Diese Beschränkungen könnten auf keinen Fall strenger und anhaltender sein als die von West Point.

Alles, was über die Armee gesagt wurde, gilt in gleichem Maße auch für die Marine. Als das Lehrlingssystem eingeführt wurde, äußerten Hunderte von

Offizieren, die während des letzten Bürgerkriegs in der einen oder anderen Teilstreitkraft gedient hatten, die Hoffnung, dass es ehrgeizigen jungen Männern, die eine Karriere als Seefahrer anstreben, aber nicht in die Marineakademie aufgenommen werden oder auf andere Weise eine ausreichende Ausbildung in Seemannschaft und Artillerie erlangen konnten, den beiden Hauptanforderungen für einen amerikanischen Marineoffizier, ein Sprungbrett bieten könnte. Aber wenn eine gewisse Anzahl von Marinelehrlingen bereits Offiziersuniformen erreicht hat oder eine Hoffnung auf einen solchen Aufstieg sieht, hat das Land davon nichts gehört; ebenso wenig wie die Marineabteilung. Die Jungen werden freundlich behandelt, gut ernährt, gut gekleidet, bis zu einem gewissen Grad erzogen und von Offizieren ausgebildet, die sorgfältig aufgrund ihrer Intelligenz, Nachsicht, Geduld und Taktgefühl ausgewählt wurden. Aber hat irgendjemand eine Empfehlung an die Marineabteilung oder an Mitglieder des Kongresses gesehen, dass die Lehrlingsschiffe Schulen für Marineoffiziere sein sollten?

Die Folge ist, dass wir uns im Falle eines plötzlichen Kriegseintritts gegen irgendeine Macht in einer ebenso schlechten Lage befänden wie bei Ausbruch des Bürgerkriegs. Damals bestand plötzlich ein Bedarf an zwanzigmal so vielen ausgebildeten Militäroffizieren, wie die reguläre Armee und der Abschlussjahrgang in West Point stellen konnten, und der Bedarf wurde während der Zeit, in der unsere erste Million Männer eingezogen wurden, jeden Monat größer. Der Mangel an verfügbarem Material war so beklagenswert, dass viele Leutnants der regulären Truppen zum Kommando über Freiwilligenregimenter berufen wurden. Dachte irgendjemand daran, in die Reihen der regulären Armee zu wechseln, um Offiziere zu stellen? Damals gab es in der Armee Tausende von Sergeanten, von denen jeder, wenn er in der Miliz in einer entsprechenden Position gewesen wäre, als durchaus geeignet angesehen worden wäre, eine Kompanie von hundert Mann zu organisieren, auszubilden und auf andere Weise zu betreuen. Aber es gab keinen solchen Bedarf, und selbst wenn es ihn gegeben hätte, wären die richtigen Männer nicht in großem Umfang gekommen. Es mangelte nicht an militärischem Geschick, sondern an den vielen anderen Eigenschaften, die einen Soldaten ausmachen. Und an erster Stelle steht dabei ein hohes Maß an Selbstachtung – eine Eigenschaft, die bei den einfachen Soldaten der regulären US-Armee nie ausgeprägt war.

Das wirkliche Problem ist der Mangel an Gemeinsinn. Bei einem kürzlichen Gespräch mit Admiral Porter beklagte sich dieser feine alte Seebär und Kämpfer über den Mangel an angemessenem öffentlichen Sicherheitsbewusstsein.

„Warum schreibst du das Thema nicht selbst auf?", fragte ich.

„Schreiben Sie!", rief der Veteran in seiner energischen Art aus. „Ich habe mir fast die Fingernägel abgeschrieben und glaube nicht, dass es auch nur das Geringste gebracht hat. Nichts würde mir mehr Freude bereiten, als dem amerikanischen Volk einen patriotischen Geist einflößen zu können – ihnen das Gefühl zu geben, dass sie eine Flagge haben und eine Marine brauchen, um sie zu schützen. Ich wünschte, wir hätten etwas von der Energie und dem Patriotismus, die unsere Vorfahren an den Tag legten, denn den gegenwärtigen Anzeichen zufolge werden wir eines Tages von einer fünftklassigen Seemacht gedemütigt werden, die an unsere Küsten kommt und uns eine Lektion erteilt. Es gibt keinen Grund, warum wir vom Krieg verschont bleiben sollten, denn wir sind leicht zu erregen und fordern wie ein Schuljunge jeden heraus, uns den Chip von der Schulter zu klopfen, obwohl wir nicht kämpfen können."

Das sagen wir alle – alle, die sich sinnvoll mit diesem Thema befassen.

KAPITEL XI.

ARBEIT.

ARBEITENDE Menschen – so nennen sie sich selbst – arbeiten nicht härter als der Rest ihrer Mitmenschen. Aber diejenigen, die im allgemeinen Sinne unter diesen Titel fallen, haben einige Beschwerden, die beseitigt werden müssen, bevor mehrere Millionen Menschen den langen Weg zwischen Unzufriedenheit und Wohlstand zurücklegen können.

Die sogenannte Labor Party hat sich schon oft blamiert, aber ihre Fehler können nichts daran ändern, dass viele ihrer Beschwerden durchaus berechtigt sind. Der Bauer, der den Mann erschießt, der ihm seine Pferde gestohlen hat, mag ein Mörder sein, aber das ändert nichts an der Tatsache, dass ihm seine Pferde gestohlen wurden, von deren Arbeit seine Ernte, das Schicksal seiner Familie und der Besitz seines Hofes abhängen. Wenn also ein Streik der Eisenbahner Tausende von Reisenden, die kein Eisenbahnmaterial besitzen und keinen Anteil oder Einfluss an der Eisenbahnverwaltung haben, daran hindert, ihr Ziel zu erreichen, mögen die Streikenden in ihrer Missachtung der Rechte ihrer Mitmenschen absolute Schurken sein; dennoch ist es völlig richtig, dass ihre eigenen Löhne möglicherweise auf ein Hungerniveau heruntergedrückt wurden, und deshalb haben die Männer ein Recht, sich zu beschweren.

Die Arbeit wird mit Sicherheit genauso sehr unter Druck gesetzt, wie die Arbeiterklasse diese Belastung ertragen wird. Je ärmer der Mensch ist, desto notwendiger ist es, dass er arbeitet, um zu leben. Wenn das so ist, wird er früher oder später mit Sicherheit auf jemanden treffen, der ihn ausnutzt. Kein Mensch muss ein Schurke sein, um ein gutes Geschäft zu machen, wenn er die Chance dazu bekommt. Ein gutes Geschäft zu machen ist etwas, worauf wir alle ziemlich stolz sind. Wahrscheinlich würde der Arbeiter es selbst tun, wenn er die Gelegenheit dazu hätte. Trotzdem sollte es der Zweck und das Ziel des Arbeiters sein, so „fest" zu sein, dass ihn niemand übervorteilen kann.

Die Arbeiterschaft, das heißt die organisierte Arbeiterschaft, muss in ständigem Konflikt mit dem unter den Arbeitgebern vorherrschenden Wettbewerbsgeist stehen. In jeder verarbeitenden Industrie, die Wettbewerb zulässt, von der Herstellung von Fußmatten bis zum Bau von Häusern und Eisenbahnen, versuchen die Leute, sich gegenseitig zu unterbieten, um Aufträge zu bekommen. Die Energie eines neuen Landes übersteigt immer sein Kapital und auch seinen Bedarf. Das ist sehr ermutigend, was die Energieaussichten betrifft, aber es führt zu vielen Fehlern und Unannehmlichkeiten. In der Wirtschaft dauert es nicht lange, bis die Kosten für Rohstoffe auf dem Tiefpunkt angelangt sind. Danach muss die Belastung durch den Wettbewerb vollständig auf die Arbeiterschaft übergehen, und wenn die Arbeiterschaft keinen Widerstand leistet, muss sie verhungern.

Folglich muss der Arbeiter kämpfen, und zwar ununterbrochen, um nicht in die eine oder andere Form der Sklaverei gezwungen zu werden. Das Wort Sklaverei hat einen schrecklichen Klang, aber es gibt Mittel, ihn abzuschwächen, so dass der Sklave sich selbst nicht immer im wahren Licht sieht.

Erst vor kurzem wurde Neuengland in einen Sturm patriotischer Empörung versetzt, als sich in einer Stadt ein Einheimischer einen Arbeiter in Ketten zum Verkauf auf den Markt brachte. Der Besitzer hielt sich für vollkommen im Recht und erklärte seine Position sehr deutlich. Er hatte seinen Vasallen mit einem Vertrag bekommen, wonach er für eine bestimmte Geldsumme eine bestimmte Menge Arbeit leisten würde. Die Summe war gering; dennoch wurde sie bezahlt und akzeptiert, und der Mann bildete sich später ein, er könne den Bedingungen seines Vertrags entgehen. Folglich legte der Arbeitgeber oder Käufer, wie er sich selbst zu sehen schien, dem Kerl Ketten an und brachte ihn buchstäblich zum Verkauf, wie noch nie ein Sklave auf irgendeinem Sklavenmarkt der Welt angeboten wurde. Die Zuschauer erhoben sich in ihrem Zorn, zerrten beide Männer vor Gericht, der Sklave wurde freigelassen und der Besitzer zu einer Geldstrafe verurteilt.

Aber der Punkt ist: Dies war einfach ein Fall

US-KRIEGSSCHIFF.

in dem der Sklavenhändler entlarvt wurde, der einen unwissenden, gedankenlosen Mann ausnutzte. Wie viele Tausende ähnlicher Fälle gibt es derzeit in den Vereinigten Staaten, von denen die Öffentlichkeit nichts weiß? Alle Zeitungsleute in den wichtigsten Seehäfen wissen, dass die Leute zu Tausenden in dieses Land kommen, um vertraglich eine bestimmte Menge Arbeit für festgelegte Preise zu verrichten. Die Preise mögen unter den Lebenshaltungskosten liegen, dennoch gelten die Verträge vor allen Gerichten und die Männer sind verpflichtet, ihre Pflicht zu tun. Sie tun uns leid, aber der Praxis aller Länder zufolge scheint der Mensch für das Gesetz geschaffen zu sein und nicht das Gesetz für den Menschen.

Will ich damit wirklich sagen, dass Sklaverei in den Vereinigten Staaten möglich ist? Eine solche Frage ist nicht mehr zeitgemäß, denn Sklaverei existiert praktisch. Wie kann man die Lebensumstände einiger Bergarbeiter, Gerber und Fabrikarbeiter in den Vereinigten Staaten anders als Sklaverei bezeichnen? Männer ziehen mit ihren Frauen und Familien in eine Kleinstadt, die praktisch ihrem Arbeitgeber gehört. Sie wohnen in Häusern, die ihrem Arbeitgeber gehören, kaufen ihre Haushaltswaren in Geschäften, die ihrem Arbeitgeber gehören, erhalten ihren Lohn in Form von Schecks, Tickets oder Anweisungen, die von ihrem Arbeitgeber unterschrieben sind, und erhalten den Rest ihres Lohns, wenn ihr Arbeitgeber bereit ist. Angenommen, sie möchten ihre Lebensumstände verbessern und weggehen; wie können sie dann überhaupt umziehen, wenn sie nicht etwas Geld gespart haben, das zu sparen aufgrund einer Besonderheit, die in allen derartigen Gegenden wohlbekannt ist, einfach unmöglich ist?

Die Methode ist praktisch die gleiche wie in Südamerika. In einigen unserer Schwesterrepubliken werden die Arbeiter, die auf einer Plantage arbeiten, Consistado genannt . Die Arbeiter werden zunächst durch einen kleinen Geldvorschuss angeworben und man sagt ihnen, dass sie bei Bedarf weitere Summen erhalten können, vorausgesetzt, das Geld steht ihnen für die geleistete Arbeit bereits zu. Aber diese Arbeiter sind leichtsinnig. Wenn sie Geld ausgeben möchten, erlaubt ihnen der Arbeitgeber gutmütig – so wird angenommen –, etwas im Voraus abzuheben, und nach den Gesetzen des Landes kann der Arbeiter das Land nicht verlassen, bis seine Schulden beim Arbeitgeber beglichen sind.

In einigen südamerikanischen Republiken gibt es *Consistados* , aus denen niemand fliehen kann, um anderswo zu arbeiten, ohne abgefordert und zurückgeschickt zu werden, und zwar auf ganz ähnliche Weise wie die, die in den Vereinigten Staaten unter dem alten Gesetz über entflohene Sklaven zur Zeit der Sklaverei galten. Wenn sich ein Arbeiter auf der Plantage von Don Tomas von einer Feiertagsfeier in einem Geisteszustand erholt, der ihn dazu bringt, wegzulaufen und zur Plantage von Don Jorge zu gehen, wird er beim Appell vermisst, sein Fehlen wird seinem Arbeitgeber gemeldet und sofort werden viele Briefe an die Besitzer der umliegenden Ländereien verschickt, in denen sie über den Ausreißer informiert und gebeten werden, ihn zu seinem Arbeitgeber zurückzubringen, der die durch die Rückkehr entstandenen Kosten tragen wird. Der Bitte wird immer entsprochen, denn welcher Nachbar weiß schon, ob nicht ein Mitglied seines eigenen *Consistados* auf die gleiche Weise verschwindet und natürlich bei seinem Arbeitgeber leicht verschuldet ist?

Derselbe Zustand herrscht praktisch in einer Reihe unserer Bergbau- und Industriegebiete. Männer, die nur einmal im Monat oder alle zwei Monate bezahlt werden, erhalten von ihren Arbeitgebern Vorschüsse in Form von Bestellungen für Familienbedarf bei Geschäften in der Umgebung, die wahrscheinlich dem Arbeitgeber gehören. Solange der Käufer Schulden hat, kann er aufgehalten werden, wenn er versucht, das Land zu verlassen, und wenn er allein geht, was normalerweise der Fall ist, kann seine Familie ihm nicht folgen und noch weniger, sie kann kein Zuhause behalten und sich nicht mit Nahrung versorgen, denn das Dach, das sie beherbergt, gehört ebenfalls dem Arbeitgeber, ebenso wie das einzige Geschäft, das Kredite gewährt. Erst vor ein paar Jahren traf ich im Staat New York einen Gerber, der als einer der fähigsten Männer seines Gewerbes galt und mir erzählte, dass er seit sieben Jahren in der Stadt und dem Haus, in dem ich ihn fand, versucht habe, seine Schulden bei seinem Arbeitgeber zu begleichen, um mit seiner Familie woanders hinzugehen, wo sie eine bessere Gesellschaft hätten und seine Kinder bessere Ausbildungsmöglichkeiten hätten, aber trotz aller Sparbemühungen sei er immer noch bei seinem Arbeitgeber verschuldet. Da der besagte Arbeitgeber den Lohnsatz festlegte, war es für den Gerber nicht vorstellbar, dass sich seine Lage jemals ändern könnte.

Diese scheinbar anomale Eigenschaft unserer Zivilisation mag dem Leser als zufällig und außergewöhnlich erscheinen, aber das ist sie nicht. In den größeren Städten herrschen die gleichen Bedingungen in anderer Form. Es gibt sehr viele Geschäfte in New York und anderen Städten, in denen Männer und Frauen, vor allem die letzteren, für einen Hungerlohn arbeiten und durch die angebliche Freundlichkeit ihrer Arbeitgeber so unterstützt werden, dass sie immer Schulden haben und unmöglich gehen können, ohne eine Klage und möglicherweise eine Verhaftung zu befürchten. Die sogenannten Sklavenmärkte in bestimmten Bezirken der Stadt New York an Sonntagen sind keine überzogenen Bilder, wie sich die Leser sie vielleicht vorstellen. Es gibt Hunderttausende von Menschen, die so absolut an ihre gegenwärtigen Arbeitgeber gebunden sind, dass ihr einziger Ausweg der Tod zu sein scheint.

Die öffentliche Meinung duldet jedoch keine Sklaverei, und die öffentliche Meinung ist allmächtig? Der Wille des Volkes ist das Gesetz des Landes? Ja, ja, das klingt sehr gut. Darin steckt auch viel Wahres, aber die Wahrheit ist ganz auf einer Seite. Die öffentliche Meinung kümmert sich nicht um Dinge, die ihr nicht genau zur Kenntnis gebracht werden. Die öffentliche Meinung in den Vereinigten Staaten hat die afrikanische Sklaverei lange nach der

Verabschiedung der Verfassung nicht geduldet, dennoch wuchs und blühte die Institution, bis sie die Nation fast zerstörte. Die öffentliche Meinung billigte keinen Missbrauch der farbigen Rasse, den einzelne Aufseher und Eigentümer in ihrer Gemeinheit zu dulden wagten. Trotzdem handelte die Öffentlichkeit wie in allem anderen nach dem altmodischen Prinzip, sich nicht in die Angelegenheiten anderer Leute einzumischen. Die breite Öffentlichkeit kümmert sich nicht um die Sklaven, noch weniger verwaltet sie die Arbeitgeber. Sie hört ab und zu von Missbrauch und Grausamkeiten und hält diese für ungeheuerlich, aber sie gehen sie nichts an. Jeder muss auf sich selbst aufpassen. Der Himmel hilft denen, die sich selbst helfen, *und so weiter und so fort* . Es gibt in dieser Welt viele Möglichkeiten, sich der moralischen Verantwortung zu entziehen, und fast jeder ist so gemein, diese Möglichkeiten auszunutzen, sofern die moralische Verantwortung niemanden aus der eigenen Familie und schon gar nicht den eigenen Geldbeutel betrifft.

Aber kann die Lage der Arbeiter verbessert werden? Ja, wenn es den Arbeitern wirklich ernst damit ist. Arbeiter brauchen vor allem Verstand. Damit meine ich nicht, dass sie ihren eigenen Verstand vermehren müssen; aber in ihren Konflikten mit Arbeitgebern sollten die Arbeiter von Männern geführt oder ihre Interessen von Männern verwaltet werden, die beide Seiten der Frage kennen. Gibt es solche Männer in den Reihen der Arbeiter? Offenbar nicht; wenn es sie gäbe, wären sie überhaupt keine Arbeiter. Wie viele Männer gibt es, deren Herzen durch das Unrecht, das die Arbeiter in den Vereinigten Staaten erlitten haben, zutiefst erschüttert wurden, die sich nach einer Gelegenheit gesehnt haben, der Arbeiterklasse mit ihrem Mitgefühl und Rat zu helfen, die aber immer wieder von den völlig ungeschäftsmäßigen und sinnlosen Methoden derjenigen Männer abgestoßen wurden, denen sie helfen wollten! Während der Streiks in den Baumwollspinnereien von Neuengland vor einigen Jahren bemerkte ein Millionär, ein Mann der Muße, der den Arbeitern mit seiner Zeit, seinem Geld und seinen juristischen Fähigkeiten helfen wollte, dass er der größte Mensch aller Zeiten wäre, wenn er über die gleiche Arbeitsgabe verfügen würde, wie sie die Arbeiterklasse zum Fehlermachen hatte.

Von Seiten der Amerikaner gibt es keine Einwände dagegen, dass Arbeiter alle angemessenen Rechte und den Schutz des Gesetzes genießen; das einzige Problem sind die unklugen Vorgehensweisen. Präsident Cleveland bringt die ganze Angelegenheit auf den Punkt:

„Unter unserer Regierungsform sollte der Wert der Arbeit als Element des nationalen Wohlstands klar anerkannt werden, und das Wohl des Arbeiters sollte als besonders gesetzgeberisch beachtet gelten. In einem Land, das allen seinen Bürgern die höchsten sozialen und politischen Möglichkeiten bietet, können seine Arbeiter nicht mit Recht oder Sicherheit als unwiderruflich in die Schranken einer Klasse verbannt betrachtet werden, die keinerlei Aufmerksamkeit verdient und gegen Vernachlässigung keinen Protest zu dulden hat. Der Arbeiter, der einen unverzichtbaren Beitrag zu unserem Wachstum und Fortschritt leistet, kann mit männlichem Mut und als Recht auf die gleiche Anerkennung seitens derjenigen bestehen, die unsere Gesetze machen, wie sie jedem anderen Bürger zuteil wird, der ein wertvolles Interesse an der Verantwortung hat; und seine berechtigten Forderungen sollten in einem solchen Geist der Wertschätzung und Fairness erfüllt werden, dass eine zufriedene und patriotische Zusammenarbeit bei der Verwirklichung eines großen nationalen Schicksals entsteht. Solange die wirklichen Interessen der Arbeiterschaft nicht durch Drohungen und Gewaltausbrüche gefördert werden und solange diejenigen, die unter dem Vorwand, die Forderungen der Arbeiterschaft zu vertreten, mutwillig die Rechte des Kapitals angreifen und aus selbstsüchtigen Gründen oder aus Liebe zur Unordnung die Saat der Gewalt und Unzufriedenheit säen, weder ermutigt noch beschwichtigt werden sollten, sollte jede Gesetzgebung zu diesem Thema ruhig und überlegt angegangen werden, ohne die Absicht, unangemessene Forderungen zu erfüllen oder parteipolitische Vorteile zu erlangen."

Die Presse der Vereinigten Staaten steht in der Regel auf der Seite der benachteiligten Menschen aller Klassen, nicht ausgenommen Arbeiter, die gegen Unterdrückung jeglicher Art oder gegen Lohnkürzungen streiken. Doch oft, und oft innerhalb weniger Jahre, noch vor dem Gedächtnis junger Menschen, war die Presse allein durch den gesunden Menschenverstand gezwungen, Streiks von Menschen zu verurteilen, deren Lage sie als beklagenswert ansah, deren unmittelbare Absichten jedoch absolut unhaltbar waren. Ein Geschäftsmann in einer Lage, die er nicht ganz versteht, sucht den Rat eines Anwalts oder einer Person, die den Fall in all seinen Zusammenhängen vollständig versteht. Der Arbeiter scheint ein solches Vorgehen für unnötig zu halten und er trägt die Konsequenzen.

Werden Gewerkschaften, Gilden oder Arbeiterritter den Arbeitern helfen, die Rechte zu behalten, die sie haben, und die zu erlangen, die sie brauchen? Ja, wenn sie kluge Köpfe haben. „Einigkeit macht stark", aber Stärke kann im schlechten wie im guten Sinne genauso wirksam sein, und je mehr davon vorhanden ist, desto schlechter wird die Leistung sein, wenn die Sache nicht gerecht ist. Wären die Arbeiter göttlich, hätten all ihre bisherigen Bemühungen viel Gutes bewirkt, aber sie sind nur Menschen, und man kommt nicht um die Tatsache herum, dass, wenn eine Gruppe von Menschen aus einem Gefühl des Unrechts zusammenkommt, ihr erster Gedanke Rache ist, was nie den Vorstellungen der Öffentlichkeit entspricht. „Die Rache ist mein, spricht der Herr" ist ein Ausdruck einer so hohen Autorität, dass wir verpflichtet sind, ihn mit Respekt zu behandeln, und es ist sicher, dass in der gegenwärtigen Generation ein Verlangen nach Rache durch irgendjemanden oder aus irgendeinem Grund nie die Sympathie der Öffentlichkeit hervorgerufen hat.

Die menschliche Natur ist ein sehr schwaches Wesen. Niemand weiß das besser als der weise Mann, der selbst viel davon hat; deshalb geht er bei allen Streitigkeiten davon aus, dass beide Seiten viel Recht haben und dass eine Versöhnung oder Anpassung durch Schlichtung und Kompromisse herbeigeführt werden muss. Der streikende Arbeiter ist weder zu Schlichtung noch zu Kompromissen geneigt. Was auch immer ihm Unrecht widerfahren sein mag, er hat es zunächst lange Zeit ertragen, und als er begann, sich darüber zu beschweren, hat er seine Beschwerden nie direkt vorgebracht, sondern sie einfach unter seinen Kollegen geäußert und dann lauter gemacht. Das Argument der Gegenseite wurde ihm nie zur Kenntnis gebracht, und folglich betrachtet er sich selbst als die einzige Person, der Unrecht widerfahren ist, und fast als die einzige Person, die in irgendeiner Weise ein Interesse an der Angelegenheit hat. Es kommt ihm nie in den Sinn, dass sein Arbeitgeber, wie neunzehn von zwanzig aller Arbeitgeber in den Vereinigten Staaten, seine Geschäfte auf der Grundlage von allgemeinem Vertrauen und geliehenem Kapital betreibt, und dass das, was dem Arbeitgeber als Einzelperson fair erscheinen mag, völlig unmöglich sein kann, wenn es von ihm als Geschäftsmann verlangt wird.

In allen Industriezentren außerhalb der großen Städte machen die meisten Arbeitgeber ihre Geschäfte mit Geld, das sie von Sparkassen geliehen haben, die dieses Geld durch Einlagen der Arbeiter selbst erhalten haben. Ein Schaden, der einem zugefügt wird, ist ein Schaden für alle. Wenn die Arbeit dem Arbeitgeber zum Verhängnis wird, müssen auch die Banken ihm zum Verhängnis werden, und danach kann nur noch ein sehr kluger Kopf den Schaden für beide verhindern. Wenn bei einer solchen Komplikation der Geist der Rache aufkommt, kann nur noch ein besonderes Eingreifen der Vorsehung den Schaden für alle verhindern.

Eine Tatsache, die man ständig im Auge behalten sollte, ist, dass Gewerkschaften, egal wie sie sich nennen, nie sicher sein können, von Männern aus derselben Branche unterstützt zu werden, die am meisten Verstand und Einfluss haben. Proteste, ob mit Worten oder Schlägen, werden immer von den Unzufriedenen vorgebracht, aber die besseren Arbeiterklassen gehören nicht zu dieser Sorte. Sie haben entweder mehr Verstand als ihre Kollegen oder nutzen den Verstand, den sie haben, besser, sodass sie in Positionen sind, mit denen sie ziemlich zufrieden sind. Männer, die in vielen Arbeiterbewegungen „mitgewirkt" haben, prangern die Dummheit der Arbeiterschaft nicht weniger energisch an als der ernsthafteste oder heuchlerischste Arbeitgeber, den man nennen kann. Sie sagen oder haben Zeitungsleuten, deren Aufgabe es war, sie genau zu befragen, gesagt, dass „wenn" dies und das passiert wäre, die Ergebnisse anders ausgefallen wären, aber A oder B oder C, von denen jeder eine Reihe persönlicher Gefolgsleute hatte, dachten anders, und deshalb wurde der Ärger verlängert. Wären bestimmte andere Männer in der Branche Gewerkschaften oder Gilden angehört oder anderen Vereinigungen angehört, die offiziell gegen Löhne oder Arbeitszeiten protestierten oder was auch immer die Beschwerden gewesen sein mögen, hätte es eine Chance für einen Kompromiss oder eine Schlichtung oder eine andere Methode gegeben, die die widerstreitenden Interessen in Einklang gebracht hätte. Aber diese Männer „blieben draußen", wie man so schön sagt. Sie waren Männer, die Chancen auf etwas Besseres vor sich sahen; folglich hatten sie nicht die Absicht, ihre eigene Position und Zukunftsaussichten durch die Teilnahme an einem Kampf zu gefährden.

Ebenso wenig können die Gewerkschaften auf die Unterstützung von Handwerkern und Arbeitern außerhalb der großen Städte und der Dörfer und Fabrikzentren zählen, die den großen Städten zugeteilt sind. Der Zimmermann, Maurer und Schmied in einer Kleinstadt fühlt sich beleidigt, wenn man ihn auffordert, eine Gewerkschaft zu gründen oder einer beizutreten. Er hat nicht das Gefühl, dass er irgendeinen Schutz braucht. Er hält sich mit gutem Recht für ebenso schlau wie jeder Kaufmann, Fabrikant oder Kapitalist in seiner Umgebung, und er sieht nicht nur keine Notwendigkeit irgendeines Schutzes vor solchen Leuten, sondern er hält sich auch für schlau genug, sie alle in Angelegenheiten, die sein eigenes Geschäft betreffen, zu übertreffen. Die Erfahrung gibt ihm Recht. Ein solcher Mann wird langsam, aber sicher zum Eigentümer und damit selbst zum Arbeitgeber. Die Vorstellung, dass er immer ein Arbeiter sein muss, ist ihm äußerst zuwider, und selbst wenn er davon überzeugt wäre, dass dies der Fall sei, würde er es nicht zugeben. Er hätte das Gefühl, dass er sich freiwillig auf ein niedrigeres Niveau begeben würde, wenn er ein solches Eingeständnis ablegte. Die natürlichen Folgen kann jeder sehen, der in einer Reihe von Kleinstädten oder Dörfern Geschäfte gemacht hat. Der Handwerksgeselle, den er vor zehn oder fünfzehn Jahren kannte, ist heute wahrscheinlich selbst Arbeitgeber und Eigentümer. Es ist durchaus möglich, dass er, wie man so schön sagt, „einen großen Wurf gelandet" hat und über eigenes Geld verfügt; seine Söhne sind ebenso gut erzogen, seine Töchter ebenso gut gekleidet wie die seiner Nachbarn, und seine Frau pflegt gleichberechtigten Umgang mit den Familien des Richters, Kongressabgeordneten oder wer auch immer sonst der örtliche Magnat sein mag.

Soweit die Arbeiterschaft auf Hilfe durch die öffentliche Sympathie hofft, die immer auf der Seite der Unglücklichen und Unterdrückten steht, schneidet sie sich selbst ins Fleisch, indem sie jedem Arbeiter das Recht abspricht, für einen niedrigeren Lohn als seine Kollegen zu arbeiten. Die Missbräuche und

Demütigungen, denen so genannte Streikbrecher ausgesetzt waren, haben die öffentliche „Sympathie" der Arbeiterbewegung in einem höchst beklagenswerten Ausmaß entfremdet. Kein Amerikaner, nicht einmal der Millionär, ist frei vom Einfluss der Konkurrenz im Geschäftsleben, und die Reichsten sind manchmal diejenigen, die am meisten darunter leiden. Die Konkurrenz wurde als die Seele des Geschäftslebens definiert, und niemand war bisher geschickt genug, diese Behauptung zu widerlegen oder abzuändern. Wenn Arbeitgeber konkurrieren dürfen, wenn Angestellte, Lehrer, Verkäufer, Anwälte, Ärzte, sogar Geistliche miteinander um Löhne oder Vergütungen für ihre Dienste konkurrieren dürfen, warum dürfen das dann nicht auch Arbeiter? Kann man sich vorstellen, dass eine Gruppe von Büroangestellten, Textilwarenverkäufern oder Anwälten eine Clique bildet und mit Knüppeln und Pistolen in dunklen Ecken steht, um andere Angehörige ihres Berufsstands einzuschüchtern und sie dazu zu drängen, bestimmte Löhne zu fordern – unter Androhung von Strafe, überhaupt irgendwelche Geschäfte zu machen?

„Was für die Gans gut ist, ist auch für den Gänserich gut." Wenn eine Arbeiterklasse Anspruch darauf hat, für die von ihr erbrachten Leistungen so viel Lohn wie möglich zu erhalten, warum sollte dann eine andere Klasse nicht Anspruch auf dasselbe Privileg haben? Es ist sehr wahr, dass der Arbeiter in der freien Konkurrenz einer großen Zahl von Menschen oft die Möglichkeit sieht, dass er seiner täglichen Beschäftigung beraubt wird. Aber wessen Schuld ist es? Die des Konkurrenten, der für niedrigere Löhne arbeitet, oder die des Mannes, der außerhalb seiner täglichen Arbeitsschicht so wenig getan hat, dass er gezwungen ist, die Position eines Straßenräubers oder Tyrannen gegenüber jedem einzunehmen, der dieselbe Arbeit für weniger Geld verrichten kann als er?

Kann das Gesetz die Lage des Arbeiters verbessern? Kann man ein Pferd zum Trinken bringen, indem man es zum Wasser führt? Das Gesetz hat in vielen Staaten viel für die Arbeiter getan, indem es ihnen ein vorrangiges Pfandrecht an den Ergebnissen ihrer Arbeit zusprach, aber es kann und wird die Gemeinschaft nicht zwingen, den ineffizienten Arbeiter als gleichwertig mit dem guten zu betrachten, was der Punkt ist, auf den einige Gewerkschaften und andere Organisationen zu bestehen scheinen. Ebenso wenig wird es dem Arbeitnehmer erlauben, das Geschäft seines Arbeitgebers zu leiten. Der Arbeitgeber kann sich gelegentlich in einer „Zwickmühle" befinden, in der er sich allen Bedingungen unterwerfen muss, die ihm als Einziger auferlegt werden, der ihm helfen kann, aber wenn er ein zweites Mal in eine solche Klemme gerät, werden seine Bankiers und Kunden sich gegen ihn wenden, und danach wird er keine Verwendung mehr für Arbeitskräfte haben, egal zu welchem Preis.

Können also Gesetz und öffentliche Meinung mehr für die arbeitenden Menschen tun, als sie es getan haben? Nicht viel. Warum? Weil Gesetz und öffentliche Meinung von Menschen gemacht werden, die selbst arbeiten – Menschen, die genauso viel von der Abnutzung dieser Welt ertragen müssen wie jeder gewöhnliche Erdschaufelarbeiter, ganz zu schweigen von jedem gelernten Mechaniker. Es gibt mehr Bauern als mechanische Arbeiter, und sie arbeiten länger, aber wie oft benötigen sie die Hilfe des Gesetzes oder der Öffentlichkeit? In jeder großen Stadt gibt es Zehntausende von Angestellten, die bis an ihre Grenzen getrieben werden und dafür weniger pro Tag verdienen als der gewöhnliche Arbeiter. Es wurde festgestellt, dass ein Bankangestellter, der kürzlich seinen Zahlungsverpflichtungen nicht nachkam, nur sechs Dollar pro Woche verdiente, obwohl er lange Arbeitszeiten und große Verantwortung hatte.

Verbessert unterbezahlte Arbeit außerhalb der mechanischen Künste nicht häufig ihre eigene Lage? Ja, häufig. Aber wie? Indem sie ihren Verstand benutzt. Wenn sie darauf bestehen würde, dass ihre ganze Pflicht getan ist, wenn ihre tägliche Arbeit vorbei ist, würde die Öffentlichkeit sie auslachen. Der Angestellte, der Lehrer, der Verkäufer sieht es als seine Pflicht an, sich ständig zu verbessern, um für die sich bietenden Gelegenheiten gerüstet zu sein. Ein Mann in einer dieser Positionen, der seine arbeitsfreie Zeit mit Nachlässigkeit, Nachlässigkeit oder, noch schlimmer, in der nächsten Bierstube verbringt, würde von seinen Arbeitgebern als nicht vertrauenswürdig angesehen werden und von seinen Kollegen als jemand, der nie aufsteigen wird. Wenn solche Männer so schlecht bezahlt werden, so hart arbeiten müssen und dennoch geschickt genug sind, um aus dem niedrigen finanziellen Niveau aufzusteigen, auf das ihre Arbeit sie bringt, warum sollte dann die Arbeiterklasse im Allgemeinen nicht auf die gleiche Weise aufsteigen? Es ist sinnlos zu sagen, dass sie es nicht können, denn Tausende und Abertausende haben es jahrelang getan. Es wurde bereits gesagt, dass die Mechaniker von vor ein paar Jahren die Arbeitgeber und Manager von heute sind. In diese Richtung ließe sich noch viel mehr sagen, denn es gibt heute in den Vereinigten Staaten große Fabriken und Industriebetriebe, die von Männern kontrolliert werden, die vor ein paar Jahren noch einfache Arbeiter mit Tagelöhnerlohn waren. Es geht hier nicht um eine Klasse oder einen Industriezweig, sondern um die individuelle Persönlichkeit, und der Mensch steht und fällt mit sich selbst. Je mehr er von einer Vereinigung oder seinen Mitmenschen abhängig ist, desto weniger Kraft hat er, sich gegen Unrecht zu wehren oder sich nach oben zu arbeiten.

KAPITEL XII.

SELBSTHILFE BEI DER ARBEIT.

Wenn der Arbeiter nicht in einem Zustand der Sklaverei leben will, muss er davon absehen, sich selbst in Ketten zu legen.

Er ist ganz wie wir alle; er gibt immer anderen die Schuld für seinen Zustand. Er wird nicht aus der Patsche kommen, bis er die Hauptschuld bei sich selbst sucht.

Wenn sich ein Mann gezwungen fühlt, Geschäftsbeziehungen mit einem Löwen einzugehen, steckt er nicht gleich seinen Kopf in das Maul des Tieres. Wenn ein Arbeiter sein Leben mit der heute weit verbreiteten Überzeugung beginnt, dass alle Arbeitgeber einen Mann versklaven würden, wenn sie könnten, sollte er sich nicht in eine solche Lage bringen, dass er nicht mehr für sich selbst sorgen kann. Sogar ein Hund oder eine Katze, die einen fremden Raum betreten, verbringt die ersten Augenblicke damit, sich umzuschauen, wie sie im Notfall wieder herauskommen können.

Die Arbeitgeber als Klasse haben so viele Sünden zu verantworten, dass es am Tag des Jüngsten Gerichts für sie spannende Zeiten geben wird, aber das ist kein Grund, warum der Arbeitnehmer ein Narr sein sollte. Wenn ein

LANDWIRTSCHAFTLICHES GEBÄUDE.

Ein Mann sticht Ihnen ein Messer in den Leib und wird dafür ins Staatsgefängnis geschickt. Sein Urteil bestraft ihn zwar, aber es kann weder Ihre Arztrechnung bezahlen, noch entschädigt es Sie für die Zeit und das

Geld, die Sie verloren haben, während Sie in der Obhut des Chirurgen im Bett lagen.

Der Arbeiter gibt sich allzu oft damit zufrieden, das zu tun, was vor ihm liegt, ohne sich für den Fall eines Unfalls, einer Geschäftsänderung, mangelnder Nachfrage oder eines der vielen anderen Unfälle, die seinen regelmäßigen Lebensablauf stören können, auf andere Aufgaben vorzubereiten. In keinem anderen Berufszweig wagt man es, so nachlässig zu sein. Es gibt Büroangestellte, Buchhalter und Männer in den höchsten Mechanikberufen, die ihren Platz sehr gut bekleiden, sich aber nie für etwas Besseres oder anderes eignen. Diese Männer sind Sklaven – im wahrsten Sinne des Wortes. Ihre Arbeitgeber wissen das, auch wenn die Sklaven es nicht wissen. Ganz gleich, wie ehrlich sie sein mögen, ganz gleich, wie fähig sie in ihrem Fachgebiet sind, diese Männer werden bei Beförderungen oder bei der Auswahl von Männern für höhere Positionen immer übergangen.

Durch einen seltsamen Zufall sind dies auch die Männer, die am meisten über ihren Lohn, ihre Arbeitszeiten, die Menge an Arbeit, die sie zu erledigen haben, und die Art und Weise, wie ihre Arbeitgeber sie behandeln, nörgeln. Viele von ihnen sind persönlich so gute Kerle, so voller menschlicher Tugenden, die nicht ausschließlich geschäftlicher Natur sind, dass sie bei ihren Bekannten viel Sympathie erregen, aber im Fall von Bekannten, die zufällig auch Arbeitgeber sind, gibt es überhaupt kein Mitgefühl.

Der amerikanische Arbeiter muss sich diese Warnung mehr zu Herzen nehmen als alle anderen auf der Welt, denn ein Ergebnis des Wettbewerbs ist die Aufteilung der meisten Arten mechanischer Arbeit in einem Ausmaß, dass manchmal zwanzig oder dreißig Männer nötig sind, um eine Arbeit zu erledigen, die früher von einer einzigen Person erledigt wurde. Zweifellos kann die Arbeit auf diese Weise billiger erledigt werden, und sowohl Kapital als auch Arbeit haben einige Verpflichtungen gegenüber dem Verbraucher zu erfüllen, aber je weniger ein Mann ein „Vollzeitarbeiter" ist, was bedeutet, dass er alle Zweige des Geschäfts, in dem er tätig ist, erledigen kann, desto notwendiger ist es für ihn, im Notfall darauf vorbereitet zu sein, etwas anderes zu tun.

Zur Veranschaulichung: Es gab eine Zeit, die der heutigen Generation kaum in Erinnerung ist, als die Miniaturmalerei der profitabelste Zweig der Kunst in den Vereinigten Staaten war. Eine schöne Miniatur brachte mehr Geld ein als ein Ölgemälde. Plötzlich wurde das Verfahren der Daguerreotypie entdeckt. Dann kamen die Ambrotypie und die Fotografie und andere billige Methoden, um genaue Porträts anzufertigen, und infolgedessen wurden Miniaturmalereien immer weniger gefragt, und die wenigen noch lebenden Angehörigen dieser Branche haben nichts mehr von der Arbeit, für die sie einst berühmt waren. Einige von ihnen begannen, auf Holz zu zeichnen, andere widmeten sich der Ölmalerei, einige widmeten sich der Aquarellmalerei und andere gingen in mechanische Berufe, wo ein gutes und genaues Auge für Farbe und Proportionen eine gute Bezahlung einbrachte. Aber wenn die Miniaturmaler, deren Unglück größer war als das jeder Klasse von einfachen Arbeitern, über die sich heute die Öffentlichkeit beschwert, darauf bestanden hätten, dass die Öffentlichkeit ihnen ihren Lebensunterhalt schulde und sie ihn bekommen würden, und dass der Kongress Gesetze erlassen sollte, die es ihnen ermöglichen würden, von ihrem Beruf zu leben, hätte man sie verlacht. Die Miniaturmaler hatten ebenso wenig Verstand wie Mechaniker. Was für den einen fair ist, ist für den anderen fair.

Eines der ersten Dinge, die ein junger Arbeiter tut, ist, sich eine Frau zu nehmen. Eine Frau ist ein begehrenswerter Besitzgegenstand. Dasselbe gilt für ein Pferd, eine Jacht oder ein schönes Haus. Doch der Mann, der sich damit belastet, obwohl er keine Möglichkeit sieht, es zu finanzieren, außer durch wöchentliche Einnahmen, die durch einen von einem Dutzend Unfällen im Leben oder im Beruf kurzfristig gestoppt werden könnten, würde als Narr angesehen werden. Manche Leute würden ihn einen Schurken nennen. Doch wenn ein Mann finanziell unter Druck steht, kann er ein Pferd oder eine Jacht verkaufen und zumindest einen Teil des Wertes zurückbekommen, während er sich der Verantwortung entledigt. Eine Frau kann er jedoch nicht verkaufen, selbst wenn er dazu bereit wäre. Diese Art von Geschäft ist illegal geworden. Selbst wenn dies nicht der Fall wäre, ist es wahrscheinlich, dass eine Frau, die von einem Kerl genommen wird, der so rücksichtslos ist, zu heiraten, bevor er in der Lage ist, sich angemessen um ein so kostbares und kompliziertes Stück Besitz wie eine Frau zu kümmern, nicht in einem verkäuflichen Zustand wäre.

Der Besitz einer Frau bringt gelegentlich ein kleines Einkommen, aber auch Verantwortung in Form von Kindern mit sich. „Wer Frau und Kinder hat, hat dem Glück Geiseln gegeben." Der reiche Mann weiß das zu seinem eigenen Leidwesen, obwohl er aus dieser Erfahrung vielleicht genug Freude ziehen kann, um sich tausendfach zu rächen. Aber für den armen Mann, der von seinem Tageslohn abhängig ist und weder Besitz noch Ersparnisse hat, auf die er zurückgreifen kann, ist eine Familie oft eine Fessel, die noch dazu wie eine Kugel und eine Kette wirkt. Gott sei Dank fühlen sich solche Bindungen oft so leicht wie Federn und weich wie Seide an, aber diese Empfindungen verringern das Gewicht oder die Anziehungskraft nicht im Geringsten. Wenn ein Mann beschließt zu heiraten, obwohl er nichts hat, worauf er sich stützen könnte, sollte er zumindest ehrlich zu sich selbst sein, sich sagen, dass er der Sklave desjenigen sein wird, der ihn beschäftigt, und sich selbst die Schuld für die Folgen geben und nicht den Arbeitgebern, dem Kapital oder der öffentlichen Meinung.

Es gibt eine große Klasse von Arbeitern, die sich für nichts anderes als das, was sie tun, geeignet zu halten scheinen. Solche Menschen mögen ehrlich, fröhlich, gehorsam, fleißig, gewissenhaft und zuvorkommend sein. Nun, Sklaven waren all das und noch mehr. Solche Menschen sind dazu bestimmt, Sklaven zu sein. Nichts, was Gewerkschaften, Knights of Labour, Gesetze, Religion oder öffentliche Meinung tun können, kann sie vor der praktischen Sklaverei retten.

Die Männer, die in dieser Union einen Staat, einen Bezirk oder eine Stadt organisierten, hatten weder größere noch gesündere Gehirne als die Arbeiter von heute; aber wenn jeder von ihnen geglaubt hätte, er könne nur eine Art von Arbeit verrichten, würde die Landkarte unseres Landes nicht so aussehen wie heute. Jeder dieser Männer hielt sich für fähig, beim Häuserbau mitzuhelfen, Land zu roden, Pferde zu beschlagen, Pfostenlöcher zu graben, dem Pflug zu folgen, Getreide zu pflanzen, Vieh zu versorgen, Dampfschiffe zu beladen, als Decksmann eines Flachbootes zu arbeiten, Post zu befördern oder was auch immer sonst getan werden musste. Manchmal machten sie schreckliche Fehler, aber wer tat das nicht und wer tut das nicht? Jede neue Art von Arbeit, die sie in Angriff nahmen, schärfte ihren Verstand und erweiterte ihren Blick für das, was getan werden könnte, um in der Welt voranzukommen. Das ist der Grund, warum Gewerkschaften in neuen Ländern nicht gedeihen. Die Menschen dort haben durch Erfahrung gelernt, auf sich selbst aufzupassen. Der einfache Arbeiter in einem neuen Land hält sich für gleichberechtigt mit dem Richter, dem Arzt, dem Anwalt und dem Eisenbahnpräsidenten. Und das ist er auch, insofern ein fairer Impuls und eine faire Leistung einen Menschen im Rennen ums Überleben einem anderen ebenbürtig machen können.

Es ist sehr schade, dass repräsentative Arbeiter unserer großen Städte nicht ab und zu von ihren jeweiligen Berufsverbänden auf eine Beobachtungstour geschickt werden. Es ist die Gewohnheit fast aller Menschen, jeden in seinem eigenen Geschäft als in seiner eigenen Lage zu betrachten. Aber ein Beobachter, der sich außerhalb der großen Städte und der Industriestädte aufhält, wird schnell eines Besseren belehrt, was die Möglichkeiten und die Zukunft seines eigenen Geschäfts oder seiner selbst oder eines seiner Kollegen, die etwas Temperament in sich haben, betrifft. Er mag auf Männer seines eigenen Fachgebiets stoßen, die länger am Tag arbeiten und weniger verdienen, als er es gewohnt ist, und es mag so aussehen, als hätten sie furchtbar schwere Zeiten, aber es gibt einen wesentlichen Unterschied zwischen den beiden Klassen: Die Menschen in neuen Ländern murren nie über ihre schweren Zeiten, wie hart sie auch sein mögen. Wenn die Natur eine Ernte verweigert oder einen Fluss über die Ufer treten lässt und eine Stadt wegschwemmt oder sie von einer Heuschreckenplage heimgesucht werden, können sie genauso laut murren wie jeder andere. Aber solange sie über ihren eigenen Verstand und ihre eigenen Hände frei verfügen können, „verlangen sie von niemandem etwas", um ihren eigenen nachdrücklichen Ausdruck zu verwenden.

Den Mechaniker, der in den neueren Ländern den ganzen Tag arbeitet, findet man abends selten in der Bierstube. Er geht aufs Postamt, in den Laden, ins Büro des Friedensrichters oder wo auch immer er eine Menschenmenge sieht oder weiß, dass sich Menschen dort versammeln, um zu erfahren, was los ist. Er wechselt sechsmal in der Woche sein Geschäft und macht sich dann schuldig, es am Sonntag zweimal zu tun, wenn damit Geld zu verdienen ist. Man kennt das Geschäft eines Mannes in einem neuen Land nie länger als eine Woche, es sei denn, man hat ein Auge auf ihn. Dem Fremden mag es furchtbar dumm erscheinen, aber unter den Menschen, denen sein Schicksal zugeteilt wurde, schafft es der Arbeiter, seinen Teil zu behaupten, wie man so schön sagt, und der Mann, der versucht, diesen Teil zu unterdrücken, wird von ihm selbst behandelt. Wenn ein Arbeiter, der in einem der neueren Länder in Not ist, zu seinen Kollegen gehen würde, um Hilfe zu erhalten, würde man ihn entweder als Dummkopf oder als Feigling bezeichnen. Wenn ihm das, was er tut, nicht gefällt, wird von ihm erwartet, dass er etwas anderes probiert, so wie es jeder andere im Land tut. Der Bankier beschränkt sich nicht auf ein einziges Geschäft oder einen Geschäftsbereich. Das gilt auch für den Kaufmann, den Fabrikanten oder einen der wenigen Bauern, die „vorausschauend" geworden sind. Er tut das, womit er das meiste Geld zu verdienen glaubt, und er hat blindes Vertrauen in seine Fähigkeit, es zu tun. Es ist vielleicht nicht die beste Art von Arbeit, aber die findet man nirgends außer in den wettbewerbsintensiven Branchen.

Es bedarf keiner weiteren Argumentation, um all dies zu beweisen. Es gibt selten einen großen Streik in einem Industriezentrum, bei dem nicht eine große Zahl der Arbeiter verschwindet. Einige von ihnen finden anderswo Arbeit in ihrem eigenen Fachgebiet, aber der älteste Einwohner oder der Dorfklatsch oder sonst jemand, der Zeit hat, sich aufmerksam mit den Geschäften anderer Leute zu beschäftigen, kann Ihnen sagen, dass einige dieser Männer sich in eine andere Richtung aufgemacht haben, und sie können Ihnen nur sehr selten sagen, dass ein solcher Geschäftswechsel unglückliche Folgen gebracht hat. In diesem Buch wurde bereits gesagt, dass einige der großen Industrien des Landes heute von Männern geleitet werden, die einst einfache Arbeiter waren.

Wie unwissend der Arbeiter auch sein mag oder wie bereitwillig er auch sein mag, es zu ignorieren, die Wahrheit ist, dass es dem Arbeiter vor einem halben Jahrhundert viel schlechter ging als seinen Nachfolgern heute. Er arbeitete länger, bekam weniger Lohn – ich meine weniger Lohn im Verhältnis zur Kaufkraft des Geldes – und seine soziale Stellung war sehr schlecht. Selbst der Unabhängigkeitskrieg, die Unabhängigkeitserklärung, die

Menschenrechte und all diese Dinge haben die Kastengesetze, die uns aus der alten Heimat überliefert worden waren, nicht sofort zerstört. Es ist noch nicht so lange her, dass sogar die Studenten der Harvard University nach ihrer Abstammung klassifiziert wurden, wobei die Liste von den Herren angeführt wurde, gefolgt vom Beruf und dann von der allgemeinen Auswahl dessen, was der verstorbene Mr. Venus „verschiedene Menschen" nannte.

Der Lehrling war für seinen Arbeitgeber nicht nur Hausangestellter und Arbeitsbursche, sondern wurde auch mit einem Riemen oder Knüppel in Schach gehalten, und das Gesetz konnte ihm nicht nur keine Wiedergutmachung für persönliche Misshandlungen gewähren, sondern erkannte dem Arbeitgeber auch das Recht zu, seine Jungen auf diese Weise zu behandeln. Jungen, die auf diese Weise erzogen wurden, waren nicht sehr unabhängig, als sie zu Männern wurden, und der unabhängige Geist der heutigen Generation war in den dichter besiedelten Gemeinden jener Zeit fast unbekannt. Der Arbeiter war damals religiöser als seine Nachfolger in der heutigen Generation, aber wenn er in die Kirche ging, saß er auf den ärmsten Plätzen; normalerweise saß er auf der Galerie. Wenn er arbeitslos war, ging er ins Armenhaus. Das Armenhaus wurde speziell für Leute seiner Art gebaut. Vielleicht gehen in einigen der großen Städte Arbeiter und ihre Familien heute ins Armenhaus, aber die meisten von ihnen werden sich bemühen, in eine andere Gemeinde als die zu gehen, in der sie bekannt sind, bevor sie sich auf diese Weise unterstützen lassen.

Die Menschen der Vereinigten Staaten können es sich um keinen Preis leisten, eine Klasse zu unterstützen, die vorhat, an einem Ort zu bleiben und keinerlei Anstrengungen unternimmt, weiter oder höher zu gehen. Keine Gesellschaftsschicht kann es sich leisten, eine solche Klasse zu unterstützen. Die Klasse selbst kann es sich nicht leisten, in einer solchen Position zu bleiben. Es wurde bereits darauf hingewiesen, dass die Menschen der heutigen Generation bereit sind, ihre Mitmenschen zu versklaven, wenn sie eine besondere Gelegenheit dazu bekommen. Die Methoden sind nicht mehr dieselben wie früher, aber die Tatsachen sind dieselben und die Praxis wird stetig gefördert durch die Unfähigkeit einer großen Zahl von Männern und Frauen, der Öffentlichkeit die Fähigkeit zu vermitteln, etwas Besseres als Sklaven zu sein.

Der Arbeiter kann sich damit trösten, dass diese Regel nicht nur für ihn oder seine eigene Klasse gilt. Sie gilt überall. Es gibt viele Geschäftshäuser, die ihre Leute mit Leib und Seele unter Kontrolle halten, indem sie ihnen anscheinend auf Gutmütigkeit beruhende Gewohnheiten über ihre Einkünfte hinaus Geld leihen. Es handelt sich um eine Modifikation des südamerikanischen *Consistado*-Plans, auf den bereits angespielt wurde, und er funktioniert in New York oder Chicago oder jedem anderen Industriezentrum genauso gut wie in Südamerika. Ein Mann, der seinen

Verdienst nicht im Voraus ausgibt, wenn er ihn bekommen kann, ist ziemlich schwer zu finden. Wenn dies nicht so wäre, würden Geschäftsleute kaum zu Banken rennen, um Rabatte und Darlehen zu erhalten oder sich „Rasiergelder" zu holen. Der Impuls, die Zukunft zu diskontieren, ist fast so alt wie die Welt selbst. Er reicht bis in den Garten Eden zurück, als unsere Ureltern begannen, Früchte zu verzehren, auf die sie noch keinen Anspruch hatten.

Es mag sein, dass Sklaverei manchmal angenehm ist. Tatsächlich ist sie es oft. Trotz all der schlimmen Geschichten, die über die Behandlung der Schwarzen im Süden während der alten Sklaverei erzählt wurden, gab es viele Plantagen, von denen die Sklaven nicht wegliefen, selbst nachdem sie von der Emanzipationsproklamation gehört hatten und aus dem, was sie im Esszimmer und im Salon hörten, wussten, dass der Süden auf dem letzten Loch pfiff und dass die guten alten Zeiten unmöglich wiederkehren konnten. Es gab viele Plantagen, die von der Unionsarmee während ihrer Wanderungen durch bestimmte Staaten gefunden wurden, die die Herren und Herrinnen verlassen hatten, an denen die Farbigen jedoch allein aufgrund alter Verbindungen festhielten und die dort gefunden wurden, als die Besitzer wieder zurückkehrten. In vielen Teilen der Welt, vor allem in den östlichen Ländern, gibt es noch immer Sklaverei, und Europäer mit hohem Charakter und aufmerksamer Beobachtung haben erklärt, dass die Bedingungen den Versklavten keine grausamen oder ungerechten Lasten auferlegen.

Aber dies ist ein freies Land. Alle unsere Institutionen basieren auf der Theorie, dass ein Mensch genauso gut ist wie der andere, und nicht nur das, sondern dass man von ihm erwarten sollte, dass er genauso gut ist wie seine Nachbarn, und dass er, sobald er aufhört, ein unabhängiges Wesen zu sein, Herr seiner eigenen Zeit und seiner eigenen Familie, einschließlich aller ihrer Interessen, seinen Pflichten und Verantwortlichkeiten als Bürger nicht mehr gewachsen ist. Wir hören viel über Stimmen, die für Geld und Whisky und für Amtsangebote gekauft wurden; aber ist irgendjemandem klar, wie sehr der politische Status bestimmter Staaten, Landkreise und Städte von den Meinungen oder sogar den vorübergehenden Launen bestimmter großer Arbeitgeber abhängt? In mindestens drei Staaten Neuenglands gibt es Tausende von Männern, die es nicht wagen würden, anders abzustimmen, als es ihre Arbeitgeber verlangen. Es wurden Faksimiles von Karten und schriftlichen Mitteilungen gedruckt, die zeigen, dass die Eigentümer bestimmter Fabriken bekannt gaben, dass ihre Arbeiter für bestimmte Kandidaten stimmen sollten, die benannt wurden. Wenn ein Amerikaner, ein Bewohner des freiesten Landes der Welt, nicht nach Belieben wählen kann, was bedeutet dann seine persönliche Freiheit? Sogar ein Landstreicher hat das Recht auf seine eigene Stimme oder darauf, sie an den Meistbietenden zu verkaufen, wenn er lange genug in dem Ort wohnt, in dem er seinen Stimmzettel abgeben möchte. Es gibt Sklaven in Banken und Handelshäusern sowie in der Industrie, daher braucht sich der Arbeiter nicht verletzt zu fühlen, wenn man ihm andeutet, dass er in Gefahr ist, einer unfreiwilligen Knechtschaft unterworfen zu werden, die nicht nur seine Zeit, sondern auch seinen Geist in einem solchen Ausmaß kontrolliert, dass er in Bezug auf moralische Ansichten oder seine Pflichten als Bürger kein freier Akteur mehr ist.

Der wichtigste Ort, an dem die Energien der Arbeiter zurzeit eingesetzt werden können, sind zweifellos die neueren Teile des Landes. Dort ist er fast sicher zu finden, wenn er ein Mann mit dem richtigen Geist ist und sich nicht so behindert hat, dass es für ihn unmöglich ist, dorthin zu gelangen. Dieser Ort wird noch mindestens eine Generation lang praktikabel sein. Wir hören viel darüber, dass die neuen Länder überflutet werden und es für den Menschen keine Chance mehr gibt, aber einige Tausend Männer, die den halben Kontinent zu Fuß durchquert haben, können uns das Gegenteil erzählen und stichhaltige Beweise dafür vorlegen, dass sie Recht haben.

Der Mann, der sich vornimmt, keine schwere Verantwortung auf sich zu nehmen, bis er sich im Leben einigermaßen eingelebt hat, kann sich immer auf den Weg in das neue Land machen, und es gibt keinen Teil dieses Landes, obwohl es kein Land ist, in dem Milch und Honig fließen, in dem er nichts zu tun findet. Einmal wurde ich durch die Unterhaltung einer Reihe von Arbeitern in einem großen Schweinefleischverarbeitungsbetrieb in einer kleinen Stadt im Westen neugierig, woher sie kamen und was sie zuvor beruflich gemacht hatten, und unter 27 Männern fand ich 21 Unternehmen und Berufe vertreten, von denen nicht einer das Schweinefleischverpacken war. Trotzdem verdiente jeder dieser Männer zweieinhalb Dollar pro Tag und hielt Ausschau nach etwas Besserem, und ich bin froh, sagen zu können, dass ich einige von ihnen innerhalb weniger Monate fündig werden sah. Zu dieser Zeit mangelte es im Osten an mindestens der Hälfte der Berufe, die diese Männer ursprünglich erlernt hatten und in denen sie alle Experten gewesen sein sollten, und viele der in diesen Berufen Tätigen befanden sich in jener verzweifelten Geistesverfassung, die in anderen Ländern oft zu Aufständen, Blutvergießen und anhaltender Unruhe geführt hat.

Aber – Arbeiter mögen den Unterschied beachten – nur zwei dieser 27 Männer waren bereits verheiratet. Was sie verdient hatten, gehörte ihnen bereits. Sie konnten von Ort zu Ort ziehen, bis sie eine zufriedenstellende Chance im Leben fanden. Einige von ihnen gingen später den Bach runter. Es ist unmöglich, eine zufällige Gruppe von Männern zu finden, in der es nicht einige Unfähige gibt und einige, die aufgrund des einen oder anderen Fehlers ihre eigenen Feinde wären, selbst wenn sie in den besten Händen wären. Es gab nur zwölf Männer in der ersten Gruppe von Assistenten, die

Jesus Christus organisierte, und einer von ihnen erwies sich trotz der ausgezeichneten Gesellschaft, in der er sich befand, als Schurke.

KAPITEL XIII.

EINWANDERUNG.

WEIL dies ein Land der Freiheit ist, glauben viele Ausländer, es sei ein Land der Zügellosigkeit. Man muss ihnen gerecht werden, sie wissen es nicht besser. Aber wir wissen es, und es ist unsere Pflicht, ihnen den Unterschied beizubringen. Wenn wir das nicht tun, werden wir und nicht sie die Hauptleidtragenden sein.

Das Thema Einwanderung wurde in letzter Zeit in den Zeitungen ausführlich diskutiert, und im Kongress wurde viel Demagogie zu diesem Thema betrieben. Aber vernünftige Leute sind sich ziemlich einig, dass es an der Zeit ist, die Nutzung Amerikas als gemeinsame Müllhalde für den Abfall und Müll der Welt einzuschränken. Dieses Land ist kein Asyl für Kriminelle oder Arme. Das sollte selbstverständlich sein und es sollte keiner Argumentation bedürfen, um es zu beweisen, aber es scheint, dass wir in dieser Hinsicht sehr nachlässig waren. Vor kurzem hieß es im New York *Herald*: „Amerika ist nicht länger als legitime Müllhalde für die Armen, Idioten, Geisteskranken und Kriminellen Europas zu betrachten", und Kongressabgeordneter Ford, Vorsitzender des Einwanderungsausschusses und Vater des im Januar vorgelegten Gesetzes, gab die Erklärung ab: „Wenn das Gesetz strikt durchgesetzt werden könnte, glaube ich, dass unsere Einwanderung aus diesen Quellen um mindestens 150.000 pro Jahr zurückgehen würde." Dies ist ein erschreckender Anteil der gesamten Einwanderung, denn die Gesamtzahl übersteigt eine halbe Million pro Jahr sehr wenig. Dennoch kann man aufgrund seiner Position davon ausgehen, dass Herr Ford weiß, wovon er spricht, denn sein Ausschuss hat viel Zeit damit verbracht, eine große Zahl von Zeugen zu befragen, die die Art der Einwanderung der Völker aus aller Welt in dieses Land verstehen sollen. Aber genug von Armen, Idioten, Geisteskranken und Kriminellen; alle sind sich einig, dass wir sie nicht wollen.

Gibt es noch andere Klassen, die wir nicht wollen? Ja, wir können es uns nicht leisten, Vertragsarbeiter zu haben. Die einheimischen Arbeiterorganisationen haben viel Unsinn über die Ausländer geredet, aber nicht über dieses eine Thema. Die Einfuhr von Männern auf Vertragsbasis, die eine bestimmte Menge Arbeit für einen geringeren Betrag verrichten, als amerikanische Bürger akzeptieren würden, und die fast ihren gesamten Verdienst zurückbringen, um ihn in einem anderen Land auszugeben, ist eine sehr erfolgreiche Methode, eine Nation zu verarmen. Wenn wir unser gesamtes Geld nach Europa schicken würden, um Vorräte zu kaufen, und Europa im Gegenzug nichts von uns kaufen würde, wäre es bald

Perspektivischer Blick nach Süden, der das Ende der World's Columbian Expo zeigt.

unmöglich, genug Geld für eine Briefmarke aufzutreiben. Doch Vertragsarbeit ist eine Transaktion genau derselben Art und sie nimmt in einem Ausmaß zu, das man anhand der bekannten Fähigkeit und Bereitschaft großer Arbeitgeber abschätzen kann, Arbeit so billig wie möglich erledigen zu lassen, ohne Rücksicht auf die Folgen für alle außer ihnen selbst.

Wenn jedoch Staatsmänner oder Politiker, Demagogen oder wohlmeinende Arbeiteragitatoren oder -führer darauf bestehen, dass Facharbeiter aus dem Land ferngehalten werden sollten, liegt es im Interesse der Gemeinschaft, sich entschieden, beharrlich und empört gegen einen solchen Vorschlag zu stellen. Der Mangel an Facharbeitern ist der Fluch des Landes. Nur weil ein Mann mit einer Arbeit beschäftigt ist, die Geschick und Erfahrung erfordert, ist das kein Zeichen dafür, dass er auch völlig dazu in der Lage ist. Die Landstreicher, die den Weizen der Bauern binden, die Schiffbrüchigen und Gelegenheitsarbeiter, die im Westen ein paar Häuser bauen, der Pöbel, der sich gelegentlich zusammenfindet, um in einer Mine zu arbeiten, ein Schiff zu segeln oder für eine kurze Zeit die Arbeit auf einer Plantage oder einem Bauernhof zu verrichten, sind die teuersten Arbeitskräfte, die man beschäftigen könnte, und ein Großteil der Arbeit, die in den Vereinigten Staaten von Experten erledigt werden sollte, ist fast genauso teuer. Solange wir jungen Männern nicht erlauben, ein Handwerk zu erlernen – und das scheint derzeit die Regel zu sein –, müssen wir Männer haben, die ihr Handwerk anderswo gelernt haben. In New York City kann man innerhalb einer halben Stunde jede Menge Amerikaner finden, die sich mit echtem patriotischen Gefühl darüber beschweren, dass sie zwar gerne alle ihre

Angestellten Amerikaner hätten, aber nicht viele oder auch nur eine respektable Mehrheit von Einheimischen finden können, die ausreichend qualifiziert sind, um die Arbeit zu verrichten, für die sie berufen werden. Der Verbrauch von Klavieren beispielsweise ist in den Vereinigten Staaten gemäß Handelsstatistiken zwanzigmal so hoch wie in jedem anderen Land der Welt mit gleicher Bevölkerungszahl. Aber wenn man durch eine Klavierfabrik geht, könnte man sich sehr schnell in einem fremden Land wähnen. Das liegt nicht daran, dass die Hersteller alle Ausländer sind, denn das sind sie nicht, oder dass sie ausländische Arbeitskräfte bevorzugen, oder dass ausländische Klavierbauer billiger arbeiten als die Einheimischen, sondern einfach daran, dass wir kaum Einheimische haben, obwohl diese Art der verarbeitenden Industrie in diesem Land seit fast zwei Generationen aktiv ist.

In vielen anderen mechanischen Berufen zeigt sich der gleiche Mangel an einheimischen Fachkräften. Die Tapezierer, Graveure, die besseren Weber und mehrere andere mechanische Berufe, die die Dienste von Zeichnern und Koloristen erfordern, sind fast alle gezwungen, sich für ihre Arbeit auf Männer ausländischer Herkunft zu verlassen. Es ist erfreulich festzustellen, dass die meisten dieser ausländischen Arbeiter inzwischen eingebürgerte amerikanische Staatsbürger sind und der Union und der Verfassung wahrscheinlich ebenso treu ergeben sind wie alle unsere einheimischen Arbeiter, aber es ist wahrscheinlich, dass die neuen Männer, wenn sie alt oder arbeitsunfähig werden und ersetzt werden müssen, aus denselben Quellen kommen müssen wie die alten. Da Amerikanern nicht erlaubt ist, Berufe zu erlernen, und Amerikaner nicht bereit sind, Berufe zu erlernen, sind wir in Bezug auf mechanische Arbeit ziemlich schlecht dran, wenn wir uns nicht auf ausländische Länder verlassen können.

Wir müssen dafür nicht die Ausländer verantwortlich machen; wir können nur uns selbst und unser eigenes Volk verantwortlich machen. Der Grund für die allgemeine Abhängigkeit von ausländischen Arbeitskräften ist, abgesehen davon, dass junge Männer, die einen Beruf erlernen möchten, ihren Neigungen nicht nachgehen können, dass die meisten unserer eigenen Leute schnell über alles hinwegkommen, was keine Gelegenheit zur Spekulation bietet. Außerdem ist es eines der unvermeidlichen Ergebnisse der Theorie der sozialen Gleichheit, einer Theorie, die viel mehr Schaden anrichten muss, als sie bisher angerichtet hat, bevor wir sie aufgeben, dass die Söhne von Bauern und Handwerkern, wenn der Reichtum und Wohlstand des Landes zunimmt und sich die neuen Möglichkeiten, Geld zu verdienen, vervielfachen, nur ungern den Beruf ihrer Väter ergreifen werden. Wir haben viel über die Abneigung der Hebräer gehört, sich irgendeiner mechanischen oder Routinearbeit hinzugeben, und über ihre Gier, in alle Handelszweige einzusteigen, in denen Tauschhandel und Verkauf die Hauptbeschäftigung sind, aber der moderne Amerikaner kann den Hebräern in dieser Hinsicht doppelt abschreiben und ihnen dann ungefähr genauso oft voraus sein.

Es gibt keine Anzeichen dafür, dass die in Amerika geborene Jugend zu den guten alten Gewohnheiten ihrer Väter zurückkehren und versuchen würde, ein Handwerk zu erlernen, selbst wenn sie dazu in der Lage wäre. Es ist unmodern, mit den Händen zu arbeiten in einem Land, in dem das meiste Geld mit Verstand verdient wird. Der Sohn des Mechanikers, der Sohn des Bauern und der Sohn des Tagelöhners erhalten eine ebenso gute Schulbildung wie die Kinder der reichsten Männer der Stadt und haben die gleichen Chancen, ins Handelsgeschäft einzusteigen oder in die Büros von Handelshäusern und Unternehmen einzutreten, und sein eigener Vater wird ihm sagen, dass er ein Narr ist, wenn er diese Möglichkeiten nicht ergreift. Niemand wird reich, indem er allein Landwirtschaft betreibt oder für einen Tagelöhner in irgendeiner mechanischen Tätigkeit arbeitet, während einige Männer im Handel und bei Spekulanten große Vermögen anhäufen. Dass 49 von 50 schließlich scheitern und nie wieder auf die Beine kommen, kommt weder der Jugend noch ihren Eltern in den Sinn. Hoffen wir, dass dies eines Tages der Fall sein wird und dass unsere jungen Männer sich nicht schämen werden, ihr Brot buchstäblich im Schweiße ihres Angesichts zu verdienen. Aber die Aussicht auf eine solche Veränderung scheint derzeit äußerst gering. Bis es zu dieser Veränderung kommt, werden wir tatsächlich alle qualifizierten Arbeitskräfte aus dem Ausland brauchen, die wir bekommen können. Wenn das Angebot nicht zunimmt, müssen wir entweder einige der Geschäftspläne und -aussichten unseres Landes aufgeben oder wir werden gezwungen sein, ausländischen Arbeitskräften, die hierher kommen, eine Prämie oder einen Zuschuss anzubieten.

Wir brauchen insbesondere ausländische Landwirte und Arbeiter zur Ausbildung unserer eigenen Landwirte, und eine große Einwanderung ausländischer Landwirte, wenn sie unter unseren landwirtschaftlichen Gemeinden in den verschiedenen Staaten verteilt werden könnten, würde mehr zur Verbesserung der Lage der amerikanischen Landwirte beitragen als jede vorgeschlagene Gesetzgebung. In seinen Bemühungen, über seine Kräfte und Ressourcen hinauszugehen – Bemühungen, die in allen neuen Ländern natürlich sind – verschwendet unser Landwirt genug, um einen anderen Landwirt zu ernähren. Der Engländer, der Franzose, der Deutsche oder der Schwede können ihm beibringen, wie man das nicht tut. In der Nähe der Stadt New York gibt es sehr viele unrentable Farmen, aber wenn Sie ein kleines Stück Land sehen, das bis zum Äußersten bebaut wird und jeden Tag große Ladungen fettes Gemüse in die Stadt bringt, können Sie sicher davon ausgehen, dass der Eigentümer ein Ausländer ist. In einer Gegend ganz in der Nähe von New York City sind viele unzufriedene Bauern neidisch auf den Wohlstand eines Mannes, der nur 13 Morgen Land bestellt, aber genug

Geld gespart hat, um drei Häuser in der Stadt New York zu kaufen, von denen jedes ihm ein schönes Einkommen einbringt. Und wer ist dieser glückliche Kerl? Ein hochgebildeter Deutscher oder ein wissenschaftlicher englischer Bauer? Nein; er ist ein elender Lappländer, ein Mann, der sich für die Provinz schämen muss, in der er geboren wurde, und der sich unter Bekannten als Schwede ausgibt. In seinem eigenen Land war er ein einfacher Landarbeiter und kam mit kaum mehr Geld hierher, als ihm für zwei oder drei Tage Verpflegung in einer Höhle in der Nähe der Batterie reichen würde, bis ihn jemand anstellte. Aber er hatte gelernt, jeden Fleck Erde optimal zu nutzen, alle Düngemittel optimal zu nutzen und aus einer bestimmten Menge Erde in einer bestimmten Zeit die größte Ernte zu erzielen. Während der Landwirtschaftskrise in Großbritannien vor einigen Jahren, die auf mehrere aufeinanderfolgende Regenjahre folgte, verkauften eine Reihe englischer Bauern unter großen Opfern ihre Güter, kamen hierher und ließen sich dort nieder, wo sie am besten konnten, und es ist erstaunlich zu sehen, wie schnell einige dieser Männer vorangekommen sind und wie gut sie inzwischen, wie man so schön sagt, sesshaft sind. Sie schienen keine sehr schlauen Kerle zu sein. Bei einem Pferdehandel, einem Schießwettbewerb oder einem politischen Streit können selbst die besten von ihnen nicht einmal fünf Minuten lang mit einem gewöhnlichen Amerikaner mithalten. Aber wenn es darum geht, in der Landwirtschaft jede Ressource des Anwesens voll auszunutzen, lassen sie den amerikanischen Bauern weit hinter sich.

Dennoch müssen wir systematischer und strenger als je zuvor einschränken und regulieren. Natürlich haben wir das Recht, absolut unerwünschte Einwanderer abzuweisen. Niemand kann dies mit gutem Grund bestreiten, und wenn wir für die Aufrechterhaltung dieses Prinzips kämpfen würden, könnte uns keine Nation dies verdenken. Aber wir haben auch das Recht, Arbeitern aus allen Teilen der Welt die Staatsbürgerschaft zu verweigern, bis wir davon überzeugt sind, dass sie die Staatsbürgerschaft annehmen wollen und dass sie eine wünschenswerte Anschaffung darstellen. Wir sind durchaus in der Lage, unseren eigenen Nachschub an Idioten, Armen und Kriminellen aufrechtzuerhalten. Keine Nation hat ein Monopol auf diese Art von Dingen, und wir kommen damit so gut zurecht, wie man von uns erwarten könnte, und weitaus besser, als es unseren Steuerzahlern lieb ist. Für die Freiheit des Geistes und des Körpers und die Aussicht, für alle seine Nachkommen ein Zuhause zu finden, sollte ein ehrlicher Mann bereit sein, lange Zeit in diesem Land zu bleiben, bevor er die vollen Staatsbürgerrechte beansprucht. Unter der alten Regel, die eine sehr lange Probezeit erforderte, gab es nie Beschwerden, und unter der neuen würde es auch keine geben. Die Eigentumsrechte von Ausländern werden genauso respektiert wie die von Einheimischen, und es gibt kein anderes Recht, bei dem unsere Gesetze zwischen Einheimischen und Ausländern unterscheiden. Ein zufälliger Tourist, der hier ankommt und in rechtliche Schwierigkeiten jeglicher Art gerät, hat ebenso gute Chancen, Gerechtigkeit zu erlangen, wie der reichste Mann der Nation. Dies ist keine amerikanische Idee, denn Ausländer selbst haben dasselbe gesagt. Intelligente Ausländer, Meinungsmacher auf der anderen Seite des Wassers, haben sich in Wort und Schrift immer wieder über die Nachlässigkeit gewundert, mit der Amerika allen Klassen im Ausland geborener Personen die Bürgerrechte zugestand, und erklärten, wenn die Bürgerrechte bis zur Volljährigkeit der zweiten Generation aufgeschoben würden, gäbe es in den Gesetzen oder Bräuchen des Landes nichts, was einem im Ausland geborenen Einwohner Grund zur Klage gäbe.

Wenn wir die Einwanderung nicht einschränken, hindert nichts eine fremde Nation, die mit uns Streit anfangen will, um etwas von unserem Eigentum zu stehlen, oder einige ihrer eigenen lästigen Einwohner durch Schusswunden zu beseitigen, oder „die Menschen zusammenschweißen“ will, wenn sie in alle Richtungen ziehen, einige sorgfältig ausgewählte Männer hierher zu schicken, mit dem ausdrücklichen Zweck, eine angebliche Dynamitexpedition oder etwas Ähnliches auszurüsten, für das die Vereinigten Staaten zur Verantwortung gezogen würden. Aber das ist nur ein Teil dessen, was sie tun können. Heutzutage hat jeder Deutsche und jeder Franzose unter mittleren Jahren eine militärische Ausbildung erhalten. Nichts hindert ein paar tausend ausgewählte Soldaten mit ihren Offizieren daran, in kleinen Gruppen in der Verkleidung gewöhnlicher Einwanderer hierher zu schicken, um sich auf ein bestimmtes Signal hin zu sammeln und aufzustehen, einige unserer Städte, Festungen und Marinewerften einzunehmen, unsere Scheinarmee zu überwältigen und eine Schreckensherrschaft zu errichten, von der wir uns ohne Lösegeld nicht schnell befreien könnten. Sie könnten ohne die geringste Mühe Waffen und Munition für den Krieg finden, denn solche Dinge stehen jedem Käufer in jedem Dorf des Landes zum Verkauf, und wenn sie in großen Mengen gewünscht werden, können sie von jedem unserer großen Hersteller gekauft werden, ohne dass der Käufer sich zuerst der Formalität unterziehen muss, unangenehme Fragen zu beantworten. Was die Verpflegung betrifft, könnten sie auf dem Land leben. Es gibt keinen Teil davon, von dem eine Gruppe bewaffneter Männer nicht alles bekommen könnte, was sie an Nahrung und Kleidung braucht. Es gäbe keinen Unterschied zwischen einer solchen Bewegung und den Aufständen, unter denen fast alle älteren Nationen von Zeit zu Zeit gelitten haben – Aufstände, von denen einige durch ihren Erfolg den Rang von Revolutionen erlangten. Die Pöbel, die die Französische Revolution auslösten, hatten eine große Armee, die ihnen entgegentrat, und sie hatten kaum Gelegenheit, sich zu bewaffnen und zu organisieren, dennoch gelang es ihnen, eine der ältesten und anscheinend stärksten Monarchien der Welt zu stürzen.

Zu den Klassen, die wir entschieden aus diesem Land verbannen müssen, gehören jene, die in gutem Ernst und mit berechtigtem Unrechtsbewusstsein, aber dennoch mit völliger Missachtung ihres Wahllandes, Unruhen in ihren Heimatländern organisieren. Russische Nihilisten, desillusionierte Kanadier, irische Dynamitwerfer, französische Sozialisten und Anarchisten und all die anderen Bruten von Unruhestiftern im Ausland sind in den Vereinigten Staaten fehl am Platz. Viele von ihnen haben reichlich Grund für den Hass, den sie gegenüber den Regierungen zeigen, denen sie entflohen sind. Die meisten von ihnen haben die Sympathie des amerikanischen Volkes, und zwar in dem Maße, dass sie sich wünschen, dass wünschenswerte Reformen in Ländern durchgeführt werden, in denen manche Klassen ungerecht behandelt werden oder sich gegenüber anderen, begünstigten Klassen im Nachteil befinden. Aber dieses Land kann es sich nicht leisten, eine Brutstätte der Unzufriedenheit zu sein, von der aus die Keime ins Ausland gelangen können. Wenn die Zeit der Abrechnung kommt, wird die Rechnung nicht an die Unruhestifter gehen, sondern an die Nation, die sie beherbergt hat. Wir waren zwei oder drei Mal gefährlich nahe an einem Krieg mit Großbritannien aufgrund der Aktivitäten der großen Gruppe, die allgemein als irische Sympathisanten bekannt ist. Es gibt wahrscheinlich keine Gruppe von im Ausland geborenen Einwohnern der Vereinigten Staaten, die mehr rechtliche und moralische Gründe für die Gefühle hat, die sie zeigen, als diese irischen Sympathisanten. Aber wenn sie als Bürger hierher kommen, muss die Sicherheit dieses Landes, die wir mit Recht als ein Interesse betrachten dürfen, das über allen anderen Interessen steht, die in den Herzen unserer Leute existieren, an erster Stelle stehen. Wenn diese oder eine andere Gruppe von Störenfrieden im Ausland ihre Unruhen auf dieser Seite des Ozeans fortsetzen, ist es die Pflicht der Nation, sie auszuweisen. Wohin sie gehen, ist für sie eine wichtige Frage, aber wir können es uns nicht leisten, uns damit zu befassen. Vielleicht gibt es unter uns Menschen, die persönliche Freunde in ihre Familien aufnehmen würden, in dem Wissen, dass sie nur zu dem Zweck dorthin gekommen sind, ihren Familien Ärger zu machen; aber Nationen kennen keine solche uneigennützige Menschenfreundlichkeit. Die wenigen, die es versucht haben, sind heute auf den Karten keines gut zusammengestellten Atlas mehr zu finden.

Die Vereinigten Staaten haben nichts von ehrlichen, wohlmeinenden Einwanderern zu befürchten, ganz gleich, wie dumm sie sind. Das Umpflanzen bewirkt Wunder bei wilden Bäumen und Sträuchern, die in ihren heimischen Wüsten nichts wert sind, und die Verbesserungen, die einige wenig vielversprechende ausländische Stämme in diesem Land oft bewirkt haben, erinnern an die traditionelle Bemerkung des „Bad Habit to the Small Boy": „Schau mich jetzt an und an dem Tag, als du mich erwischt hast." Einige der erlesensten Herren und fähigsten Männer unseres Landes stammen von Tölpeln ohne bestimmte Nationalität ab, die erst vor ein oder zwei Generationen in dieses Land kamen. Einige der weisesten und großartigsten Geister unserer revolutionären Perioden waren Nachkommen von Angestellten, die vor nicht allzu vielen Jahren weggezogen waren. Aber, pfui! Wer von uns, der nicht reines Indianerblut in seinen Adern hat, stammt nicht von Einwanderern ab, denen es vor kurzem in der alten Heimat so schlecht ging, dass sie wegziehen mussten, um genug zu essen und anzuziehen zu haben? Einige selbsternannte Aristokraten mögen diese allgemeine Klassifizierung akzeptieren, aber entweder lügen sie oder sie wissen nicht, warum ihre Vorfahren hierher kamen. Kein Ausländer, der zu Hause bequem lebt und sich für nichts schämen muss, geht in ein neues Land, wenn er nicht eine gewisse Unruhe in sich trägt, die ihn zu einem Ärgernis macht, wenn er zu Hause bleibt. Natürlich haben politische Unruhen dazu beigetragen, dass wir viele Einwanderer haben, aber nur sehr wenige aus den Klassen, die eine Entschuldigung dafür haben, sich für besser als andere Menschen zu halten. Die Entwicklung von feinen Naturen aus sehr rohen Familien in den Vereinigten Staaten war in einigen Fällen so erstaunlich, dass sie ein großes Buch verdient, das speziell diesem Thema gewidmet ist. Vor kurzem wurde entdeckt, dass ein berühmter Richter, dessen Meinungen und Urteile in den Gerichten aller Staaten dieser Union hoch geschätzt werden, der Sohn eines verarmten Einwanderers war. Ein Gentleman, der vor einigen Jahren sehr positiv als Kandidat für die Präsidentschaft der Vereinigten Staaten erwähnt wurde, sagte selbst, sein Vater, der ein Einwanderer war, sei so arm gewesen, dass der Sohn fünf Jahre hintereinander ohne Frühstück zur Schule ging, und Bekannte dieses ehrenwerten und hochkultivierten Gentlemans, der an der Spitze eines der gelehrtesten Berufe stand, sagten, der Vater habe zum Zeitpunkt seines Todes weder lesen noch schreiben können. Die Bevölkerung des Staates Kalifornien bestand ursprünglich aus Männern aller Klassen aus allen Teilen der Welt. Wahrscheinlich nahmen mehr Abenteurer und wertlose Männer an der Jagd nach Gold teil, als man heute in allen Staatsgefängnissen der Vereinigten Staaten finden kann. Und doch sind die Nachkommen einiger dieser sehr anstößigen Charaktere heute Männer von Bedeutung und Charakter. Die Einheimischen dieses Staates führten diese wunderbare Veränderung auf das „herrliche Klima Kaliforniens" zurück. Aber es ist nicht notwendig, eine solche Erklärung abzugeben. Fälle der gleichen Art, wenn auch vielleicht nicht in so großer Zahl, finden sich in allen Staaten der Union. Es ist unmöglich, dass es anders sein sollte. Was auch immer dem ursprünglichen Einwanderer widerfahren mag, seine Nachkommen haben die gleichen Chancen wie die eines Einheimischen. Seine Kinder gehen auf die gleichen Schulen, in die gleichen Kirchen, sie verkehren frei mit Gleichaltrigen, haben die gleichen Interessen, Impulse, Hoffnungen und Möglichkeiten.

Es gibt noch ein weiteres großes Versprechen für dieses Land durch seine Einwandererbevölkerung, das vielleicht nicht als Tatsache verkündet werden kann, aber sicherlich eine große Wahrscheinlichkeit hat. Mr. Darwin, der sich bei der Verfolgung der Abstammung der Arten für die Abstammung von allem anderen zu interessieren schien, erklärte einmal die Methode, durch die plötzlich Wälder auf einigen Landstrichen erscheinen, die anscheinend lange Zeit ohne größere Vegetationsarten waren. Bei der Untersuchung eines solchen Stücks stellte er fest, dass die Baumtriebe, die in diesem Jahr erstmals in Sicht kamen, zwar klein waren, aber dennoch enorme Wurzeln hatten. Durch Pflügen und Kultivierung war der Boden über diesen Wurzeln viele Jahre lang gebrochen, oder das Vieh, das auf dem Boden graste, hatte alles kurz gehalten. Trotzdem waren die Wurzeln oder Keime da und schienen durch den Prozess der Unterdrückung eine Kraft anzusammeln, die sie hervorbrachten, als man sie ließ, als ob sie die verlorene Zeit nachholen wollten, was genau die Schlussfolgerung war, die Mr. Darwin in ausführlicherer und gelehrterer Form zog. Züchtern ist bekannt, dass die Abstammung von Familien verschiedener Arten häufig durch die Infusion des Blutes eines Tieres verbessert wird, das gemeinhin als „Kümmerling" bezeichnet wird, also eines Tieres, das in seinem Wachstum verkümmert ist. Der durchschnittliche Einwanderer ist ein Mann, der über Generationen und vielleicht Jahrhunderte unterdrückt wurde. Wenn sich seine Chance zur Entwicklung bietet, scheint er tatsächlich in der Lage zu sein, die verlorene Zeit wiedergutzumachen. Anders lässt sich die wunderbare Verbesserung vieler Tausender amerikanischer Familien ausländischer Abstammung nicht erklären. Die Bemühungen von Männern, die plötzlich und zu Recht in den Vordergrund gerückt sind, ihre Abstammung zu erforschen, haben einige amüsante Ergebnisse gebracht. Sie erfuhren, was Burns einmal über sich selbst sagte, nachdem er ähnliche Untersuchungen durchgeführt hatte:

„Durch das Blut von Schurken
ist mein Geschlecht seit der Flut gekrochen."

Die wunderbare Männlichkeit und der Wohlstand der Hebräer in diesem Land sowie in den europäischen Ländern, in denen ihnen eine Chance neben ihren Mitmenschen gegeben wurde, können nur mit dieser Theorie der während langer Perioden der Unterdrückung angesammelten Stärke erklärt werden.

Die Amerikaner können all das ertragen, womit uns Europa beschenken kann. Laut Statistikern kostet es zwei- bis dreitausend Dollar, ein Kind von der Wiege bis zum Erwachsenenalter und zur Arbeitskraft zu erziehen. Folglich ist jeder arbeitsfähige Ausländer, den wir bekommen, für unser Land zwei- bis dreitausend Dollar wert und bedeutet so viel Kapital in unseren Taschen. Lassen Sie uns so viel wie möglich von ihnen haben. Die Männer, die sich über sie beschweren, sind diejenigen, die nicht in der Lage sind, für sich selbst zu sorgen.

KAPITEL XIV.

ANNEXION.

Dieses Land hat in der Völkergemeinschaft viele wichtige Pflichten zu erfüllen, die Annexion anderer Länder gehört jedoch nicht dazu.

Manchmal wird die gegenteilige Meinung geäußert, doch je früher wir uns damit auseinandersetzen, desto unwahrscheinlicher ist es, dass wir unsere eigenen Angelegenheiten vernachlässigen.

Annexion ist ein altes Geschäft und manchmal war es profitabel; aber die Nationen, die es am besten verstanden haben, haben nur wenige ihrer alten Besitztümer übrig und würden einige davon loswerden, wenn sie könnten, ohne ausgelacht zu werden.

Welche Nationen könnten wir mit einer fairen Chance annektieren? Vielleicht Mexiko, Kanada und einige der Westindischen Inseln. Was könnte man mit ihnen anfangen? Nichts, was uns auf lange Sicht nützen würde. Was würden sie mit uns machen? Sie würden lediglich unharmonische Elemente einführen, die uns nicht im Geringsten dabei helfen würden, unsere eigene nationale Position zu sichern. Unser Land ist bereits so groß, dass es widersprüchliche Interessen gibt, die sich im Kongress, in der Presse, in der öffentlichen Meinung bemerkbar machen und

VERWALTUNGSGEBÄUDE.

trotz aller Bemühungen nähern sie sich einer Lösung so langsam, dass viele Befürworter der einen oder anderen Seite entmutigt und empört sind. Es gibt viele brillante Theorien darüber, was die Annexion dieses oder jenes Landes durch die Vereinigten Staaten bewirken könnte. Aber ein Gramm Fakten ist mehr wert als eine Tonne Theorie, und glücklicherweise haben wir genug Fakten, um uns lange mit der Untersuchung zu beschäftigen, wenn wir uns die Mühe machen.

Die antike Nation namens Rom war die meisterhafte Annexion der Welt. Sie annektierte jedes Gebiet, das ihre Soldaten erreichen konnten, und einst war die ganze Welt Rom treu ergeben. Es war auch praktische Treue, denn wir lesen im Matthäusevangelium, dass in den Tagen des Kaisers Augustus ein Dekret erlassen wurde, wonach die ganze Welt besteuert werden sollte. Steuern von annektierten Ländern einzutreiben ist mehr, als einige moderne

Nationen jemals tun konnten. Das militärische und politische Prestige Roms wurde später durch die Religion gestärkt. Rom regierte die Seelen ebenso wie die Körper und Besitztümer der Menschen, aber selbst das Heilige Römische Reich ging in Stücke.

Griechenland annektierte in den Tagen Alexanders des Großen viele Länder; Alexander drang tiefer in die Zivilisationen des Ostens ein als die Legionen der Cäsaren es je taten. Doch heute ist Griechenland nur noch ein kleiner Punkt auf der Landkarte.

Aber es ist nicht nötig, so weit zurückzublicken. Die großen Kolonisierungs- und Annexionspläne der Welt, als eine Nation nach der anderen zahlreich und frei genug wurde, um miteinander zu konkurrieren, begannen bald nach der Entdeckung Amerikas. Fast jede europäische Macht gründete Kolonien in einigen Teilen der neuen Welt. Die meisten dieser Mächte existieren und sind heute noch stark. Aber wo sind ihre Kolonien? England hat Kanada, ganz sicher, einfach weil es nicht weiß, wie es es loswerden soll. Aber Spanien besitzt keinen Fußbreit Land auf dem amerikanischen Festland und hält seine Inselbesitzungen unter sehr unsicheren Bedingungen. Betrachten Sie Kuba, „die immer treue Insel", wie sie mit äußerstem Sarkasmus genannt wird. Die Mehrheit der Einwohner verabscheut das Mutterland und alle Beamten, die es dorthin schickt, ihre Steuern werden widerwillig bezahlt, immer wieder hat eine große Minderheit der Einwohner darum gekämpft, sich vom spanischen Joch zu befreien, und der Kampf wird angesichts der glanzvollen Beispiele, die Mexiko und alle südamerikanischen Republiken gegeben haben, wahrscheinlich weitergehen. Vielleicht werden Sie sagen, Spanien sei ein bankrotter alter Rohling. Nun, das ist keineswegs übertrieben. Aber schauen Sie sich von Spanien nach Holland um. Die Holländer waren keine grausamen Zuchtmeister. Sie haben eine Reihe von Kolonien gegründet, und ihre väterliche Regierung war zwar von Sparsamkeit geprägt, aber auch nicht von den Grausamkeiten und Brutalitäten befleckt, die den Namen Spanien zum Synonym für Wildheit gemacht haben. Wie viele von Hollands Kolonien sind noch im Besitz des Mutterlandes? Keine von Bedeutung, außer der Insel Java, und Java ist für Holland keine Schatzkammer mehr.

Frankreich hatte einst große Kolonialbesitzungen. Es besaß fast die Hälfte des Territoriums, das heute von den Grenzen der Vereinigten Staaten und ganz Kanada umgeben ist. Frankreich besitzt heute einige unbedeutende Inseln und einige unerwünschte Sumpfgebiete in Afrika, die vor allem als Ort wertvoll sind, um Militäroffiziere zu entsenden, die zu Hause so ehrgeizig sind, dass sie etwas lästig werden. Schweden hat überhaupt keine Kolonien. Dänemark besitzt zwei oder drei kleine Inseln in Äquatornähe und hat einen Elefanten in Form von Island auf den Armen.

Sie sagen aber, dass England in all diesen Beziehungen eine Ausnahme darstellt. Ist es das wirklich? Begründen Fakten und Zahlen diese Behauptung? Der friedlichste Teil des britischen Empires ist derzeit das Dominion Kanada. Kanada macht England seinerseits überhaupt keine Probleme. Australien ist ungefähr genauso gut. Aber welchen Nutzen hat England von einem dieser Länder, außer als Zufluchtsort für unzufriedene Engländer, die woanders ein neues Leben beginnen möchten? – eine Möglichkeit, die sie genauso gut hätten, wenn England nicht auch nur ein Stückchen Land außerhalb der britischen Inseln besäße.

Aber England hat ein großes Reich im Osten. Es hält fast ganz Indien. Ja, aber wie hält es es? Einen Teil davon durch uneingeschränkten Besitz und einen großen Teil durch Protektorate und Verträge, durch Intrigen mit einheimischen Fürsten und durch andere Mittel, die das Volk der Vereinigten Staaten anderswo für unter der Würde unseres eigenen Landes halten würde. Wir wissen, was vor einigen Jahren in Indien geschah, als große Volksmassen sich gegen die englische Herrschaft erhoben und uns die schrecklichsten Kriegsdetails lieferten, von denen dieses Jahrhundert je gehört hat. Englands Unruhe und Unbehagen über seine Besitztümer in Indien kann jeder erkennen, der die englischen Zeitungen, Zeitschriften oder Kritiken liest. Immer wieder taucht die eine oder andere Phase der indischen Frage auf, und nie wird die nationale Unruhe über die Zukunft der beiden Länder beschwichtigt. Die Möglichkeit einer Assimilation der Bevölkerung Indiens und Englands wird von Engländern aller Schichten belächelt. Briten werden nicht in Indien leben, es sei denn, sie werden dazu gezwungen und durch eine Entschädigung beschworen, die die Engländer zu Hause niemals erwarten würden. Sogar zu Zeiten der „John Company" war es unmöglich, dort eine Armee ohne doppelten Sold zu unterhalten. Ich bin mir nicht sicher, was die einfachen Soldaten betraf, aber die Offiziere erhielten ihren Sold von der Regierung und den gleichen Betrag von der Kompanie, und selbst dann war die Mehrheit von ihnen unzufrieden.

Dass die Einheimischen England oder englische Sitten und Bräuche mögen, wäre unvernünftig, das zu erwarten, selbst wenn die Tatsachen nicht bewiesen, dass es unmöglich ist. Reiche und intelligente Indianer besuchen England häufig, aber nur sehr wenige bleiben. Die sogenannte überlegene Zivilisation des Westens hat für sie keinen Reiz. Und sie nehmen englische Sitten und Grundsätze nicht mit nach Hause, um sie unter ihrer eigenen Klasse und den ihr untergeordneten Ständen zu verbreiten. Viele intelligente Einheimische werden zugeben, dass Teile des Landes besser regiert werden als unter den einheimischen Fürsten vor hundert oder mehr Jahren. Aber im Grunde ist man der Meinung, dass die alten Sitten, wenn nicht die besten, so doch sicherlich die wünschenswertesten und am besten zum Wesen der Menschen passenden sind. England hat chronische Angst vor Aufständen und Unruhen. Seine staatsmännischsten Beamten und fähigsten Soldaten werden nach Indien geschickt; nicht einmal genug von ihnen können entbehrlich sein, um den Kanal nach Irland zu überqueren.

Und wenn wir schon von Irland sprechen, einer weiteren Annexion durch Großbritannien, gibt es eine größere und vernichtendere Schande im Namen irgendeiner zivilisierten Regierung der Welt? Es ist nicht nötig, die irische Frage überhaupt zu behandeln. Jeder weiß genug darüber, um zu wissen, dass Englands Herrschaft über Irland ein völliger und beschämender Fehlschlag war und dass es England trotz reichlicher Gelegenheiten zur Kolonisierung, zur Aufrechterhaltung militärischer Einrichtungen und zur Befriedung der Bevölkerung beharrlich und fortwährend nicht gelungen ist, aus Irland etwas anderes als eine Brutstätte des Hasses zu machen.

Welchen Preis zahlt England, wenn es mit seinen Kolonien Frieden hat? Nun, es macht sie einfach fast völlig unabhängig von der Heimatregierung. Abgesehen von der nominellen Loyalität zum Mutterland und der Akzeptanz eines Vizekönigs, Generalgouverneurs oder Thronvertreters mit irgendeinem Titel sind diese Länder fast so frei von England wie die Vereinigten Staaten. Sie haben ihre eigenen Parlamente, wählen ihre eigenen Beamten, machen ihre eigenen Gesetze, erheben ihre eigenen Steuern und führen sogar riesige Zolltarife ein, nach denen die Produkte des Mutterlandes für ihre Zulassung großzügig bezahlen müssen. Die einzige Verbindung zwischen Kanada oder Australien und England ist die der Zuneigung zum Mutterland. Diese hält manchmal bis in die zweite Generation an, aber in der dritten ist sie herzlich wenig vorhanden. Sie können das leicht selbst herausfinden, indem Sie nach Kanada fahren und fast jede Stadt im Dominion kennenlernen. Es scheint lächerlich, aber es ist dennoch eine Tatsache, dass die besten englischen Bürger in Kanada Franzosen sind, Nachkommen der ursprünglichen Siedler, die mehr als hundert Jahre lang wütend und oft erfolgreich gegen England kämpften. Und der einzige Grund für die Loyalität dieser Menschen liegt offenbar darin, dass sie nirgendwo anders hingehen können und keine Möglichkeit haben, das wenige, was sie besitzen, mitzunehmen.

Australien ist genauso unabhängig wie Kanada. Sollte es versuchen, sich abzuspalten und sich für so unabhängig zu erklären, wie es wirklich ist, würde England wahrscheinlich Flotten und Armeen entsenden, und es würde lange Zeit Krieg herrschen, mit demselben Ergebnis wie der Versuch, die Meinung der dreizehn Kolonien zu ändern, die unsere Nation gebildet haben. Englands Herrschaft über die Vereinigten Staaten war sicherlich nicht streng. Jetzt, da der Geist der Revolution seit zwei oder drei Generationen verwässert ist, kann man mit Sicherheit zugeben, dass England nie so viel Geld aus diesem Land herausgenommen hat, wie es hineingesteckt hat. Als Geschäftsunternehmen betrachtet, hat sich eine Annexion oder Kolonisierung hier also nicht gelohnt. Sobald es begann, Steuern von den

Kolonien zu verlangen, begann der Aufstand. Die Frage seines moralischen Rechts wird jetzt nicht diskutiert. Eine Diskussion würde nichts nützen. Aber wenn man einer Kolonie oder einem annektierten Land keine Steuern auferlegen kann, welchen Nutzen kann das neue Land dann dem alten bringen?

Was ist nun unsere Lehre aus all dem? Was wäre das Ergebnis einer Annexion von Mexiko, Kanada oder Kuba, ganz zu schweigen von den kleinen Republiken in der Karibik und in Mittelamerika, auf die einige unserer Demagogen gelegentlich sehnsüchtige Blicke zu werfen schienen und ein paar Narren fanden, die sie dazu ermutigten? Im Geiste unserer Institutionen wäre es für uns völlig unmöglich, ein solches Land als erobertes Land zu behandeln. Die Unabhängigkeitserklärung müsste vollständig aufgehoben werden, bevor wir konsequent eine solche Gewohnheit einführen könnten. Das Beste, was wir tun könnten, wäre, diese Länder als Teile der Union aufzunehmen. Wir würden kaum vorgeben, sie zu diesem Zweck mit Gewalt zu erobern, aber wenn wir sie auf friedlichem Wege erobern wollten, was wäre die einzige Methode? Nun, indem wir ihnen gleiche Rechte wie unseren eigenen Bürgern gewähren. Eine erfolgreiche Annexion würde von der Zustimmung der Mehrheit der Einwohner der erwähnten Länder abhängen. Diese Menschen haben, wie Menschen überall sonst auch, ihre eigenen Führer. Alle Führer haben Bestrebungen und persönliche Ambitionen und ihre persönlichen Taschen sind nie voll genug. Wir müssten zuerst für sie sorgen, bevor wir uns der Menschen sicher sein können. Wir wären gezwungen, jedes Land in Staaten aufzuteilen, deren Bevölkerungszahl im Verhältnis zu den bereits vorhandenen Staaten steht. Wir wären verpflichtet, ihnen eine Vertretung in beiden Häusern des Kongresses zu geben, ihnen ein Rechtssystem zur Verfügung zu stellen und sie in jeder Hinsicht als unsere Gleichgestellten anzuerkennen.

Die Wahrheit ist, dass kein vernünftiger Amerikaner glaubt, die Menschen in diesen Ländern seien denen in unserem eigenen Land ebenbürtig. Es gibt intelligente Mexikaner, Kubaner und Kanadier, aber wir als Ganzes haben sehr wenig Respekt vor der breiten Masse der Bevölkerung in diesen Ländern; nicht mehr Respekt als ihre eigenen Herrscher, und das ist sehr wenig. Eine Ausnahme muss im Fall von Kanada gemacht werden, das, soweit es die Weißen betrifft, hauptsächlich von intelligenten Menschen bewohnt wird. Aber Mexiko ist nach Aussage seiner eigenen Staatsmänner und aller Reisenden, die dort waren, praktisch ein halbzivilisiertes Land. Die meisten Einwohner sind beklagenswert unwissend. Die Wahlfreiheit ist eine reine Farce. Recht ist eine Frage des Tauschhandels, und Leben und Eigentum sind zwar nominell sicher, werden aber häufig durch Aufstände bedroht, die bisher keine lokale Regierung umgehend unterdrücken konnte, und die sicherlich nicht von einer Zentralregierung niedergeschlagen werden könnten, die 3000 Meilen entfernt ist und eine Armee von der üblichen Größe der Vereinigten Staaten hat.

Kuba ist schlimmer als Mexiko, nicht besser. Kuba ist schon so lange in einem Zustand der Unzufriedenheit und Unruhe, dass es nur wenige Teile der Insel gibt, auf denen Leben und Eigentum sicher sind. Die Mehrheit der Wähler kann zu jeder Wahl für einen sehr geringen Aufwand an Geld oder Rum gekauft werden, und dieselben gekauften Wähler könnten mit ähnlichen Mitteln dazu überredet werden, innerhalb einer Woche gegen die neugewählten Behörden aufzustehen, selbst wenn es sich bei allen um ihre eigenen Kandidaten für das Amt handeln würde. Von der Klasse der Vertreter, die Kuba nach Washington schicken müsste, kann man unmöglich erwarten, dass sie irgendein Interesse an der nationalen Gesetzgebung haben, außer an der, die ihren eigenen Teil des Landes betrifft. Sie haben keinerlei Sympathien für irgendeinen Teil der Bevölkerung oder Industrien oder Bestrebungen der Vereinigten Staaten. Es wäre unfair, dies von ihnen zu erwarten. Von Geburt und Tradition her sind sie radikal anders als wir. Ihre Isolation von uns wäre nicht geringer, selbst wenn sie Teil unseres Landes wären, und die Folge wäre eine fremde Klasse, die alles fordert und nichts hergibt, genau das, was der Fall wäre, wenn wir Mexiko annektieren würden.

Kanada könnte mit der Zeit zu uns kommen. Einige Staatsmänner auf beiden Seiten der Grenze halten dies für unvermeidlich. Nun, was sein muss, wird sein. Aber vor einer solchen Nationenheirat müsste es eine lange Umwerbung zwischen den Parteien geben. Gegenwärtig herrscht keinerlei Liebe zwischen ihnen, und bis es in dieser Hinsicht eine deutliche Veränderung gibt, wäre die Union auf beiden Seiten zu selbstsüchtig, um für beide sicher zu sein. Wir wollen einige Dinge von Kanada, das ist wahr. Wir haben den größten Teil unseres sichtbaren Bestands an stehendem Holz aufgebraucht, und wir könnten in Kanada für ein Jahrhundert genug finden, um alle Defizite auszugleichen. Aber was würden wir sonst bekommen? Sehr wenig. Wir gehen davon aus, dass Kanada viel von uns kaufen wird. Aber der Mehrheit unserer Bevölkerung scheint nicht in den Sinn zu kommen, dass Kanada kein großes Abnehmerland ist. Kanada hat nicht nur keine reiche Klasse, wie wir den Ausdruck verstehen, sondern seine wohlhabende Klasse ist arm, und die Mehrheit seiner Bevölkerung ist nicht nur sehr arm, sondern hat auch nur sehr wenige Bedürfnisse und Anforderungen, die erfüllt werden müssten, selbst wenn sie über unbegrenzte Mittel verfügten. Die Französischkanadier, die wahrscheinlich die fleißigsten der Bevölkerung sind, leben einfacher, als jeder Amerikaner glauben würde, der nicht viel durch das Land gereist ist. Sie sind so arm, dass sie sich finanziell im Paradies fühlen, wenn sie auf amerikanischen Fischerbooten und in amerikanischen Fabriken Arbeit finden können. Der Lohn der Fabrikarbeiter in den Oststaaten ist sehr gering, wie uns die Gewerkschaften häufig und ohne

Übertreibung mitgeteilt haben, aber er ist unendlich besser als alles, was die jungen Männer und Frauen Niederkanadas zu Hause finden könnten. Das Haus des Französischkanadiers, der völlig zufrieden zu sein scheint, enthält so wenig Möbel, dass es dem armen Handwerker einer Stadt im Norden sehr kahl und leer erscheinen würde. Die in England geborene Bauernbevölkerung ist besser dran, lebt besser und hat einen breiteren und teureren Geschmack. Aber es ist eine Sache, Geschmack zu haben, und eine ganz andere, die Mittel zu haben, ihn zu befriedigen. Die Mittel wären nicht größer, wenn diese Menschen Bürger der Vereinigten Staaten wären, als sie es jetzt sind.

Eine Sache würden wir von Kanada in reichlichem Maße erhalten, wenn wir es annektieren würden, und das sind Schulden. Es ist im Verhältnis zum geschätzten Wert aller Dinge innerhalb seiner Grenzen etwa fünfmal so hoch verschuldet wie die Vereinigten Staaten, und niemand soll glauben, dass die Kanadier dumm genug sein werden, Teil unseres Landes zu werden und einen Teil unserer Schulden zu bezahlen, ohne dass wir ihre eigenen Schulden bezahlen. Die kanadischen Schulden und unsere müssten zusammengelegt werden, mit dem Ergebnis, dass jeder einzelne Steuerzahler der Vereinigten Staaten einen Teil der Zahlung, buchstäblich der Zahlung, für Kanada übernehmen müsste.

Ich weiß, dass viel über die lästigen Fragen gesprochen wird, die sich vollständig klären würden, wenn Kanada Teil dieser Union würde. Aber würden wir sie wirklich loswerden? Das gesamte Gebiet nördlich von uns ist nicht ausschließlich kanadisch. Ein Teil davon gehört noch zu England, und selbst wenn England durchaus bereit wäre, das Dominion vollständig aufzugeben, würde es hier Fuß fassen, und sei es nur, um sich durch die Fischerei eine Nahrungsquelle zu sichern. Vor fast zweihundert Jahren, als die britischen Inseln noch lange nicht so bevölkert waren wie heute und das Meer entlang der gesamten britischen Küste eine reiche Ernte einbrachte, kämpfte England erbittert gegen Frankreich in der Fischereifrage, und Amerika sympathisierte so sehr mit Frankreich, dass es ihm nach besten Kräften half. Solange England also irgendwo an unserer Grenze liegt, wäre es sinnlos, uns vorzustellen, es als möglichen Feind los zu sein. Es könnte Truppen und Kriegsmaterial genauso leicht auf jeder großen Insel oder Landzunge in der oberen Hälfte Nordamerikas konzentrieren wie in Kanada. Sie wäre vielleicht nicht ganz so nah an unserer Grenze und hätte nicht so viele Möglichkeiten, sie zu überqueren, aber sie wäre weit genug entfernt, als dass wir sie so genau beobachten könnten.

Die einzigen Zwecke der Annexion, da Menschen nicht mehr aus dem vorgeblichen Grund gestohlen und getötet werden, dass wir Christen aus ihnen machen wollen, sind, etwas zu bekommen, das um seiner selbst willen wertvoll ist, oder einen Überflussort für die überschüssige Bevölkerung zu finden. Keiner unserer Nachbarn ist reich, außer durch Schulden. Sie haben nichts, was wir wollen und was wir nicht billiger durch Kauf bekommen können, als auf Kosten von Zeit, Geld und Geduld, die selbst eine friedliche Annexion erfordern würde.

Was die Überflussbehälter betrifft, so haben wir bereits genug, um ein oder zwei Jahrhunderte zu überstehen. Glauben Sie nicht der Geschichte, dass es kein staatlich gefördertes Land mehr gibt, das sich lohnt, und dass es in den Vereinigten Staaten keine Chancen mehr für den armen Mann gibt. Ich weiß, dass solche Geschichten häufig von denen erzählt werden, die angeblich am besten darüber Bescheid wissen. Die jüngeren Männer der Bauerngemeinden des Westens, einige Tausend an der Zahl, schreien seit Jahren, um das sogenannte Territorium Oklahoma betreten zu dürfen. Aber selbst wenn jedem der meisten dieser Männer ein Viertel des Landes im Garten Paradies gegeben würde, wie er vor Adams Sündenfall existierte, würden sie immer noch nach einem neuen Standort Ausschau halten. In den neuen Ländern gibt es eine große, unzufriedene Masse von Menschen, die nicht mithalten können. Der Anteil ist genauso groß wie in den großen Städten. Es gibt viele Bauern im Westen, die nacheinander ein halbes Dutzend verschiedener Gehöfte auf Vorkaufsrechten bewohnt haben, ein kleines Stück Land umgegraben, irgendein Haus gebaut haben, das nie fertig wurde, entmutigt oder mutlos oder ruhelos wurden, mit Verlust verkauften oder ihre Ansprüche aufgaben, ihren beweglichen Besitz auf einen Wagen oder ein Boot packten und sich auf die Suche nach einem neuen Land machten. Ihr Impuls scheint genau der eines kleinen Jungen zu sein, der angelt. Er scheint immer zu glauben, dass die Fische ein Stück weiter besser anbeißen, entweder flussaufwärts oder flussabwärts, es ist egal, wo, und er wandert von einem zum anderen, weil Wandern viel einfacher ist als Angeln. Das nicht vermessene Gebiet der Vereinigten Staaten ist immer noch riesig. Zwischen der Stadt New York und dem Ohio River gibt es immer noch Hunderttausende Morgen guten Landes, auf denen nie das Geräusch der Axt des Holzfällers widerhallte oder das Pfeifen oder Fluchen des Pflügers vernommen wurde.

Vor einigen Jahren sagte mir der Präsident einer bedeutenden Eisenbahngesellschaft, einer Hauptlinie, dass Hunderte von Meilen des Landes seiner Firma in keiner Weise zur Erhaltung der Straße beigetragen hätten. Es wurde nichts produziert und kaum etwas wurde über die Straße dorthin transportiert. Und er wollte wissen, ob ich ihm einen möglichen Grund nennen könne, warum Einwanderer zu Hunderten über die Linie zu tausend Meilen entfernten Zielen gingen, wenn doch so viel gutes Land darauf wartete, bestellt zu werden, und das Land mehrere hundert Meilen näher an den Märkten lag als das Land, in das sie gingen. Ich konnte ihm keinen Grund nennen, außer zu behaupten, dass es in der menschlichen

Natur liege, zu glauben, dass die am weitesten entfernten Orte die größten Vorteile böten.

Sogar im Staat New York mit seinen fünf oder sechs Millionen Einwohnern gibt es große Countys, und auch nicht in der Adirondack-Region, von denen heute nicht mehr als die Hälfte des guten Landes bebaut wird. Das Land ist nicht schlecht, die Entfernung zu Eisenbahnverbindungen und Märkten ist nicht groß. Alles ist für die Siedler günstiger als in einigen Teilen der Weststaaten, die sich schnell füllen, und dennoch passiert der Einwanderer all diese Orte und zieht weiter weg, und wer bereits dort ist, ist oft unzufrieden und begierig darauf, zu verkaufen und irgendwohin zu gehen, anscheinend ohne anderen Grund, als einen Neuanfang zu machen. Die Bergländer aller älteren Staaten enthalten noch immer riesige Mengen wertvollen Bodens, der pro Hektar ertragreichere Ernten liefern könnte als irgendein Weizenland in den begünstigsten Teilen der Vereinigten Staaten. Der Boden, den der Staat Tennessee vor einigen Jahren für sechs Cent pro Acre auf den Markt brachte, um ihn in persönlichem statt öffentlichem Besitz zu haben und in der Hoffnung, in Form von Steuern etwas davon zu bekommen, ist so gut wie viele der wertvolleren Teile der Oststaaten. Das gesamte Tafelland der Bergkette, die die Oststaaten vom Westen trennt, ist nur spärlich besiedelt. Nicht viel davon kann für den Anbau großer Grundnahrungsmittel genutzt werden, aber alles davon ist wertvoll für etwas, das sich in Profit verwandeln ließe. Es ist besserer Boden, als die Schweizer in ihrem Heimatland gut leben, und von Natur aus viel besser als der Boden einiger der wohlhabenderen Provinzen Frankreichs. Basierend auf der Bevölkerung des Staates New York, der in seinen landwirtschaftlichen Bezirken sicherlich nicht überfüllt ist, hat diese Nation Platz für alle Menschen, die in den nächsten zwei oder drei Jahrhunderten hier geboren werden oder die auf irgendeine Weise dorthin einwandern können.

Wir brauchen für die Angehörigen unserer Bevölkerung, die keine Kriminellen sind, keine Überbrückungsorte, und wir können uns darauf verlassen, dass diese Klasse ihre eigenen Auswege und Zufluchtsorte findet, ohne Hilfe von der Regierung oder dem Volk.

ELEKTRISCHES GEBÄUDE.

KAPITEL XV.

DER INDIANER.

E N ist noch nicht lange her, dass die Indianer in den Vereinigten Staaten Gegenstand heftiger Diskussionen und Besorgnis waren.

Er hatte die Angewohnheit, zu unerwarteten Zeiten und an unerwarteten Orten auszubrechen. Er konnte im Winter ruhig bleiben, wenn der Schnee tief lag und das Lagerhaus des Reservats so voll mit Vorräten war, dass er keine Chance hatte, hungrig und folglich wütend zu werden. Wenn jedoch die Frühlingssonne den Schnee wegschmolz und das Gras an die Oberfläche brachte, so dass es billiger war, ein Pony im Gras mästen zu lassen, als es zu töten, während es mager war, nahm der Indianer seinen Mut zusammen und feuerte sein Gewehr ab – das immer gut war – und begab sich auf den Kriegspfad. Es war ihm nicht besonders wichtig, wen er töten könnte; aber wenn keine anderen Indianerstämme in der Nähe waren, würde er nicht ohne Skalp nach Hause gehen, selbst wenn er einen Weißen töten musste. Die Entwicklung einiger unserer Territorien wurde für Monate und sogar Jahre durch einige Indianerkriege aufgehalten, die unter sehr fadenscheinigen Vorwänden begannen und die unsere zahlenmäßig verächtliche Armee nicht sofort unterdrücken konnte; und die Wilden schöpften Zuversicht aus der Erkenntnis, die sie nicht ignorieren mussten, dass wir keine kriegerische Nation waren.

Ob nun durch bessere Soldaten oder weniger unehrliche Agenten, in den letzten Jahren hat sich etwas geändert. Die Indianer sind schon lange nicht mehr auf dem Kriegspfad, und einige der spannenden Berichte über Indianerüberfälle im Westen laufen nur darauf hinaus, dass eine Gruppe von Männern gegen den Rat ihrer Kameraden ihr Reservat verlassen hat und sich auf einen Raub- und Mordzug begab, gerade weit genug vor der Militärmacht, um in kurzer Zeit großen Schaden anrichten zu können.

Gleichzeitig drängt sich jedoch immer mehr die Vorstellung auf, dass der Indianer möglicherweise als menschliches Wesen betrachtet werden könne und den normalen Gesetzen und Gebräuchen der Zivilisation unterworfen sei.

Wir alle kennen die alte brutale Bemerkung, die General Sheridan und mehreren anderen Armeeoffizieren zugeschrieben wird, dass der einzige gute Indianer ein toter sei. Aber das ist eine gemeine und grausame Verleumdung. Es gibt sehr viele gute Indianer, und jeder ehrliche Indianeragent sowie jeder Militäroffizier, der viel mit den wilden Stämmen zu tun hat, weiß, dass es in jedem Reservat eine Anzahl von Männern gibt, so roh sie auch sein mögen, die einen beachtlichen Charakter und große Selbstbeherrschung haben und deren Hauptfehler der Nachlässigkeit der Regierung zugeschrieben werden können, die den roten Mann als ihren besonderen Mündel betrachtet.

Der Indianer hat Verstand. Niemand gibt das schneller zu als der Armeeoffizier, der Gelegenheit hatte, gegen einen Indianer zu kämpfen. General Custer war ein guter Soldat und ein erfahrener Indianerkämpfer, aber Häuptling Gall war ein besserer. Die Niederlage Custers wird normalerweise Sitting Bull zugeschrieben, aber dieser alte Grobian hat einfach nur gnadenlos gekämpft; der Verstand des Konflikts – die gesamte Strategie und Taktik – stammte von einem Indianer namens Gall, der noch lebt und vor dessen militärischen Fähigkeiten jeder Offizier unserer Armee großen Respekt, nicht ohne Furcht, hat.

Die blumigen und ausführlichen Reden, die verschiedene Vertreter wilder Stämme durch ihre Dolmetscher an den Großen Vater in Washington gehalten haben, mögen zwar viel Unsinn enthalten, aber das Indianerbüro weiß, dass sie auch eine Menge bewundernswerter Diplomatie enthalten. Vielleicht liegt es daran, dass der Indianer sehr wenig zu denken hat und sich ganz dem Thema widmen kann; aber was auch immer der Grund sein mag, Tatsache ist, dass bei Powwows zwischen Vertretern unseres Indianerbüros und einigen Stämmen im Fernen Westen die Mehrheit der Intelligenz nicht immer auf der Seite des weißen Mannes lag.

Eine weitere unerwartete Entwicklung der Indianerfrage ist, dass die Indianer arbeiten werden. Dies mag angesichts dessen, was eine Reihe von Reisenden und Militäroffizieren in Reservaten im Fernen Westen und an Bahnhöfen entlang der schmalen Linie, die die Zivilisation des Westens mit der der Rocky Mountains und der Pazifikküste verbindet, gesehen haben, wie eine wilde Behauptung erscheinen. Aber glücklicherweise gibt es eine Reihe von Zeugen, die dies belegen; zum Beispiel gelten die Apachen derzeit als der unverbesserlichste Stamm wilder Männer innerhalb der Grenzen unseres Landes. Es wird nicht schwer sein, sich an die Schwierigkeiten zu erinnern, die General Crook erlebte, als er Geronimos berühmte Apachenbande vor einigen Jahren verfolgte, besiegte und zurückrief, als sie bis zu einer Bergfestung in Mexiko verfolgt wurden. Doch als einige der Dämonen, die alles auf ihrem Weg ermordet, vergewaltigt und niedergebrannt hatten, schließlich in das Reservat zurückgebracht und gelehrt wurden, dass sie durch die Bodenbearbeitung etwas Geld oder zumindest den Gegenwert von Geld verdienen könnten, arbeiteten sie härter als jeder amerikanische Bauer, dessen Leistungen jemals verzeichnet wurden. Diese sogenannten faulen Teufel versorgten einen Militärstützpunkt mit Hunderten Tonnen Heu, das jedes einzelne Stück mit den Messern, die die Wilden gerade besaßen, von Hand zerschnitten wurde: sie hatten keine anderen Werkzeuge zum Arbeiten. Sie versorgten den Stützpunkt auch mit Gemüse verschiedener Art und ernährten sich außerdem gut mit den Produkten des Bodens, die sie selbst erarbeitet hatten. Von Indianern bewirtschaftete Farmen sind im Westen keine Seltenheit. Es war die Vertreibung einer alten Indianerin von ihrer Farm oder die Angst vor der Vertreibung, die zur Ermordung des Indianeragenten Meeker in Colorado führte. Ein Indianer namens Ouray war lange Zeit einer der erfolgreichsten und angesehensten Farmer in Colorado. Ouray führte nicht nur sein eigenes Geschäft gut, sondern sorgte auch für Ordnung bei allen Indianern in seiner Umgebung. Seine Methoden waren zwar etwas grob, aber sie waren immer wirksam, und kein Armeeoffizier, den er kannte, zögerte, ihm so blind zu vertrauen, wie er dem Kriegsminister im Augenblick vertrauen würde. Ein Indianer ist heute einer der Landbarone des Westens und hält sein kleines Anwesen nahe dem Zentrum einer großen und blühenden Stadt, trotz aller Versuchungen und Machenschaften von Rumverkäufern, Händlern, Anwälten und anderen Schurken, die versucht haben, ihn um sein Eigentum zu betrügen.

Aber man muss nicht unbedingt in den Westen gehen, um herauszufinden, ob der Indianer funktioniert. Man braucht nur nach Hampton, Virginia, zu fahren, wo die Regierung viele junge Indianer in der von General Armstrong geleiteten Normalschule unterstützt. Ich hatte so viel über den ungewohnten Anblick von Indianern gehört, die gut gekleidet und bei klarem Verstand sind, saubere Gesichter und Hände haben, Bücher studieren, Werkzeuge benutzen und sich wie Menschen benehmen – dass ich vor kurzem selbst nach Hampton gefahren bin und mir die Schulen angesehen habe. Zuerst habe ich General Armstrong gefragt, ob der Indianer funktioniert.

„Wird er arbeiten?", fragte der General mit einem fröhlichen Augenzwinkern. „Nun, Sie streifen hier ja selbst den ganzen Tag umher. Ich nehme an, Sie können einen roten Mann von einem schwarzen unterscheiden, wenn Sie ihn sehen. Und Sie werden die Frage zu Ihrer vollsten Zufriedenheit beantwortet bekommen."

Ich tat es und war überzeugt. Ich sah Indianer draußen, die den Boden bearbeiteten, und Indianer drinnen, in den Werkstätten, die mit Werkzeugen so geschickt umgingen wie der durchschnittliche weiße Mann. Ich sah Häuser, die von ausgewählten Indianerfamilien bewohnt wurden – junge Leute mit Kindern, und die „Haushaltsführung" – eines der umfassendsten Wörter der Welt – war in jeder sichtbaren Hinsicht so gründlich, dass jede Familie geeignet schien, in vielen Dörfern des Nordens, die ich gesehen habe, Haushaltsführung und Sauberkeit zu lehren. Ich sah vier Indianer in einem Klassenzimmer, an vier verschiedenen Tafeln, innerhalb von drei Minuten vier ziemlich genaue Karten von Nordamerika zeichnen, auf denen die wichtigsten Seen und Flüsse an ihren richtigen Stellen eingezeichnet waren. Mehrere prominente Amerikaner (weiß) waren damals bei mir, und jeder von ihnen gab für sich selbst zu, dass er es nicht so gut hätte machen können, um sein Leben zu retten; doch einer war einer dieser Eisenbahnmonopolisten, die die Erde besitzen wollen und zumindest ihren eigenen Teil davon im Geiste haben sollen.

Von General Armstrong selbst erhielt ich die folgende kurze Darstellung der Lage in Indien und es ist mir nicht gelungen, eine Autorität zu finden, die ihr auch nur ansatzweise widersprechen könnte.

„Es gibt derzeit in diesem Land (ohne die Alaskaner) etwa 246.000 Indianer, von denen 64.000 zu den sogenannten zivilisierten Stämmen der Choctaw, Cherokee, Creek und Chickasaw gehören. Diese, einschließlich ihrer 16.000 ehemaligen Sklaven, ein rasch wachsender Anteil der Neger, leben im Wesentlichen wie Weiße. Sie zahlen jedoch keine Steuern und erhalten reichliche Einnahmen aus ihren Beteiligungen an Landverkäufen an die Regierung. Obwohl sie Schulen und Kirchen und eine organisierte eigene Regierung haben, werden sie durch ihr Festhalten an der alten Stammesidee zurückgehalten. Dies ist durch und durch fortschrittlichkeitsfeindlich, und der wilde Indianer von heute, der sein Land in Eigenbesitz nimmt und demselben Gesetz unterliegt wie sein weißer Nachbar, wird in zwanzig Jahren wahrscheinlich seinem Bruder im Indianergebiet weit voraus sein, der unter den bestehenden Bedingungen weder das eine noch das andere sein kann.

„Die wichtigsten unzivilisierten Stämme sind die 20.000 Navajos im Südwesten und die 30.000 Sioux im Nordwesten. Die ersten von ihnen haben sich in zehn Jahren fast verdoppelt, besitzen 1.000.000 Schafe und 40.000 Ponys, sind völlig unabhängig und selbstversorgend, aber wild und nomadisch; während die Sioux, die sich gerade so behaupten können, immer noch Opfer des Rationierungssystems sind. Trotz dieses demoralisierenden Einflusses haben sie sich in letzter Zeit bemerkenswert verbessert, hauptsächlich, weil sie Glück mit ihren Agenten hatten. Von den Agenten hängt alles ab, und diejenigen, die für die Sioux verantwortlich sind, haben die Nahrungsmittelversorgung schrittweise verringert, wodurch sie zur Selbstversorgung gezwungen und die jüngeren Männer dazu veranlasst wurden, sich entlang der Flussbetten zu verteilen, wo es Holz und Wasser gibt, anstatt sich in hoffnungsloser Abhängigkeit von den Agenten zusammenzudrängen. An den Ufern des Oberlaufs des Missouri und seiner Nebenflüsse sowie an den Rosebud- und Pine Ridge-Agencies haben die Sioux im Allgemeinen mit dem heidnischen Dorfleben gebrochen und Farmen von einem bis dreißig Morgen Land erworben. Als ich letzten Herbst das Westufer des Missouri entlangfuhr, sah ich Hunderte dieser Farmen mit ihren Drahtzäunen, Blockhütten mit dem zusätzlichen Tipi, Stapeln von Getreide und Heu und überall Männer, die auf den Feldern arbeiteten, neunzehn von zwanzig in Zivilkleidung. Mit der Ankunft einer besseren Klasse weißer Siedler geht ein besseres Gefühl einher, und der Indianer kann auf keine andere Weise eine solche Bildung erlangen, wie er sie durch den Kontakt mit diesen Menschen erhält.

„Die besten dieser Sioux, von denen 3.500 sich heute selbst versorgen, veranschaulichen, was wir unter ‚fortschrittlichen Indianern' verstehen, und was für sie getan wurde, kann für alle Indianer getan werden. Es ist nur eine Frage der Zeit und der Arbeit. Zwischen der Sierra Nevada und den Rocky Mountains und in Montana gibt es viele tausend Indianer, deren Lage nicht ermutigend ist, hauptsächlich weil es ihnen an entsprechenden Bemühungen mangelt; andererseits gibt es an der Pazifikküste viele, denen es unter dem Einfluss guter Agenten und guter Bedingungen gut geht. Auf Ackerland geht es den Indianern viel schneller besser als auf Weideland.

„Die Regierung hat im letzten Jahr 1.050.000 Dollar für Rindfleisch für Indianer in Reservaten und 1.200.000 Dollar für ihre Ausbildung ausgegeben, und nur zwölftausend von den insgesamt vierzigtausend Kindern, die im schulpflichtigen Alter sind, gehen zur Schule. Mehr Bildung und weniger Rindfleisch ist nötig.

„Eine elfjährige Erfahrung mit indianischen Studenten in Hampton und ein sorgfältiges Studium des Lebens in Reservaten haben mich davon überzeugt, dass die Indianer für fortschrittliche Einflüsse offen sind. Sie sind intelligente und klare Denker, schnell bei technischer Arbeit in Handwerksbetrieben, nicht an ständige Anwendung gewöhnt, aber bereit, sich durchzusetzen. Sie lernen Englisch nicht leicht und scheuen sich, es zu sprechen, während sie den Wert der Zeit nicht schätzen und längere Anstrengungen nicht ertragen können; letzteres ist eine Folge ihres Mangels an körperlicher Kraft, was meiner Meinung nach ihr Hauptnachteil ist. In meinem Umgang mit ihnen habe ich sie wie Männer behandelt und sie als männlich, offen, nachtragend, aber nicht rachsüchtig erlebt; mit einem ausgeprägten Sinn für Gerechtigkeit, bereit, die Strafe für Fehlverhalten auf sich zu nehmen und die Wahrheit zu ihrem eigenen Schaden auszusprechen.

„Von den 247 Schülern, die von der Hampton-Schule nach Hause geschickt wurden, haben drei Viertel mittelmäßige bis sehr gute Leistungen erbracht. Mindestens ein Drittel schneidet ausgezeichnet ab. Es muss immer einen gewissen Prozentsatz schlechten Materials geben, und der durchschnittliche Indianer ist merkwürdig wankelmütig; aber unsere Schüler überraschen uns immer wieder mit besseren Leistungen als erwartet, und das gilt insbesondere für die Mädchen, für die wir oft kaum zu hoffen wagen. Über die Hälfte unserer zurückgekehrten Indianer hatte vorübergehende Rückfälle, aber es gibt nur wenige, die sich nicht erholen. Die meisten verdienen ihren Lebensunterhalt als Lehrer, Mechaniker, Bauern, Fuhrleute, Angestellte usw.

„Die Indianer brauchen gute Agenten, Lehrer und landwirtschaftliche Ausbilder. Sie sind geborene Viehzüchter und ihre Ländereien sind die besten Viehweiden des Landes. Mit den richtigen Männern an der Spitze könnten sie in zehn Jahren einen solchen Anteil ihres eigenen Rindfleisches produzieren, dass sich die Rindfleischausgaben um die Hälfte reduzieren würden.

„Ihnen stehen eine kurzsichtige Wirtschaft und ein Dienst im Weg, der so organisiert ist, dass er sich mit jedem Parteiwechsel ändert. Die Arbeitslinien für den Indianer sind mit ausreichender Klarheit angegeben; das Einzige, was jetzt noch wichtig ist, ist die intelligente Zusammenarbeit seiner Freunde.

„Das Sprichwort ‚es gibt keinen guten Indianer außer einem toten‘ ist eine grausame Lüge und hat großen Schaden angerichtet. Sie sind in vielerlei Hinsicht wie andere Menschen und haben eine faire Chance, erfolgreich zu sein."

Dass der Indianer arbeiten und auch lernen will, wurde erstmals – offiziell – von Captain Pratt von der regulären Armee demonstriert, der sich jetzt in seiner noblen Schule in Carlisle, Pennsylvania, damit beschäftigt, individuelle Probleme der Indianer zu lösen. Die Änderung der Politik der Regierung gegenüber den Rothäuten wird aus gutem Grund Captain Pratts Bemühungen zugeschrieben. Senator Dawes, der sich so hart für das Gesetz eingesetzt hat, das es den Indianern ermöglicht, Farmen zu besetzen, anstatt in barbarischem Kommunismus in Reservaten zu leben, sagt:

„Hier wird die Trennlinie zwischen der gegenwärtigen Politik und der Vergangenheit gezogen; in der Vergangenheit versuchte die Regierung, mit fairen oder unfairen Mitteln, sich der Indianer zu entledigen. Die gegenwärtige Politik besteht darin, etwas aus ihnen zu machen. Diese Politik hatte ihren Ursprung fast zufällig. Vor acht oder neun Jahren schickte die Regierung Captain Pratt mit Kriegern, die mit dem Blut eines gnadenlosen Krieges bedeckt waren, aus dem Indianergebiet nach Florida; und Captain Pratt übernahm in Erfüllung seiner Pflicht die Aufgabe, diese Krieger in Untätigkeit zu halten, ganz gleich, ob die Arbeit irgendjemandem von Nutzen war, solange sie sie von Untätigkeit abhielt. Zu diesem Zweck erhielt er die Erlaubnis, sie Steine von den Straßen aufsammeln zu lassen. Dann heuerte er Damen an, um ihnen das Lesen beizubringen. Aus diesem Experiment von Captain Pratt ist alles andere hervorgegangen. Sehen Sie, was für ein großes Feuer eine kleine Sache entzündet hat!"

Senator Dawes äußert ferner die folgenden treffenden Worte zur Indianerfrage; keinem Amerikaner kann die Bedeutung seiner Bemerkungen entgehen:

„Wenn der heilige Paulus hier wäre und 250.000 Indianer in seinen Händen hätte, denen die Vereinigten Staaten hundert Jahre lang jede Lebensgrundlage rauben wollten und die sie in Unwissenheit aufwachsen ließen, hätte er nie zu ihnen gesagt: ‚Wer nicht arbeitet, soll auch nicht essen.‘ Das haben Sie dem armen schwarzen Mann nicht gesagt; das haben Sie den kleinen Kindern nicht gesagt, die Sie mit Spenden aufs Land schickten, um frische Luft zu schnappen, und Sie sollten das auch nicht zu dieser armen, hilflosen Rasse sagen, hilflos in ihrer Unwissenheit und unwissend, weil wir ihre Unwissenheit gefördert haben. Wir haben mehr Geld ausgegeben, um sie in absoluter Dunkelheit, Heidentum und Müßiggang zu halten, als nötig gewesen wäre, um jeden von ihnen aufs College zu schicken, und jetzt beabsichtigen wir, sie hinauszuwerfen. Wir haben uns durch diese Gleichgültigkeit nicht von der Verantwortung befreit; wir müssen sie wie kleine Kinder an die Hand nehmen und sie aus dieser Unwissenheit herausführen, denn sie vermehren sich unter unseren Händen, und ihr Erbe wird ihnen entrissen, und gute wie auch schlechte Menschen ersinnen Mittel, um es ihnen wegzunehmen.

„Was soll dann aus ihnen werden? Haben wir unsere Pflicht gegenüber diesem Volk erfüllt, als wir zu ihnen sagten: ‚Wir werden euch zerstreuen und zulassen, dass ihr isoliert und zu Vagabunden auf der Erde werdet, und dann werden wir euch den philosophischen Befehl erteilen: ‚Geht und sorgt für euch selbst. Wir haben jeden Dollar eures Besitzes, jeden Morgen eures Erbes. Wir haben mehr von euch getötet, als von euch noch übrig ist. Wir haben eure kleinen Häuser niedergebrannt, und jetzt sind wir zu dem Schluss gekommen, dass es an der Zeit ist, euch den letzten Fuß Boden zu nehmen, auf dem ihr ruhen könnt, und wir werden unsere Pflicht getan haben, wenn wir euch befehlen, für euch selbst zu sorgen.‘‘ So verstehe ich das nicht. Ich weiß, wie aufrichtig und ehrlich alle anderen sind und wie nahe sie wahrscheinlich auch daran liegen, aber ich sage nur, was ich fühle. Ich bin der Meinung, dass jeder Dollar und jede Stunde der Anstrengung, die wir für jeden einzelnen Indianer aufbringen können, Tag und Nacht, zu jeder Zeit, mit Geduld und Ausdauer, mit Freundlichkeit und Nächstenliebe, ihm nicht nur als Sühne für das zusteht, was wir ihm in der Vergangenheit angetan haben, sondern dass wir ihm gegenüber verpflichtet sind, damit er nicht als Vagabund und Bettler ohne Zuhause oder Beschäftigung unter uns in diesem Land bleibt. Entweder das eine oder das andere ist die Alternative; er soll als Vagabund durch unsere Straßen ziehen, von Tür zu Tür betteln und unsere Bürger ausplündern, oder er soll aufgenommen und zu einem Menschen unter uns gemacht werden; zu einem Bürger dieser großen Republik, der in den politischen Körper aufgenommen und zu einem nützlichen und einflussreichen Bürger gemacht wird.“

Präsident Cleveland brachte die Meinung aller nachdenklichen und intelligenten Bürger zum Ausdruck, als er schrieb: „Das Gewissen des Volkes verlangt, dass die Indianer innerhalb unserer Grenzen fair und ehrlich als

Mündel der Regierung behandelt werden *und dass ihre Bildung und Zivilisation im Hinblick auf die endgültige Staatsbürgerschaft gefördert wird*.“

Neben der Möglichkeit zu arbeiten braucht der Indianer auch die Möglichkeit zu lernen, und diese Möglichkeit wird ihm immer mehr gegeben. Ob er lernen *wird*, ist eine Frage, die nicht mehr zweifelhaft ist. General Armstrongs Aussage ist oben wiedergegeben. Captain Pratt sagt: „Es gibt kaum einen Schüler, der am Ende seines fünfjährigen Studiums nicht in der Lage ist, unter zivilisierten Menschen für sich selbst zu sorgen.“ Bischof Hare von der Episkopalkirche, der seit vielen Jahren hervorragende Arbeit unter den Indianern leistet, widmet den Schulen in den Reservaten unermüdliche Aufmerksamkeit, sagt aber: „Ich kann meine Augen nicht vor den unschätzbaren Diensten verschließen, die gut geführte Internate im Osten den Indianern erwiesen haben.“

Wenn wir die Indianer einige Jahre lang wie Menschen behandelt haben, wird es keine „Indianerfrage“ mehr zu diskutieren geben.

KAPITEL XVI.

DIE PRESSE.

D ER Herausgeber ist der große amerikanische Schulmeister. Kein anderer ist es wert, mit ihm verglichen zu werden.

Seine Zahl ist etwa so groß wie die aller anderen Lehrer zusammen. Sein Unterricht findet häufiger statt, dauert länger und kostet weniger als bei allen anderen.

Ihm verdanken 49 von 50 Studenten den einzigen Aufbaustudiengang, den sie je absolvieren. Viele andere hätten ohne ihn überhaupt keine Ausbildung erhalten.

Nicht immer kennt er sich in seinem Fach so gut aus, dass er es nicht besser wissen könnte, aber was er weiß, gibt er beharrlich weiter, auch manches, was er nicht einhält.

Er ist der einzige Einfluss, auf den sich die Öffentlichkeit absolut verlassen kann, wenn es darum geht, jedes Unrecht zu korrigieren, das trotz der Bemühungen und Eide der Gesetzgeber erduldet wird. Wenn das Gesetz träge und die Gesetzgeber käuflich sind, ist es der Herausgeber, und nur der Herausgeber, der der Öffentlichkeit zu Hilfe kommt. Die Öffentlichkeit wird dies nicht von sich aus tun. Sie scheint ihre Pflicht als erfüllt zu betrachten, wenn sie ihre Stimme abgibt. Vor mehr als einem halben Jahrhundert, als Herausgeber ihre Seelen nicht für ihr Eigentum halten sollten, sagte der erste Napoleon: „Vier feindliche Zeitungen sind mehr zu fürchten als tausend Bajonette." Napoleon wusste sicherlich, wie wertvoll Bajonette waren.

Die Zeitung ist ein universelles Tribunal. Sie ist ein öffentliches Gericht, und jeder erhält dort Gerechtigkeit zu geringen Kosten, je nach Fall ein, zwei oder drei Cent. Der Herausgeber ist der Anwalt, zu dem der arme Mann zwangsläufig gehen muss. Sein Gericht ist ein Billigkeitsgericht, und schließlich sind es Billigkeitsgerichte, zu denen wir alle gern Zuflucht suchen, wenn wir auf eine endgültige Entscheidung bestehen.

Er ist der Anwalt des Volkes. Bevor ein Gesetz in der Legislative oder im Kongress vorgeschlagen werden kann, um ein Unrecht rückgängig zu machen oder ein Recht zu stärken, hat der Herausgeber es bereits vorgeschlagen, beide Seiten diskutiert und eine Entscheidung getroffen, häufig ein Dutzend oder zwanzig Entscheidungen, die die Öffentlichkeit als zutreffend anerkennt oder betrachtet. Manchmal greift er ein Thema als Erster falsch auf, aber er wird Korrekturen und Verbesserungen schneller zulassen als jeder Richter oder jede Jury, die es je gab. Er gibt vielleicht nicht immer zu, dass er seine Meinung geändert hat, dass er seine Meinung geändert hat oder dass er seine Meinung geändert hat, aber die Änderung ist für jeden, der seine Zeitung liest, trotzdem erkennbar.

Er ist der einzige Biograph und Historiker, den die Masse der Bevölkerung lesen kann. Und er gibt

GALERIE DER BILDENDEN KÜNSTE.

für einen bestimmten Geldbetrag mehr Informationen als die billigste Leihbibliothek der Welt.

Der Herausgeber ist auch als gesellschaftliches Barometer von unschätzbarem Wert. Wie Thackeray einst sagte: „Die Zeitung ist typisch für die Gemeinschaft, in der sie gefördert und verbreitet wird; sie spiegelt ihren Charakter ebenso wider wie ihren Zustand." Das ist für manche Gemeinschaften und für die Leser bestimmter Zeitungen eine sehr harte Angelegenheit, aber dennoch wahr.

Selbstlose Denker, denen das Wohl der Gemeinschaft am Herzen liegt, sind immer die Menschen, die den Herausgeber am meisten schätzen. Wendell Phillips, der über dreißig Jahre lang von etwa der Hälfte der Herausgeber des Landes beschimpft wurde, sagte: „Lassen Sie mich die Zeitungen machen, und es ist mir egal, was von der Kanzel gepredigt oder was im Kongress beschlossen wird." Viele Jahre zuvor sagte Thomas Jefferson, einer der Gründerväter unserer Regierung: „Wenn ich entscheiden müsste, ob wir eine Regierung ohne Zeitungen oder Zeitungen ohne Regierung haben wollen, würde ich Letzteres vorziehen."

Der Redakteur hat sich in den letzten 25 Jahren schneller entwickelt als die Vertreter irgendeines anderen Berufs. Theologen, Ärzte und Anwälte gehören alle einer Schule der einen oder anderen Art an, aber in den letzten Jahren ist eine neue Schule des Journalismus entstanden, die als unabhängig bezeichnet wird und bei den Zeitungslesern so beliebt geworden ist, dass die Zahl der Professoren und Studenten in diesem Bereich mit äußerst erfreulicher Geschwindigkeit zunimmt.

James Gordon Bennett Jr. erklärt einen Unterschied deutlich, wenn er sagt: „Es gibt einen großen Unterschied zwischen Zeitschriften – manche sind Zeitungen, manche sind Organe. Ein Organ ist einfach eine täglich erscheinende Broschüre, die im Interesse einer Partei, einer Person oder einer Agitation veröffentlicht wird." Aber die Organe sind nicht mehr so zahlreich wie früher.

Wer hätte sich vor dem Bürgerkrieg vorstellen können, dass es in einem großen politischen Wahlkampf vor einer Parlamentswahl in diesem Land Dutzende, ja fast Hunderte von unabhängigen Zeitungen geben würde? Es gab Zeiten, da konnte eine Zeitung nur existieren, wenn sie ein Partei- oder Privatorgan war. Doch die Zeitung hat sich allmählich von einem bloßen parteiischen oder persönlichen Sprachrohr zum Sprachrohr ihres eigenen Eigentümers entwickelt. Heutzutage muss sich kein richtig qualifizierter Journalist mehr aus finanziellen Gründen einer Partei anschließen. Wenn er die Fähigkeit besitzt, eine gute Zeitung zu machen, ist er völlig frei, seine eigene Meinung zu äußern, egal wem er damit hilft oder schadet, und diese Position ist so erfreulich, dass sehr viele Redakteure sie offenbar nur aus dem bloßen Vergnügen heraus übernehmen, ihre eigene Meinung zu äußern. Bei den letzten Parlamentswahlen war der Mangel an starken Parteiorganen, selbst in den größten Städten, wo man sie am dringendsten benötigte, ein allgemeines Thema unter praktischen Politikern, und es ist bekannt, dass einige Zeitungen nur deshalb den Besitzer wechselten, um in Parteiorgane umgewandelt zu werden, und dass es häufig so schwierig war, die Kontrolle über bestehende Zeitschriften zu erlangen, dass neue gegründet werden mussten, nur um den jeweiligen Parteien Sprachrohre zu liefern. Dies kann als Kompliment an das persönliche Interesse des Durchschnittsjournalisten oder an seine persönlichen Fähigkeiten angesehen werden. Aber was auch immer es ist, es spricht für den Berufsstand und ist ein Ergebnis, das vor 25 Jahren nicht zu erwarten war.

Heutzutage wünscht sich jeder wirklich fähige Journalist, ganz gleich, welcher Partei er angehört, Eigentümer einer unabhängigen Zeitung zu werden. Es ist unmöglich, dass er nicht erkennt, dass die unabhängige Zeitung nicht nur am häufigsten zitiert und am meisten besprochen wird, sondern auch am profitabelsten ist. Eine Zeitung, die von beiden Parteien gelesen wird, hat mit Sicherheit mehr Abonnenten, Käufer und Anzeigenkunden als eine Zeitung, die ihre gesamte Inspiration aus der Plattform bezieht, die von einem einzigen Kongress gebildet wird. Der unabhängige Herausgeber hört sich im

Kongress von Männern beider Parteien zitiert; und diese gleichen Männer werden wahrscheinlich innerhalb einer Woche murren und fluchen, wenn sie von denselben Männern gemaßregelt werden, deren weise Worte sie sich vor kurzem zunutze gemacht haben.

Die Möglichkeiten der Presse, Gutes zu tun, können nicht überschätzt werden, da die Unabhängigkeit des Journalismus nun praktikabel und auch eine geschäftliche Versuchung ist. Die öffentliche Meinung kann schneller durch tägliche Appelle und Argumente gebildet werden, die der Zeitungsleser in Ruhe durchsehen und dabei innehalten kann, wann immer er möchte, um über das Gelesene nachzudenken, als durch alles, was in Wahlkampfreden oder Zeitschriftenaufsätzen oder Büchern der bekanntesten Schriftsteller und Spezialisten erscheinen kann. Der Herausgeber hat in der Regel die alte gestelzte Form des Aufsatzes aufgegeben und bringt seine Argumente in die gewöhnliche Umgangssprache, mit einfachen Illustrationen und überzeugenden Anwendungen, soweit die Worte reichen. Wenn es nicht so klingen würde, als würde man ihm zu viel Kompliment machen und ihn eitel machen, wäre es nicht unfair zu sagen, dass seine Methode die gleiche ist, in der der wertvollere Teil der vier Evangelien geschrieben wurde. Er hat gelernt, dass die politische Macht nicht mehr in den Händen der gebildeten Klassen liegt, sondern dass alle Teile der Gesellschaft fühlen, lesen und denken; und dass, da jeder Mann eine Stimme hat, seine Argumente umso einfacher und klarer sein müssen, je größer das Publikum ist, zu dem er spricht. Folglich bietet uns die Presse eine Klasse von Debattierern, wie sie die Welt noch nie zuvor gekannt hat und wie sie kein anderes parlamentarisches Gremium der Welt heute oder in naher Zukunft zu haben hoffen kann.

Da der Herausgeber immer freier von Parteizwängen und -bindungen ist, erweitert und vertieft er ständig die Interessen, denen er sich widmet. Heutzutage gibt es in den Vereinigten Staaten kaum eine Zeitung, die sich ausschließlich auf politische Themen beschränkt. Alles, was mit menschlichen Interessen, Sozialökonomie, moralischen Reformen und sogar den Vorlieben und Vergnügungen der Menschen zu tun hat, ist ein geeignetes Thema für den Herausgeber. Er ist nicht nur Lehrer; er ist Prediger, und er predigt an sechs Tagen in der Woche statt an einem. Tatsächlich dehnt er seine Predigten häufig auch auf den siebten Tag aus, zum großen Ärger der Prediger, die würdigere Positionen innehaben, aber eine nicht so große Gemeinde haben.

Die Presse muss künftig der wichtigste moralische, politische und soziale Einfluss des Landes sein. Das lässt sich nicht umkehren. Man vertraut ihr immer mehr, liest sie immer mehr, verlässt sich immer mehr darauf, dass sie jeder Notlage gewachsen ist, und man muss ihr gerecht werden, dass sie selten Erwartungen enttäuscht – eine Aussage, die man von keinem

Staatsmann, außer den allerbesten, mit dem geringsten Wahrheitsgehalt machen kann. Vor Jahren wurde Lamartine als Träumer ausgelacht, als er sagte: „Zeitungen werden letztlich die gesamte Literatur verschlingen; es wird nichts anderes mehr veröffentlicht als Zeitungen", aber Lamartines Prophezeiung erfüllt sich rasch. Die Zeitung dringt in jede Abteilung der Literatur ein und bietet dem Leser das Beste zum niedrigsten Preis.

Von Zeit zu Zeit herrscht in Gerichten und unter Anwälten ein großes Aufsehen über das, was sie gern als „Prozess durch die Zeitung" bezeichnen, und es ist erstaunlich, dass, bevor ein Gericht einen wichtigen Fall verhandeln kann, der Verlauf des Verfahrens, seine Verdienste und sein wahrscheinlicher Ausgang von der Presse so gut angedeutet wurden, dass das Interesse an dem Prozess selbst verhältnismäßig gering ist. Zeitungen werden so allgemein für Informationen und Meinungen herangezogen, dass es vor kurzem, als einer der berühmten Stadträte von New York vor Gericht geladen wurde, nach den Geschworenengesetzen des Staates unmöglich war, auch nur einen einzigen kompetenten Geschworenen in einer Stadt zu finden, deren Bevölkerung anderthalb Millionen betrug. Jeder hatte sich eine Meinung gebildet, und die Meinungen stimmten im Allgemeinen überein. Sie hatten die Zeugenaussagen gesehen – sie von allen Seiten und aus allen Blickwinkeln diskutiert gesehen – so klar diskutiert, dass sie keinen vernünftigen Zweifel an der Schuld des Angeklagten hatten. Und all das sahen sie in den Zeitungen.

Es sieht so aus, als ob die Zeit kommen könnte, in der Anwälte, Gerichte, Geschworene und Richter alle vom Herausgeber ersetzt werden und bald darauf auch Lehrer und Prediger Angst bekommen könnten. In einem solchen Fall besteht keine Gefahr, dass der Herausgeber eingebildet wird. Er hat immer ein regulierendes Prinzip zur Hand. Es befindet sich direkt im Rechenzimmer am Schreibtisch des Buchhalters. Die Öffentlichkeit kann ihre Meinung über eine Zeitung genauso schnell ändern wie über einen politischen Kandidaten; und wenn dies geschieht, erfährt der Herausgeber dies sofort durch eine Reihe von Zahlen, die niemals lügen dürfen.

Weil all dies wahr ist – und jeder gibt zu, dass es so ist –, versuchen viele Männer mit mehr Ehrgeiz als Verstand, auf einen Schlag vollwertige Redakteure zu werden. „Narren stürzen sich in Dinge, die Engel fürchten." Engel, die unvergleichliche Möglichkeiten haben, das wahre Innere der Dinge zu kennen, würden zweimal oder öfter nachdenken, bevor sie versuchen, Redakteur zu werden, ohne zuerst eine mühsame Lehrzeit zu durchlaufen. Es scheint das Einfachste der Welt für einen Mann zu sein, der viel eigenes Geld hat oder, besser noch, etwas Geld, das anderen Leuten gehört, eine Zeitung zu gründen und seine eigenen Meinungen zu äußern – die hauptsächlich aus Voreingenommenheit und Vorurteilen bestehen –, aber das Ende wird mit Sicherheit katastrophal sein. Viele Tageszeitungen wurden in unseren großen Städten gegründet und erreichten eine große vorübergehende Auflage, die später im Nebel der Vergessenheit verschwand und nichts als Schulden hinterließ. Eine erfolgreiche Zeitung ist das Ergebnis natürlichen Wachstums und Zuwachses.

Henry Watterson, Herausgeber des Louisville *Courier-Journal* , sagt: „Der Erfolg eines Zeitungsunternehmens hängt vom Charakter des Mannes ab, der es betreibt – von seiner Fähigkeit, die Wünsche und Bedürfnisse des Publikums, für das sie bestimmt ist, richtig einzuschätzen und seine Zeitung daran anzupassen."

Whitelaw Reid, Herausgeber der New York *Tribune* und jetzt Gesandter in Frankreich, sagt: „Jede große Zeitung stellt einen intellektuellen, moralischen und materiellen Zuwachs dar – die Anhäufung aufeinander folgender Anstrengungen von Jahr zu Jahr – bis sie zu einer Institution und einer Macht geworden ist. Sie ist die Stimme der Macht, die durch zwanzig oder dreißig Jahre ehrlichen Umgangs mit der Öffentlichkeit und gerechte Diskussion aktueller Fragen entstanden ist."

Horace Greeley, der Gründer von Mr. Reids Zeitung, sagte wahrheitsgemäß: „Die Aufgabe einer Zeitung besteht zunächst darin, die Geschichte ihrer Zeit wiederzugeben und daraus dann Theorien oder Wahrheiten abzuleiten, die allgemeingültig sind." Kann irgendein einfacher Nachrichten- und Skandalhändler oder irgendein Mensch, dessen einzige Befriedigung der Wunsch ist, seine eigenen Eindrücke gedruckt zu sehen, diesem Anspruch gerecht werden?

Gewissen, Fleiß und Geld sowie Intellekt sind für die erfolgreiche Leitung einer Zeitung erforderlich. George W. Childs, Herausgeber des Philadelphia *Ledger* , gewann die Sympathie aller anständigen Mitglieder der Herausgeberschaft, als er sagte: „Nur wenige Leute, die die Morgenzeitungen durchlesen, denken an das investierte Kapital, die damit verbundene Arbeit und die Sorgfalt und Angst, die mit der Erstellung dieses Blattes verbunden sind, das so regelmäßig erscheint." Charles A. Dana, Herausgeber des New York *Sun* , sagt: „Die rechtliche Verantwortung von Zeitungen ist eine Realität, aber ihre moralische Verantwortung ist größer und wichtiger." E. L. Godkin, Herausgeber des New York *Evening Post* , sagt: „Nachrichten sind etwas Ungreifbares – eine luftige Abstraktion; um sie zu einer handelsüblichen Ware zu machen, muss sie jemand sammeln, verdichten und in Sprache kleiden, und ihre Qualität hängt vom Charakter der Männer ab, die diese Aufgabe übernehmen."

George William Curtis, Herausgeber von *Harper's Weekly* , räumt den enormen Einfluss der Presse ein und bringt die Meinung erfolgreicher Herausgeber allerorten zum Ausdruck, wenn er sagt: „Wenn die Zeitung die Schule des Volkes ist und wenn Erfolg und Wohlstand der Volksregierung von der Bildung und Intelligenz der Bevölkerung abhängen, dann gibt es keine Funktion in der Gesellschaft, die mehr Gewissen und Können erfordert."

Offensichtlich sind sich Zeitungsleute, die etwas bewegen, ihrer Verantwortung bewusst. Die Presse ist nicht „alles in Ordnung", aber sie scheint so weit von Unrecht entfernt zu sein, wie Gewissen und gesunder Menschenverstand eine irdische Institution nur machen können.

KAPITEL XVII.

DAS SCHULZIMMER.

Der verstorbene Sam Weller sprach einmal von einem Schuljungen, der, nachdem er das Alphabet gelernt hatte, sich fragte, ob es sich lohnte, so viel durchzumachen, um so wenig zu lernen. Millionen Amerikanern kam die gleiche Überlegung, als sie darüber nachdachten, wie viel Zeit sie in der Schule verbracht hatten und wie wenig sie wussten, als sie die Schule verließen.

Es gibt Teile unseres riesigen Landes, in denen die Menschen das Glück haben, Lehrer zu haben, die so wenig über die Theorien des Unterrichts wissen, dass sie ihren Schülern mehr Informationen vermitteln, als das Gesetz verlangt. Aber in den Städten und großen Orten, wo der Unterricht zu einer Wissenschaft aufgewertet oder, genauer gesagt, zu einer Wissenschaft degradiert wurde, wo das meiste Geld für die Schulen ausgegeben wird und wo die Schulzeiten am längsten sind, ist die Verbreitung von „Wie man es nicht macht" einfach erschreckend.

Der Junge vom Land, der nur vier oder fünf Monate im Jahr zur Schule geht, weiß genauso viel wie sein Cousin aus der Stadt, der jedes Jahr neun oder zehn Monate zur Schule geht. Was hat der Stadtschüler davon, dass er doppelt so viel Zeit, schlechte Luft, Rückenschmerzen und Disziplin aufwendet?

Da er die angesammelte schlechte Luft und die Rückenschmerzen nicht nutzen kann, scheint sein einziger Vorteil gegenüber dem Jungen vom Lande in der Disziplin zu liegen. Was bringt ihm diese Disziplin im Erwachsenenleben, auf das ihn das Schulleben vorbereitet?

Macht ihn das zu einem besseren Geschäftsmann? Nein. Und wenn ja, warum kommt dann die Mehrheit der Geschäftsleute in unseren Großstädten aus ländlichen Gegenden? Vor ein paar Monaten war ich zufällig Gast bei einer Dinnerparty, bei der sich mehr als ein Dutzend prominenter Männer aus der New Yorker Geschäfts- und Berufswelt versammelten. Als ich nach einem gesellschaftlichen Brauch von vor dreißig Jahren gefragt wurde, stellte sich allmählich heraus, dass keiner der Gäste in der Stadt New York geboren oder aufgewachsen war, einer Stadt, in der inzwischen alle ständige Einwohner waren.

Ich habe diese Geschichte prominenten Bürgern von Chicago, St. Louis und Cincinnati erzählt und im Gegenzug lange Listen der großen Männer dieser Städte erhalten, die vom Land kamen. Mit einiger Angst und Zittern versuchte ich die gleiche Geschichte bei einem großen öffentlichen

Abendessen in Boston, aber der Mann, dem ich sie erzählte – er war ein Mann, der die Vorfahren aller zu kennen schien – antwortete, dass nicht mehr als einer von zehn Bostoner Brahmanen oder lebenden Geschäftsleuten im Hub geboren wurde.

Der Kongress ist ein repräsentatives Gremium, aber wenn Sie sich das Buch ansehen, das biografische Skizzen aller Mitglieder enthält, werden Sie erstaunt sein, wie wenige Städte und große Ortschaften durch dort geborene Männer vertreten sind. Fast alle Mitglieder sind auf dem Land geboren und aufgewachsen. Gelegentlich werden Sie feststellen, dass ein Abgeordneter oder Senator in Philadelphia oder New York geboren wurde, aber wenn Sie sich den Seitenkopf ansehen, werden Sie feststellen, dass er einen ländlichen Bezirk eines anderen Staates als seines eigenen vertritt.

Dasselbe gilt für die gelehrten Berufe. In Jura, Medizin und Theologie, Kunst, Literatur und Wissenschaft stammen die Männer, die in allen großen Zentren der Bildung und Intelligenz am prominentesten sind, aus irgendeiner Bauern- oder Dorfschule. Die meisten dieser Männer haben im Laufe der Zeit das College besucht, aber wenn Sie einen von ihnen finden und so lange mit ihm sprechen, dass er sich geneigt fühlt, Ihnen sein Herz auszuschütten, stellen Sie fest, dass er an seinem Geburtsort nur eine sehr geringe Schulbildung genossen hat. Da die meisten dieser Männer ihre Kindheit um mindestens ein Vierteljahrhundert hinter sich haben, ist es nicht überraschend, wenn sie von Schuljahren erzählen, die nur drei oder vier Monate dauerten, und von Schulübungen, bei denen die Zahl der Lehrbücher so gering war, dass viele Lektionen vom Lehrer mündlich vorgetragen wurden und Jungen und Mädchen sich mit den Büchern der anderen abwechselten.

Wenn Disziplin, Schuldisziplin, überhaupt etwas zählt, dann müssten diese Berufe voller Männer aus der Stadt sein. Aber das ist nicht der Fall, außer in den unteren Schichten – ganz unten. Aus den städtischen Schulen kommen unzählige junge Männer, die in Priesterseminare und vor allem an Colleges gehen, um eine spezielle Ausbildung zu erhalten. Aber irgendwie sind das nicht die Männer, die in ihren jeweiligen Berufen den Nachwuchs ausmachen.

Wenn die sogenannte Disziplin den in der Stadt zur Schule gehenden Jugendlichen nicht besser macht als seinen Vetter vom Land, wozu ist sie dann gut? Nun, es ist gut, im Klassenzimmer Ordnung zu halten. Je größer die Schule, desto notwendiger ist es für einen Lehrer, für Ordnung zu sorgen. In einem Gebäude mit zwei- oder dreitausend Kindern, wie es in vielen Schulgebäuden der Fall ist, ist strenge Disziplin zu diesem Zweck absolut notwendig. Aber um auf die ursprünglichen Tatsachen zurückzukommen: Warum dauert es sieben oder acht Jahre, um einen gewöhnlichen, einen sehr gewöhnlichen Schulstoff zu vermitteln, den jeder kluge Junge oder jedes kluge Mädchen von fünfzehn Jahren allein und ohne Hilfe in einem Viertel der Zeit bewältigen könnte?

Schulsysteme, sofern vorhanden, scheinen speziell darauf ausgelegt zu sein, die Schule zu einer Maschine zu machen, die den Menschen, die sie leiten, Ehre macht. Bei einer echten Maschine aus Holz und Metall wäre das verzeihlich, aber Kinder sind nicht robust genug, um für eine solche Arbeit eingesetzt zu werden. Außerdem gibt es bessere Verwendungsmöglichkeiten für sie. Es ist nicht verwunderlich, dass Lehrer bei der Schulverwaltung auf sich selbst und ihre eigenen Leistungen achten. Wenn sie nicht auf Nummer Eins achten, sind sie eine Ausnahme vom Rest der Menschheit. Trotzdem ist die Nummer Eins der Lehrer im Vergleich zu den Kindern etwa eins zu fünfzig, und ihre Bedeutung sollte von diesem Vergleichsstandpunkt aus beurteilt werden.

Das Schulsystem scheint auf der Leistungsfähigkeit der dümmsten Schüler zu basieren. Alle anderen müssen kriechen, weil die Dummen nicht laufen können.

Das ist nicht richtig. Wenn Armeen auf diese Weise ausgebildet würden, hätten wir nie Soldaten. Schulen sollten wie Regimenter ihre ungeschickten Trupps speziell ausbilden lassen, damit sie mit den Tüchtigeren mithalten können.

Welche Fächer werden in den öffentlichen Schulen elementar unterrichtet? Rechtschreibung, Lesen, Schreiben, Rechnen, Geographie und Grammatik. Je weiter ein Schüler von einer Großstadt entfernt lebt, desto sicherer ist er, während der ersten sechs oder sieben Jahre einer öffentlichen Schule Unterricht über diese Fächer hinaus zu erhalten. Durch das Lesen zu Hause kann er schon in jungen Jahren für Naturwissenschaften oder Mathematik qualifiziert werden, aber das ist nicht Teil des Systems. Der Lehrer einer stufenweisen Schule freut sich selten, wenn er von solchen Kenntnissen eines neuen Schülers erfährt. Die Schule existiert nicht, um die Intelligenz des Schülers aus der Sicht des Lehrers zu verbessern, sondern um ihm den Unterricht zu geben, den der Lehrer bereits genau kennt und zu dem er gesetzlich verpflichtet ist. Ein Junge kann in den vielen Jahren, in denen er in elementaren Fächern gedrillt wird, die zu den Fächern führen, die er bereits versteht, alles vergessen, was er über Naturwissenschaften, Algebra oder Geometrie weiß.

Auf dem Land sind Jungen oft schon mit 15 Jahren fit genug, um die strengen Prüfungen für die Aufnahme an einem College zu bestehen. Aber ein Junge, der erst mit 8 Jahren zur Schule geht, ist in der Stadt mit 15 gerade einmal fit genug für eine weiterführende Schule, und nicht einmal für eine wirklich weiterführende Schule. Einige der berühmtesten Männer in der Geschichte unseres Landes haben ihr College mit 16 oder 17 Jahren abgeschlossen. Der Lehrplan eines Colleges war damals nicht so anspruchsvoll wie heute. Trotzdem haben die Absolventen von ihrem ersten Eintritt ins öffentliche Leben an sicherlich eine sehr gute Figur gemacht. Einer von ihnen war Alexander Hamilton, der mit 17 Jahren seinen Abschluss machte und ein System der Finanzverwaltung entwickelte, das ein ganzes Jahrhundert aufeinanderfolgender Finanzminister nicht für fähig hielten, zu verbessern. Man könnte eine lange Liste ähnlich berühmter Männer anführen, aber solche Beispiele sind nicht notwendig. Jeder intelligente Mann, der zur Schule gegangen ist, weiß, dass er einen großen Teil seiner Unterrichtszeit völlig zur eigenen Verfügung hatte, da er die Lektionen leicht auswendig lernen konnte; und deshalb waren seine Hände müßig und Satan fand etwas für sie zu tun. Die schlechtesten Jungen in der Schule findet man oft unter den Schülern, die in der Klasse die besten sind, und zwar aus dem ganz natürlichen Grund, dass sie während eines Großteils der Schulzeit nichts zu tun haben.

Im Ernst, was ist an den Elementarfächern, die in unsern öffentlichen Schulen fast überall gelehrt werden, das so viel Zeit in Anspruch nehmen sollte? In den Südstaaten eigneten sich viele der verachteten Schwarzen, Kinder von Sklaven, deren Vorfahren selbst auf Generationen von Sklaven zurückgehen konnten, in ein oder zwei Jahren, in denen sie als Diener in Militärlagern herumlungerten, die Elementarfächer ziemlich gut an. Sobald der Krieg zu Ende war, gründeten Missionsgesellschaften spezielle Schulen, die Lehrpläne entwickelten, die ihrer Ansicht nach für das Verständnis des anglo-afrikanischen Geistes geeignet waren. Natürlich gab es sehr viele dumme Schwarze; aber während einige dieser dummen Kinder Grimassen schnitten und unkünstlerische Bilder auf Schiefertafeln malten, lernten ihre alten Väter und Mütter von

TRANSPORTGEBÄUDE.

dieselben Schulbücher schneller lernen, als die besten Kinder in den öffentlichen Schulen des Nordens.

Sir John Lubbock beklagt: „Tausend Stunden der kostbarsten Keimzeit im Leben von Millionen von Kindern werden damit verbracht zu lernen, dass *i auf e* in ‚*conceptive*‘ folgen und ihm in ‚*conceptive*‘ *vorangehen muss*; dass zwei *e's*, *niemand weiß warum, in* ‚*procede*‘ *und* ‚*extended*‘ zusammenkommen und in ‚*precede*‘ *und* ‚*accede*‘ *getrennt werden müssen*; dass *Onkel* mit *c geschrieben werden muss*, Ankle jedoch mit *k* – während Unterricht in Gesundheit und Sparsamkeit, Nähen und Kochen, der das Leben der Armen erträglich machen sollte, und elementarem Singen und Zeichnen, der es angenehm machen und niedere und erniedrigende Vergnügungen verdrängen sollte, in vielen Fällen fast vergeblich versuchen, Zugang zu erhalten.“

Nehmen Sie den Kurs vollständig durch und was sollte daran so viel Zeit in Anspruch nehmen? Lesen ist sicherlich nicht schwer zu erlernen. Kinder, die nicht zur Schule gehen, lernen es trotz aller Bemühungen, sie davon abzuhalten. Rechtschreibung lernt man effektiver durch Lesen als aus einem Lehrbuch. Zum Schreiben braucht man nur ein Modell, von dem man Kopien machen kann, denn es gibt keinen Geschäftsmann in New York oder in einer anderen großen Stadt, der eine Schreibheftschrift hat. Wenn er das täte, würde er für jede Position, die er innehaben würde, als ungeeignet gelten. Das Erste, was ein Junge nach dem Schulabschluss lernen muss, ist, seine Schreiblektionen zu verlernen. Arithmetik erfordert zweifellos beträchtliche Übung, um dem Schüler perfekte und schnelle Rechenfähigkeiten zu vermitteln, aber da sie ausschließlich aus der Anwendung der ersten vier Regeln besteht, warum wird dann so viel Zeit mit

Lehrbüchern und sehr abstrakten Sätzen und Problemen verbracht? Lehrbücher der Arithmetik scheinen geschickt darauf ausgelegt zu sein, das Kind so lange wie möglich von praktischen Kenntnissen in diesem Fach fernzuhalten. In vielen dieser Bücher werden Beispiele genannt, die praktisch sind, aber erst nach einer langen Rechenarbeit, deren Zweck der Schüler nicht klar verstehen kann. Ein Mensch, der seine Rechenausbildung auf dem Bürgersteig mit einem Stück Kreide erworben hat, wird jedes ihm gestellte Problem alltäglicher Natur genauer und schneller entziffern als sein eigener Sohn oder seine eigene Tochter, die mehrere Jahre in der Schule war, weil er die Beziehungen und Zwecke der Faktoren versteht, die dem Kind nie klar zu werden scheinen.

General FA Walker, einst Leiter der Volkszählung und heute Präsident des Boston Institute of Technology, sagt: „Die altmodische Schnelligkeit und Korrektheit der Verschlüsselung wurde durch die Methoden, die jetzt reformiert werden sollen, weitgehend geopfert. Eine falsche Arithmetik ist entstanden und hat die wahre Arithmetik, die nichts anderes als die Kunst der Zahlen ist, weitgehend verdrängt."

Geographie ist so sehr eine Sache des Sehgedächtnisses, dass niemand, dem das Privileg verwehrt war, diese Wissenschaft während seiner Schulzeit zu studieren, es später für nötig hält, viel Zeit darauf zu verwenden, selbst wenn sein Beruf praktische Kenntnisse des Fachs erfordert. Es ist einfach eine Frage des Sehvermögens und des Gedächtnisses, genau wie die Kenntnis von Orten, die er in größerem oder kleinerem Umfang besucht, doch Geographie ist in den öffentlichen Schulen auf zwei, drei und manchmal fünf verschiedene Bücher aufgeteilt, mit deren Hilfe der Schüler immer wieder dieselben Lektionen durchgeht und am Ende nicht mehr Informationen erhält, als er durch ein paar Tage intensives Studium eines Atlas oder einer Kartensammlung erhalten würde.

Prof. Geikie, eine anerkannte Autorität auf diesem Gebiet, sagt: „Jede geographische Frage sollte so beantwortet werden, dass die Kinder tatsächlich etwas mit eigenen Augen gesehen und zur Kenntnis genommen haben." Das ist vernünftig; es wäre auch praktikabel, wenn Globen und große Karten in den Klassenzimmern vorhanden wären, aber im Allgemeinen fallen sie nur durch ihre Abwesenheit auf.

Es ist durchaus wahr, dass die Grammatik einen großen Teil der Zeit der Schüler in Anspruch nehmen muss. Trotz aller Personen, die sie studiert haben, scheint es heutzutage nur sehr wenige Menschen jeden Alters zu geben, die in der Lage sind, die Prinzipien dieser Wissenschaft so anzuwenden, dass sie regelmäßig richtig schreiben und sprechen. Aber das ist nicht so sehr die Schuld des Schülers und des Lehrers, sondern der Lehrbücher, anhand derer die Wissenschaft studiert werden soll. Gute

Beispiele, anhand derer Erwachsene Grammatik richtiger und schneller lernen als auf jede andere Weise, scheinen für Kinder als zu gut angesehen zu werden, daher erhält man Lehrbücher mit Definitionen, die ihr Verständnis völlig übersteigen – Definitionen, die so unterteilt sind, dass es nichts gibt, was der intelligente Lehrer mehr fürchtet als ein paar intelligente Fragen zu diesem Thema von einem Schüler in der Grammatikstunde des Tages. Ich habe einen intelligenten Mann erlebt, der selbst einen Hochschulabschluss und einen öffentlichen Redner mit hohem Ansehen und elegantem Stil hatte, der mit einem seiner Kinder an einer Grammatikstunde mühte und schließlich verzweifelt aufgab und das Buch durch den Raum warf. Wenn ein Mann mit einem solchen Charakter nicht in der Lage ist, ein Grammatikbuch zu verstehen, was kann man dann von einem Kind erwarten?

Je größer der Gelehrte oder Lehrer, desto größer ist seine Verachtung für Grammatiklehrbücher. Der alte Roger Ascham, Lehrer der englischen Königin Elisabeth, freut sich, zu sagen, dass seine angesehene Schülerin „nach der ersten Deklination eines Nomens und eines Verbs noch nie griechische oder lateinische Grammatik in die Hand genommen hat." Ein berühmterer Lehrer, John Locke, beklagte sich: „Unsere Kinder sind gezwungen, sich unvernünftigerweise in grammatikalischen Untiefen und Untiefen aufzuhalten." Dr. Parkhurst sagte kürzlich: „Ein Junge spricht richtig, wenn er sich korrigieren lässt – und sich nicht mit sprachlicher Anatomie, Chirurgie und Sektion beschäftigt. Ich habe etwa drei Wochen lang auf normale Weise Grammatik studiert – gerade lange genug, um herauszufinden, was für ein Genie manche Leute darin an den Tag legen können, Dinge auseinander zu bringen, die Gott zusammengefügt hat. Es ist ein großartiges Mittel, um die Zeit eines Jungen zu verschwenden und seine Laune zu verderben."

Nun, all diese Routine wird den Kindern aufgezwungen, und die kleinen Schurken verlieren ihren Mut und ihre Impulse durch die Verzögerung, der die Klügeren ausgesetzt sind, und den Mangel an Klarheit, der die Dümmeren zur Verzweiflung bringt. Es wird überhaupt nichts getan, um die Sinne und die körperliche Intelligenz des Kindes zu schulen. Im Ausland tun sie so etwas, aber aus irgendeinem Grund ist es den Amerikanern nicht gestattet, dem Beispiel der Ausländer zu folgen. Offenbar haben unsere Kinder eine göttliche Berufung zu der Handwerksarbeit, die ihnen später in der Welt zuteil werden mag, denn sie erhalten darin sicherlich ebenso wenig Ausbildung wie die zwölf Apostel in Theologie, bevor sie zum Predigen und Lehren berufen wurden. Dem französischen oder deutschen, dem schwedischen und sogar vielen russischen Kindern wird beigebracht, seine Hände und Augen und alle seine Sinne zu gebrauchen, die in praktischen Angelegenheiten eingesetzt werden können, aber das amerikanische Kind bekommt keine Gelegenheit dieser Art, außer in den wenigen Schulen, die mehr oder weniger dem Kindergartensystem entsprechen. Wir haben einige technische Schulen in großen Städten, aber sie werden als Mittel zum Abschluss eines Bildungsgangs angesehen und nicht als Teil des normalen Grundschulunterrichts.

Wenn man mit Mitgliedern von Schulbehörden und Schulinspektoren in großen Städten über technische Bildung spricht, die lediglich den Gebrauch der Hände und Augen bedeutet, ist das Ergebnis im Allgemeinen eine ungeduldige Geste oder ein Wort. Für so etwas ist kein Platz, sagt man uns; außerdem ist es eine reine Vorstellung von Theoretikern. Die meisten Kinder sind dafür nicht gerüstet und würden eher Probleme als Nutzen daraus ziehen.

Nun, bei der Beantwortung von Behauptungen ist Erfahrung wertvoller als Argumente. Vor einigen Jahren brachte ein Mann, der kaum jemals in der Schule gearbeitet hatte, obwohl er Amerikaner war, einige Theorien zum Thema technische Ausbildung aus Deutschland mit hierher. Er ging nach Philadelphia und gründete eine kleine Klasse zur Ausbildung von Lehrern. Die Mehrheit der Lehrer an öffentlichen Schulen spottete über seine Theorien, also schlug er vor, jeden weiteren Widerspruch durch einen praktischen Test zum Schweigen zu bringen. Er gründete eine Modellschule, um zu beweisen, dass das, was er behauptete, praktikabel war. Er wählte nicht die intelligenteren Schüler der öffentlichen Schulen aus, sondern ging absichtlich auf die Straße und sammelte nach dem Zufallsprinzip eine Menge kleiner Gossenschnepper auf, die nie zur Schule gegangen waren oder, falls doch, seitdem ständig die Schule schwänzen. In kurzer Zeit sahen die Leute – denn man musste sie sehen lassen, um sie überhaupt glauben zu lassen –, dass diese unwissenden Straßenkinder in mehreren Bereichen bessere technische Arbeit leisteten, als man sie sonst irgendwo in der Stadt finden konnte, außer in Einrichtungen, die hohe Preise für künstlerische Arbeit zahlten. Sie schnitzten Holz, sie modellierten aus Ton, sie entwarfen Papier, sie prägten Leder und Messing und zeigten sogar ein gewisses Talent für das Gravieren und Kolorieren im Sinne der höheren Künste.

Diese Vorführung hätte dem System Bekanntheit verleihen und es in den öffentlichen Schulen praktisch erproben sollen, aber es geschah wenig mehr als ein paar hellwache Lehrer, die lernen wollten, so zu unterrichten, wie der Theoretiker gelehrt hatte. Einige der Kursteilnehmer gingen anderswo in die öffentliche Schularbeit und haben seither bewundernswerten Erfolg gehabt. In der Stadt Elizabeth, New Jersey, kann jetzt jedes Kind, das dies möchte, eine technische Ausbildung unter der Leitung der öffentlichen Schulbehörden erhalten. Die Arbeit begann in einer einzigen Schule mit einem einzigen Lehrer. Inzwischen wurde sie auf alle öffentlichen Schulen der Stadt ausgeweitet, und zwei Lehrer arbeiten von morgens bis abends hart.

Eine merkwürdige Entwicklung dieses Lehrgangs verdient Beachtung. Elizabeth ist eine Stadt mit sehr vielen großen Industriebetrieben, und die bescheidene junge Frau, die für die technische Ausbildung an den öffentlichen Schulen verantwortlich war, war eines Tages erstaunt, als sie von einer Anzahl Mechanikermeistern aus verschiedenen Betrieben eine schriftliche Anfrage für eine Abendschule zu ihrem eigenen Nutzen erhielt, für die sie bereit waren, freiwillig zu zahlen; und einige von ihnen erzählten dem Lehrer, dass ihre Aufmerksamkeit auf das Thema zuerst dadurch gelenkt wurde, dass ihre eigenen Kinder klarere und schnellere Konstruktionsarbeit leisteten, als sie, diese Meistermechaniker, die ihr ganzes Leben lang in diesem Beruf tätig waren, es je geschafft hatten. So bot sich monatelang das erstaunliche Schauspiel, dass eine Gruppe von Männern mittleren Alters von einer jungen Frau, die selbst überhaupt keine Ahnung von ihrem Beruf hatte, ihr eigenes Handwerk lernte.

Die Hilflosigkeit des durchschnittlichen amerikanischen Lehrers, wenn das Thema technische Ausbildung erwähnt wird, zeigte sich vor einigen Jahren auf amüsante Weise, als einer der mehreren Schulinspektoren, die die Leitung der New Yorker Schulen innehaben, ein Lehrsystem entwickelte, das auf sogenannten Anschauungsunterricht basierte. Er stellte ein Handbuch und eine Reihe von Schaubildern zusammen, und das Schulamt kaufte in seiner Unterstützung eine große Menge davon und stellte sie in den Klassenzimmern auf. Aber es war fast unmöglich, sie anzuwenden, wenn der Schulinspektor nicht selbst die Arbeit in die Hand nahm. Die Lehrer verstanden es nicht. Sie sagten, sie würden es nicht verstehen. In Wahrheit hatten sie selbst nie eine Ausbildung dieser Art erhalten, und das Thema war für ihre Intelligenz so fremd wie Hebräisch oder Sanskrit. Aber man beachte den Unterschied: Als die Nachricht von diesem System in die Wildnis des wilden Westens vordrang, kamen schnell Anfragen und Bestellungen für das Unterrichtsmaterial nach Osten, und mir wurde gesagt, dass ein einziger Staat im neuen Westen dieses System häufiger verwendete als alle östlichen und mittleren Staaten zusammen. Der Westen weiß, was er will; die Lehrer sind näher an den Kindern als im Osten. Dies mag einer der Vorteile oder vielleicht auch der Nachteil des Lebens in einem neuen Land sein. Doch wie dem auch sei, die Folgen scheinen den Wunsch zu rechtfertigen, dass wir alle, zumindest für kurze Zeit, aus den älteren Zentren unserer amerikanischen Zivilisation in ein neues Land verpflanzt werden könnten.

General Walker, Präsident des Massachusetts Institute of Technology, sagt: „Die Einführung von Werkstattarbeit in das öffentliche Bildungssystem wird sich mit Sicherheit äußerst positiv auswirken, da sie den Respekt vor der Arbeit fördert und die falsche und schädliche Neigung unserer jungen Leute überwindet, sich in übertriebene und unterbezahlte Abteilungen zu drängen, in denen sie manueller Anstrengung entgehen können." Col. Auchmuty, der philanthropische Gründer der großen „Trades School" in New York, sagt: „Was wissenschaftliche Schulen für den Ingenieur und den Architekten sind – was die juristische und die medizinische Fakultät für den Anwalt und den Arzt sind oder was die Handelshochschule für den Angestellten ist – das müssen Handwerksschulen für die zukünftigen Mechaniker sein." Präsident Butler, früher Dozent am Columbia College und heute Präsident der großen Modellschule der Industrial Association, sagt: „Die handwerkliche Ausbildung beansprucht die Zulassung nicht als Gefallen; sie verlangt sie als Recht. Der zukünftige Studiengang wird keine prokrustische Struktur haben – absolut und uneingeschränkt gleich für alle Orte und für alle Schulen; Aber es wird ein Prinzip enthalten, und dieses Prinzip wird auf einer wissenschaftlichen Basis beruhen – die höchste Pflicht des Erziehers wird seine Anwendung auf seine eigenen besonderen Bedürfnisse und Anforderungen sein."

Soll die Erfahrung solcher praktischer Pädagogen zugunsten der heute in Mode kommenden antiquierten Lehrtheorien über Bord geworfen werden?

Wer sich fragt, warum Jungen vom Land zu prominenten Stadtmenschen werden und warum es in New York City etwa so viele westliche Männer in der Geschäftswelt gibt wie Männer aus dem Osten, kann dies herausfinden, indem er sich die Unterschiede zwischen den Bildungssystemen in der Stadt und auf dem Land genau ansieht. Wenn ein Dorf auf dem Land zu klein ist, um eine High School zu haben, ist es dennoch im Allgemeinen so, dass die höheren Fächer größtenteils in den gewöhnlichsten Schulen unterrichtet werden. Hochschulabsolventen finden, dass der Beruf des Lehrers eine sehr praktische Möglichkeit ist, ihre Ausgaben zu bezahlen, während sie sich im Land umsehen und überlegen, wo sie eine Anwalts- oder Medizinausbildung beginnen oder vielleicht auf die Kanzel steigen können. Jungen und Mädchen im Alter von zwölf oder vierzehn Jahren können in den Schulen des gesamten neuen Westens Physiologie, Algebra und Geometrie, Naturwissenschaften und Chemie studieren, während Kinder desselben Alters in den großen Städten des Ostens langsam mit den Lektionen und Grundschullehrbüchern der Geographie, Grammatik und Arithmetik ringen. Wenn im Westen Auswahlprüfungen für Kadettenstellen in West Point abgehalten werden, besteht das Problem im Allgemeinen darin, dass die Kandidaten zu jung sind, um die Militärakademie zu besuchen, selbst wenn sie die erforderliche Prüfung bestehen und den Preis gewinnen könnten. Ich selbst war Zeuge einer solchen Prüfung in einer Stadt im Westen, bei der nur zwei Jungen in die engere Auswahl kamen. Diese Jugendlichen, die fähigsten aller Bewerber, waren dreizehn bzw. vierzehn Jahre alt. Sie bestanden anspruchsvolle Prüfungen in Mathematik und bekamen kaum einen Punkt ab. Das ist mehr, als Jungen ähnlichen Alters in den öffentlichen Schulen von

New York, Brooklyn und Philadelphia, den drei größten Städten der Union, erreichen könnten.

Die Geschwindigkeit, mit der Kinder in den neueren Staaten und dünner besiedelten Gebieten Schulbücher durcharbeiten, ist der Grund für die große Zahl sogenannter Colleges, die es in unserem ganzen Land gibt. In den Vereinigten Staaten gibt es mehr Colleges als im Rest der Welt. Ihr Niveau ist nie mit dem der Universitäten Europas vergleichbar – selten mit dem von Yale oder Harvard. Aber sie sind höher als das der normalen High Schools, und der junge Mann oder die junge Frau, die sie besuchen, hat eine sehr gute Allgemeinbildung und ist in der Lage, durch private Lektüre fast in jedem Umfang weiterzumachen. In den größeren Städten des Ostens gibt es nur wenige solcher Möglichkeiten. Es gibt vielleicht in jeder Stadt eine einzige große Institution, wie die High School of Philadelphia oder das Normal College of New York, an der Mädchen unterrichtet werden, oder das College of the City of New York, an das die besseren Jungen geschickt werden, um ein vollständiges College-Studium zu absolvieren, wenn sie dies wünschen. Aber diese gleichen Einrichtungen werden in den neueren Städten in einem Ausmaß nachgefragt und erhalten, das den Oststaatler, der sich mit dem Thema befassen möchte, in Erstaunen versetzen würde.

Das dringendste Bedürfnis unseres allgemeinen Schulsystems sind mehr Lehrer. Mit mehr Lehrern könnte jedem Schüler mehr persönliche Aufmerksamkeit gewidmet werden, und der normale Schulunterricht würde weniger Zeit erfordern. In den Städten ist es die Regel, dass Jungen und Mädchen die Schule in sehr frühem Alter verlassen müssen, um zum Lebensunterhalt ihrer jeweiligen Familie beizutragen. Die meisten von ihnen sind Kinder sehr armer Eltern, die furchtbar hart arbeiten und auf jede erdenkliche Weise sparen müssen, um ihre Familien vor dem Verhungern zu bewahren. Folglich gehen die Kinder arbeiten, sobald sie groß genug sind, um von irgendeinem Arbeitgeber in irgendeiner Art von Beruf angenommen zu werden. Ihre späteren Möglichkeiten, etwas zu lernen, sind notwendigerweise begrenzt. Wenn überhaupt, müssen sie durch allgemeine Lektüre lernen, abgesehen von den wenigen Möglichkeiten, die ihnen die Abendschulen bieten, eine wohltätige Art von Bildungseinrichtungen, die diejenigen, die sie am meisten brauchen, am wenigsten besuchen können, denn wie viel kann ein Junge oder ein Mädchen nach neun oder zehn Stunden Arbeit in einem Kontor, einem Geschäft oder einer Fabrik lernen? Mit mehr Lehrern könnten unsere Stadtkinder bereits mit 14 Jahren eine angemessene Highschool-Ausbildung erhalten und wären besser in der Lage, in der Welt zurechtzukommen, was auch immer ihre Arbeit sein mag.

Die beste Schule für höhere Bildung, die die Menschen in den Vereinigten Staaten je nutzen konnten, ist der Hauslesekurs, den die eine oder andere Gesellschaft innerhalb weniger Jahre entwickelt hat und den einige von ihnen mit großer Sorgfalt und Erfolg durchführen. Es werden Lese- und Lernsysteme entwickelt, Bücher bereitgestellt, Personen ausgewählt, die Prüfungsarbeiten entgegennehmen und prüfen, um die Fähigkeiten der Schüler zu zeigen und Vorschläge zu machen, die die Schüler möglicherweise benötigen, und auf diese Weise hat eine einzige Gesellschaft jetzt achtzigtausend Schüler mit mehr als hundert Lehrern und Inspektoren. Dieses System könnte von den verschiedenen Staaten definitiv mit sehr geringem Aufwand als Teil des lokalen Bildungssystems erweitert werden. Solange die Fehler des öffentlichen Schulsystems nicht geändert oder beseitigt werden, ist es das Wenigste, was der Staat tun kann, um einem intelligenten Kind so viel Trost und Hilfe für die Zeit zu geben, die es durch ungeeigneten Unterricht in den öffentlichen Schulen verlieren musste.

KAPITEL XVIII.

EISENBAHNEN.

Das Eisenbahnproblem ist eine der kompliziertesten und wichtigsten Fragen unserer Zeit. Nichts ist vielleicht so bezeichnend für den Einfallsreichtum, das Können und die enorme Kraft unserer modernen Zivilisation wie der Eisenbahnzug – ein einsamer Mann hält den Hebel, der diese gewaltige Masse aus Holz und Metall steuert, während ihre Fracht aus Gütern und Passagieren mit einer Geschwindigkeit von einer Meile pro Minute an uns vorbeirauscht.

Die Entwicklung der Eisenbahn ist eines der größten Wunder dieses wunderbaren Jahrhunderts. England erhielt seine erste Straße von den Römern im Jahr 415 n. Chr. Für die Fortbewegung der römischen Armeen war die „Römerstraße" notwendig, und die Überreste dieser wunderbaren Bauwerke erregen noch heute die Bewunderung aller Betrachter. Die Gefahren und Verzögerungen der Straßen im Mittelalter und sogar in den Tagen der Postkutschen unserer Väter, die von Schwierigkeiten geplagt und von Straßenräubern terrorisiert wurden, scheinen uns alle einer fernen Vergangenheit anzugehören.

Es ist ein neuer Tribut an das Genie jenes imperialen Volkes, das die Welt in den frühen Zeiten des Christentums beherrschte, dass unsere Leute selbst jetzt, mit all unseren modernen Reisemöglichkeiten, die Notwendigkeit von Straßen zu erkennen beginnen, die denen ähneln, die sie gebaut haben. Der Bauer muss die Produkte seiner Felder oft viele Meilen weit transportieren, um den Bahnhof zu erreichen, und die Zeit und die Mühe, die nötig sind, um seinen Weizen oder Mais über gewundene und schadhafte Straßen zu transportieren, bedeuten einen sehr großen Verlust. In vielen Teilen des Landes sind die Straßen in bestimmten Monaten tatsächlich so unpassierbar, dass der Bauer sein Getreide möglicherweise nicht zu einer Zeit zur Eisenbahn transportieren kann, wenn die Märkte hoch sind, und gezwungen ist, es bis zum Beginn der Saison aufzubewahren und es zu einem viel niedrigeren Preis zu verkaufen. Es gibt ein allgemeines Erwachen der öffentlichen Meinung hinsichtlich der Notwendigkeit von Verbesserungen in dieser Richtung, und in den kommenden Jahren werden wahrscheinlich ebenso viele Anstrengungen in die Verbesserung der Landstraßen gesteckt wie in die weitere Verbesserung und Erweiterung unseres bereits kolossalen Eisenbahnsystems.

Bis zum Beginn des Eisenbahnzeitalters folgten Handel und Reisen den natürlichen Transportwegen – den Wasserwegen. Es gab zwar einige Ausnahmefälle wie die alten Karawanenrouten, die die großen Flüsse kreuzten und Städte im Landesinneren bauten, aber die Wirkung der Naturgesetze im Laufe der Zeit

GARTENBAUHALLE.

herrschte, und diese Städte verfielen, während andere entlang der Küsten und Wasserwege aus dem Boden schossen. Selbst nach der Einführung der Eisenbahn waren die Transportkosten so hoch, dass die Wasserwege immer noch die Hauptrichtung des Handels bestimmten, und erst seit der wunderbaren Verbilligung der Eisenbahntarife – aufgrund des enormen Verkehrswachstums und der Einführung schwerer beladener Waggons und anderer Einsparungen – hat der Eisenweg den Wasserweg dominiert und das untergraben, was seit frühester Zeit eine der Maximen der kommerziellen Entwicklung gewesen war.

In der heutigen Zeit, in der die Frage der Zeit keine Rolle mehr spielt, ist der Transport von Passagieren und Gütern auf dem Wasser so viel billiger als auf der Schiene, dass er sich im Wettbewerb behaupten kann. Wo die Zeit des Passagiers wertvoll ist, verderbliche Waren transportiert werden oder der Händler es eilig hat, seine Sendung abzuholen, ist die Eisenbahn, die praktisch die kürzeste Strecke zwischen den beiden Punkten zurücklegt – Berge durchdringt, Schluchten überspannt und Flüsse überquert – natürlich das notwendige Kommunikationsmittel. Die meisten großen Städte, die in der Erinnerung der noch lebenden Menschen entstanden sind, liegen wie in alten Zeiten an den Küsten oder den Ufern großer Seen oder an den Ufern schiffbarer Flüsse, wobei die Transportmöglichkeiten auf dem Wasser dazu beitragen, diese Zentren der Aktivität und Industrie zu schaffen. Wo sich eine Reihe von Eisenbahnlinien konzentrieren, kann eine große Stadt entstehen – wie Indianapolis; oder wo große Produktionsanlagen existieren, wie in der Nähe von Kohle, Erz und Flussmitteln – wie in Birmingham, Alabama. Aber diese sind verhältnismäßig wenige und können nicht so weit ausgedehnt werden wie Städte, die über das Wasser erreichbar sind. Abgesehen von ihren kommerziellen Nachteilen stellen die Städte im Landesinneren schwierige Probleme dar, zu den wichtigsten gehört die Frage der Abwasserentsorgung und Abwasserentsorgung.

In diesem Land waren die meisten der früheren Eisenbahnen tatsächlich nur dazu gedacht, schiffbare Flüsse miteinander oder mit der Küste zu verbinden. Ihre Erfinder betrachteten den Schienenverkehr offensichtlich als eine Ergänzung der natürlichen Wege und nicht als einen großen Rivalen, der sie in wenigen Jahren dominieren sollte. In anderen Fällen wurden Eisenbahnen in der Anfangszeit einfach entlang der Flussufer gebaut, weil die Menschen erkannten, dass sie, wenn die Flüsse im Winter zugefroren waren, ein anderes Transportmittel brauchten. Diese verstreuten Straßenstücke hier und da wurden in späteren Jahren, als die Möglichkeiten der Eisenbahnentwicklung den Köpfen weitsichtiger Männer aufgingen, durch Verbindungsstücke zusammengeführt und zu viel längeren Straßen umgestaltet. Tatsächlich sind einige der schwierigsten Aspekte des Eisenbahnproblems der Gegenwart darauf zurückzuführen, dass die Eisenbahnplaner in der Anfangszeit die Bedeutung des Systems, das sie einführten, nicht begriffen. Frankreich, Deutschland, Belgien und andere europäische Städte hatten kein ernsthaftes Eisenbahnproblem. Das englische Volk hat jedoch nahezu dieselben Erfahrungen durchgemacht wie wir, und wir sind heute damit beschäftigt, dieselben Fragen zu lösen, die ihm vor fast einer Generation Kopfzerbrechen bereiteten.

Die Immunität der kontinentalen Nationen gegenüber vielen schwierigen Eisenbahnfragen ergibt sich aus der Tatsache, dass sie mit dem Bau von Eisenbahnen begannen, nachdem England und unser eigenes Land dies bereits getan hatten und wir ihre Möglichkeiten ausreichend entwickelt hatten, um die Absurdität vieler der Ideen aufzuzeigen, die bei ihrer Einführung vorherrschten. Man ging davon aus, dass die ersten konzessionierten Gesellschaften eine Eisenbahn genauso bauen würden, wie sie eine Autobahn bauen würden, und dass die Eisenstraße für den Wettbewerb zwischen Einzelpersonen oder Einzelpersonengruppen offen stehen würde, genau wie die normale Autobahn offen stand. In der Konzession der ersten Eisenbahngesellschaft, die eine Linie baute, der Manchester and Liverpool Railway, und in der Tat in allen Konzessionen, die in England vor 1829 erteilt wurden, und in den Konzessionen, die in diesem Land im selben Zeitraum erteilt wurden, kommt diese Idee klar zum Ausdruck. Die Ithaca and Owego Railway, heute ein Abschnitt der großen New York Central-Hauptstrecke, wurde 1828 gegründet. Ein Abschnitt dieser Charta enthält folgende Bestimmung: „Alle Personen, die die oben genannte Maut entrichten, dürfen mit geeigneten und ordnungsgemäßen Wagen die besagte Eisenbahn benutzen und auf ihr reisen, vorbehaltlich der Regeln und Vorschriften, die die besagten Unternehmen im neunten Abschnitt dieses Gesetzes erlassen können."

Es ist offensichtlich, dass die Gründer dieser Eisenbahn die Vorstellung hatten, sie würden einfach eine Mautstraße mit Schienen besitzen und ihre Einnahmen aus der Maut für die Fahrzeuge erzielen, die von Einzelpersonen darüber gefahren werden. Erst nachdem der Eisenbahnbau etwa ein Dutzend Jahre lang vorangekommen war, wurde aufgrund der Art der eingesetzten Kraft und der bis dahin unvorhergesehenen höheren Geschwindigkeit, die erreicht werden konnte, klar, dass die Eisenbahngesellschaft den Dienst auf der von ihr gebauten Straße monopolisieren musste. Dies machte eine völlige Revolution der Prinzipien erforderlich, auf denen alle zukünftigen Konzessionen beruhen sollten. Aber der grundlegende Fehler wurde gemacht. Die Völker des Kontinents begannen mit dem Bau ihrer Eisenbahnen, nachdem diese Tatsache entdeckt worden war, und profitierten daher von den Fehlern ihrer Vorgänger und trafen Vorsichtsmaßnahmen, die sie von vielen unangenehmen Komplikationen befreit haben.

Ein weiterer Irrtum aus Unwissenheit bestand in der Annahme, die Eisenbahn würde ausschließlich zur Personenbeförderung genutzt werden. Die Idee, man könne damit auch „leichte Güter" transportieren, kam den Leuten erst lange nach der Verlegung der ersten Schienen in den Sinn.

Jeder, der diesen Pionieren der Eisenbahnwelt erzählt hätte, dass die Vereinigten Staaten im Jahr 1889 über 160.000 Meilen Eisenbahnstrecke verfügen würden, genug, um die Welt siebenmal am Äquator zu umrunden, wäre für verrückt erklärt worden. Das Eigentum an diesem riesigen Vermögen wird durch Aktien und Obligationen im Gesamtwert von 9.000.000.000 Dollar repräsentiert. Sie erhalten jährlich von der Öffentlichkeit für den Transport von Passagieren und Frachten eine Summe von 1.000.000.000 Dollar, und nach Abzug der Betriebskosten, einschließlich der Löhne von mehr als 1.000.000 Angestellten, bleibt ein freier Ertrag von 415.000.000 Dollar. Mehr als eines der größeren Unternehmen hat einen höheren Ertrag als der der US-Regierung vor dreißig Jahren. Um diese enorme Summe zu verdienen, arbeiten die Bahnen Tag und Nacht, sieben Tage die Woche. In der dunkelsten und stürmischsten Winternacht wie auch am angenehmsten Sommernachmittag brennen die Lokomotiven und die Räder drehen sich unaufhörlich auf den Schienen. Die Arbeit, die sie leisten, ist insgesamt erstaunlich. Im Jahr 1887, dem letzten Jahr, für das vollständige Zahlen vorliegen, beförderten die Eisenbahnen des Landes 428.000.000 Passagiere und legten dabei 10.500.000 Meilen zurück, eine Entfernung, die

450 Erdumrundungen entspricht. Die im selben Jahr beförderte Fracht betrug 552.000.000 Tonnen und die zurückgelegte Entfernung betrug 62.000.000 Meilen.

Es ist ein Gemeinplatz, darüber zu sprechen, was die Eisenbahnen dazu beigetragen haben, das Land zu erschließen und die Segnungen der Zivilisation in die Wildnis zu bringen. Im Westen, wo die Menschen früher selbstgesponnene oder die gröbsten Stoffe östlicher Webstühle trugen, erhalten die Frauen jetzt wöchentlich Modebilder, die noch feucht aus der Presse kommen, und jeder Laden an der Straßenkreuzung hat die neuesten Modelle auf Lager, nicht nur aus den großen Städten unseres eigenen Landes, sondern auch aus den Zentren der europäischen Mode. Das Postsystem folgt der Eisenstraße, die Zeitungen der Großstädte erreichen täglich das entlegenste Dörfchen, und allein über das Wachstum des Bahnpostdienstes ließe sich ein Kapitel schreiben. Die Telegrafenleitungen betreten mit der Eisenbahn Neuland und ermöglichen den Bewohnern der entlegensten Regionen sofortige Kommunikation mit allen Teilen der Welt.

Die Wirkung der Eisenbahn auf die Vervielfältigung und den Austausch nicht nur materieller Produkte, sondern auch auf die Verbreitung der Nachrichten des Tages und die Verbindung der Bewohner des Pazifiks mit denen der Atlantikküste mit einem täglichen intellektuellen Austausch, wodurch sie alle zu einem homogenen Volk zusammenschweißten, ist ein Thema, das die Feder des Historikers noch nicht vollständig behandelt hat. Von Maine bis Texas, wohin man auch geht, man findet, dass die Menschen dieselben Nachrichten lesen, dieselben Fragen diskutieren und denselben belebenden Einflüssen ausgesetzt sind, wobei sich die Ideen der Bauern an den Grenzen im gleichen Tempo ausbreiten wie die der Stadtbewohner, bis so etwas wie Provinzialismus auf diesem Kontinent unbekannt ist. Tatsächlich beklagen sich Ausländer, die unsere Küsten besuchen und eine Vorliebe für das Pittoreske haben, über diese Monotonie und beklagen die Tatsache, dass die amerikanische Stadt oder das amerikanische Dörfchen, ob an den Ufern der großen nördlichen Seen oder an den heißen Küsten des Golfs gelegen, im Wesentlichen dasselbe äußere Erscheinungsbild und dieselben sozialen Bedingungen aufweist.

Es wäre zu viel verlangt, dass dieses großartige Eisenbahnsystem mit seiner beispiellosen Armee von Angestellten und den Einnahmen eines Imperiums ein reiner Segen sein sollte; dass es nicht irgendeinen Ballast in seiner Zusammensetzung enthalten sollte. Wie die meisten humanitären Einrichtungen, selbst die wohltätigsten, hat es sowohl Unheil angerichtet als auch großen Nutzen gebracht. Bis jetzt waren die Bedürfnisse unseres sich rasch entwickelnden Landes so groß, dass Gemeinden überall nach Straßen verlangten, die ihnen das bringen würden, was sie von der Außenwelt brauchten, und Märkte für ihre eigenen Produkte in Reichweite bringen würden. Folglich wurden alle möglichen Anreize für den Bau von Eisenbahnlinien geboten, ohne deren Bau mit solchen Sicherheitsvorkehrungen zu umgeben, wie sie in alten und dicht besiedelten Ländern bereits als notwendig erachtet wurden. Das Ergebnis war in vielen Teilen des Landes ein Überbau der Linien, der spätere Verluste und Schwierigkeiten mit sich brachte und die Entstehung von Missbräuchen und Komplikationen, die zusammen das ausmachen, was als „das Eisenbahnproblem" bekannt geworden ist. Es ist klar, dass die Phase, die man allgemein als konstruktive Phase unseres Eisenbahnsystems bezeichnen könnte, zu Ende ist und dass wir nun in eine Phase der Beschränkungen und Regulierungen eingetreten sind. Die Menschen müssen jetzt lernen, diese großen Frankensteins ihrer eigenen Schöpfung zu unterwerfen und zu kontrollieren.

Frederick Taylor, Präsident der Western National Bank of New York, der sich sein Leben lang eingehend mit der Eisenbahnfrage beschäftigt hat, sagt: „Obwohl die Eisenbahnen wahrscheinlich mehr als alle anderen Institutionen zusammen dazu beigetragen haben, die Vereinigten Staaten zu dem zu machen, was sie heute sind, wird niemand leugnen, dass der unschätzbare Nutzen, den wir aus ihrem Wachstum und ihrer Entwicklung gezogen haben, nicht ganz ‚ohne Übel' war und ist. Wenn man andere Überlegungen außer Acht lässt, ist es nicht ungerecht zu sagen, dass drei Viertel aller Korruption in der Gesetzgebung, unter der wir in den letzten fünfzig Jahren gelitten haben, direkt den Eisenbahnen angelastet wurden; und dass ein sehr großer Teil, vielleicht fast die Hälfte, der Rechtsstreitigkeiten, die unsere Gerichte im gleichen Zeitraum beschäftigten, direkt mit Eisenbahnangelegenheiten in Verbindung standen."

Die große Panik von 1873 war eine direkte Folge des übermäßigen Eisenbahnbaus. Darauf folgten mehrere Jahre schrecklicher Wirtschaftskrise im ganzen Land, in denen Zeit und Geld darauf verwendet wurden, die Trümmer zu beseitigen. Hunderte von Eisenbahngesellschaften gingen bankrott, und Hunderttausende von Menschen, die ihre Ersparnisse in diese Unternehmen investiert hatten, erlitten Verluste und Leid. In unzähligen Fällen wurden die Aktien der Gesellschaften vollständig vernichtet, die Straßen zwangsversteigert und neu organisiert. Auch 1877, als sich das Land gerade von dem Schock zu erholen begann, wurde es lange Zeit durch die Probleme zwischen den Eisenbahngesellschaften und ihren Arbeitern gestört und deprimiert, die in einigen Fällen in Aufruhr und Blutvergießen gipfelten. Eine weitere Periode künstlich angekurbelten Eisenbahnbaus erreichte ihren Höhepunkt in der Panik von 1884, und zwei Jahre später brachten weitverbreitete Streiks unter den Eisenbahnarbeitern erneut die gesamte Wirtschaft des Landes durcheinander. Während dieser gesamten Zeit waren die gesetzgebenden Körperschaften der einzelnen Bundesstaaten und der

Nationalkongress damit beschäftigt, Gesetze zu erlassen, die die beklagten Übel mildern oder beheben sollten.

Die Frage ist so schwierig, dass viele Studenten, darunter auch Herr Taylor, eine Lösung nur in dem Vorschlag einer nationalen Kontrolle der Eisenbahnen im ganzen Land finden können. Herr Taylors Idee ist jedoch, dass diese nicht im Besitz des Staates sein und von ihm betrieben werden sollten, sondern dass die Regierung die gleiche Art von Kontrolle haben sollte, die sie jetzt über die Nationalbanken ausübt; mit anderen Worten, dass die nationale Eisenbahnkommission die Eisenbahnen mit der gleichen Autorität beaufsichtigen sollte, die das Finanzministerium über das nationale Bankensystem ausübt.

Der uneingeschränkte Bau von Eisenbahnen gemäß den Bestimmungen der allgemeinen Eisenbahngesetze, die in den meisten Staaten verabschiedet wurden, nachdem sie 1850 in New York verabschiedet wurden, hat zu zerstörerischer Konkurrenz geführt und einige der heikelsten Punkte des Eisenbahnproblems hervorgebracht. Viele Jahre lang war man der Ansicht, und viele Menschen vertreten auch heute noch die Ansicht, dass der Bau von Eisenbahnen, wie jedes andere Geschäft, dem uneingeschränkten Unternehmertum von Einzelpersonen und Vereinigungen von Einzelpersonen überlassen werden sollte. „Wenn viele Leute es für angebracht halten, ihr Geld in den Bau einer Eisenbahn zu stecken, obwohl nicht genug Verkehr vorhanden ist, um sie aufrechtzuerhalten, und die Straße bankrottgeht, ist das ihre Angelegenheit, nicht unsere; es ist ihr Geld, das verloren geht." So ungefähr äußert sich der Durchschnittsbürger zu diesem Thema. Es könnte keinen größeren Fehler geben.

Zunächst einmal sind die Eisenbahnen öffentliche Straßen und müssen als solche von der Bevölkerung beaufsichtigt werden. Wenn wir in diesem Land im Alltagsgespräch von einer „Straße" sprechen, beispielsweise von Chicago nach St. Paul, dann ist immer davon auszugehen, dass eine Eisenbahn gemeint ist. In den älteren Ländern wird mit der Erwähnung von „Straßen" eine Mautstraße gemeint. Der Grund für die unterschiedliche Verwendung liegt auf der Hand. In alten und besiedelten Ländern existierten die Straßen schon Jahrhunderte, bevor Schienen verlegt wurden, und das Wort „Straße" hat daher weiterhin seine ursprüngliche Bedeutung. Bei uns ist es die Eisenbahnlinie, die als erste Neuland betritt, und es kann Jahre dauern, bis die angrenzende Region ausreichend besiedelt ist, um eine normale Wagenstraße erforderlich zu machen.

Der entscheidende Irrtum in dem populären Argument, dass „die Konkurrenz die Frage der zu vielen Straßen klären wird", liegt in der Annahme, dass eine Eisenbahn wie ein einzelnes Privatunternehmen sei. Wenn jemand in einer Gegend, in der es bereits viele Hutmacher gibt, ein

Hutgeschäft eröffnet und im Kampf um Aufträge bankrott geht, ist er am Ende. Er hat sein Geld verloren, das Geschäft wird geschlossen und das Gleichgewicht von Angebot und Nachfrage bei Hüten ist wiederhergestellt. Aber wenn eine Eisenbahn bankrott geht, hört sie nicht auf diese Weise auf zu existieren. Wo gibt es in diesem Land einen Fall, in dem eine einmal gebaute Straße aufgegeben oder zerstört wurde? Nein; die bankrotte Eisenbahn wird unter den Schutz eines Gerichts und in die Hände eines Insolvenzverwalters gestellt. Sie führt einen erbitterteren Krieg als je zuvor gegen ihre solventen Konkurrenten; denn die bankrotte Eisenbahn ist von der Notwendigkeit befreit, Zinsen für ihre Hypothek zu zahlen oder ihre Schulden zu begleichen, und kann weiterhin zu niedrigeren Preisen als je zuvor Geschäfte machen, denn der Insolvenzverwalter muss sie bis zu ihrer Reorganisation oder was auch immer mit ihr geschehen soll, am Laufen halten.

Das englische Volk hat vor langer Zeit einen Punkt erreicht, dem wir uns schnell nähern: Bevor eine Eisenbahn gebaut wird, müssen die Projcktanten eine Sondergenehmigung einholen und um diese zu erhalten, müssen sie nachweisen, dass ein öffentliches Bedürfnis für die neue Strecke besteht. Jeder, der in den letzten Jahren die Zeitungen gelesen hat, wird sich ohne weiteres an viele Beispiele für die zerstörerischen Auswirkungen des Baus von Strecken in Gebieten erinnern, die bereits gut mit Transportmöglichkeiten ausgestattet sind. Nehmen wir die West Shore Road, die parallel zur New York Central verlief und nicht nur das Kapital ihrer eigenen Erbauer vernichtete, sondern auch einen Rückgang des Marktpreises der New York Central um fünfzig Prozent erzwang, die von einer achtprozentigen Dividende zahlenden Gesellschaft praktisch nicht mehr einbrachte als ihre Fixkosten. Die „Nickel Plate"-Straße, die parallel zur Lake Shore von Buffalo nach Toledo verläuft, ist ein weiteres eklatantes Beispiel dafür. Und noch später kam es zum Bau einer unnötigen Strecke von Kansas City nach Chicago durch die Atchison, Topeka and Santa Fé Railroad, was zu einem Rückgang der Aktien der letztgenannten Gesellschaft von ungefähr dem Nennwert auf weniger als 50 Cent pro Dollar führte, was mit einer gleichzeitigen Einstellung der Dividendenausschüttung einherging.

Aus der fast uneingeschränkten Macht der Eisenbahnbeamten hinsichtlich ihrer Gebühren sind eine Menge Unheil und Übel entstanden. Indem sie einigen Verladern durch geheime Verträge mehr und anderen weniger berechneten, eröffneten sich die Beamten ein Feld unbegrenzter Profite. Eine unangenehme Tatsache, die nicht zu leugnen ist, sind die großen Vermögen, die in den meisten Fällen in die Millionen gehen, die Männer besitzen, die heute oder früher Eisenbahnbeamte mit bescheidenen Gehältern sind und die vor ihrem Amtsantritt nichts hatten. Da die Transportkosten ein so wichtiger Faktor für den Preis von Waren sind, war es für die Eisenbahn ganz einfach, einen Mann zu bereichern und einen anderen in derselben Branche in den Ruin zu treiben oder aus dem Geschäft zu drängen, und dies geschah gemäß den persönlichen Interessen des Mannes oder der Männer, die so die Preise bestimmen konnten. Darüber hinaus war es für die Eisenbahn überhaupt nicht schwierig, eine Stadt zu verarmen und eine andere aufzubauen, indem sie die Preise differenzierte.

Tatsächlich hatte die Eisenbahn die Macht zu bestimmen, ob ein Kaufmann geschäftlich erfolgreich sein sollte oder nicht, ob eine Stadt an Bevölkerung und Wohlstand zunehmen sollte oder nicht. Bei der Untersuchung der New Yorker Eisenbahnen durch das Hepburn-Komitee im Jahr 1879 wurde nachgewiesen, dass das Mühlengeschäft in bestimmten Städten im Norden von New York durch die Gewährung von Tarifen, die Minneapolis und andere westliche Orte begünstigten, ruiniert worden war. In einer Stadt mussten alle Müller bis auf einen ihr Geschäft aufgeben, und bei der Untersuchung wurde festgestellt, dass dieser Mann einen geheimen Vertrag mit der Eisenbahn hatte, durch den sie seine Waren zu viel niedrigeren Tarifen als alle anderen transportierten. Die Kaufleute von New York beklagten sich damals, dass die Diskriminierung der Eisenbahnen gegenüber der Metropole ihren Handel nach Baltimore und an andere Orte verdrängte. Die schändlichen Verträge der Eisenbahnen mit der Standard Oil Company wurden erst vor kurzem entdeckt, als dass sie der Öffentlichkeit noch präsent waren. Man wird sich erinnern, dass die Eisenbahnen das Öl der Standard Oil Company nicht nur zu einem Bruchteil des Preises transportierten, den sie einem bestimmten einzelnen Ölraffinerienbetreiber berechnete, sondern dass sie sogar die Mehrpreise, die sie dem unglückseligen einzelnen Raffinerien aufbrummte, an diese weiterzahlten.

Die Schaffung von Eisenbahnkommissionen in den verschiedenen Staaten und die kürzlich erfolgte Gründung der Interstate Commerce Commission auf der Grundlage eines Gesetzes, das diese Diskriminierungen verbietet, die Erhebung höherer Gebühren für längere Strecken als für kürzere Strecken verbietet und die Bildung von Eisenbahngemeinschaften streng bestraft, trägt wesentlich dazu bei, viele der eklatantesten Übel zu beseitigen, über die geklagt wird. Aber Gesetze können die Menschen letztlich nicht moralisch machen, und wie Präsident Charles Francis Adams von der Union Pacific Railroad kürzlich sagte, „ist eine der Hauptursachen für die Probleme der Eisenbahn das niedrige Maß an kaufmännischer Ehre unter den Eisenbahnbeamten." Die Möglichkeiten für den persönlichen Profit, die unehrliche Eisenbahnbeamte hatten, wurden zwar durch das Verbot diskriminierender Tarife etwas verringert, wodurch sie eine Stadt aufbauen konnten, an der sie beteiligt waren, oder bestimmte Firmen bevorzugen konnten, an denen sie oder ihre Freunde beteiligt waren. Die Möglichkeiten, sich unrechtmäßig zu bereichern, sind ihnen jedoch immer noch nahezu zahllos. Wie Herbert Spencer vor einem Vierteljahrhundert in England bemerkte, als er sich mit demselben Thema befasste, „haben Unternehmen keine Seele." Eine Gruppe von Menschen wird sich zu Handlungen herablassen, die das Gewissen eines einzelnen von ihnen nicht als individuelle Handlung billigen würde. Ebenso wird ein Mensch mit den Rechten und dem Eigentum eines Unternehmens umgehen, als würde er nie daran denken, mit denen eines Einzelnen umzugehen.

Zu den häufigsten Fällen des Missbrauchs ihrer offiziellen Macht zählen der persönliche Kauf von Grundstücken in neuen Gebieten oder Bergbaugebieten durch Eisenbahnbeamte, die dann auf Kosten der Unternehmen Zweigstrecken bauen, um diese Grundstücke zu erreichen und ihren Wert zu steigern; die Gründung von Industrie- oder Handelsunternehmen, bei denen die Eisenbahner oft heimliche Teilhaber sind, und die Aushandlung günstiger Bedingungen für diese Unternehmen, um dann mit der Eisenbahn Verträge abzuschließen, die die Geschäfte unter den Selbstkosten abwickeln; die schnellen Güterlinien, die über viele Straßen führen, außergewöhnlich günstige Verträge mit den Unternehmen haben und in vielen Fällen die individuellen Unternehmen der Eisenbahnbeamten sind. Es ist noch nicht lange her, dass einige dieser Linien tatsächlich mit der eigentlichen Eisenbahn um Fracht konkurrierten und diese mit so geringer Expressgeschwindigkeit beförderten, wie die Eisenbahn es sich leisten konnte, sie in normalen Güterwagen zu transportieren.

Viele der Betrügereien und Missbräuche im Eisenbahnmanagement verdanken ihre Entstehung dem skandalösen Beispiel von Fisk und Gould bei der Erie Railroad. Ein oder zwei der kleinen Tricks, die Gould und sein Partner bei dieser Eisenbahngesellschaft anwandten, geben eine Vorstellung von den Gewinnmöglichkeiten bei unehrlichem Eisenbahnmanagement. Als Gould vor zwanzig Jahren Präsident und Schatzmeister der Eisenbahngesellschaft wurde, hatte die Erie einen sehr günstigen und langjährigen Pachtvertrag für die Chemung- und Canandaigua-Straßen. Die Miete war außerordentlich niedrig, da sie zu einer Zeit abgeschlossen worden war, als die gemieteten Strecken in finanziellen Schwierigkeiten steckten. Laut den Vertragsbedingungen sollte die Pacht gekündigt werden, wenn die Erie die Miete zu irgendeinem Zeitpunkt nicht zahlen sollte. Unter diesen Umständen wurden die Wertpapiere dieser Straßen natürlich für einen Spottpreis verkauft. Gould kaufte diese Wertpapiere durch seine Agenten heimlich für etwa ihr Gewicht in Altpapier auf und wurde so zum alleinigen Eigentümer der Straßen. Dann versäumte er in seiner Eigenschaft als Präsident und Schatzmeister der Erie absichtlich,

FISCHEREI UND LANDWIRTSCHAFT.

um die Miete zu zahlen, wodurch die Straße aus dem Pachtvertrag ausschied und er frei darüber verfügen konnte, wie er wollte. Daraufhin verkaufte er die Straßen für drei Millionen Dollar an die Northern Central Railroad of Pennsylvania.

Die Northern Railroad of New Jersey wiederum verfügte über ein Aktienkapital von 159.000 Dollar und Schuldverschreibungen im Wert von 300.000 Dollar. Sie hatte mit diesem geringen Kapital nie Dividenden erwirtschaften können. Sie wurde zu günstigen Bedingungen an die Erie verpachtet. Dies war ein weiteres Beispiel für Goulds Genie. Auf das Grundstück wurden Schuldverschreibungen im Wert von vier Millionen Dollar und Aktien im Wert von einer Million Dollar ausgegeben, die unter den Verschwörern aufgeteilt wurden. Um diesen Wertpapieren einen Marktwert zu verleihen, wurde ein neuer Pachtvertrag mit der Erie abgeschlossen, durch den diese 35 Prozent der Nettoerträge der Bahn garantierte - genug, um die Zinsen für die enormen neuen Schuldverschreibungen und vier oder fünf Prozent für die Aktien zu zahlen.

Noch ein Beispiel: Die National Stock Yard Company wurde von den Verschwörern gegründet. Die Erie Company legte eine Million Dollar vor und nahm Anleihen in dieser Höhe auf. Anschließend wurden Aktien im Wert von einer Million Dollar ausgegeben, die nicht einen Cent des gezahlten Geldes darstellten und unter der Bande aufgeteilt wurden.

Es ist bekannt, dass es bei fast jeder großen Eisenbahngesellschaft einen Bauring gibt, der alle Verlängerungen und Zubringerstrecken zu den äußerst lukrativen Bedingungen der Eisenbahngesellschaft baut, wobei die Beamten der Eisenbahngesellschaft die Hauptinteressenten an diesem Ring sind.

Abgesehen von all diesen Gaunereien bei der tatsächlichen Verwaltung der Immobilien gibt es die bedauerliche Tatsache, dass die Beamten und Direktoren mit den Aktien ihrer eigenen Unternehmen spekulieren und damit die Interessen der *bona fide* Aktionäre, deren Treuhänder sie sind, verraten. Es ist mehr als verdächtig, dass die Hauptbären, die im vergangenen Winter aktiv die Wertpapiere einiger der Western Roads unter Druck gesetzt haben, mit den Direktoren und anderen Beamten dieser Unternehmen zusammengearbeitet haben. Es ist leicht zu erkennen, dass diejenigen, die die genauen Erträge eines Unternehmens kennen und die Dividendenmöglichkeiten vorhersehen können, bei der Einschätzung des zukünftigen Marktwerts der Wertpapiere allen anderen überlegen sind.

Solange die Inhaber von Eisenbahnanleihen und -aktien jedoch so viel Apathie in Bezug auf die Verwaltung ihrer Besitztümer und die Wahl geeigneter Personen zu ihrer Verwaltung an den Tag legen, verdienen sie wenig Mitgefühl. Es ist bekannt, dass die jährlichen Wahlen der meisten unserer Eisenbahnen reine *Formsache sind* . Die Männer an der Macht verschicken jedes Jahr Formulare, in denen sie um Vollmachten der Aktionäre bitten, und diese leiten sie weiter und ermöglichen es diesen Männern so, an der Macht zu bleiben und die von ihnen kontrollierten Unternehmen praktisch zu besitzen. Wo es einen Kampf um die Kontrolle gibt, findet dieser normalerweise nicht zwischen den Aktionären aufgrund irgendeiner Art von Grundsatz in Bezug auf die Verwaltung des Eigentums statt, sondern zwischen zwei spekulativen Wall-Street-Fraktionen, von denen jede darauf aus ist, sich die Gewinne zu sichern. Solange die Aktionäre amerikanischer Eisenbahnen kein aktives Interesse an ihren Besitztümern zeigen, wie es beispielsweise englische Aktionäre tun, und nicht auf der Veröffentlichung der Jahresberichte vor den Versammlungen bestehen, damit sie an den Versammlungen teilnehmen und ihre Beamten zu allen zweifelhaften Punkten befragen können, besteht wenig Hoffnung auf dauerhafte Reformen. In Fällen, in denen es zu einem Streit kommt, ist es nicht ungewöhnlich, dass eine interessierte Fraktion den Aktionären eine kleine Summe für die Stimmrechtsvollmachten ihrer Aktien zahlt – ein Verfahren, das treffend mit einem Kaufmann verglichen wurde, der einem Einbrecher für einen Dollar in bar die Nutzung des Schlüssels zu seinem Safe für jede Nacht verkauft. So viel zu den Beziehungen der Inhaber von Aktien und Obligationen zu den Männern, die die Unternehmen leiten. Was die Beziehungen der Eisenbahnen zur Öffentlichkeit betrifft, ist klar, dass die jüngste weitverbreitete Diskussion und der heilsame Einfluss der Interstate Commission zu wohltuenden Ergebnissen führen müssen.

Außer der großen Mehrheit der Bevölkerung, deren Interessen indirekt, aber sicher durch jede Manipulation von Eisenbahneigentum und -prinzipien berührt werden, gibt es eine große Armee von Männern, die ihren

Lebensunterhalt und den ihrer Familien durch Arbeit an oder für die Eisenbahn verdienen. Eine Armee? Ja; mehr Männer als je zuvor waren in der größten Armee der Welt zu sehen. Und sie alle sind „effektive" Arbeiter – keiner von ihnen ist unter den „Kranken, Lahmen und Faulen" zu finden. Chauncey M. Depew, Präsident der New York Central Road, sagt treffend: „Mit denen, die tatsächlich im Dienst sind, und denen, die mit Beiträgen beitragen, ist ein Zehntel der Arbeiterschaft der Vereinigten Staaten im Eisenbahndienst; und dieses Zehntel umfasst die energischsten und intelligentesten Männer unter den Arbeitern dieses großartigen Landes. Es gibt zehn Millionen Arbeiter in diesem Land, und sechshunderttausend sind *direkt* im Eisenbahndienst beschäftigt. Mit ihren Familien bilden sie eine größere Bevölkerung als der größte der Staaten."

Mr. Depew sagt mit gleicher Wahrhaftigkeit weiter: „Es gibt keine Demokratie wie das Eisenbahnsystem dieses Landes. Männer werden nicht aus den Salons der reichen Leute geholt und in verantwortungsvolle Positionen gebracht. Männer werden nicht geholt, weil sie Söhne reicher Leute sind, und in bezahlte Positionen im Eisenbahnsystem gesetzt; aber die Vorarbeiter im ganzen Land, die Männer, die den Personenverkehr, den Güterverkehr, die Triebfahrzeugführer und die Buchhaltungsabteilungen leiten und bemannen, sie alle kommen von unten. Wollen Sie das stoppen? Nein! Es werden keine Männer geboren oder sollen geboren werden, die durch Erbschaft die Vorarbeiter, Schatzmeister, Kontrolleure, Rechnungsprüfer, Fracht- und Fahrkartenagenten, die Schaffner, die Rangiermeister werden, die die Meistermechaniker, die Vorarbeiter der Werkstätten der Zukunft sein sollen. Sie werden nicht geboren. Sie müssen gemacht werden und von unten nach oben kommen. Und in jeder dieser Abteilungen, bei jeder Eisenbahngesellschaft in den Vereinigten Staaten, gibt es heute in den bescheidensten Positionen, die die niedrigsten Gehälter verdienen, Männer, die in den nächsten 25 Jahren alle diese Stellen durch Beförderung besetzen werden. Erzählen Sie mir nicht, dass es in diesem Land keine Aufstiegschancen gibt."

Wenn diese Armee murrt, wie es hin und wieder vorkommt, besteht Grund zur Sorge; nicht, weil sie wie die Unzufriedenen anderer Armeen Leben und Eigentum schädigen könnten, sondern weil ihre Probleme fast immer auf Aktienmanipulationen zurückzuführen sind, von denen die Männer keine Hoffnung auf Abhilfe haben. Einige der Unternehmen lassen es zu, dass die Rechte ihrer Angestellten durch keine Geschäftstätigkeit beeinträchtigt werden. Mr. Cornelius Vanderbilt ist wahrscheinlich der größte Eisenbahnbesitzer der Welt, aber er findet Zeit, seine eigenen Angestellten häufig zu sehen, und hat sogar einen schönen Clubraum für sie gebaut und eingerichtet. Er hat auch aktiv die Young Men's Christian Association dabei unterstützt, Leseräume in Eisenbahnzentren einzurichten. Präsident Charles

Francis Adams von der Union Pacific Company fand vor kurzem Zeit, in einem Zeitschriftenartikel den Entwurf eines Systems zur Bindung und Förderung kompetenter Angestellter zu veröffentlichen. Präsident Roberts von der großen Pennsylvania Road ist so stolz auf seine Männer wie jeder General jemals auf seine Armee war.

Diese Eisenbahnmagnaten und andere, die man nennen könnte, geben ein gutes Beispiel, und es ist zu hoffen, dass andere Beamte genug Verstand haben, ihm zu folgen. Es ist schlimm genug, wenn Aktionäre durch Aktienmanipulationen genervt und verarmt werden, aber wenn auch die Angestellten leiden, leidet das ganze Land mit ihnen. Es ist ein unverzeihliches Verbrechen, wenn ein Unternehmen, das eine Straße verwaltet, die ihre Existenz verdient, sich so gut um seine Manager kümmert, dass seine Angestellten streiken und sogar kämpfen müssen, um sich einen existenzsichernden Lohn zu sichern. Eisenbahnstreiks schaden jedem Reisenden, jedem Spediteur, jedem Empfänger im Land. Sie würden nie beginnen, wenn die Manager ehrlich wären. Stecken Sie hier eine Stecknadel hinein und behalten Sie sie im Auge.

KAPITEL XIX.

BANKEN UND BANKWESEN.

uns , dass im Altertum eine Anzahl Hebräer, die in den Städten entlang der Mittelmeerküste verstreut lebten, ein äußerst profitables Bankgeschäft ohne den Einsatz von Kapital betrieben, indem sie in einem perfekten Kreis Scheine aufeinander zeichneten, wobei der auf dem einen Bankier liegende Wechsel vom nächsten Bankier in der Reihe übernommen wurde, und so weiter bis ins *Unendliche* .

Vielleicht ist es nicht angebracht, diese Geschichte allzu genau zu untersuchen, aber es gibt in der Geschichte des Bankwesens viele Beispiele für fast ebenso seltsame und raffinierte Methoden. Erst in relativ kurzer Zeit begannen die Banken, Banknoten in Umlauf zu geben. Die frühen Bankiers waren zumeist bloße Geldverleiher, und diese Art von Bankier entstand schon sehr früh in der Weltgeschichte. Tatsächlich war er das natürliche Ergebnis der Erfindung des Geldes.

„Eine einfache Erfindung", sagt Carlyle. „In der Alten Welt war es ein Viehzüchter, der es leid war, seinen Ochsen durch die Gegend zu schleppen, bis er ihn gegen Getreide oder Öl eintauschen konnte. Er nahm ein Stück Leder, ritzte oder stempelte darauf die bloße Figur eines Ochsen (*pecus*), steckte es in seine Tasche und nannte es *pecunia* , Geld. Doch gerade dadurch wurde der Tauschhandel gefördert; das Ledergeld ist jetzt Gold und Papier, und alle Wunder wurden übertroffen; denn es gibt Rothschilds und englische Staatsschulden; und wer sechs Pence besitzt, ist bis zur Höhe von sechs Pence souverän über alle Menschen; er befiehlt Köchen, ihn zu ernähren, Philosophen, ihn zu unterrichten, Königen, ihn zu bewachen – bis zur Höhe von sechs Pence."

Im Namen der Bankiers wird behauptet, dass sie bis auf Abraham zurückgehen, weil berichtet wird, dass er vierhundert Schekel Silber als Kaufpreis für die Höhle und das Feld von Macpelah abwog, in denen Sarah begraben werden sollte. Aber das ist ziemlich weit hergeholt. Livius schreibt jedoch von den Tischen der Geldwechsler auf dem Forum Romanum, die 300 Jahre vor Christus existierten, und spätere lateinische Schriftsteller beziehen sich mit der Vertrautheit eines heutigen Finanziers auf Einlagen, Schecks und Wechsel, als wären sie allgemein gebräuchlich. In diesen Tagen, in denen die Kapitalisten der Welt vor dem Rätsel stehen, ihr Geld sicher anzulegen, um ihnen drei Prozent zu bringen, ist es erfrischend, sich daran zu erinnern, dass die alten griechischen Bankiers oder Geldverleiher von den verschwenderischen Jugendlichen oder verlegenen Kaufleuten jener Zeit bis zu sechsunddreißig Prozent pro Jahr verlangten. Aristophanes lässt in einer seiner Komödien einen Geldverleiher bitter darüber klagen, dass er nur vier Prozent auf sein Darlehen bekommen konnte. Die griechischen Bankiers nutzten die Tempel als Tresorräume zur Aufbewahrung ihrer Schätze und scheinen die Priester in eine Art Partnerschaft aufgenommen zu haben. Etwas Ähnliches herrschte wahrscheinlich auch bei den Juden, und es ist nicht schwer zu glauben, dass sie Wucherer waren, denn der Erlöser nannte sie Diebe, als er ihre Tische im Tempel umwarf: „Mein Haus soll ein Bethaus heißen, ihr aber habt eine Räuberhöhle daraus gemacht."

In den darauffolgenden Jahrhunderten jedoch scheinen die Bankmethoden verloren gegangen zu sein, bis sie von den Juden wiederentdeckt und wiederbelebt wurden. In der zweiten Hälfte des 12. Jahrhunderts wurde in Venedig eine Bank gegründet, eine weitere 1345 in Genua, und Anfang des 17. Jahrhunderts entstanden in mehreren niederländischen Städten weitere Banken. All diese Banken waren in gewisser Weise Staatsbanken, die dem Staat Geld liehen und ihre Funktionen unter dessen Autorität und Schutz ausübten. Die Juden und die Lombarden, die in ihren Schulen unterrichtet worden waren, waren vom 12. bis zum 15. Jahrhundert fast die einzigen Geldverleiher Europas.

Der erste Geldverleiher in England, der unserer modernen Vorstellung eines Bankiers auch nur annähernd entspricht, war William de la Pole, ein Schiffskaufmann aus Hull, der Eduard III. große Summen lieh, um seine französischen Kriege zu führen. Im Gegenzug übertrug ihm der König die Einziehung der Zölle und der Staatseinnahmen. Er trieb die königlichen Pachtzinsen ein, fungierte als Zahlmeister der Armee und wurde so im Grunde zum königlichen Bankier. Natürlich wurde ihm ein Titel verliehen.

Das Präfix „Sir" wurde später Dick Whittington, dem berühmten Katzenmenschen, für ähnliche Dienste für Heinrich den Vierten und Heinrich den Fünften verliehen. Die Goldschmiede fungierten damals als Geldverleiher und Pfandleiher. Nachdem Karl der Erste etwa eine Million Dollar erbeutet hatte, die sie zur sicheren Aufbewahrung in der Münzanstalt hinterlegt hatten, begannen die Adligen, ihr Geld bei den Goldschmieden zu hinterlegen, die ihnen Zinsen darauf gewährten, und da sie die Verwahrung ihrer Mieten und ihres Einkommens hatten, war es für sie ein natürlicher Schritt, die Goldschmiede zu bitten, das Geld einzutreiben. Die Goldschmiede legten schriftliche Schuldnachweise für die ihnen anvertrauten Beträge vor, und diese wurden oft von den Inhabern zur Begleichung der Schulden übermittelt. Wenn einer dieser Goldschmiede unglücklich spekulierte oder sein Geschäft schiefging, mussten seine Einleger natürlich darunter leiden.

Verluste dieser Art ebneten den Weg für die Gründung der Bank of England im Jahr 1694. Sie wurde von einem Schotten namens William Patterson geplant, der allerdings viele seiner Ideen von der damals erfolgreich tätigen Bank von Amsterdam übernahm. Als Gegenleistung für ein Darlehen von zwölfhunderttausend Pfund Sterling an die Regierung erhielten die Kreditgeber, die die Bank gründeten, bestimmte exklusive Privilegien, und ihr Unternehmen wurde zur Verwahrstelle des Regierungsgeldes und ist dies seither geblieben. Es verfügt nun über die Konten vieler tausend privater Einleger, zahlt die Zinsen für die Staatsschulden, gibt umlaufende Banknoten aus und kontrolliert in gewissem Maße den Zinssatz für Geld in England.

Zur Gründung eines Bankwesens sagt der Kongressabgeordnete Ben Butterworth aus Ohio:

„In den Kräften der Zivilisation finden wir den Bankier an vorderster Front. Es war ein Bankier, der der Welt als erster die Maxime eines ehrlichen Handels beibrachte. Es war die Bank von Venedig, die als erste den Handel regelte und die Meere kontrollierte; es war ein Bankier, der einer Nation als erster beibrachte, dass die öffentliche Treue die richtige Grundlage aller erfolgreichen Bemühungen in der Geschäftswelt ist. Sechshundert Jahre lang bewahrte Venedig seine Ehre unbefleckt und hob die Zivilisation der Welt auf ein höheres Niveau. Im Laufe der Zeit wurden sie von Amsterdam und Antwerpen abgelöst, deren Bankiers jeden Scheck einlösten und jedes Stück Papier bezahlten und der Welt beibrachten, dass es einen Riesen in Handel und Gewerbe gab, der in der Lage war, eine Nation zu erwürgen. Die Bankiers brachten so die Welt zusammen, machten die Nationen der Erde zu einem Mann, einem Gemeinwesen."

Sparkassen entstanden in der Schweiz und wurden hauptsächlich zum Wohle der Armen gegründet. Sie wurden von wohltätigen Personen gegründet, die für ihre Dienste kein Gehalt erhielten und kein Kapital benötigten. Der Zweck bestand eher darin, Arbeiter dazu zu bewegen, von ihrem Verdienst etwas für schlechte Zeiten oder zur Altersvorsorge zu sparen, und daher wurden zunächst nur geringe Anstrengungen unternommen, um mit den Einlagen hohe Erträge zu erzielen. Die erste, von der wir in der Schweiz wissen, wurde 1805 gegründet. Zwölf Jahre später wurden sie in Schottland und England gegründet und kurz darauf in Frankreich. In diesem Land wurde die erste 1816 in Boston gegründet und innerhalb weniger Jahre gab es sie in New York, Baltimore und Philadelphia, und ihr Erfolg in diesen Zentren führte bald dazu, dass sie in allen großen Städten des Landes gegründet wurden. Sie wurden von den Staaten zugelassen und von den Staatsbehörden für ihre ehrliche und umsichtige Verwaltung zur Rechenschaft gezogen. Natürlich unterschieden sich die Vorstellungen der Gesetzgeber in den einzelnen Staaten hinsichtlich der Art und Funktion der Banken etwas, und daher gab es anfangs Unterschiede in ihrer Organisation, die durch spätere Gesetzgebung noch deutlicher geworden sind. Heute gibt es drei verschiedene Arten von Sparkassen: Die erste ist vom primitiven Typ, der ohne Kapital gegründet wird; die zweite sind Aktiengesellschaften und die dritte ist vom Typ einer Treuhandgesellschaft und betreibt neben der bloßen Entgegennahme und Anlage von Einlagen auch Bankgeschäfte.

Als die Bevölkerung zunahm und die Zahl der Banken zunahm und die Gründung solcher Banken allgemein wünschenswerter wurde, brauchten sie nicht mehr in jedem Fall eine spezielle Satzung, sondern durften sich nach allgemeinen Gesetzen organisieren. Die Einlagen bei diesen Banken belaufen sich jetzt auf eine Milliarde Dollar, und die Zahl der Einleger in den nördlichen und mittleren Staaten beträgt etwa drei Millionen. In einigen Kreisen wurden Einwände gegen die Aktiensparkasse erhoben, mit der Begründung, dass ihre Einlagen für die Zahlung von Dividenden gewinnbringend verliehen werden müssen und dass daher größere Risiken eingegangen werden. Dieses Risiko ist noch größer, wenn Sparkassen kommerzielle Geschäfte betreiben dürfen, da sich die von ihnen diskontierten Papiere in Zeiten einer Wirtschaftskrise oder Panik als nicht konvertierbar erweisen können. In einigen Staaten werden den Einlegern unter solchen Umständen der Vorzug gegeben.

Herr TH Hinchman, ein bekannter Bankier aus Detroit, sagt: „Die Änderung des Zwecks und der Politik der ursprünglichen Sparkassen war fortschreitend, aber von fragwürdiger Natur. Sie war nicht das Ergebnis von Erfahrung oder größerer Weisheit, sondern von Unternehmungslust derjenigen, die nach größerem Gewinn strebten. Unterschiedliche Ziele und Zwecke sollten unterschiedlichen, getrennten und angemessenen Gesetzen unterliegen. Wohltätige Institutionen erfordern andere Mitarbeiter und eine andere Geschäftsführung als solche, die auf kommerzieller Basis und mit Gewinnstreben betrieben werden.“ Er argumentiert, dass es getrennte Gesetze für Sparkassen und Treuhandgesellschaften geben sollte, und tatsächlich wird in den Gesetzen der meisten älteren Staaten eine kluge Unterscheidung getroffen. Diese erweisen sich zweifellos als vorteilhaft für alle Banken und Bankiers, da sie ihr Geschäft vereinfachen und erweitern. Die Angestellten von Banken, die ein gemischtes Geschäft betreiben, werden dadurch von Fehlern, Verantwortlichkeiten, Risiken und Sorgen befreit, und Spareinleger entgehen kommerziellen Gefahren und sind frei von Risiken, die durch Misswirtschaft von Personen entstehen, die als Sparkassen werben.

Wer sich noch an die furchtbare Verwirrung erinnert, die vor der Errichtung des Nationalbankensystems herrschte, als die Banknoten der alten Staatsbanken einen beträchtlichen Teil des Umlaufmittels ausmachten, gehört zu den glühendsten Bewunderern des heutigen Systems, zumindest soweit es um die Methode der Ausgabe und Garantie von Banknoten geht. Damals ging der Arbeiter oft am Samstagabend nach Hause und brachte den Lohn seiner Wochenarbeit in Form von Banknoten mit, die von Banken in einem halben Dutzend verschiedener Staaten ausgegeben worden waren, und wenn seine sparsame Frau losging, um sie für den Kauf der lebensnotwendigen Dinge für ihre Familie auszugeben, musste sie zu ihrem großen Bedauern feststellen, dass sie für manche Banknoten nur 90 Cent pro Dollar bekam, für andere 80 Cent, und dass noch andere Banknoten von zu fragwürdiger Beschaffenheit waren, als dass die Ladenbesitzer sie überhaupt akzeptierten. Der Bauer erhielt für die Früchte seiner harten Arbeit oft Banknoten, über die er nichts wissen konnte und die später von Experten für wertlos erklärt wurden, weil die Bank, die sie ausgegeben hatte, in Liquidation war. Und es war überhaupt nicht ungewöhnlich, darunter eine oder zwei gefälschte Banknoten zu finden, denn bei der Myriade von Banknotenausgaben mit jeder erdenklichen Gestaltung und Gravurart hatten die Fälscher ein leichtes Spiel.

Das gegenwärtige Nationalbanksystem hätte wahrscheinlich nie ins Leben gerufen werden können, wenn die Regierung nicht durch den Krieg mit dem Süden in Schwierigkeiten geraten wäre, denn ein Plan, der so viele andere Systeme, die von den Staaten organisiert wurden, umwarf, hätte auf einen unwiderstehlichen Sturm der Opposition gestoßen. Tatsächlich wurde das Gesetz, das es genehmigte, nicht nur von den Gegnern der damals an der Macht befindlichen Regierung bekämpft, sondern auch von Männern wie Roscoe Conkling aus New York und Senator Collamer aus Vermont.

Herr Logan C. Murray, Präsident der United States National Bank of New York City, spricht folgendermaßen über das Nationalbanksystem:

„Im Jahr 1863 nahm sich die Regierung der Vereinigten Staaten ohne Rücksicht auf die Grenzen ihrer Bundesstaaten der Bankenfrage an und machte sie zu einer nationalen Angelegenheit. Damit leitete sie einen Zustand der Perfektion ein, der meines Erachtens in der Geschichte des Finanzwesens unter den Nationen der Welt beispiellos ist.

„Dieses Kind des Krieges zwischen den Staaten, geboren in der tiefsten Qual der Seele der Nation, ist heute ausgewachsen, fünfundzwanzig Jahre alt, ansehnlich, solide und hat uns nicht enttäuscht. Hartes Geld war 1861 knapp. Auf dieser begrenzten Menge war durch die Kreditkanäle ein massives Gebäude errichtet worden; plötzlich, als der Sturm aufkam, verfinsterte sich der Himmel und die Vorhänge der Nacht fielen um die Staatsgrenzen; mit diesen Kreditpaketen, bekannt als Staatswährung, weit weg von zu Hause, ohne die Hand eines Pflegevaters in der Nähe, um sie zu schützen, abgeschnitten von der Verbindung, waren wir auf einen zerbrochenen Stab angewiesen, der wie Spreu im mächtigen Sturm war, überall kommerzieller Ruin und unsere Küsten übersät mit den Trümmern eines zerstückelten, nutzlosen und treulosen Mediums.

„Wir sahen den Finanzminister an die Türen unserer finanzstärksten Institutionen klopfen und sie um Hilfe in seiner großen Not bitten, indem er an die Weisheit, den Mut, den Patriotismus und die Ressourcen einer fast hoffnungslosen Hoffnung appellierte. Wie edel ihm begegnet wurde, ist eine Frage der Geschichte.

„Das System der Nationalbank wurde jedoch erst 1863 oder zwei Jahre später geboren – geboren aus Verzweiflung, aus Not, mit Blut erkauft, ja, in der Dunkelheit jenes mitternächtlichen Sturms.

Fabrikanlagen und Gebäude für freie Künste.

Doch es ist nur das Überleben des Stärkeren. Und nun wollen wir uns ansehen, ob die Quelle all dieses Wohlstands, mehr oder weniger, nach den Nutzungsmöglichkeiten des Systems und dem beispiellosen Wohlstand, der uns als Nation unter seinem Einfluss zuteil wurde, nun, ob sein starker Arm verstummen soll und ob wir uns nach etwas Besserem umsehen sollen. Wundert es uns, dass die Menschen verwirrt sind, wenn wir in die Zukunft blicken und fragen, was das Vakuum füllen soll, das durch den Verfall des Nationalbankensystems entstanden ist? Ich für meinen Teil antworte:

„Keine Angst, das Nationalbankensystem wird nicht zerstört. Im Lauf der Zeit wird es noch besser aufgebaut werden.

„Lassen Sie uns das System sozusagen in zwei Teile aufteilen und sie behandeln, wie sie sind. Erstens gibt es das Finanzministerium der Vereinigten Staaten, den mit bestimmten Aufgaben betrauten Minister, den Währungsprüfer, den leitenden Angestellten, dem jede der viertausend Nationalbanken in jedem Teil des Landes Bericht erstattet und ihm gegenüber verantwortlich ist, und er gegenüber dem Land als Ganzes – und seine bei weitem größte Verantwortung ist die Pflege, gewissenhafte Bewahrung und sichere Rückgabe der großen Masse der Einlagen der

Bevölkerung bei diesen Institutionen an die Einleger. Dies ist ein Teil und der größte Teil des Systems – die Pflege der Einlagen der Bevölkerung und die sorgfältige und sichere Kreditvergabe dieser Einlagen an die Handels- und Industriegemeinschaft durch jede Institution, alles unter ihrer allgemeinen Aufsicht.

„Nun kommen wir zum nächsten Teil des Systems, nämlich zur Ausgabe von Banknoten. Ist Ihnen klar, wie klein der Anteil der Banknoten, die heute in den Vereinigten Staaten im Umlauf sind, ist? Nehmen wir an, es sind etwa ein Fünftel. Nehmen wir nun an, dieser Anteil wird allmählich eingestellt, so unerwünscht das auch ist; er nimmt allmählich ab, während andere Umlaufmittel an Volumen zunehmen. Wir müssen bedenken, dass Geld, echtes Geld, nur etwa vier Prozent aller Handelstransaktionen ausmacht; Kredit, und nur Kredit, deckt die anderen sechsundneunzig Prozent.

„Ich glaube nicht, dass eine Nationalbank oder eine andere Bank Noten oder Wechsel ausgeben sollte, denn ohne sie ist der Umlauf gesichert. Stimmt es nicht, dass es heutzutage in den Vereinigten Staaten sehr viele Nationalbanken gibt, die keine Umlaufpapiere ausgeben, obwohl Banken mit einem Kapital von 150.000 Dollar und mehr verpflichtet sind, nur 50.000 Dollar in Schuldverschreibungen beim Finanzministerium zu hinterlegen, und einige von ihnen nehmen diese Schuldverschreibungen nicht in Umlauf – während eine kleine Bank in Dakota verpflichtet ist, ein Viertel ihres Kapitals, sagen wir, 50.000 Dollar in Schuldverschreibungen im Wert von 12.500 Dollar beim Finanzministerium zu hinterlegen, unabhängig davon, ob sie Umlaufpapiere in Umlauf nimmt oder nicht? Warum ist das so? Wenn sie keine Umlaufpapiere ausgeben, dann sollten auch keine Schuldverschreibungen verlangt werden. Wenn große Banken heute nicht die erforderliche geringe Menge an Schuldverschreibungen in Umlauf bringen, sagen wir 50.000 US-Dollar, selbst wenn ihr Kapital (wie es der Fall ist) 5.000.000 US-Dollar beträgt, warum muss dann eine kleine Bank vor der Geschäftsaufnahme ein Viertel ihres Kapitals in hochpreisige Schuldverschreibungen investieren?

„Deshalb soll der Teil des Nationalbankgesetzes aufgehoben werden, der eine Hinterlegung von US-Anleihen bei einer Bank erfordert, die nicht in Umlauf gebracht werden dürfen. Wenn eine Bank sich dafür entscheidet, Anleihen zu hinterlegen, dann soll ihr das bisherige Privileg gewährt werden, diese in Umlauf zu bringen.“

Die Reduzierung und nun der aktuelle Kauf von Staatsanleihen, die als Umlaufgrundlage für die Banknoten der Nationalbank dienen, haben die Prämie der Anleihen so hoch getrieben, dass die Banken vor einigen Jahren begannen, ihre Umlaufanleihen in einem solchen Ausmaß aufzugeben, dass die Währung ernsthaft schrumpfte und Befürchtungen hinsichtlich der

Folgen aufkamen. Ohne die Ausgabe von Silberzertifikaten, die weitgehend an ihre Stelle getreten sind, wäre nach Ansicht vieler Finanziers schon längst eine Krise eingetreten. Der Umlaufgewinn wurde durch den hohen Preis der Anleihen, auf denen er basiert, so stark reduziert, dass eine Reihe von Banken in New York und anderswo ihre Konzession als Nationalbanken aufgaben und sich nach dem Gesetz als staatliche Institutionen organisierten. Sie wurden vor allem durch den Wunsch dazu gezwungen, den Beschränkungen zu entgehen, die durch die Gesetze zum Nationalbankwesen auferlegt wurden, und der Kontrolle durch den Währungsprüfer und die Beamten seiner Abteilung. Die Verabschiedung des Gesetzes, das die Überzertifikation verbot, zwang eine Reihe von ihnen, diesen Weg einzuschlagen. Im August 1883 wurde die Wall Street National Bank gezwungen, ihre Tätigkeit einzustellen. Eine Überprüfung durch Regierungsbeamte ergab, dass die Bank bestätigte Schecks einer Firma hatte, die den Bargeldbestand um 200.000 Dollar überstiegen, und dass dies die Hauptursache für den Bankrott war. Der Kassierer wurde angeklagt, aber die Bank wurde liquidiert, hörte auf zu existieren, und die Absicht, an dem säumigen Beamten, der jedoch mit Zustimmung des Präsidenten und der Direktoren handelte, ein schreckliches Exempel zu statuieren, scheint aufgegeben worden zu sein.

Zum Widerstand, der im Kongress und anderswo gegen nationale Banksysteme zum Ausdruck kommt, sagt der ehemalige US-Währungsprüfer John Jay Knox:

„Das System war für die Regierung von großem Nutzen bei ihren Auszahlungen und der Finanzierung vorübergehender Kredite sowie bei der Rückzahlung ihrer Schulden, die sich vor 28 Jahren noch auf 2.845.000.000 Dollar beliefen. Das Nationalbankensystem leistete der Regierung bei der Wiederaufnahme der Zahlungen in Münzgeld wertvollere Dienste als jede andere menschliche Institution. Die Nationalbanken hielten am Tag der Wiederaufnahme (1. Januar 1879) 125.000.000 US-Dollar in Umlauf befindlicher Banknoten. 62 National- und Staatsbanken im Clearing House von New York stimmten einstimmig dafür, die Banknoten als gesetzliches Zahlungsmittel gleichberechtigt mit Gold anzunehmen, und am Tag der Wiederaufnahme legten die Banken dieser Stadt, die Banknoten im Wert von 40.000.000 Dollar als gesetzliches Zahlungsmittel hielten, weder damals noch danach bis zum heutigen Tag einen Dollar zur Zahlung in Münzen vor. So wie die Banken zu Beginn des Krieges ihr Gold zugunsten der Regierung hergaben, so verzichteten sie auch nach Kriegsende und Wiederaufnahme der Zahlungen in Münzgeld auf das Recht, es erneut zu verlangen, und waren zufrieden, stattdessen die Wechsel der Regierung zu erhalten, die gegen Vorlage in Münzen einlösbar sind. Trotz dieser wichtigen Dienste war die gesetzgebende Abteilung der Regierung nie besonders freundlich zu diesem

System. Die Statuten der Regierung enthalten sehr viele restriktive und sehr wenige freundliche Gesetze gegenüber den durch ihren Erlass geschaffenen Institutionen. Vor einigen Jahren, als die Konzessionen der meisten Banken ausliefen, wurde erst nach einem langen Streit ein Gesetz verabschiedet, das eine Erneuerung ihrer Privilegien genehmigte. Wenn der Kongress jemals ein günstiges Gesetz verabschiedet hat, geschah dies „widerwillig" und nicht als „freudiger Geber".

„Wir haben viel über den Überschuss und die Notwendigkeit einer Reduzierung der Einnahmen gehört. Beide Parteien bekennen sich zu einer solchen Reduzierung. Beide Parteien haben vorgeschlagen, die Steuer auf das ‚schmutzige Kraut' zu senken, und beide Parteien haben Gesetze vorgeschlagen, die dem Whiskyhersteller und dem Whiskytrinker Erleichterung verschaffen; aber kein einziger Regierungsbeamter und kein einziger Mann in einem der beiden Häuser hatte den Mut, eine Reduzierung oder Aufhebung der Steuer auf den Umlauf der Banken vorzuschlagen, die derzeit weniger als 1.700.000 Dollar beträgt und die letzte der verbleibenden ‚Kriegssteuern' ist, abgesehen von der Steuer auf die beiden genannten schädlichen Artikel, die von den führenden zivilisierten Nationen als die geeignetsten Gegenstände für eine ‚hohe Besteuerung' angesehen werden.

„Doch hat seit der Gründung der Regierung keine andere Art von Unternehmen so viel zur Unterstützung des Staates und der Nation beigetragen, und keine andere Art von Unternehmen wurde jemals so unbarmherzig besteuert wie die Bankinstitute dieses Landes. Nicht nur haben der Kongress und die verschiedenen Landesparlamente hohe Steuersätze eingeführt, sondern auch die Gerichte des Landes, einschließlich des Obersten Gerichtshofs der Vereinigten Staaten, der aus fähigen Juristen besteht, die frei von jeglichem Vorurteil sein sollten, haben die ihnen vorgelegten Fragen mit einer Strenge ausgelegt, die dem erbittertsten Feind des Systems würdig wäre. Während andere Unternehmen, die genau in derselben Branche tätig sind, ihre Geschäfte fast ohne gesetzliche Beschränkungen und ohne Besteuerung betreiben dürfen, werden diesen Institutionen die höchsten Steuersätze auferlegt, die überhaupt erhoben werden können, deren einzige Gewinnquelle das Verleihen von Geld zu den von derselben hohen Autorität festgelegten Zinssätzen ist, die auch die Besteuerung einführt. Doch ungeachtet der Opposition des Kongresses, der unfreundlichen Entscheidungen der Gerichte und der bitteren Feindseligkeit einzelner erfreute sich das System stetig und schnell wachsender Beliebtheit, sodass die Zahl der ihm von Anfang an unterstellten Institutionen nahezu viertausend betrug, von denen einige in jedem Bundesstaat und Territorium sowie in jedem größeren Dorf des Landes zu finden sind."

Während die Staatsverschuldung stetig abnimmt, suchen Finanzwissenschaftler nach einem Ersatz für die derzeitige Schuldenlast, die inzwischen auf etwa 150.000.000 Dollar geschrumpft ist. Edward Atkinson aus Boston, der bekannte Statistiker und Ökonom, unterbreitet diesen neuartigen Vorschlag:

„Wird es irgendein Kongress wagen, die Staatseinnahmen so weit zu reduzieren, dass am Ende dieses Jahrhunderts noch ein beträchtlicher Schuldenbetrag unbezahlt bleibt, egal ob es sich um Schuldverschreibungen oder um durch gesetzliche Zahlungsmittel gedeckte Schuldscheine handelt? Ich stelle diese möglichen Bedingungen vor, die es für die Bevölkerung dieses Landes zu einer absoluten Notwendigkeit machen könnten, *ein neues Tauschmittel zu erfinden*, das die gesetzlichen Zahlungsmittel und die durch US-Anleihen gesicherten Banknoten ersetzt, es sei denn, das gesamte Umlaufmedium besteht entweder aus Goldbarren oder aus durch Goldbarren gedeckten Zertifikaten der Regierung, Dollar für Dollar. Die Tendenz der Ereignisse wird dazu führen, dass ungedecktes Papier aus dem Umlauf genommen wird, nämlich Banknoten der Nationalbank und gesetzliche Zahlungsmittel, sodass nur noch Einlagenzertifikate in Gold oder Silber im Umlauf bleiben, die Dollar für Dollar durch echte Münzen gedeckt sind, sowie Gold- und Silbermünzen in bar.

„Keine Position könnte stärker sein als diese; aber die Schwierigkeit wird sich aus der Tatsache ergeben, dass selbst wenn die jährlichen Einnahmen und Ausgaben der Regierung ausgeglichen würden, die Anwendung des Sub-Treasury Act bei der Handhabung so großer Summen, wie sie derzeit die Finanztransaktionen der Regierung ausmachen, den Geldmarkt zeitweise ernsthaft beeinträchtigen könnte. Unter den gegenwärtigen Bedingungen wird deutlich, dass es der Regierung unmöglich ist, ihre Transaktionen an die normalen Bedingungen des Geldmarkts anzupassen; es ist ihr auch unmöglich, die Funktion einer Notenbank zu erfüllen; die Spannung ist jetzt sehr groß, und diese Bedingungen können unmöglich auf lange Zeit aufrechterhalten werden. Die Ausgabe von Einlagenzertifikaten in Gold oder Silber würde den unterschiedlichen Bedingungen von Angebot und Nachfrage nach Tauschmitteln oder umlaufenden Banknoten nicht gerecht werden, und bald werden keine Staatsanleihen mehr als Sicherheiten für Banknoten verfügbar sein. Es gibt eine Menge anderer Wertpapiere – Eisenbahn-, Staats- und Stadtanleihen – die eine absolute Sicherheit für ein Umlaufmedium darstellen würden, das zum Teil nur durch eine Reserve an echtem Geld gedeckt ist. Können Vorkehrungen getroffen und eine Autorität geschaffen werden, um unter diesen Wertpapieren diejenigen auszuwählen, die zur Absicherung der als Tauschmittel dienenden Banknoten zur Verfügung gestellt werden sollen? Kann durch ein Erlaubnisgesetz ein Zentralbüro, eine Bank oder eine andere Verwaltungsform mit Zweigstellen in verschiedenen Teilen des Landes gegründet werden, um eine elastische, sichere und geeignete Papierwährung bereitzustellen, die auf Wunsch in Münzen umwandelbar ist, und zwar auf einer anderen Grundlage und unter einer anderen Verwaltung als der, unter der Einlagen- und Diskontbanken weiterhin organisiert werden können?"

Die New Yorker Banken sind natürlich die reichsten und mächtigsten des Landes, und New York wird zweifellos immer das monetäre Zentrum des Landes bleiben. Aber die absolute Vorherrschaft, die es über so viele Jahre über das übrige Land innehatte, geht zu Ende. Der schwerste Schlag für die Vorherrschaft des New Yorker Bankwesens war vielleicht die Verabschiedung des Gesetzes, das die Einfuhr ausländischer Waren unter Zollverschluss direkt ins Landesinnere erlaubte. Früher wurde das Getreide aus den westlichen Feldern nach New York geliefert und der Vertrag für seine Verschiffung ins Ausland dort abgeschlossen. Die New Yorker Banken wurden um Gelder gebeten und verdienten eine Provision für jeden Scheffel Weizen, der durch die Narrows hinausging. In ähnlicher Weise fanden alle aus dem Ausland eingeführten Waren dort einen Ruheplatz, und die Zölle wurden in New York bezahlt, und es war das New Yorker Kapital, das sie an ihren Bestimmungsort weiterleitete.

Doch das hat sich alles geändert. Der Kaufmann in Chicago oder St. Louis kauft seine Waren jetzt in Manchester oder Paris und liefert sie direkt in seine eigene Stadt. Der Westen streckt sich über New Yorks Kopf hinweg und bedient sich in der Alten Welt, was er will. Dasselbe gilt für das, was er in Europa zu verkaufen hat. Von der westlichen Prärie bis zum Hafen in Liverpool wird ein einheitlicher Tarif berechnet. Weizen wird ohne Eingreifen eines New Yorker Faktors durchgereicht. Da im Landesinneren neue Städte entstanden, neue Produktionszentren gegründet und der Mineralreichtum des Landes erschlossen wurde, ist der Westen reich geworden, und viele der Banken im Landesinneren verfügen heute über Einlagenlinien, die den wichtigsten Institutionen im Osten vor einigen Jahren noch sehr groß erschienen wären. Die Erhöhung der Zahl der „Reservestädte", die vor zwei Jahren durch ein Gesetz des Kongresses beschlossen wurde, wurde damals als dazu bestimmt angesehen, die Geldbeträge in den westlichen Banken auf Kosten der Banken an der Küste zu erhöhen. Bis zu diesem Zeitpunkt gab es in den Vereinigten Staaten nur sechzehn „Reservestädte". Jede dieser Städte war verpflichtet, jederzeit 25 Prozent ihrer Einlagen in Form von Kreditgeld vorrätig zu halten, während jede Bank außerhalb dieser Städte nur 15 Prozent ihrer Einlagen vorrätig halten durfte. Jede dieser 15-Prozent-Banken durfte drei Fünftel dieser 15 Prozent in den Banken einer der 16 genannten Städte halten, und jede Bank in den Reservestädten durfte, wenn sie dies wünschte, die Hälfte ihres Kreditgeldes in der Stadt New York zurückhalten. Die Theorie war, dass New York das monetäre Zentrum des Landes war und die anderen 15 Städte die jeweiligen Zentren der Gebiete, in denen sie sich befanden. Das Gesetz sah außerdem vor, dass ein Teil des Guthabens, das sie aufgrund der Handelsbedingungen vermutlich in den lokalen Zentren und im allgemeinen Zentrum zurückhalten mussten, als Teil der erforderlichen Reserve angerechnet wurde.

Das neue Gesetz von 1887 fügte der Liste eine Reihe weiterer Städte hinzu, was die Reserven anbelangt, die New York bis dahin gehalten hatte. Die Änderung ließ dem Geld jedoch die Freiheit, seine natürlichen Kanäle und Reservoirs zu finden, vorausgesetzt, dass sich die Strömung seit der Verabschiedung des ursprünglichen Gesetzes geändert hatte. Die Erfahrung hat jedoch gezeigt, dass der Handel einen großen Teil der Reserven nach New York bringt, und so hat die neue Gesetzgebung vergleichsweise wenig Veränderungen bewirkt. Die Tendenz, nach dem geänderten Gesetz Gelder aus New York abzuziehen, wurde dadurch eingedämmt, dass eine Stadt, sobald sie ihre neue Würde als zentraler Reservepunkt annimmt, einen Teil ihrer Reserven nicht mehr in New York halten kann, sondern ihre gesamten 25 % Reserven in ihren eigenen Tresoren ungenutzt lassen muss. Chicago und St. Louis sind wie New York zu vollwertigen zentralen Reservestädten geworden, und da in diesen Städten höhere Zinssätze gelten als in New York, ist es natürlich, dass viele Konten aus der letzteren Stadt übertragen werden; und dies ist geschehen, wie die Bankberichte von Chicago belegen. Der Geldabfluss aus New York im vergangenen Herbst zum Transport der Ernte zeigt, dass die westlichen Banken zwar mehr Geld für den laufenden Bedarf vorrätig haben, New York jedoch nach wie vor für die großen Summen herangezogen werden muss, die für den Transport der Getreide- und Baumwollernte benötigt werden.

Die Häufigkeit von Absätzen in den Tageszeitungen, die die Abreise eines weiteren Kassierers nach Kanada ankündigen, zeigt, dass in den Methoden der Bankinstitute etwas locker läuft. Der Präsident der Bank schenkt dem eigentlichen Geschäftsverkehr nicht genügend Aufmerksamkeit. Er ist normalerweise zu vertraut und locker mit seinem Kassierer und anderen wichtigen Beamten. Nur selten verlässt er sein Wohnzimmer, um hinter den Tresen zu gehen und nachzusehen, was wirklich vor sich geht. Was die sogenannten Prüfungen angeht, die von Zeit zu Zeit von den Direktoren durchgeführt werden, so sind diese in 99 von 100 Fällen einfach lächerlich. Der Präsident der Bank sagt dem Kassierer eines schönen Morgens: „Bringen Sie jetzt alles in Ordnung, Jimmy, die Direktoren kommen morgen, und wir wollen, dass alles in Ordnung ist." Da die Ankunft der Direktoren so angekündigt wird, präsentiert sich bei ihrem Besuch alles in einem guten Zustand. Sie plaudern und necken einander, werfen beiläufig einen Blick auf die vom Präsidenten vorgelegten Abrechnungen und begeben sich dann zu einem luxuriösen Mittagessen im Stockwerk darüber. Damit endet ihre Prüfung.

Weil Kassierer von jeder praktischen Überwachung entbunden sind, werden so viele von ihnen dazu verleitet, das Klima Kanadas zu testen. Ein Makler sagt an einem schönen Morgen zu dem Kassierer: „Übrigens, Jones, Erie wird stark steigen; Sie sollten sich lieber ein paar Hundert kaufen." „Oh, ich spekuliere nie", sagt Jones; „ich habe nicht das Geld dafür." „Das ist in Ordnung", sagt der Makler, „ich kaufe ein paar Hundert für Sie, und wenn es einen Verlust gibt, können Sie ihn ausgleichen; aber ich bin sicher, Sie werden dabei Geld verdienen." Möglicherweise stimmt der Kassierer diesem Vorschlag zu, aber häufiger, wenn er ein vorsichtiger und umsichtiger Mann ist, nutzt er den Standpunkt des Maklers auf andere Weise. Er hat möglicherweise gesehen, wie der Makler innerhalb weniger Jahre reich wurde, und beneidet ihn. Hier ist eine verlockende Gelegenheit, ein schönes Geschäft zu machen, denn sein Gehalt ist verhältnismäßig gering, und er könnte ein paar Tausend Dollar außerordentlich gut gebrauchen. Es kann also sein, dass er sich Geld von einem Freund leiht oder seine eigenen Ersparnisse nutzt, um es heimlich als Sicherheit bei einer Aktienfirma zu hinterlegen und zweihundert Erie zu kaufen. Der Wert sinkt. Seine Sicherheit ist erschöpft. Die Makler sagen ihm, dass er wahrscheinlich kaum noch weiter sinken wird. Aber sie wollen mehr Sicherheit. Direkt unter seinen Händen liegen dicke Bündel mit Banknoten mit hohem Nennwert. Was soll er tun? Wenn seine Makler ihn verkaufen, sind die Ersparnisse der Jahre im Handumdrehen weg. Wenn er ein schwacher Mann ist, argumentiert er: „Warum nimmt er nicht einen Tausenddollarschein mit der Aufschrift 50.000 Dollar aus diesem Paket? Er würde nie vermisst werden." Der Erie-Kurs wird morgen bestimmt steigen, wenn er den Betrag von seinen Maklern abheben und wieder in das Bündel stecken kann. Er wird vor jedem Verlust bewahrt und niemand wird darunter leiden. Leider kommt es anders. Der Erie-Kurs sinkt. Die Tausenddollar sind weg. Was soll er tun? Sein Diebstahl, denn zu einem solchen ist er jetzt eindeutig geworden, wird wahrscheinlich noch einige Zeit nicht entdeckt werden. Was soll er tun? Er spekuliert mit anderen Wertpapieren und versucht, den Verlust auszugleichen. Und er schafft es. Es ist sinnlos, das Thema weiter zu verfolgen. Von Tag zu Tag verzweifelter stürzt er sich ins Unglück; seine Verluste werden zu groß, um sie länger zu verbergen, und eines Tages ergreift er aus Angst vor einer Aufdeckung die Flucht und nimmt möglicherweise noch mehr Geld von der Bank mit. Es kann sein, dass das erste Geld, das er mitnahm, nicht zum Spekulieren, sondern zum Bezahlen einer Haushaltsrechnung gedacht war. Aber es führt am Ende zum gleichen Ergebnis.

Wenn der Präsident sich angewöhnen würde, beiläufig an der Kasse vorbeizuschauen und sein Bargeld zu überprüfen, wäre der erste Schritt auf diesem Weg in den Ruin verhindert. Nehmen wir an, der Präsident nimmt zufällig eins der vielen Bündel mit Banknoten und zählt sie, um sicherzustellen, dass sie mit dem auf der Verpackung angegebenen

Gesamtbetrag übereinstimmen. Das Wissen, dass er dies jederzeit tun könnte, wird den Kassierer davon abhalten, die erste Banknote zu entnehmen, und er bleibt vor dem nachfolgenden Verbrechen und der Schande bewahrt.

Unglücklicherweise beschränkt sich Unehrlichkeit in Banken nicht auf Kassierer. Viele Bankdirektoren häufen große Summen auf eine Weise an, die ebenso schändlich ist wie Unterschlagung, obwohl sie nicht so hart bestraft wird. Mr. Moneybags zum Beispiel ist Direktor mehrerer großer Bankinstitute. Er ist aller Wahrscheinlichkeit nach auch ein sehr starker Spekulant mit Aktien von Eisenbahngesellschaften, über die er Insiderinformationen besitzt. Als Direktor der Bank Nr. 1 sieht er, dass ein bestimmter Mann einen Aktienblock einer bestimmten Gesellschaft als Sicherheit für einen hohen Kredit verpfändet hat. Als Direktor der Bank Nr. 2 erfährt er vielleicht, dass derselbe Mann einen großen Teil der Aktien einer bestimmten Gesellschaft als Sicherheit für einen hohen Kredit aufnimmt. Es ist klar, dass der fragliche Spekulant sehr stark belastet ist – wahrscheinlich hält er mehr von diesen Aktien, als vernünftig ist. Alles, was den Marktwert dieser Aktien ernsthaft mindern würde, würde ihn wahrscheinlich zwingen, einen beträchtlichen Teil seiner Bestände über Bord zu werfen. Der Direktor mit gutem Gewissen eröffnet in aller Ruhe eine Reihe von Leerverkäufen in den betreffenden Aktien zu den herrschenden hohen Preisen. Bei der nächsten Direktorensitzung der Bank Nr. 1 erzählt er seinen Kollegen, dass er Gerüchte über die Kreditwürdigkeit von Herrn Spekulant gehört habe, dass er mit den Aktien der betreffenden Bank überlastet sei, und schlägt dem Präsidenten vor, dass es klug wäre, Herrn Spekulant aufzufordern, das geliehene Geld zurückzugeben und seine Aktien wegzunehmen. Möglicherweise veranlasst er ähnliche Maßnahmen bei der anderen Bank, deren Direktor er ist. Herr Spekulant, der so unerwartet aufgefordert wird, sehr große Geldsummen zurückzugeben, ist in Verlegenheit. Er ist gezwungen, an die Börse zu gehen und eine große Menge der betreffenden Aktien zu verkaufen. Der Preis fällt infolgedessen stark und der Direktor deckt seine Leerverkäufe mit einem schönen Gewinn. Es ist zweifellos wahr, dass die Mehrheit der Bankdirektoren über solche Dinge erhaben ist; aber es gibt Bankdirektoren, und zwar nicht wenige, die es schaffen, ihre offiziellen Positionen zu ihrem persönlichen Vorteil zu nutzen.

MASCHINENHALLE.

KAPITEL XX.

UNSERE STÄDTE.

Eine GROSSE Stadt ist eine große Wunde – eine Wunde, die niemals geheilt werden kann.

Je größer die Stadt, desto größer die Wunde.

Daraus folgt zwangsläufig, dass New York als größte Stadt der Union die schlimmste Wunde in unserem politischen Körper ist.

Wer daran zweifelt, solle eine Zeit lang in New York leben und Augen und Ohren offen halten.

Das Problem mit großen Städten besteht nicht darin, dass sie über irgendeinen eigenen Antrieb oder Einfluss verfügen, sondern darin, dass jeder, vom Ärmsten bis hin zum Besten, durch die Umstände des Stadtlebens dazu gezwungen ist, seinen täglichen Gang und seine Gespräche oft auf eine Art und Weise zu führen, die nicht ganz natürlich ist und auch nie natürlich werden kann.

Es wäre sinnlos zu leugnen, dass in jeder großen Stadt einige der besten Männer und Frauen zu finden sind, die die Menschheit hervorbringen konnte. In den großen Städten finden sich viele unserer weisesten Staatsmänner, unsere größten Theologen, unsere besten Geschäftsleute und eine Vielzahl kleinerer, aber vielleicht nicht weniger wichtiger Persönlichkeiten, deren positiver Einfluss auf die Welt überall bekannt und anerkannt ist. Dennoch sind dies Ausnahmen von der Regel. Sie sind nicht das, was sie sind, wegen der Stadt; sie sind einfach in der Stadt, weil sie ihnen ein besseres Zentrum und einen besseren Ausgangspunkt für die Arbeit bietet, die ihnen obliegt.

Der erste abtötende Einfluss der Stadt ist, dass niemand den anderen kennt. Natürlich hat jeder ein paar Bekannte, und von manchen wird gesagt, sie seien in bester Gesellschaft und kennen jeden, aber „jeder" ist ein relativer Begriff, und in der größten Stadt bedeutet er nie so viel wie in einem Dorf mit tausend Einwohnern. Der Postbote kennt jeden mit Namen, ebenso der Steuereintreiber und der Mann, der Ihnen Ihre Gasrechnung bringt, aber persönliche Bekanntschaft – die Berührung des Ellenbogens – die Berührung der Natur, die die Welt ähnlich macht, darf man in keiner großen Stadt der Union suchen, am allerwenigsten in New York, das trotz seines zweihundertfünfzigjährigen Bestehens vergleichsweise noch so neu ist, dass fast alle seiner prominenten Bürger woanders geboren wurden. Die Namen prominenter Amerikaner, die in New York leben, fallen jedem natürlich ein, doch man kann mit ziemlicher Sicherheit sagen, dass keiner dieser Herren mehr als eine von fünf Personen, die innerhalb von zwei Gehminuten von seinem Haus wohnen, vom Sehen und Namen her kennt, geschweige denn durch persönliche Bekanntschaft.

Ein ehemaliger Kabinettsbeamter, ein Gentleman, dessen vielfältige Fähigkeiten ihn in der gesamten zivilisierten Welt bekannt gemacht haben, wurde einmal gefragt, wer sein Nachbar auf der rechten Seite sei. Die Häuser der beiden Männer berührten sich, wie es in der Stadt New York bei zwei Häusern der Fall sein muss, aber der weise und gut informierte Gentleman musste sagen, dass er es nicht wisse. Als der Fragesteller ihm mitteilte, dass die Person, die das angrenzende Haus bewohnte, ein berüchtigter Dieb sei, nach dem die Polizei schon lange gesucht habe, war er erstaunt und schockiert. Als sein Haus jedoch einige Monate später ausgeraubt wurde und er in einem Taxi auf der Suche nach dem Polizeihauptmann seines Reviers wild umherfuhr, brauchte er eine Stunde, um herauszufinden, dass der besagte Polizeibeamte neben ihm auf der linken Seite wohnte. Später wurde er wegen seiner mangelnden Kenntnis seiner Nachbarn aufgezogen und er gab freimütig zu, dass er, obwohl er ein Mann ohne Allüren war und es sich immer zur Gewohnheit gemacht hatte, frei mit seinen Mitmenschen zu verkehren, nur zwei Personen kannte, die im selben Häuserblock wohnten wie er, und eine dieser Personen war sein eigener Lebensmittelhändler, der ein Geschäft an der Ecke hatte.

„Wenn das mit dem grünen Baum so ist, wie muss es dann mit dem trockenen sein?" Menschen, deren einziger Beruf darin besteht, ihren Lebensunterhalt zu verdienen, sind froh, irgendwo in einer großen Stadt ein anständiges Dach über dem Kopf zu finden und ziehen in die beste Unterkunft, die sie finden können, ohne Rücksicht darauf, wer ihre Nachbarn sein mögen, und sind absolut nicht in der Lage, ihren Nachbarn Zeit zu widmen, selbst wenn sie das Glück haben sollten, sie kennenzulernen. Nachbarschaftsgefühl und -gefühl, das in allen nicht dicht besiedelten Gemeinden von unschätzbarem Nutzen ist, hat in einer großen Stadt keinerlei Einfluss. Ein Mann kann nicht nur in einem Haus zwischen zwei Menschen leben, von denen er nichts weiß, sondern der hohe Wert des Bodens in der Stadt New York und die begrenzte Fläche haben den Bau einer Reihe von Gebäuden erzwungen, die als „Wohnungen", „Apartments" und „Mietshäuser" bekannt sind, und nur sehr wenige Menschen kennen die Menschen, die mit ihnen unter demselben Dach leben.

Es wird eine amüsante Geschichte über ein paar Redakteure erzählt, die übereinander befragt wurden und beide antworteten, dass sie nicht die Ehre hätten, den anderen zu kennen. Die Antwort schien die Zuhörer zu verwirren, und die darauf folgenden Bemerkungen riefen eine Forderung nach einer Erklärung hervor, als man erfuhr, dass diese beiden Männer,

Angehörige desselben Berufsstandes und beide absolut ehrenwerte Bürger, seit sechs Monaten im selben Gebäude wohnten; da aber der eine nur bei Tageslicht und der andere nur nachts zu Hause war, hatten sie sich nie unter ihrem eigenen Dach getroffen.

Wenn solche Unwissenheit gegenüber völlig anständigen Leuten natürlich zum normalen Lauf der Dinge gehört, dann sind Städte doch ein hervorragendes Versteck für anrüchige und gefährliche Charaktere aller Art. Es gab Zeiten, da hielt es ein Mann, der eines Verbrechens überführt wurde, für ratsam, aus einer Großstadt zu fliehen. Aber heute weiß er es besser. Er bleibt so nah wie möglich zu Hause, wohl wissend, dass es zahllose Möglichkeiten gibt, sich völlig aus den Augen und aus den Gedanken aller zu verstecken, die ihn je gekannt haben. Schuldige, die viel Geld in der Tasche haben, und auch solche, die gar keins haben, finden es gelegentlich wünschenswert, nach Kanada oder Europa zu gehen, aber der Schurke, der zwei- oder dreitausend Dollar übrig hat, weiß ganz genau, dass er der Entdeckung absolut entgehen kann, wenn er in New York zu Hause bleibt. Die Polizei mag ihn vom Sehen kennen, aber die Besitzer von Pensionen und deren Bedienstete nicht. und solange er in seinem Zimmer bleibt, sich seine Mahlzeiten bringen lässt und seine Übungen und Ausflüge nur nach Einbruch der Dunkelheit unternimmt und dabei eine Verkleidung trägt, die jeder sehr kurzfristig improvisieren kann, ist er vor Entdeckung vollkommen sicher. Einer der Banksünder, der in den Annalen derartiger Verbrechen in der Stadt New York zu den erfolgreichsten zählt, wurde acht Monate lang in Kanada und ganz Europa gesucht und schließlich durch Zufall in einer Pension entdeckt, die nur zwei Häuserblöcke von seinem ursprünglichen Wohnort entfernt war.

Wenn Kriminelle nicht gerade ihrem Beruf nachgehen, gehen sie im Allgemeinen in die Großstädte, und zwar aus zwei Gründen: Erstens geben sie ihre unrechtmäßig erworbenen Gewinne für Vergnügungen aus, und zweitens bieten Städte in der Regel die besten Verstecke.

Aus demselben Grund, der verzweifelte Kriminelle dazu bringt, sich in den größeren Städten zu verstecken, sind Städte für alle Menschen, die in ihrem Leben Merkmale aufweisen, die sie verbergen möchten, ein bevorzugter Wohnort. Ein Mann mit großem Vermögen und einiger nationaler Bekanntheit starb vor einigen Jahren in der Stadt, in der er dreißig Jahre lang Geschäfte gemacht hatte. Nach seinem Tod stellte sich heraus, dass er neun lebende Frauen hatte, von denen er sich nie durch eine formelle Scheidung getrennt hatte. Jede dieser neun Frauen hielt sich für seine einzige Frau. Jeder Mann, der geschäftlich, in der Liebe oder auf andere Weise eine unerwünschte Verbindung eingegangen ist, weiß, dass er alle Spuren seines Unheils mit sehr wenig Aufwand verbergen kann, indem er in eine große Stadt zieht.

Eine unvermeidliche Folge ist, dass die Anzahl der fähigen, aber unerwünschten Charaktere, die in den Städten leben und andere Orte zum Wohl der Zurückgebliebenen verlassen haben, einen deprimierenden Einfluss auf die moralische Atmosphäre anderer Bevölkerungsklassen haben. Die Menschen treffen Menschen, die sie nie zuvor gesehen haben, und sind gezwungen, sie ausschließlich nach ihrem Aussehen und Beruf zu beurteilen. Im Geschäftsleben ist es genauso wie in der Gesellschaft. Es vergeht kein Jahr, in dem sich nicht ein Abenteurer für eine Weile der besten Gesellschaft von New York und anderen Städten aufdrängt. Und obwohl es den Anschein hat, dass seine Vorgeschichte leicht auf der Grundlage der Informationen, die er über sich preisgeben möchte, entdeckt werden könnte, bleibt die Tatsache bestehen, dass die Gesellschaft genauso oft „hereingelegt" wird wie Banken, Geschäftsleute und Privatpersonen. Vor einigen Jahren kam ein berüchtigter Gauner, der in mehreren Staatsgefängnissen gesessen hatte, nach New York, gründete eine Handelsfirma, übernahm ein großes Geschäft und wurde im Laufe der Zeit dabei ertappt, wie er Aktivitäten betrieb, die stark an Diebstahl erinnerten. Als seine Akte von der Polizei gründlich durchsucht und durchleuchtet wurde, stellte sich heraus, dass seine Opfer hauptsächlich die größten Großhandelsunternehmen der Stadt New York waren - Unternehmen, die eine Reihe von Männern einzig und allein damit beschäftigten, den Charakter und die Mittel von jedem zu untersuchen, der bei ihnen Kredit beantragte oder Geschäftsbeziehungen aufnahm, die über gewöhnliche Barkäufe hinausgingen.

Diese gerissenen Gauner, die hundertmal zahlreicher sind, als die Zeitungsberichte vermuten lassen, üben einen furchtbar demoralisierenden Einfluss auf die jungen Männer aus, die aus allen Teilen der ländlichen Gegenden in die Stadt strömen, sowie auf diejenigen, die in der Stadt aufgewachsen sind. Zu sehen, wie ein Gauner Erfolg hat, hat auf jeden eine schlechte Wirkung. Selbst der rechtschaffenste Mann wird traurig aus der Heiligen Schrift zitieren, dass „die Bösen gedeihen wie der Lorbeerbaum", dass „ihre Augen fett hervortreten und sie mehr haben, als ihr Herz sich wünschen kann", während der anständige Mann nachts wach liegen muss, um Mittel und Wege zu finden, seine Kohlenrechnung zu bezahlen und Ärger mit seinem Vermieter zu vermeiden. Es werden vielversprechende Geschäftsunternehmen organisiert, die der Öffentlichkeit von cleveren Intriganten aufgezwungen werden, von denen niemand etwas weiß, und alle schaffen es, eine Menge Geld zu erbeuten. Wenn es entdeckt wird, was natürlich früher oder später passieren muss, leistet der Schurke niemals Wiedergutmachung und wird nie angemessen für sein Verbrechen bestraft. Der Bürger, der vorgibt, anständig zu sein, aber immer nach der großen Chance Ausschau hält, wird durch solche Beispiele dazu bewegt, zu prüfen, ob er nicht selbst etwas Kluges tun und entkommen kann, bevor es zum Absturz kommt.

Die Gesellschaft in großen Städten gilt als exklusiv. Das muss sie auch sein, zu ihrem eigenen Schutz. Sie kann unmöglich zu exklusiv sein. Menschen mit und ohne Empfehlungsschreiben gelingt es, Bekanntschaften zu schließen, Teil der einen oder anderen sozialen Gruppe zu werden, sogar in die Kirche zu kommen, Bankkonten zu eröffnen, ein Geschäft zu eröffnen und ein oder zwei Jahre später entdeckt man, dass sie Vorgeschichten haben, die eine Person von normaler Ehrbarkeit vor Entsetzen die Hände heben lassen würden. Solche Vorkommnisse sind so häufig vorgekommen, und die betreffenden Personen waren so oft nicht nur Männer, sondern auch Frauen, dass die Exklusivität der städtischen Gesellschaft sich sogar auf die Kirchen und Schulzimmer erstreckt. Das halbwüchsige Kind, das eine öffentliche oder private Schule besucht, wird davor gewarnt, irgendwelche Bekanntschaften zu machen, außer mit den Kindern von Familien, die seine Eltern bereits kennen. Das Mitglied einer Kirche kann sonntags immer wieder einen Fremden in seine Kirchenbank führen und ihm die Höflichkeit eines offenen Gebetbuchs oder Gesangbuchs erweisen, aber aus Selbstschutz ist es gezwungen, dabei stehen zu bleiben. Die Herzlichkeit, Redefreiheit und allgemeine Anerkennung, die in Kleinstädten und ländlichen Gegenden überall auf der Welt üblich sind, bleibt dem umsichtigen Einwohner einer Stadt verwehrt, ganz gleich, wie herzlich er geneigt sein mag, jedem, dem er begegnet, die Hand zu reichen. Junge Männer, die in die Gesellschaft eintreten, junge Frauen, die zum ersten Mal in einem gesellschaftlichen Kreis gesehen werden, werden zunächst wie Fremde betrachtet, die eine Bergbaustadt im Westen betreten, wohin vermutlich niemand geht, es sei denn, er hat einen guten Grund, seine Heimat zu verlassen.

Nirgendwo auf der Welt gibt es mehr wohltätige Herzen mit viel Geld als in großen Städten, und doch gibt es nirgendwo mehr Leid. Ihr Nachbar mag verhungern und Sie wissen nichts davon. Sie wissen nichts von seinem Kommen und Gehen; er weiß nichts von Ihnen, und wenn er überhaupt noch Mut und Selbstachtung hat, wendet er sich lieber an die Polizei oder die Armenbehörden als an die Menschen, die ihm am nächsten wohnen. Immer wenn die Zeitungen einer Stadt eine erschreckende Enthüllung von Armut und Leid bringen, werden sofort viele Kassen geöffnet, und häufig erhalten einige der Leidenden Geschenke von ihren eigenen Vermietern, die in Wirklichkeit weder den Namen noch die Existenz des Mieters kannten. Ein Richter des Obersten Gerichtshofs der Stadt New York ist seit langem dafür bekannt, dass er häufig und umgehend alle Personen persönlich aufsucht, die in Not sind und sofortiger Hilfe bedürfen. Dennoch sagte er einmal zu seinem eigenen Pfarrer und auch zu seinem eigenen Arzt, der zufällig anwesend war, dass sein größter Kummer darin bestehe, dass er aufgrund der Bedingungen des Stadtlebens überhaupt nicht in der Lage sei, selbst herauszufinden, wo sich Personen aufhielten, denen er gern mit seinem Geld und seinem Rat helfen würde.

Da in den großen Städten niemand irgendjemanden kennt, macht die sogenannte Wanderbevölkerung alles nach ihrem eigenen Willen, jeder für sich. Geschäftsvergehen, die in einer kleineren Gemeinde nicht einen Augenblick lang geduldet würden, werden in den großen Städten völlig ungestraft begangen. Die ärmeren Klassen haben keine starken Freunde oder Bekannten, bei denen sie sich beschweren können. Wären sie in einem kleineren Ort, würden sie jemanden kennen; wahrscheinlich würden sie jeden von Bedeutung kennen und auch bekannt sein und könnten die öffentliche Meinung schnell zu ihrer Unterstützung bewegen, aber in einer großen Stadt gibt es diese Möglichkeit nicht. Die einzige Hoffnung der Unterdrückten sind die Gerichte, die immer mit Geschäften überfüllt sind und sehr wenig Zeit für irgendjemanden haben, und die Presse, die ebenfalls mit Arbeit überfüllt ist und der man diese Art von Verantwortung nicht aufbürden sollte.

Versuchungen gibt es überall, wo Menschlichkeit herrscht, aber die Großstadt ist die größte Ansammlung aller Versuchungen, die allen menschlichen Schwächen gerecht werden. Es gibt kein Laster, das man dort nicht begehen kann – und zwar mit der Sicherheit, dass es nicht entdeckt wird. Ein Mensch, dessen Gewohnheiten augenscheinlich korrekt sind, der keine bekannten Laster hat und dessen Umgang mit seinen Mitmenschen so zu sein scheint, wie er sein sollte, kann nachts ohne Bedenken sein Benehmen ändern und das Drama von Dr. Jekyll und Mr. Hyde nachspielen. Es ist noch schlimmer. Er kann das nicht nur, sondern tut es in vielen Fällen auch. Jeder Mensch, der aufgrund seiner Arbeit eine Reihe von Personen vom Sehen kennen muss und dessen Dienstzeit ihn bis in die frühen Morgenstunden im Freien hält, sieht gelegentlich Dinge, die ihn verblüffen. Er sieht Bürger mit gutem Ruf in einer Gesellschaft, in der sich jeder Dorfbummler schämen würde, wenn er von seinen eigenen Bekannten gesehen würde. Er sieht Polizisten, die Männer in Gewahrsam nehmen, denen die Polizei ihrer eigenen Gegend bei Tageslicht den allergrößten Respekt entgegenbringt. Er sieht, wie sich Hohe und Niedrige auf derselben Ebene vermischen, und an ihren Umgangsformen könnte er sie nicht voneinander unterscheiden. Zeitungen werden manchmal dafür getadelt, dass sie Sensationsgeschichten veröffentlichen, was mich an eine Bemerkung erinnert, die einst der berühmte Pfarrer Brownlow aus East Tennessee machte. Er wurde eines Tages zur Rechenschaft gezogen, weil er eine vulgäre Sprache verwendete, da er ein Prediger des Evangeliums war. „Wenn Sie wüssten", sagte er, „wie viele Schimpfwörter ich in mir trage, würden Sie mir die wenigen, die ich von mir gebe, nicht vorwerfen." Wenn die Zeitungen alle Sensationsgeschichten drucken würden, die sie erreichen, müssten sie die Größe ihrer Blätter verdoppeln, und sie hätten immer noch keinen Platz für irgendwelche anständigen Nachrichten.

Ich wiederhole: Große Städte sind große Wunden, und es liegt im Interesse eines jeden, dass sie auf irgendeine Weise aus dem politischen Körper herausgelöst werden und eine eigenständige Existenz erhalten dürfen und müssen. Ich weiß, dass die Parallele nicht exakt ist, aber in einigen Fällen ist so etwas schon geschehen. Die Stadt ist in fast allen Fällen ein Mühlstein am Hals des Staates. Was auch immer die politische Präferenz des Lesers sein mag, er muss die Tatsache zugeben, dass die einzelne Stadt New York den Staat politisch dominiert, obwohl sie nur etwa ein Viertel der Bevölkerung beherbergt, und dass der ausdrückliche Wille und die Absicht einer großen Mehrheit der Wähler des Staates außerhalb der Metropole ständig durch eine große Mehrheit neutralisiert wird, die hauptsächlich aus unwissenden Personen besteht, die eine große Stadt heimsuchen. Das Übel hat sich so stark in die Köpfe von Publizisten und Journalisten aller Grade eingeprägt, dass oft der Vorschlag gemacht wurde, der Stadt eine eigenständige Organisation zu erlauben, ähnlich der Position, die einst die freien Städte Deutschlands innehatten. In einem solchen Fall würde, was auch immer die politischen Endergebnisse sein mögen, die Tatsache bestehen bleiben, dass jeder Teil der gespaltenen Gemeinschaft seinen eigenen Willen klar zum Ausdruck bringen würde, während gegenwärtig einer den anderen neutralisiert. New York hat diesen Versuch jahrelang mit einer Reihe von Sonderregierungen durch Kommission unternommen, die ihren Ursprung in Sonderverordnungen der Legislative in Albany haben. Die Ergebnisse waren nicht erfolgreich, aber das Problem war nicht mangelnde Prinzipien in den Verordnungen, sondern in den Personen, die ausgewählt wurden, um das Experiment durchzuführen. Der Vorschlag wird jedoch weiterhin gemacht. Ähnliche Pläne wurden für einige andere große Städte der Vereinigten Staaten erwähnt. Und es ist nicht unmöglich, dass allen von ihnen im strengsten Sinne „Selbstverwaltung" gewährt wird und dass die Staaten als Ganzes so der Stadtverwaltung entgehen, der sie gegenwärtig unterworfen sind.

DIE DUNKLE SEITE.

Was bereits über die Übel des Stadtlebens und des Einflusses gesagt wurde, mag schlimm genug erscheinen, aber es gibt noch eine andere Seite, die noch schlimmer ist. Verbrechen und Zügellosigkeit beeinflussen den menschlichen Geist stark, wenn man sie als Ursache für eine große Menge an Unregelmäßigkeiten betrachtet, aber das öffentliche Herz wird schneller und nachhaltiger beeindruckt, wenn man das Wissen um das Leid hat.

Das Ausmaß des Leids, das in allen großen Städten allein durch die aufgezwungenen Lebensbedingungen herrscht, ist unbeschreiblich. Niemand ist bisher in der Lage gewesen, diesem Thema gerecht zu werden. Viele, die unter den Armen gearbeitet haben, haben beim Anblick des Leids und der Sorgen, die sie miterlebt haben und die sie nicht lindern konnten, ihr Leben und ihre Hoffnung und ihren Verstand verloren. Der Versuch, sich um die Armen einer großen Stadt zu kümmern, wirkt auf einen wie der Versuch, Wasser in ein Sieb zu gießen; die Forderung ist ununterbrochen, doch es scheint nichts zu bewirken.

Außerhalb der Städte wird fast überall zunächst angenommen, dass die Menschen, die in großen Städten unter Armut leiden, entweder träge oder lasterhaft sind. Ein schlimmerer Irrtum könnte kaum gemacht werden. In jeder großen Stadt gibt es natürlich viele Faulenzer, aber die große Mehrheit der Menschen arbeitet hart, um Leib und Seele zusammenzuhalten. Die größte Ansammlung von Faulenzern, die ein Ereignis zusammenbringen kann, ist zahlenmäßig nicht so groß wie die Prozession, die man in fünf Minuten auf jeder Durchgangsstraße während der normalen Arbeitszeiten oder auf dem Heimweg sehen kann.

Die Hälfte der Bevölkerung der größten Stadt der Union lebt in Mietshäusern. Mietshäuser sind bestenfalls als Wohnhäuser ungeeignet, wenn die Bewohner eine gute Gesundheit erwarten und die Kinder, die in fast jeder Familie leben, körperlich und seelisch wachsen und sich entwickeln sollen. Tatsache ist jedoch, dass mehr als eine halbe Million Einwohner dieses Landes auf mehreren Quadratmeilen Land in einer einzigen Stadt leben. Land ist teuer, Bauarbeiten sind teuer; die billigsten Häuser kosten viel Geld, und daher muss der Raum mit großer Geschicklichkeit und Sorgfalt aufgeteilt und unterteilt werden, wenn die ärmeren Klassen überhaupt Wohnraum finden sollen.

Fast alle dieser halben Million Menschen sind ehrliche, hart arbeitende Menschen. Die Familienoberhäupter sind morgens unter den Ersten, die zur Arbeit gehen, und unter den Letzten, die abends nach Hause gehen. Sie sind diejenigen, die für den geringsten Lohn arbeiten und die härteste Arbeit verrichten. Sie und ihre Familien brauchen zum Überleben genauso viel Nahrung wie jeder andere wohlhabende Teil der Bevölkerung. Aber in jeder großen Stadt sind die Lebensnotwendigkeiten kostspielig, und das ist in unserer größten Stadt besonders der Fall. Der Lohn eines gewöhnlichen Mechanikers oder Arbeiters reicht kaum für die Miete der billigsten Wohnung und für Essen für fünf Personen. Kleidung muss dem Zufall überlassen werden, Luxus ist verpönt, und die einzige mögliche Entspannung ist die auf der Straße oder an Orten, wo es kostenlose Unterhaltung gibt.

In einigen dieser bescheidenen Heime wird mehr Heldentum gezeigt als jemals auf einem Schlachtfeld, von dem die Welt weiß. Der Wolf vor der Tür ist ein tausendmal schlimmerer Feind als der Feind an der Grenze. Der Soldat kann immer auf Ruhm hoffen, falls er stirbt. Der leidende Arbeiter stirbt, wenn er sterben muss, in bitterem Elend beim Gedanken an die Zukunft seiner Familie. Wie es ihm auch geht, wie zahlreich seine Beschwerden sind, wie gering sein Lohn auch sein mag, er muss arbeiten und weiterarbeiten, oder seine Familie muss verhungern. Er hat keine reichen oder einflussreichen Freunde; wenn er welche hätte, wäre er kein armer Arbeiter; seine einzigen Freunde sind die seinesgleichen, und während fast jeder von ihnen im Notfall sein letztes Brot mit ihm teilen würde, gibt es Zeiten, in denen die Freundlichsten von ihnen kein Brot zum Teilen haben. Ein oder zwei Tage Krankheit des Familienoberhaupts erfordern eine harte Verfolgungsjagd, die lange dauert und furchtbar teuer ist. Der Tod eines Familienmitglieds bedeutet den absoluten Ruin. Das scheint schlimm genug, aber es steckt noch Schlimmeres dahinter. Die Notwendigkeit, die Überreste des

FRAUENGEBÄUDE.

Einen geliebten Menschen auf die Grabstätte der Armen zu bringen, ist eine der schrecklichen Erfahrungen, die in großen Städten sehr häufig sind. Manche von ihnen können sich nicht einmal die kurze Zeit leisten, die dazu nötig ist; daher werden die Überreste unter vielen Tränen und Gebeten, vielleicht manchmal auch unter vielen Flüchen über das Pech, das ihnen das Schicksal oder das Glück beschert hat, nachts still ans Flussufer getragen und dort aus dem Blickfeld, wenn auch nicht aus dem Gedächtnis, verschwinden. Vor einigen Jahren hörte ein Zeitungsattaché, der an einer der großen Exkursionen teilnahm, die von wohltätigen Personen für Kinder der Armen veranstaltet wurden, eine Mutter und ihre Tochter über ein krankes Baby sprechen, das die Tochter an Bord des Bootes bringen sollte. Die Mutter konnte nicht mitkommen. Sie musste arbeiten, sonst würde die Familie verhungern. Sie nahm ihr Kind in die Arme, küsste es immer wieder, weinte um es und begann dann ein geschicktes Gespräch mit ihrer Tochter, das darauf hinauslief, ob es möglich und ratsam sei, die Überreste des kleinen

Lieblings im Falle seines Todes während der Reise über Bord zu werfen, und sagte, das tiefe, saubere Meer sei eine sauberere Grabstätte als der dunkle Boden auf dem Friedhof. Das Kind hörte mit verwundertem Gesicht zu und stimmte schließlich der Mutter zu. Der Reporter war so entsetzt, dass er ein Jahr lang nicht mehr arbeiten konnte, obwohl er sich einbildete, er sei gegen Leidensszenen abgehärtet.

Die wildeste Vorstellungskraft kann unmöglich einige tatsächliche Tatsachen des Lebens in Mietskasernen übertreffen. Die Geschichte wurde immer wieder erzählt, bis sie nichts Neues mehr war: von Familien, die so eng zusammengepfercht waren, dass alle Anständigkeiten des Lebens vergessen wurden, weil man sie nicht beobachten konnte; von schlechten Verbindungen, die geknüpft wurden; von Kindern, die verwelkten und zu Tode geschwächt wurden, weil die Luft, die sie atmeten, nicht mehr zum Leben geeignet war; von Nahrungsmitteln, die zu immer billigeren Preisen gekauft wurden, bis die schließlich verwendeten für diejenigen, die sie aßen, kaum besser als Gift waren; von Armut, die durch aufgeschobene Zahlungen verursacht wurde; von dem Elend und dem Halbverhungern, das durch die langen Streiks einiger Arbeiterklassen herrscht; aber nichts davon entspricht ganz der Wahrheit. Es gibt glückliche, tugendhafte, wohlgenährte, gut gekleidete Familien in Mietskasernen, und es ist wahrscheinlich fair zu sagen, dass diese vielleicht die Mehrheit ausmachen, aber die Minderheit ist so zahlreich, dass es einem das Herz schaudert, wenn man daran denkt. Diese Menschen können ihre elenden Häuser nicht verlassen. Es gibt keinen anderen Ort für sie. Solange ein Mann und seine Frau jung sind und bevor sie Kinder haben, können sie bei schönem Sommerwetter als Landstreicher umherziehen, bis ein glücklicher Zufall für den einen oder anderen Arbeit auf dem Land findet. Aber wenn er erst einmal durch eine Familie mit Kindern in der Stadt verankert ist, sind die Möglichkeiten des Arbeiters mit geringem Einkommen, seine Lage jemals zu ändern, fast gleich Null. Manche sagen, der Einfluss der Religion schwinde. Die stärkste und absolute Widerlegung dieser Aussage ist, dass die elenden Menschen in großen Städten nicht in rasenden Massen aufstehen und alles zerstören, was sie nicht stehlen können. Der lange, geduldige und dann verzweifelte Kampf gegen das Unvermeidliche reicht aus, um jeden Menschen in Raserei zu versetzen, wenn nicht, wie Longfellow sagt, die Armut

Die Hälfte der Menschheit stürzt in stumme Verzweiflung .“

Dennoch ist es wahr, dass ein ebenso großer Teil dieser Menschen wie jeder anderen Klasse in der Stadt durch Instinkt, Ausbildung und Praxis religiös ist. Die Kirchen, die sie besuchen, sind sonntags überfüllter als die der besseren Klassen, und der Maler, der Vorbilder für Geduld, Ergebenheit und

Entschlossenheit finden möchte, findet sie an den Türen dieser Kirchen besser als irgendwo sonst auf der Welt.

Doch das Elend geht weiter. Es nimmt zu. Die Zahl der Mietshäuser wächst von Jahr zu Jahr. Die Unterkünfte werden kleiner, weil die Mieten für solche Immobilien ständig steigen. Es gibt keinen Ausweg. Nach und nach bringen die Eltern der Familie mit kleinen Kindern es fertig, die Kinder zum Unterhalt der Familie beitragen zu lassen. Die Absicht der Eltern ist nicht grausam. Die Kinder haben kaum etwas, das sie interessiert. Ihre Eltern sind zu beschäftigt, um mit ihnen zu reden oder ihre Fragen zu beantworten. Tagsüber sind die Kinder im Weg, und Vater und Mutter kommen auf die Idee, dass das Familienleben enger wäre, wenn die ganze Familie zusammen arbeiten würde. Die Kinder sind durchaus bereit, an allem teilzunehmen, was ihre Eltern tun. Tatsächlich ist es schwer, sie davon abzuhalten. Der Übergang von der völligen Trägheit zur Kinderarbeit ist für Kinder also sehr kurz und leicht.

In einer großen Stadt gibt es sehr viele Unternehmen, in denen Kinder ihren Eltern helfen können. Die bekanntesten davon sind wahrscheinlich die Bekleidungshersteller und die Hersteller des viel gescholtenen Artikels, der Mietskasernenzigarre. Der Leser braucht sich nicht vor der Vorstellung zu fürchten, dass Zigarren in Mietskasernen hergestellt werden, denn ein anständiger Mann oder eine anständige Frau mit ihren Kindern hat weniger wahrscheinlich Gewohnheiten oder eine Umgebung, die den Tabakblättern schaden könnten, als der Arbeiter in einer berühmten Fabrik in Havanna. Es gibt Krankheiten unter den Arbeitern in kubanischen Zigarrenfabriken, über die man besser nicht spricht. Was auch immer das Leben in Mietskasernen sonst für Leiden mit sich bringen mag, diese speziellen Krankheiten sind dort nicht anzutreffen. Trotzdem ist die Vorstellung, dass ein Mann, eine Frau und mehrere Kinder zehn, zwölf oder vierzehn Stunden am Tag in einem Raum von zehn Quadratmetern mit viel verrottendem Pflanzenmaterial arbeiten – und genau das ist Tabakblatt bei der Herstellung – und die Luft um sie herum verschmutzen, keine angenehme Sache. Tabak hat starke medizinische Eigenschaften, die meisten davon sind giftiger Natur. Eine kleine Menge Nikotin, der Hauptbestandteil von Tabak, hat sich als äußerst wirkungsvolles Narkotikum, Stimulans oder keimtötendes Mittel erwiesen. Man kann sich daher die Wirkung auf Personen vorstellen, die den halben Tag über ununterbrochen damit umgehen. Jeder im Raum wird reizbar, wenn die Nahrungsversorgung nicht reichlich und sorgfältig ausgewählt ist; schließlich wird jeder extrem nervös. Männer und Frauen ertragen das Leben von Tabakherstellern nicht gut. Für Kinder ist der ständige Umgang mit dem Blatt häufig giftig. Trotzdem müsste die Familie jeden Tag eine gewisse Menge Geld verdienen; Vater und Mutter sind dazu nicht in der Lage; die

Kinder helfen; der Familienverdienst dient ebenso dem Wohl der Kinder wie den der Eltern, und so geht die Arbeit weiter.

Bei der Bekleidungsherstellung sind die Einzelheiten, soweit sie das menschliche Leben betreffen, nicht so schädlich. Ein kommerzielles Ergebnis ist jedoch immer schon nach kurzer Zeit spürbar. Die Arbeiter, die Kinderarbeit in Anspruch nehmen können, sind in der Lage, ihre Kollegen, die gleichzeitig ihre Konkurrenten sind, zu unterbieten. Folglich dauert es sehr kurze Zeit, bis das Einkommen der Familie nicht höher ist als zuvor, während sich die Zahl der Personen, die es verdienen, verdoppelt oder vielleicht sogar verdreifacht hat.

Überlegen Sie einmal kurz, was das alles wirklich bedeutet. Eine Reihe von Menschen sind von jeder Möglichkeit der Bewegung oder Erholung ausgeschlossen und regen sich bis zum Äußersten an, um eine bestimmte Menge Arbeit in einer bestimmten Zeit zu erledigen. Kinder reagieren schneller als Erwachsene auf jeden anregenden Einfluss, und die enthusiastischsten Arbeiter in Mietshauszimmern sind immer die Kinder. Manchmal amüsiert dies die Eltern, manchmal interessiert es sie, aber meistens ist es äußerst rührend. Ein Kind in jungem Alter in die Einzelheiten des Lebenskampfes vertieft zu sehen, würde jeden von uns entsetzen, doch in der Stadt New York gibt es 100.000 Kinder dieser Art, und eine große Anzahl von ihnen findet man in jedem von vierzig oder fünfzig bestimmten Häuserblocks.

Solche Dinge haben nur ein Ende. Ständige Stimulation und völliger Mangel an Erholung oder Bewegung müssen eine entwürdigende und gefährliche Wirkung auf jeden Körper haben. Das muss bei Kindern noch viel mehr der Fall sein. Jungen und Mädchen werden nicht zur Arbeit getrieben, wie es in England vor vierzig oder fünfzig Jahren der Fall war. Sie werden nicht ausgepeitscht, wenn sie in einer bestimmten Zeit nicht eine bestimmte Menge Arbeit leisten, wie es früher unter den guten alten englischen Gepflogenheiten der Fall war. Aber sie werden körperlich und geistig genauso gründlich zerstört, als stünden sie unter Zuchtmeistern, die nicht ihre eigenen Eltern sind.

Kinder auf dem Land arbeiten oft sehr hart. Das Leben eines Bauern ist bestenfalls hart, und zwischen Notwendigkeit und Mitgefühl lernen seine Kinder schon früh, an den Bemühungen ihres Vaters teilzunehmen. Sie stehen früh morgens auf und arbeiten vielleicht bis spät in die Nacht, aber sie sind auch während der Arbeit in reiner Luft. Sie haben reichlich zu essen und sehen immer etwas vor sich, genau wie ihre Eltern. Vielleicht ist im Ausland Krieg und der Weizenpreis wird wahrscheinlich um ein paar Cent pro Scheffel steigen. Oder in der Nähe des Bauernhofs wird eine Eisenbahn gebaut, und man erwartet, dass die Felder, die bisher für gewöhnliche

Feldfrüchte und Weiden genutzt wurden, plötzlich die Würde eines Stadtgrundstücks erlangen. Es gibt abendliche Festlichkeiten, an denen alle Kinder teilnehmen, und es gibt auch das große, tröstliche und erhebende amerikanische Gefühl, dass jeder von ihnen so gut ist wie jeder seiner reichsten Nachbarn, und die Tatsache, dass sie vielleicht in einem schlecht gebauten Haus leben und am Sonntag nicht ganz so gute Kleidung tragen wie einige ihrer Kollegen, kann angesichts der Möglichkeiten der nahen Zukunft immer übersehen werden. Aber für die Kinder der Armen in den großen Städten gibt es keinerlei Aussicht auf Aufstieg, Vergnügen oder Erholung. Der alte, öde Alltag geht Tag für Tag weiter. Solange es allen gut geht und alle arbeiten, hat die Familie wahrscheinlich genug zu essen und ein Dach über dem Kopf; und insofern kann sie sich selbst beglückwünschen, denn einigen ihrer Bekannten und Nachbarn geht es nicht so gut. Aber am ersten Tag, an dem die Familie krank wird, ändert sich das ganze Bild. Die Arbeit muss weitergehen, sonst hat man am Ende der Woche nichts mehr zum Leben. Der Kranke kann in einem der kleinen Kämmerchen zu Bett gebracht werden, die durch den Namen Zimmer ehrenvoll bezeichnet werden, aber die erwachsenen Familienmitglieder müssen weiterarbeiten, und das gilt auch für alle, die alt genug sind, um zu helfen. Wenn eine Nähmaschine im Zimmer steht, muss sie weiterklicken, ganz gleich, ob ein Familienmitglied im Sterben liegt. Es mangelt nicht an Mitgefühl, nicht an Zuneigung, nicht an Sehnsucht; aber all dies zusammen ersetzt nicht angemessene medizinische Versorgung, reine Luft und gutes Essen. Wenn in irgendeiner Stadt der Vereinigten Staaten die Sterberate so hoch wäre wie in New York, würden die besten Bürger ihre Sachen packen und weglaufen, egal um welchen Preis. Aber New York kann jedes Jahr dreißig oder vierzig von tausend Einwohnern verlieren, und der einzige Kommentar derjenigen, die am besten darüber Bescheid wissen, ist, dass es eine Gnade des Himmels ist, dass der Verlust nicht größer ist.

Die Stadtbewohner vermeiden üblicherweise Verantwortung und gehen diesem Thema nicht tiefer nach. Sie sagen, dass Menschen, die so leben, ohnehin niederen Organisationen angehören und in einer Umgebung leben, gedeihen und fett werden können, die jeden anständigen Menschen umbringen würde. Soweit es um bestimmte niedere Organisationen geht, ist daran etwas Wahres. Leider gibt es jedoch unter den sehr Armen in den großen Städten keine Rasse, kein Geschlecht, keine Nationalität oder keinen Glauben. Sie alle sind entweder sehr arm geboren oder versuchen, das Beste aus ihrem Schicksal zu machen, nachdem sie in Armut geraten sind. Es gibt Amerikaner mit gutem Namen und aus guter Familie, die jetzt in der Stadt New York in den einfacheren mechanischen Funktionen arbeiten, und erst vor kurzem wurde entdeckt, dass die Frau eines tapferen Generalmajors, der den Vereinigten Staaten während der jüngsten Unannehmlichkeiten treu gedient hatte, als Hausangestellte „auswärts lebte". Dies ist nicht das

Ergebnis von Armut, Unglück, Krankheit oder dergleichen. All dieser Schrecken ist in erster Linie eine Folge des Stadtlebens, eines Lebens, in dem niemand seine Nachbarn kennt und in dem der Mensch, der in Verlegenheit gerät oder von Unglück erschüttert wird, niemanden hat, an den er sich wenden kann, und in seiner Verzweiflung spontan zu allem greift, um nicht in Panik zu geraten.

Städte sollten unterdrückt werden, aber das ist unmöglich. Sie sollten von Personen überwacht werden, die in der Lage sind, diejenigen zu finden und zu melden, die am meisten Hilfe benötigen; aber auch das scheint unmöglich. Die einzige verbleibende Chance scheint darin zu bestehen, dass die Missionsarbeit, die von allen Konfessionen dort geleistet wird, umso größer ist, je größer die Stadt ist. Als Jesus noch lebte und darauf bedacht war, die Aufmerksamkeit der Menschen zu gewinnen, beklagte er sich nicht über ihren traurigen Zustand, aber als ihm einmal einige Tausend von ihnen folgten, versorgte er sie selbst mit Nahrung. Der Diener ist nicht größer als der Herr, und religiöse Menschen können, ungeachtet ihrer unterschiedlichen Glaubensbekenntnisse, in großen Städten keine bessere Arbeit finden, als die Bedürftigen aufzuspüren und zu versuchen, ihre Füße aus dem Schlamm zu ziehen und sie an einen trockenen Ort zu bringen, um den inspirierten Psalmisten in einer seiner beredtesten Passagen zu zitieren.

Ein guter und dringlicher Grund – wenn auch ein eigennütziger – für eine stärkere und mitfühlendere Aufmerksamkeit gegenüber den Armen in großen Städten ist, dass die große Masse der Kriminellen aus den ärmeren Klassen kommt und dass es schwer ist, einmal zu Kriminellen zu werden, wenn sie erst einmal zu Kriminellen geworden sind. Der berühmte Inspektor Byrne aus New York, der von Übeltätern überall am meisten gefürchtete Mann, gibt jährlich einen Großteil seines hart verdienten Geldes dafür aus, Kriminelle davon zu überzeugen, nicht in ihre alten Gewohnheiten zurückzufallen, aber er glaubt, dass er ihre Rückkehr ins Verbrechen nur verzögert – nicht, dass er eine Besserung bewirkt. Die folgenden Worte eines Mannes mit seiner harten Erfahrung und seinem mitfühlenden Wesen sind schrecklich in ihrer Warnung vor der Vernachlässigung der Klasse, aus der die meisten Kriminellen stammen:

„Meine persönliche Meinung ist, dass es völlig unmöglich ist, Kriminelle zu bessern. In dieser Stadt werden gewisse ausgefallene Maßnahmen zur Besserung von Kriminellen verfolgt, aber das ist alles Blödsinn; sie bessern die Gesetzlosen nicht. Bis zu einem gewissen Grad werden solche Bemühungen unternommen, um öffentliche Bekanntheit zu erlangen. Ich kenne Leute in dieser Stadt, die behaupten, sie wollten Diebe bessern. Sie schnappen sich notorische Schurken, wenn diese aus dem Staatsgefängnis kommen, und solange der Dieb ein guter ‚Starschauspieler‘ ist und von Ort zu Ort zieht und alle möglichen niederträchtigen und schlechten Dinge über sich selbst erzählt (egal, ob es Lügen oder die Wahrheit sind), wird er von diesen Leuten als große Attraktion gepriesen. Sobald er diese Art von Vorstellung einstellt, werfen sie ihn auf die Straße, weil er ihnen nutzlos ist; er ‚zieht nicht‘.

„Was die Bemühungen religiöser Menschen in dieser Angelegenheit der Besserung von Kriminellen betrifft, so sage ich, dass ihre Bemühungen lobenswert sind. Sie meinen es sicherlich gut. Sie widmen dieser Arbeit Zeit und Geld, aber sie haben keine praktische Erfahrung mit Kriminellen, und ihre Bemühungen zählen sehr wenig. Manchmal wird behauptet, dass das Herz des Kriminellen unter dem Einfluss von Gebeten und Predigten berührt wird, dass er seinen Irrtum erkennt und bekehrt wird; ich glaube das nicht. Da das Wort ‚Besserung‘ üblicherweise verwendet wird, weiß ich, dass es unter Dieben keine solche Erfahrung gibt.“

Es reicht nicht aus, das Thema mit der Aussage abzutun, dass es auf der Welt Kriminelle geben muss und dass wir Polizisten bezahlen, um sie im Auge zu behalten. Keine Polizei kann das Verbrechen gänzlich unterdrücken; es gibt zu viele Übeltäter, die überwacht werden müssen, und jeder hat seinen eigenen Stil. Inspektor Williams aus New York, ein Beamter, der fast ebenso bekannt ist wie Inspektor Byrne und der für die gefährlichsten Bezirke der Stadt verantwortlich war, schrieb kürzlich:

„Die breite Öffentlichkeit, die Kriminelle als eine eigene Klasse betrachtet, neigt dazu, zu glauben, dass ein Krimineller dem anderen sehr ähnlich ist. Das ist jedoch nicht der Fall. Ich bin seit fast einem Vierteljahrhundert Polizist und habe noch nie zwei Kriminelle gesehen, die sich im Charakter auch nur annähernd ähnelten. Eine siamesische Zwillingsbeziehung ist in den Annalen der Kriminalität unbekannt. Wenn wir in die Welt der Kriminellen eintreten und versuchen, ihre Mitglieder aus irgendeinem Blickwinkel zu behandeln, müssen wir sie individuell und nicht kollektiv betrachten.“

Dies alles bedeutet, dass die einzige Möglichkeit, die Zahl der Kriminellen zu verringern, darin besteht, dafür zu sorgen, dass die Not der breiten Bevölkerung unserer Großstädte nicht dazu führt, dass neue Rekruten in die Reihen der Kriminellen strömen.

KAPITEL XXI.

RELIGION.

Unser Land ist das religiöseste auf der Erde. Auf einer Quadratmeile Stadt- und Dorffläche gibt es mehr Kirchen als in jedem anderen Teil der Welt, die prachtvolle Altstadt von Rom nicht ausgenommen. Sie gehören vielleicht nicht alle derselben Konfession an, aber ihre Anhänger verehren denselben Gott. Sie mögen sich in Glaubensfragen viel streiten, aber in wesentlichen Punkten sind sie, wenn auch nicht genau gleich, so doch so eng verwandt, dass es Raum für jede Menge Hoffnung gibt. In Bezug auf Taufe und Wiedergeburt und Heiligung und Adoption und vielleicht Verdammnis mögen sie erschreckend unterschiedlicher Meinung sein; aber alle von ihnen gründen ihren Glauben auf das Apostolische Glaubensbekenntnis und suchen ihre spirituelle Inspiration im Gesetz des Alten und Neuen Testaments, vorzugsweise in dem der vier Evangelien.

Religion ist ein Leben, was immer sie auch sonst sein mag oder nicht. Niemand, der behauptet, religiös zu sein, weigert sich zuzugeben, dass sein Glauben die Grundlage des Lebens ist, das er führen möchte, ob es ihm nun gelingt, seine Praxis mit seinen Prinzipien in Einklang zu bringen oder nicht.

Dass Religion ein rechtschaffenes Leben im Hinblick auf das nächste Leben ist oder zumindest so verstanden wird, beweist der immer stärker verbreitete Brauch, Männer und Frauen nach ihrem religiösen Bekenntnis zu beurteilen.

Es gab eine Zeit, in der ein Mensch, der einer bestimmten Glaubensform zustimmte, sein Leben fast so gestalten konnte, wie er wollte; und einige der aktivsten „Verteidiger des Glaubens", wie sie sich selbst nannten, ob sie nun Katholiken, Protestanten, Trinitarier oder Unitarier waren, waren unter Männern zu finden, die man heutzutage nicht für geeignet halten würde, in die anständige Gesellschaft aufgenommen zu werden. Die Zeit, in der solche Dinge geschahen, ist vorbei und zeigt nicht die geringsten Anzeichen, jemals wiederzukommen. Heute wird das religiöse Bekenntnis eines Menschen als eine Selbstbehauptung dessen angesehen, was er mit seinem Leben erreichen will und wonach er sein Leben beurteilen will.

Ein ermutigendes Zeichen für die Ernsthaftigkeit und Aufrichtigkeit der Religion in der heutigen Zeit ist, dass es heute sehr wenig Missionierung gibt. Menschen, die sich an sechs Tagen der Woche fröhlich anlächeln, starren sich sonntags nicht mehr böse an und runzeln die Stirn, wie sie es früher taten, wenn sie sich auf dem Weg zu ihren jeweiligen Kirchen trafen, und aus dem Benehmen der Mitglieder verschiedener Konfessionen, die sich in Geschäfts- oder Gesellschaftskreisen trafen, konnte sich niemand vorstellen oder erkennen, welchem besonderen Glauben einer dieser Menschen angehörte. Methodisten, Baptisten, Katholiken und Episkopalen begegnen sich fröhlich in Geschäfts- und Gesellschaftskreisen, ihre Familien heiraten untereinander, sie unterhalten Geschäftsbeziehungen miteinander , und niemand denkt beim Indossieren oder Einlösen eines Wechsels eines Geschäftsmanns daran, zu fragen, zu welcher besonderen Kirche er gehört.

In einer Reihe von Kleinstädten wurde dieses brüderliche Gefühl durch sogenannte „Union Meetings" (Gemeindeversammlungen) stark gefördert und gestärkt, bei denen sich alle Mitglieder aller Gemeinden der Stadt zu festgelegten Terminen zu gemeinsamen Gebets- und Anbetungsgottesdiensten versammeln. Gelegentlich hat der Pfarrer einer Kirche in der Nähe Einwände gegen die Teilnahme an solchen Gottesdiensten, aber Pfarrer in Gemeinden sind häufig wie Kongressabgeordnete und das Volk – die Anhänger sind dem Führer voraus. Erst vor kurzem bestieg ein katholischer Priester, der in seiner eigenen Konfession hohes Ansehen genoss und von der gesamten Gemeinde, in der er bekannt war, hoch geschätzt wurde, bei einem Camp Meeting im Westen, bei dem sich von seiner eigenen abweichende Konfessionen zusammengeschlossen hatten, die Bühne und hielt eine äußerst ernsthafte, konfessionslose und spirituelle Ansprache an das gesamte Publikum vor ihm.

Erweckungsversammlungen, so sehr sie auch von den kultivierteren und anspruchsvolleren Kirchenleuten belächelt werden mögen, haben in den letzten Jahren Tausende von Menschen zu einem religiösen Leben geführt. Die bekanntesten dieser Versammlungen wurden, wie jeder weiß, von den Herren Moody und Sankey geleitet, zwei Männern, die nie von irgendeiner Autorität als Geistliche geweiht wurden – sie sind einfache Laien und nicht konfessionell gebundene Arbeiter. Doch diese Männer gingen nie in eine Stadt oder ein Dorf, um ihr besonderes Arbeitssystem zu beginnen, bis alle oder fast alle Pfarrer der Kirchen sich zusammengeschlossen hatten, um sie zu berufen, und versprochen hatten, nach besten Kräften zu helfen. Diese Männer unternahmen keinerlei Anstrengungen, Konvertiten für irgendeine Konfession zu gewinnen. Ihr einziges Ziel war es, Männer und Frauen dazu zu bringen, ihren Lebensstil von der gewöhnlichen alltäglichen Selbstsucht des unverbesserlichen Menschen abzuwenden und ihn zu zwingen, eine alles beherrschende Vorsehung anzuerkennen, die auch in jeder Hinsicht der Führer seines täglichen Lebens sein sollte. Mr. Moody, so „wackelig" er auch nach theologischen Maßstäben gewesen sein mag, war ernsthaft und aufrichtig genug, um der gesamten geistlichen Gemeinschaft in jeder Stadt, in der er arbeitete, zu sagen, dass er nur gekommen sei, um Saat zu säen, und dass es die Aufgabe anderer sei, die Ernte einzufahren, und dass es ihm egal sei, in welche Herde die Lämmer geführt würden, solange sie aus der Wildnis gerettet würden. Die Moody- und Sankey-Bewegung ist einer Menge Kritik ausgesetzt, und wahrscheinlich hat niemand sie mit eifersüchtigerem Blick betrachtet als Zeitungsredakteure, doch die Redaktion im ganzen Land musste zugeben, dass die von diesen Männern begonnene Agitation einen deutlichen positiven Einfluss auf die Gemeinschaft hatte, in der sie ausgeübt wurde.

Eine solche Bewegung wäre vor fünfzig, vielleicht vor fünfundzwanzig Jahren völlig unmöglich gewesen. Der Versuch, die Menschen zu Gott zu führen, ohne einen Weg zu skizzieren, der viele andere Wege kreuzt, die angeblich in die gleiche Richtung führen, hätte alle Kirchen in der Umgebung gegen den Anführer vereint.

Heutzutage gibt es keine Kämpfe zwischen Konfessionen mehr. Eine Kirche kann innerhalb ihrer eigenen Grenzen so wütend kämpfen wie eine Bande besorgter Hunde, aber dass die Inhaber mehrerer verschiedener Kanzeln in einer beliebigen Stadt oder in einem beliebigen Teil einer Großstadt sich gegenseitig beschimpfen und andeuten, dass die Anhänger eines jeden außer dem Sprecher sich nach dem Tod in einem äußerst unangenehmen und unheilbaren Zustand der Seele und des Körpers befinden würden, ist nicht mehr der Fall. Das Hauptgefühl, das heute durch großen Erfolg in einer bestimmten Gemeinde geweckt wird, ist das der Nachahmung. Wenn eine Kirche eine erfolgreiche Mission oder Erweckungsversammlung oder eine Reihe besonderer Bemühungen abhält und es gelingt, eine Anzahl von Menschen davon zu überzeugen, sich offiziell einer Gruppe von Personen anzuschließen, die sich als Christen bezeichnen, ist das einzige Konkurrenzergebnis, das man sehen oder hören kann, der Versuch der benachbarten Kirchen, dasselbe zu tun.

Es ist nicht mehr nötig, dass Kirchen ausschließlich von Mitgliedern der Gemeinde gebaut werden, die versucht, das Gebäude zu errichten. Eine Spende für den Baufonds einer Kirche jeder Konfession wird unter Menschen aller Glaubensrichtungen und auch ohne Glaubensrichtung verteilt, und das Geld wird so freizügig und vorbehaltlos gespendet, als ob die Anstrengung nur zur Erleichterung einer Person in Not unternommen würde. In den Vereinigten Staaten ist man mittlerweile der Ansicht, dass eine Kirche, egal welcher Konfession, eine gute Sache in der Nachbarschaft ist, und je mehr Kirchen, desto besser. Man kann sich darauf verlassen, dass jeder Mann mit Gemeinsinn oder christlichem Empfinden, der etwas Geld übrig hat, den Bau einer Kirche jeder Konfession spendet, die Mormonenkirche immer ausgenommen.

All dies ist ungemein ermutigend für Menschen, die Religion als den größten moralischen Einfluss des Lebens betrachten, sowie als ein Versprechen von weniger sichtbaren, aber wichtigeren Dingen, an die die Mehrheit der Menschen mehr oder weniger blind glaubt. Der Wandel ist durch die andere

Kanzelmethode eingetreten, die innerhalb weniger Jahre in Mode gekommen ist. Die Menschen haben gelernt, Religion jeglicher Art als unendlich besser anzusehen als gar keine Religion. Kein Mensch, der seine Augen offen hält, hat Veränderungen in den Möglichkeiten der menschlichen Natur bemerkt, wie sie durch keine andere Theorie erklärt werden können, die plötzlich und still durch die Ausübung eines religiösen Lebens erreicht werden, wie es ein bestimmter Glaubensbekenntnis anzeigt. Was Veränderungen im Leben einzelner Menschen betrifft, scheint das Glaubensbekenntnis kaum einen Unterschied zu machen. Innerhalb aller Konfessionen kann man Menschen finden, die nach jeder Regel und jedem Präzedenzfall der menschlichen Natur unehrlich, träge, gemein und brutal sein sollten, die jedoch plötzlich respektabel und in allen sichtbaren Dingen völlig anständig geworden sind. Alle Versuche, die Religion als solche zu zerstören, werden von der gesamten intelligenten Bevölkerung entschieden bekämpft, mit Ausnahme der wenigen Dilettanten, die sich über nichts im Klaren sind, und am allerwenigsten über das, was sich dem Sittengesetz unterwerfen wird. Colonel Bob Ingersoll kann in einer großen Stadt eine große Menschenmenge anziehen, aber noch nie in seinem Leben hatte er so viele Zuhörer, wie man sie an jedem Sonntag in einer der zwanzig Kirchen in New York City finden kann, und würde er in eine unserer kleineren Städte kommen, hätte er die gleiche Anzahl an Zuhörern. Die meisten religiösen Menschen, die denken – und die meisten von ihnen denken – haben Phasen des Zweifels über viele Themen, die ihnen in der ersten Phase ihres neuen Lebens als wesentlich erschienen. Trotzdem haben sie durch Erfahrung gelernt, ihren Glauben nicht zu ändern, geschweige denn ihn aufzugeben, wegen einiger Dinge, die sie nicht verstehen. Seitdem die Religion nicht mehr nur ein Glaube, sondern ein Leben geworden ist, haben alle Menschen, die sie aufrichtig praktizieren, gelernt, dass es in der menschlichen Erfahrung ein großes Unbekanntes gibt, über das ihr eigenes Leben nur zu bestimmten Zeiten und unter bestimmten Einflüssen hinausreichen kann. Und das aufzugeben, woran sie zweifeln, würde für sie bedeuten, auch auf die Früchte dessen zu verzichten, was sie bereits wissen und glauben.

Es besteht nicht die geringste Befürchtung, dass die Vereinigten Staaten eine irreligiöse Nation werden. Einige Kirchenbänke mögen leer sein, manche Männer mögen sehr selten zum Gottesdienst oder zur Beichte gehen, aber dass die meisten Menschen denken und fühlen, dass der Einfluss der Religion auf die Jugend und den Familienkreis zu gut bekannt und etabliert ist, um Zweifel zuzulassen. Die Familienoberhäupter, die mit ihrem eigenen Privatleben am nachlässigsten sind, drängen ihre Familien oft am eindringlichsten zu allen Diensten der Kirchen, die sie zufällig besuchen. Es spielt keine Rolle mehr, aus welcher Konfession der Geistliche ausgewählt wird, der bei einem großen öffentlichen Abendessen um das Tischgebet bittet oder eine feierliche öffentliche Versammlung mit einem Gebet eröffnet, oder was der Glaube des geistlichen Lehrers ist, der gebeten wird, an Beratungen über schwerwiegende moralische Belange der Gemeinschaft teilzunehmen.

All dies ist äußerst ermutigend und verspricht der Nation auf Dauer Gutes.

KAPITEL XXII. DIE

FRAU UND IHRE ARBEIT.

SEIT einer ganzen Generation hört die Öffentlichkeit viel über die Rechte der Frau. Doch schon jetzt hat die Frau eines der wichtigsten Rechte der Welt erlangt. Sie hat das Recht, in jeder Position zu arbeiten, in der bisher Männer beschäftigt waren.

Einige aufmerksame Beobachter haben diesen Wandel gewürdigt, indem sie ihn die Befreiung der Frau nannten. Aber genauere Beobachter erkennen, dass es sich dabei auch um die Befreiung des Mannes handelt. Frauen erledigen einen Großteil der Arbeit, die früher von Männern erledigt wurde und von der man annahm, dass nur Männer sie erledigen konnten, aber die Frauen sind eingesprungen und haben sie genauso gut erledigt wie die Männer, und die Männer haben sich, manchmal mit Dank und manchmal mit Flüchen, anderen Arbeiten zugewandt, die besser für starke Arme geeignet waren.

Die Meinung der Männer zu diesem Thema würde vom zarten Geschlecht wahrscheinlich keine Beachtung finden, aber eine kürzlich speziell zur Förderung der Interessen der Frauen herausgegebene Zeitschrift erklärt, dass es derzeit in den Vereinigten Staaten außer der Haushaltsführung über dreihundert Berufe gibt, in denen Frauen reichlich und gut bezahlte Beschäftigung finden. Was die Frau gesagt hat, würde ein Mann nur roh zurücknehmen.

Dieser Wandel hat der Welt einen deutlichen Gewinn gebracht, aber der größte Gewinn kam dem Geschlecht zugute, dem die Welt, wenn auch nicht grausam, so doch zumindest gleichgültig gegenüberstand. Die Frau war so lange die Sklavin, das Spielzeug, das Spielball des Mannes, dass es schwer ist, aus dem öffentlichen Bewusstsein die Vorstellung zu verbannen, die Frau sei einfach ein Anhängsel des roheren Wesens und dass alles, was sie ist oder haben wird, von der Großzügigkeit des Mannes abhängt. Das sanftere Geschlecht kann sich ebenso wenig auf die Großzügigkeit des Mannes verlassen wie die Männer selbst. Alle Männer sind großzügig, wenn sie dabei wahrscheinlich nichts verlieren. Alle Männer sind auch selbstsüchtig, und die Frau hätte in den Vereinigten Staaten heute nicht ihre gegenwärtige Chance, wenn die Männer in dem Wandel nicht einen Gewinn für sich selbst sähen.

Für manche Arbeiten bekommen Frauen vielleicht nicht so viel Geld wie Männer, die dieselbe Arbeit selbst verrichten würden. Aber der Anfang zählt in dieser Welt sehr viel. Jeder kennt das alte Sprichwort, dass der erste Schritt die halbe Miete ist, und die Frau hat den ersten Schritt getan. Laut der oben zitierten Autorität hat sie über dreihundert solcher Schritte getan, was mehr ist, als der Mann im gleichen Zeitraum von sich behaupten kann.

Ganz gleich, was die Männer sagen, die in den verschiedenen Geschäftsbereichen von Frauen verdrängt wurden; ganz gleich, was unverzeihliche Klatschtanten über Frauen sagen, die sich aus dem Familienkreis zurückziehen, um Arbeiten zu verrichten, die nichts Häusliches an sich haben, die Wahrheit ist, dass das Auftauchen der Frauen in der Geschäftswelt dem zarten Geschlecht ungemein zugute kam und indirekt auch den Herren der Schöpfung großen Nutzen brachte. Für die Zivilisation der Welt ist es absolut notwendig, dass die große Masse der Menschheit erkennt, dass die Frau mehr ist als nur vom Mann abhängig, und es gibt keinen schnelleren Weg, diese Lektion zu lehren, als zu zeigen, dass die Frau durchaus in der Lage ist, für sich selbst zu sorgen, wenn sie eine faire Chance bekommt.

Es wurde eine faire Chance geboten. Sie wurde ergriffen, und einige Hunderttausende Frauen in den Vereinigten Staaten kommen weitaus besser zurecht, als es ihnen von den Männern ergangen wäre, in deren Gewalt sie geraten wären, wenn sie den alten Brauch befolgt hätten, den Lebensunterhalt und die Existenz einer Frau vollständig von den männlichen Mitgliedern ihrer eigenen Familie abhängig zu machen.

Ein großer Industriezweig, in dem Frauen neben den häuslichen Pflichten beschäftigt sind, ist die Arbeit in den Regierungsbüros in Washington. Verantwortungslose Zeitungsartikelschreiber schrieben früher viele hässliche Dinge über Finanzbeamte, Rentenbeamte und andere weibliche Regierungsangestellte. Aber diese Art des Schreibens ist völlig aus der Praxis verschwunden. Sehen heißt glauben, und die Hunderttausenden von amerikanischen Bürgern, die jedes Jahr die Hauptstadt besuchen, sind aus eigener Beobachtung und noch mehr aus ihrer persönlichen Bekanntschaft mit den Attachés der verschiedenen Ministerien überzeugt, dass Frauen nicht nur wissen, wie man arbeitet, sondern ihre Anstrengungen ebenso gut ausdehnen und regelmäßige Arbeitszeiten einhalten können wie jeder Mann; und, gelinde gesagt, dass sie genauso respektabel sind wie Männer.

Noch wichtiger ist, dass Frauen es bisher nicht für nötig erachtet haben, auszugehen, um etwas zu trinken. Es ist ein schlimmerer Scherz und Kommentar über das stärkere Geschlecht, als jeder Mann bisher zugeben wollte, dass es zwar in allen Abteilungen des Staatsdienstes in der Hauptstadt Angestellte gibt, die es für nötig erachten, sich während der Geschäftszeiten zu stimulieren, Frauen jedoch die üblichen vorgeschriebenen Arbeitszeiten einhalten, ihre Arbeit gut erledigen und keine Notwendigkeit für künstliche Stimulation sehen.

Bedeutet das, dass die Welt seit sechzig Jahrhunderten im Unklaren darüber ist, welches der beiden Geschlechter das stärkere ist? Dies ist ein interessantes Rätsel, über das man nachdenken kann, wenn man etwas freie Zeit hat.

Der oben erwähnte verantwortungslose Paragraph hat außerdem berichtet, dass weibliche Angestellte in Washington sehr wenig zu tun hätten und dass die ihnen übertragene Arbeit auch von Männern mit der gleichen Schnelligkeit und Genauigkeit erledigt werden könnte. Tatsächlich scheint es jedoch so zu sein, dass die Männer – den Aussagen von Kabinettsmitgliedern aus einem halben Dutzend aufeinanderfolgender Regierungen zufolge – weder so schnell noch so gut arbeiten und wesentlich mehr Geld kosten.

Wahrscheinlich wird mit der Zeit mehr Geld kommen. Kein Sklave kann alle seine Ketten mit einem einzigen Schlag abschütteln. Der alte Samson selbst war, als er die Handschellen, die ihn fesselten, zerbrochen hatte, noch blind und musste an der Hand herumgeführt werden. Und die Frau braucht vielleicht noch etwas Unterweisung und freundlichen Rat, aber wenn in einer einzigen Stadt Tausende des sanfteren Geschlechts schwere Arbeit verrichten und strengen Auflagen nachkommen müssen, ist es viel zu spät, überhaupt etwas über die Unfähigkeit der Frau zu ausdauernder Arbeit zu sagen.

In dieser Tirade wurde ganz offen auf die weiblichen Angestellten der Regierung in der Hauptstadt Bezug genommen, aber nur, weil dies das prominenteste Beispiel und die beste Illustration der Arbeitsfähigkeit von Frauen ist. Jeder Beobachter kann sich jedoch, wenn er will, selbst davon überzeugen, indem er sich in den führenden Geschäftshäusern jeder Großstadt umsieht. Wo einst hinter jedem Schreibtisch ein Mann saß und alle Verkaufstheken mit männlichen Verkäufern besetzt waren, heißt es heute in New York und einigen anderen Städten, dass kein Mann für eine Arbeit eingestellt werden darf, für die sich eine Frau finden lässt. Frauen haben einige Eigenschaften, die für die Leitung eines großen Unternehmens besonders attraktiv sind. Sie betrinken sich nie, sie spekulieren selten und noch seltener suchen sie sich nach etwas anderem um. Männliche Angestellte und Verkäufer sind ständig auf der Suche nach etwas Besserem. Sie werden ihre Ersparnisse wahrscheinlich an der Wall Street oder in einem anderen Spielcasino anlegen. Sie erwarten, irgendwo, irgendwie, irgendwann eine große Karriere im Geschäftsleben zu machen; aber Frauen haben die überlegene Eigenschaft, so scheint es zumindest ihrem Arbeitgeber, zufrieden damit zu sein, die Arbeit, die sie in Angriff nehmen, gut zu machen und nichts anderes zu suchen. Folglich ist die Heirat beinahe der einzige Einfluss, der sie jemals aus ihrem gewählten Pflichtenbereich entfernen kann.

Doch Frauen geben sich nicht mehr damit zufrieden, für einen niedrigen Lohn zu arbeiten. In den Vereinigten Staaten gibt es Tausende von

Ärztinnen. Es gibt einige Anwältinnen, und tatsächlich sind zwei oder drei Kanzeln seit Jahren zufriedenstellend mit Frauen besetzt. Andere Frauen sind als Geschäftsführerinnen großer Unternehmen zu finden. Jeder in der Wall Street kennt Mrs. Hetty Green, eine der schlausten und erfolgreichsten Spekulantinnen mit Eisenbahnpapieren, die die Wall Street je gesehen hat. Wenn sie Verluste gemacht hat, weiß niemand davon. Auf der anderen Seite kann jeder Makler an der Wall Street ihre Gewinne in Millionenhöhe beziffern. Sie und ihr Mann waren gemeinsam an einem großen Eisenbahnunternehmen beteiligt. Ihr Mann ist von der Bildfläche verschwunden. Die Frau ist geblieben, und kein Makler oder Unternehmer, der nicht ganz neu im Geschäft ist, versucht jemals, Mrs. Green zu übertrumpfen. Ihr Vermögen ist stetig gewachsen, bis es auf fast so hoch geschätzt wird wie das aller anderen außer den drei prominentesten Männern in der Wall Street, und es wächst weiter. Wenn sie externe Berater hat, konnte niemand jemals herausfinden, wer diese sind. Ihre Methoden sind so ruhig und direkt, dass sie selbst die Auserwählten unter den Eisenbahnern vor Rätsel stellt.

Als Redakteur einer Zeitung werden mindestens ebenso hohe intellektuelle Fähigkeiten verlangt wie als Präsident der Vereinigten Staaten, und es gibt Männer, die meinen, ein erstklassiger Redakteur würde sich selbst enttäuschen, wenn er das Präsidentenamt annähme. Und doch werden mehrere bedeutende Zeitungen in den Vereinigten Staaten nicht nur von Frauen redigiert, sondern auch in ihren Wirtschaftsabteilungen von Frauen geleitet. Sie sind nicht diejenigen, über die am meisten geredet wird; dennoch sind ihre Aktien nicht auf dem Markt und wechseln selten den Besitzer.

Frauen sollen ein schnelleres Empfinden haben als Männer. Daran wird niemand zweifeln, der schon einmal eine Frau im Finanzministerium in Washington Geld zählen oder in einem Büro in einer Großstadt eine Schreibmaschine bedienen sah. In letzter Zeit gab es einige spannende Schreibmaschinenwettbewerbe, und die meisten Gewinner waren Frauen. In der Stadt Cincinnati, die wahrscheinlich mehr kunstvolle Möbel besitzt als die Städte London oder Paris, wurde die Arbeit fast ausschließlich von den Augen und Händen von Frauen erledigt.

Vor ein paar Jahren wurde Hoods „Song of the Shirt" in Amerika genauso oft zitiert wie einst in England, aber heutzutage greifen nur noch die dümmsten Frauen zur Nadel oder jene, die am plötzlichsten in Verlegenheit geraten und ohne jegliche Vorbereitung auf den Kampf des Lebens sind. Diese Art von Arbeit machen heute Männer. Es gibt noch immer bescheidene Damen, die sich vom Nähen ernähren, aber sie sind nicht leicht zu finden. Anstatt Hemden oder andere billige Kleidung für einen Hungerlohn herzustellen, widmet sich die arbeitslose Frau heutzutage einer Spezialität der Handarbeit, wenn sie kein anderes Werkzeug oder keine andere Methode kennt, und es gibt „Börsen", an denen ihre Arbeiten ausgestellt werden können und an denen Bestellungen entsprechend den gezeigten Mustern und zu Preisen aufgegeben werden, die die alten Sklavinnen der Nadel in Erstaunen versetzt hätten. In allen Telegrafenämtern gibt es Frauen. Sie sind Angestellte in Tausenden von Geschäftshäusern. Sie sind Mechanikerinnen, Handwerkerinnen und Künstlerinnen im ganzen Land. Es ist so sehr Mode geworden, dass es heute in London, Paris und New York Anzeichen dafür gibt, dass gewöhnliche Geschäftsunternehmen von Frauen mit Titel geleitet werden. Die Prinzessin von Sagan, eine der strahlendsten Persönlichkeiten am Hof des letzten Napoleon, leitet ein Schneidereigeschäft in Paris und New York. Andere, ebenso berühmte Damen sind in Handelskreisen in London und auf dem Kontinent wohlbekannt.

All dies sieht stark nach der Emanzipation der Frauen aus, aber es vermittelt dem Beobachter oder Leser nicht auf den ersten Blick seine volle Bedeutung. Das wichtigste Ergebnis von allem ist, dass die Frau auf diese Weise vom Mann unabhängig gemacht wird. Eine Frau mit Verstand muss nicht mehr heiraten, um ein Zuhause zu haben. Es wäre schwierig, den Anteil unglücklicher Ehen zu nennen, die darauf zurückzuführen sind, dass bewundernswerte Frauen völlig unfähig waren, für sich selbst in der Welt zu sorgen, und sich deshalb aus Gründen der Vorsicht, wenn auch in einer verehrten Form und einem Sakrament, an einen Mann gebunden haben. Aber das ist nicht mehr notwendig. Es gibt alle Arten von Frauen und alle Arten von Männern in der Geschäftswelt, aber es ist in der Gesellschaft weitaus sicherer, einen romantischen Flirt mit einer Frau zu versuchen, als ähnliche Versuche in Geschäftskreisen zu unternehmen, in denen Frauen beschäftigt sind. Es gibt sehr viele hübsche und temperamentvolle Frauen in den Abteilungen in Washington, aber kein sentimentaler junger Mann ist so dumm, sich an diesen Orten herumzutreiben und zu hoffen, einen Flirt anzufangen. Die Frau, die weiß, wie sie für sich selbst sorgen kann, wird es mit der Heirat nicht eilig haben. Wenn sie heiratet, wird sie einen Ehemann haben, sowohl tatsächlich als auch dem Namen nach, und auch ein Zuhause. Sie kann es sich leisten zu warten. Sie hat die volle Kontrolle über ihr eigenes Schicksal und kann nicht benachteiligt werden. Anstatt zu heiraten, um ein Zuhause zu haben, hat sich das Blatt gewendet, sodass heutzutage viele Männer auf der Suche nach Frauen sind, die ihnen ein Zuhause geben können. Es gibt viele Männer, die heiraten möchten, um für ihren Unterhalt zu sorgen, anstatt zu heiraten, um jemand anderen zu unterstützen.

Der Gewinn für die Frau durch diese Veränderung der Verhältnisse ist einfach unschätzbar. Es ist unnötig, irgendjemanden auf das vergleichsweise große Risiko aufmerksam zu machen, das die Frau heute mit der Ehe eingeht, und auf die Hilflosigkeit, in der sie sich unter der alten Herrschaft befand, als der Mann der einzige Verdiener war. Überall in den Vereinigten Staaten arbeiten Frauen für sich selbst, sogar verheiratete Frauen. In vielen der Industriestädte Neuenglands gibt es Hunderte, in manchen Tausende von bereits verheirateten Frauen, die in denselben Berufen wie ihre Männer arbeiten, aber ihre eigenen Bankkonten bei der Sparkasse haben. Ein Mann kann es sich nicht mehr leisten, eine Frau zu missbrauchen, weil sie von ihm abhängig ist und sich nicht beschweren darf, aus Angst, ihre Lebensunterhaltsquelle zu verlieren. Eine Frau mit einem gewissen Verstand in jeder Branche kann genauso gut für sich selbst sorgen, wie es wahrscheinlich jeder Ehemann tun würde. Die Folge ist, dass Scheidungen in den Industriestädten Neuenglands sehr selten sind. Wenn ein Mitglied eines Ehepaars zu Faulheit und schlechten Angewohnheiten neigt, ist es wahrscheinlich der Mann. Man kann zu Gunsten des Mannes sagen, dass die Versuchungen hauptsächlich auf der männlichen Seite liegen. Frauen haben sich noch nicht in großem Maße dem Alkohol, Billard und der Politik zugewandt. Sie wetten nicht auf Pferderennen, kaufen keine Wetteinsätze auf Sparringskämpfe und unternehmen keine Ausflüge in benachbarte Städte, um Gewohnheiten nachzugehen, die man zu Hause nicht öffentlich zur Schau stellen darf. Daher ist die Frau des Hauses weitaus weniger wahrscheinlich arbeitslos oder von ihrem Arbeitsplatz fern als ihr Ehemann.

Welche Auswirkungen dieser Wandel in der industriellen Perspektive auf die Kinder haben wird, ist noch unbekannt. Aber es ist eine berechtigte Frage, ob die Frau, die täglich mit mechanischen oder bürokratischen Tätigkeiten beschäftigt ist, ihre Kinder wahrscheinlich schlechter erzieht als die Frau, deren Freizeit mit Smalltalk und gesellschaftlicher Ausschweifung verbracht wird. Für kein Kind kann man sich weniger sorgen als für das der Gesellschaftskönigin. Die gewöhnlichste Wäscherin, die ihr Haus im frühen Morgengrauen verlässt und erst im Dunkeln zurückkehrt, kann ihrem Nachwuchs mehr Aufmerksamkeit schenken, als man von den Kindern vieler Damen erwarten kann, deren Namen in den Modespalten der Zeitungen erscheinen, die derartigen Dingen viel Platz einräumen. Ob nicht jede Familie ein Mitglied enthalten sollte, dessen Pflichten und Interessen sich ausschließlich auf den häuslichen Kreis beschränken, ist ebenfalls eine Frage, zu der auf beiden Seiten viel gesagt werden kann. Aber die Tatsache, die gegenwärtig in den Vordergrund gerückt werden muss, ist, dass die Frau bereits das Recht erworben hat, ihren eigenen Lebensunterhalt zu verdienen, und dies im Ausmaß von einigen Hunderttausend Frauen auf bewundernswerte Weise tut. In den Vereinigten Staaten sind Frauen Präsidentinnen großer Colleges; Colleges sind zwar ausschließlich für die Ausbildung von Angehörigen des eigenen Geschlechts gedacht; dennoch zeigen der Studienverlauf und das spätere gesellschaftliche und literarische Ansehen der Absolventinnen, dass die Arbeit, die an diesen Institutionen geleistet wird, gut ist. Der beste Beweis dafür sind die besseren Colleges für

Mädchen in den Vereinigten Staaten. Die Nachfrage nach Stipendien übersteigt das Angebot bei weitem, und es gibt Millionäre in diesem Land, die ihre Töchter bisher nicht auf eines der drei oder vier besten Colleges für Mädchen im Land bringen konnten.

In der Literatur hat die Frau einen solchen Durchbruch erlebt, dass jeder, der überhaupt liest, weiß, was er tut. Unsere beliebtesten Romane sind alle von Frauen geschrieben. Frauen schreiben einen Großteil unserer Gedichte. Es ist unmöglich, eine erstklassige Zeitschrift zu finden, die nicht eine Reihe von Beiträgen von Frauen enthält, und diese Beiträge werden genauso viel besprochen und

SIEGEL DER DREIZEHN URSPRÜNGLICHEN STAATEN.

MARYLAND	MASSACHUSETTS	PENNSYLVANIA
DELAWARE	NEW HAMPSHIRE	NEW JERSEY
VIRGINIA	SÜD CAROLINA	GEORGIA
NORTH CAROLINA	NEW YORK	RHODE ISLAND

wird häufig gelesen wie alles, was von den prominentesten männlichen Köpfen des Landes geschrieben wurde. Als Romanautorin ist die junge Frau dem jungen Mann unermesslich überlegen. Kein junger Mann hat jemals in so jungem Alter (siebzehn Jahre) einen so berühmten Roman wie „Charles Auchester" geschrieben wie die junge Dame, die die Autorin dieses noch immer viel gelesenen Buches ist; und unsere Verleger überschwemmen den Markt mit anderen Romanen von Frauen, die noch nicht volljährig sind. Wenn schnelle Auffassungsgabe, Ausdruckskraft und pikante Kommentare ausreichen, um einen Romanautor zu machen, müssen unsere zukünftigen Romane hauptsächlich von jungen Frauen geschrieben werden. Dass sie einige schreckliche Fehler machen, ist sehr wahr. Einige der abscheulichsten Bücher, die einem so leidenden Publikum im vergangenen Jahr aufgezwungen wurden, stammten aus der Feder junger Frauen, die es besser hätten wissen müssen, wenn sie überhaupt etwas gewusst hätten. Dennoch ist es in der Literatur wesentlich einfacher, die Töne abzuschwächen als zu verstärken, und in der Belletristik und Lyrik junger Männer ist die Notwendigkeit zur Abschwächung irgendwie nicht besonders deutlich erkennbar.

Die „hemmende Kraft", der Sozialphilosophen den plötzlichen Aufstieg mancher Familien, Nationen und Stämme zuschreiben, könnte die plötzliche Bedeutung und Brillanz der Frauen in vielen Lebensbereichen erklären. Es mag so etwas wie eine Vererbung durch das Geschlecht geben, und ein Geschlecht, das lange Zeit unterdrückt wurde, wie es die Frau sicherlich war, in allem außer den häuslichen Tugenden, kann der Welt viel zu geben haben und dann plötzlich aus der Bedeutung verschwinden. Aber im Moment stehen alle Chancen für die Frau. Sie hat ihren Weg so schnell, wenn auch unauffällig und so angenehm gemacht, dass jeder Mann, der das richtige männliche Herz in sich trägt, froh sein wird, sie noch viel weiter gehen zu sehen, und glauben wird, dass sie durchaus dazu in der Lage ist.

KAPITEL XXIII.

UNSERE LITERATUR.

Amerikaner sind die besten Leser der Welt. Das kann Ihnen jeder bestätigen – vom Universitätspräsidenten bis zum Zeitungsjungen im Eisenbahnzug.

Sie lesen so ziemlich alles und sind immer um die Suche nach etwas Lesestoff verlegen.

Bücher sind hier billiger als anderswo auf der Welt, da man hier vor Verhaftung und Bestrafung für den Diebstahl literarischen Eigentums geschützt ist. Wir können die Gehirne ganz Europas, wie sie auf der anderen Seite des Atlantiks gedruckt werden, nehmen und sie hier nachdrucken, ohne Angst vor dem Sheriff haben zu müssen, und was der Mensch tun kann, ohne Angst vor dem Gesetz zu haben, wird er wahrscheinlich tun, solange er darin Geld sieht.

Es gibt keinen Bezirk, Staat oder keine Stadt, die so arm wäre, dass die Leute nicht etwas zu lesen fänden, wenn sie es wollten. Die Bewohner einer Gemeinde, deren Zentrum nichts weiter als ein Postamt, ein Geschäft und eine Schmiede ist, sind vielleicht zu arm, um sich ein paar Stecknadeln zu kaufen, es sei denn, sie haben Kredit beim Ladenbesitzer, aber sie finden immer etwas zu lesen. Wenn es nichts anderes gibt, können sie auf die Sonntagsschulbücher zurückgreifen, und heutzutage sind Sonntagsschulbibliotheken nicht mehr so schlecht wie früher. Fast jedes Buch, das respektabel ist und irgendeinen interessanten Aspekt aufweist, kann von einem unternehmungslustigen Verleger in eine Sonntagsschulbibliothek aufgenommen werden. Ein methodistischer Pfarrer, dem vor kurzem zu seinem großen Erfolg bei der Organisation einer Sonntagsschule in einem dünn besiedelten Bezirk in einem der Weststaaten gratuliert wurde, sagte mit einem langen Seufzer: „Diese Kinder kommen nicht hierher, um die Wahrheiten des Evangeliums zu lernen; sie kommen, um Bücher für ihre Familien zu holen, die sie während der Woche lesen können." Vielleicht hatte der alte Mann recht mit seiner Befürchtung, dass die religiöse Arbeit seiner Gemeinde nicht so gut voranging, wie er es sich wünschte; er hatte mit Sicherheit vollkommen recht, was die Nachfrage nach den Büchern betraf. Kinder, die während der Gebete, des Gesangs und des Unterrichts stumpf und lustlos waren, munterten sich schnell auf, wenn die Bibliothekare kamen, um die gewünschten Bücher zu verteilen, und die schlimmsten Jungs der Stadt verzichteten am Sonntag für ein oder zwei Stunden fröhlich auf Baseball, Schwimmpartys, Wassermelonendiebstahl, Hahnenkämpfe und Kartenspiele, um sich ein Buch auszuleihen, mit dem sie die freien Stunden der folgenden Woche verbringen konnten. Viele

Menschen wurden durch die Brote und Fische zu Jesus gezogen, aber Bücher sind der erfolgreichste Köder der modernen Kirche.

Aber die Sonntagsschulbibliothek ist die bescheidenste der vielen Quellen, aus denen die ärmere Klasse der Amerikaner ihren Lesestoff bezieht. Zurzeit werden in den Vereinigten Staaten mindestens ein Dutzend Romanserien veröffentlicht, und zwar auf eine Weise, die es den Verlegern ermöglicht, die Postgesetze für Drucksachen zu umgehen, indem sie davon ausgehen, es handele sich um Fortsetzungsgeschichten. Laut Gesetz muss jedes Buch, das von einem Verleger verschickt wird, Porto in Höhe von einem halben Cent pro Unze zahlen; eine so genannte Bibliothek kann ihre Veröffentlichungen jedoch nach den Regeln für Fortsetzungsgeschichten aller Art verschicken, die auf dem Postamt zu einem Preis von zwei Cent pro Pfund bezahlt werden können; daher gibt es seit einigen Jahren eine regelrechte Flut von Belletristik. Angeregt durch diese Besonderheit des Gesetzes haben eine Reihe unternehmungslustiger Männer alle Standardromane des vergangenen Jahrhunderts billig nachgedruckt und im ganzen Land verteilt; und, um ihnen gerecht zu werden, haben sie auf die gleiche Weise auch eine Reihe von Geschichtsbüchern und anderen Standardwerken herausgegeben, und da die Leute sie gekauft haben, ist anzunehmen, dass sie sie auch gelesen haben.

Aber Bücher sind nicht alles, was der große Teil unserer Bevölkerung liest, der viel Freizeit hat und keine Möglichkeit, sie anders als durch Lesen zu genießen. Jeden Monat werden eine Million Zeitschriften und doppelt so viele Wochenzeitungen in Umlauf gebracht. Vor einiger Zeit begannen die Zeitungen diese Tatsache zu erkennen und ergänzten ihre Samstags- oder Sonntagsausgaben sofort um zusätzliche Seiten mit Lesestoff aller Art, von denen einige so gut sind wie die, die in den Zeitschriften erscheinen. Die schlechtesten sind genauso gut wie die meisten gängigen Romane; und da der höchste Preis einer Zeitung in den Vereinigten Staaten fünf Cent pro Exemplar beträgt und die Beilagen mancher Zeitungen so viel enthalten wie eine ganze Zeitschrift, gibt es keinen Mangel an Lesestoff für jemanden, der sich ein Glas Bier oder eine billige Zigarre leisten kann.

Nicht nur ist das Angebot an Druckerzeugnissen groß, sondern auch die Nachfrage steigt in vielerlei Hinsicht, was durchaus bewundernswert ist. Es gibt jetzt mehrere Gesellschaften, die den Leuten gegen sehr geringe Kosten Ratschläge geben, was sie lesen sollen und in welcher Reihenfolge sie bestimmte Bücher lesen sollen. Einige von ihnen – insbesondere die bekannte Chautauqua-Gesellschaft – haben Lesezirkel unter Beratung und teilweiser Aufsicht, die so viele Mitglieder umfassen wie die Studenten aller Colleges des Landes. Eine Reihe von Gesellschaften mit ähnlichem Ziel sind über das ganze Land verstreut, jede hat ihre eigene Liste von Büchern, die ihren Mitgliedern zur Lektüre empfohlen werden – Bücher, die sorgfältig von

Männern ausgewählt werden, deren literarisches Urteil in jedem intelligenten Kreis der Union anerkannt würde.

Ein Ergebnis der amerikanischen Lesegier ist, dass die Zunft der amerikanischen Autoren genauso zahlreich wird wie die jedes anderen Landes der Welt. Der Amerikaner, der kein Buch schreibt, ist heutzutage fast eine Kuriosität und hält es im Allgemeinen für notwendig zu erklären, warum er nicht bereits etwas in dieser Art getan hat und wann und wie er es tun könnte. Die Geschichten, die in den Vereinigten Staaten in billiger Form veröffentlicht werden, stammen größtenteils aus ausländischen Federn, aber wer das Thema genau beobachtet, weiß, dass die Zahl der amerikanischen Autoren schneller zunimmt als in jedem anderen Land. Jeder, der hier etwas über ein bestimmtes Thema weiß oder aus irgendeinem Grund einen gewissen Ruf oder eine gewisse Bekanntheit genießt, wird gebeten, ein Buch zu schreiben, und solche Einladungen werden sehr selten abgelehnt; denn wenn der Mann nicht schreiben kann, kann er zumindest jemanden beauftragen, seine Gedanken in Worte zu fassen. Männer, die sich in älteren Ländern geschämt hätten, überhaupt zur Feder zu greifen und etwas für die Veröffentlichung zu verfassen, erhielten hier enorme Entschädigungen für einzelne Bände zu Themen, mit denen sie lediglich vertraut waren, nicht zu solchen, bei denen sie aus irgendeinem Grund als Autorität zitiert werden mussten.

Selbst in der ernsthaften Geschichtswissenschaft haben wir in letzter Zeit zahlreiche Bücher von Männern gesehen, die bekanntermaßen nicht in der Lage sind, einer vertrauensseligen Öffentlichkeit so etwas aufzudrängen. Aber Geld wird als Anreiz angeboten, Feder und Tinte sind billig, Schreibmaschinen gibt es in Hülle und Fülle, also geht die Arbeit munter weiter, und vielleicht braucht es die ganze Weisheit einer weiteren Generation, um die Fehler zu korrigieren, die von Schriftstellern der heutigen Zeit im Druck gemacht wurden.

Dennoch spornt die stetige Nachfrage, die sowohl für Autoren als auch für Verleger profitabel zu sein scheint, die intelligente und gebildete Klasse zu Anstrengungen an, die früher nur für die sehr kleine Zahl derer möglich gewesen wären, die wohlhabend genug waren, um ihre literarische Arbeit als Arbeit aus Liebe zu betrachten und keine andere Vergütung zu erwarten als die, die ihnen ihr gutes Gewissen einbringen könnte. Der moderne Romanautor bekommt für einen einzigen Band oft mehr, als der ältere Hawthorne für alle Bücher seiner unvergleichlichen Reihe erhielt. Literatur ist sowohl ein Geschäft als auch eine intellektuelle Beschäftigung geworden. Mr. Bancroft hat wahrscheinlich mehr Geld für seine bekannte „Geschichte der Vereinigten Staaten" ausgegeben, als diejenigen erhielten, die seine Bücher im Einzelhandel verkauften, aber heutzutage kann der Autor einer angeblichen Geschichte mit ebenso viel Bezahlung für ein hastig verfasstes

Buch rechnen, wie ein prominenter Anwalt für die Bearbeitung eines Falles erwarten würde, der langes Studium und Mühe erfordert.

Wenn diese Dinge wahr sind – und Autoren und Verleger werden der Öffentlichkeit versichern, dass sie es sind –, kann man mit absoluter Sicherheit davon ausgehen, dass wir in den Vereinigten Staaten bald eine sehr erfolgreiche und wertvolle Klasse von Schriftstellern haben werden. „Das kommende Buch", ein Ausdruck, der bald veraltet sein wird, mag eine Geschichte, ein Gedicht, eine Biographie oder ein Roman sein, aber es wird so viel mehr Bücher geben als bisher, dass ein Werk von großem Wert in jedem Bereich der Literatur möglicherweise bis zur nächsten Generation auf die gebührende Anerkennung warten muss. Es gibt so viel zu lesen, dass kein Bücherwurm mit den Druckereien der Verleger Schritt halten kann. Der letzte neue Roman mag sehr gut oder sehr schlecht sein, aber was auch immer der Fall sein mag, die breite Öffentlichkeit hat nur eine sehr geringe Chance, davon zu erfahren, denn bevor er Zeit hatte, die Hände vieler Leser zu erreichen, sind bereits ein Dutzend weitere aus der Presse gekommen, und nur der Zufall oder ein außergewöhnliches Maß an Wert – was man von jemandem nicht öfter als einmal in einem Jahrhundert erwarten darf – werden einem Buch die gebührende Aufmerksamkeit verschaffen.

So schrieb General Lew Wallace vor einigen Jahren eine Geschichte mit dem Titel „Ben-Hur", die sich eine Zeit lang recht gut verkaufte, in der Literaturwelt jedoch keine große Aufregung hervorrief. Zum Glück für den Autor und das Buch, das zweifellos eine originelle und verdienstvolle Produktion war, hatte General Wallace eine große Anzahl persönlicher Freunde, die nach und nach auf das Buch aufmerksam wurden; sie lasen es und sprachen darüber, bis seine Geschichte schließlich durch diese unaufgeforderte und unbezahlte Werbung berühmt wurde und nun in dreihunderttausend Auflagen erscheint, mit der Aussicht, vielleicht auf unbestimmte Zeit weiterzuleben.

Vor zwei Jahren schrieb Edward Bellamy sein Buch „Looking Backward". Es war eine nachdenkliche, geistreiche Geschichte, die viele der wichtigsten Interessen der Menschheit berührte, aber es verkaufte sich nur ein paar tausend Mal und schien in den hinteren Regalen der Buchhändler zu landen, als zwei oder drei Essays zu diesem Thema die Aufmerksamkeit wieder auf sich zogen. Die Menschen einer einzigen Stadt – natürlich Boston – nahmen es zuerst als Modeerscheinung und später als ernsthaftes Studium auf, und jetzt ist das Buch allgemein gefragt und verspricht, die öffentliche Diskussion über ein sehr altes Thema zu erneuern und weithin anzuregen, das hin und wieder an die Oberfläche kommen muss, bis es vielleicht zu einem anerkannten Prinzip menschlichen Verhaltens und Seins wird.

Dies sind nur zwei von vielen Büchern von großem Wert oder zumindest großem Interesse, die durch scheinbar rein zufällige Mittel vor der allgemeinen literarischen Flut gerettet wurden. Von den vielen Büchern, die möglicherweise unwiederbringlich verloren gegangen sind, weiß die Öffentlichkeit nichts. Hawthorne selbst, auf den bereits angespielt wurde, wurde von den Menschen seiner Zeit nicht einmal ein Zwanzigstel so viel gelesen wie heute. Carlyle, der in Amerika wahrscheinlich mehr gelesen wird als in Europa, verdankt seine Popularität hier und den großen Verkauf seiner Werke den persönlichen Bemühungen seines Freundes, Mr. Emerson, der darauf bestand, dass das Buch in diesem Land veröffentlicht werden sollte, dem es jedoch nicht gelungen wäre, wenn seine eigenen Verleger nicht Gründe gehabt hätten, ihm persönlich diesen Gefallen zu tun.

Diese Tatsachen in Bezug auf die Literatur sind nicht nur in Amerika zu finden. Vor vielen Jahren schrieb ein Engländer namens Charles Wells ein dramatisches Gedicht, das nicht über die erste Auflage von ein paar hundert Exemplaren hinauskam. Etwa ein Vierteljahrhundert später stieß Swinburne zufällig auf ein Exemplar des Buches und schrieb eine Rezension darüber, die alle Liebhaber dramatischer Poesie dazu veranlasste, nach dem Gedicht selbst zu suchen, und jetzt wird es in einer Auflage nach der anderen veröffentlicht. Noch vor zehn Jahren wurde Brownings letztes langes Gedicht, was auch immer es gewesen sein mag, von fast allen angesehenen amerikanischen Verlegern nacheinander abgelehnt, doch der Browning-Hype ist inzwischen Geschichte.

Das bedeutet, dass Bücher viel schneller gedruckt werden, als die Leute sie lesen können. Aber die Leichtigkeit, mit der Literatur in den Vereinigten Staaten verbreitet wird, verspricht, das alles zu ändern. Es gibt heute kaum noch eine Stadt mit zweitausend Einwohnern in den Vereinigten Staaten, die nicht über eine Leihbücherei verfügt und in der es nicht auch einige nachdenkliche, intelligente und einflussreiche Menschen gibt. Ein Buch, das in eine solche Bibliothek gelangt, wird früher oder später mit Sicherheit eine große Zahl von Lesern finden. Der einzelne Leser ist die beste Werbung, die sich Autor oder Verleger wünschen können, und obwohl die Erstauflage sehr klein sein kann, so klein, dass der Verleger zögert, sie nachzudrucken, wird ein Buch von gewissem Wert mit der Zeit dennoch mit Sicherheit die Aufmerksamkeit der Öffentlichkeit auf sich ziehen.

Es gibt daher allen Grund zu der Annahme, dass unsere einheimischen Autoren und viele Menschen, die schreiben können und schreiben sollten, sich aber bisher nicht dazu ermutigt fühlten, dennoch dazu angeregt werden, ihr Bestes zu geben. Ein prominenter Verleger in New York wurde einmal gefragt – die Frage wurde durch ein schlechtes Buch angeregt, das er zu einem sehr interessanten Thema veröffentlicht hatte –, warum er keinen besseren Mann damit beauftragt habe, das Buch zu schreiben? „Aus dem besten Grund der Welt", sagte er; „die Leute, die dem Thema gerecht werden könnten, verdienen ihren Lebensunterhalt alle auf andere Weise und müssen sich ganz auf ihr Geschäft konzentrieren. Sie können es sich nicht leisten, Bücher zu schreiben." Dieser Mangel an finanzieller Ermutigung verschwindet schnell. Der Mann, der in diesem Land etwas zu sagen hat und weiß, wie man es richtig sagt, kann es sich jetzt leisten, seinem Thema Zeit und Gedanken zu widmen, mit der Gewissheit, dass er Leser finden wird, wenn er bereit ist, zu schreiben und zu drucken.

Daraus folgt nicht, dass alles, was mit Ernsthaftigkeit und Aufrichtigkeit geschrieben wurde, Beachtung verdient. „Große Geister denken gleich", aber nicht alle großen Geister sind richtig ausgebildet, und wir erhalten eine enorme Anzahl von Büchern, von denen ihre Autoren annehmen, sie seien originell, deren Inhalt jedoch nur Skelette dessen sind, was jemand anders besser ausgedrückt hat. Der Verleger befindet sich oft in der Position des Prüfers im Patentamt. Es ist bekannt, dass beim Patentamt jede Woche in großer Zahl Patentanträge für angebliche Erfindungen eingehen, die vor langer Zeit von jemand anderem gemacht wurden, von denen der letzte Antragsteller jedoch überhaupt nichts wusste. Männer mit nachdenklichen und erfinderischen Köpfen reproduzieren sich gegenseitig in allen Klimazonen. Es gibt keinen wilden Stamm auf der Erde, der nicht selbst die Kunst entdeckt hat, Schneidewerkzeuge herzustellen, Häuser zu bauen, Boote zu konstruieren, Kochutensilien und was auch immer sonst für das häusliche Leben und seine vielen Notwendigkeiten notwendig sein könnte. Dasselbe gilt in der Literatur. Bestimmte selbstverständliche Wahrheiten der Philosophie oder Ethik, bestimmte Handlungen und Situationen in der Fiktion sind allen Klassen von Menschen gemeinsam; und die Folge ist, dass unsere Literatur mit Material aller Art überladen ist, von der höchsten Theologie bis zur niedrigsten Sensation, das wie bloßes Plagiat von etwas Vorangegangenem erscheint. Sogar Longfellow, der dem amerikanischen Herzen näher ist als jeder andere unserer Dichter, wurde ständig des Plagiats beschuldigt, weil er Gedanken und Ideen ausdrückte, die von älteren Dichtern ebenso gut, manchmal sogar besser ausgedrückt worden waren; dabei galt Longfellow als belesener Mann.

Aber die amerikanische Möglichkeit, alles zu lesen und zu lernen, was die weiseren Köpfe und brillanteren Witze anderer Zeiten gesagt haben, wird all das ändern, und das wahrscheinlich noch zu Lebzeiten der heutigen Generation. Abgesehen von den Ereignissen, Besonderheiten und Notwendigkeiten unseres eigenen nationalen Lebens erstreckt sich unsere Literatur nun auf alle Bereiche, die bisher von den weiseren Köpfen der alten Welt monopolisiert wurden. Amerikanische Essays, Gedichte und Romane werden heute in Europa häufig nachgedruckt und in viele Sprachen übersetzt. Viele amerikanische Romane sind heute in mehreren der älteren

Sprachen Europas zu finden, und der populäre Autor der heutigen Zeit betrachtet seine Arbeit erst dann als getan, wenn er Kopien seines Originalmanuskripts an mindestens zwei europäische Verleger geschickt hat. Die französische *Revue des Deux Mondes*, die bei der Auswahl ihres Materials als die anspruchsvollste aller ausländischen Publikationen gilt, hat amerikanischen Romanautoren und Dichtern viel Platz eingeräumt, und immer wieder haben sich englische Romanautoren darüber beschwert, dass irgendein amerikanischer Emporkömmling ihre Bücher von den Zeitungskiosken an den Bahnhöfen verdrängt. Emersons Essays, Longfellows Gedichte und Howells Romane sind in jeder Buchhandlung in England zu finden, und es ist nicht schwer, sie auf dem Kontinent zu finden. Allein in französischer Sprache gibt es ein halbes Dutzend verschiedene Ausgaben von Poes Gedichten. Amerikanische Geschichtswerke, die sich nicht ausschließlich mit amerikanischen Themen befassen, sind in mehreren europäischen Sprachen erhältlich und werden von ausländischen Historikern hoch geschätzt. Ein vor zwei oder drei Jahren in den Vereinigten Staaten veröffentlichtes Geschichtswerk wurde bereits in jede nordeuropäische Sprache übersetzt. Wie viele weitere es noch geben mag, weiß niemand.

All dies ist nicht nur eine Ermutigung für den Nationalstolz, sondern auch, weil die amerikanische Literatur Merkmale aufweist, die denen jeder älteren Nation überlegen sind. Dies trifft besonders auf unsere Belletristik zu, in der es Elemente der Fröhlichkeit, Hoffnung und des Humors gibt, die in der sogenannten leichten Literatur anderer Länder fast völlig fehlen. Wenn man von einem ausländischen Roman aus einem anderen Verlag als dem aus Großbritannien spricht, geht man natürlich davon aus, dass er sich ausschließlich auf die engeren Beziehungen der Geschlechter bezieht; dass sein Ende nicht ganz erfreulich sein wird; und dass er, wie überzeugend seine Handlung und Ausdrucksweise auch sein mögen, nicht das sein wird, was man „durchaus anständig" nennt – es wird kein Buch sein, das man getrost ungelesen mit nach Hause nehmen und auf dem Tisch seines Wohnzimmers liegen lassen kann, damit Frau, Kinder und Besucher es nach Belieben zur Hand nehmen können.

Leider ist in den letzten Jahren einiges dieser Art von Material aus der amerikanischen Presse gekommen, aber es wird eher sporadisch und zufällig sein als ein herausragendes Merkmal unserer Literatur. Es ähnelt einem Ausbruch von Gelbfieber in einem Hafen im Norden - etwas, das dort zufällig eintreffen und für kurze Zeit Schaden anrichten kann, sich aber nicht dauerhaft festsetzen kann. Die Masse an schmutzigen Geschichten, die nach der Veröffentlichung von Amelie Rives' Sensationsroman ans Tageslicht der Druckerei gelangten, beginnt bereits zu verschwinden. Wenn eine Stadt für ein oder zwei Tage unter das Gesetz des Mobs fällt, scheint die Welt für den Moment auf den Kopf gestellt; aber der gesunde Menschenverstand und die

Stärke der Gemeinschaft kommen bald zu Hilfe und das gefährliche Element wird unterdrückt. Ein ähnliches Ergebnis wird bereits in Bezug auf schädliche Belletristik erzielt. Verleger, die voreilig Geschichten akzeptiert haben, die ihre professionellen Leser als „stark" bezeichnet haben, beginnen sich dafür zu entschuldigen, dass sie der Öffentlichkeit solches Material anbieten.

Die amerikanische Literatur wird von einem hoffnungsvollen, fröhlichen, reinen und energischen Geist geprägt sein und als solche unseren Leuten das geben, was sie nicht so leicht von den Druckereien anderer Länder bekommen können. Wir haben genug Fehler, die in diesem Buch häufig erwähnt wurden, aber mangelnde Ehrwürdigkeit und Hoffnungsfrohheit gehören nicht dazu. Unsere Romane sind reiner als die jedes anderen Landes; unsere Geschichte ist im Großen und Ganzen entschieden ermutigend und anregend in ihrem Einfluss; unsere Poesie, obwohl vielleicht nicht so elegant wie die Europas, bietet den Lesern viel mehr Inspiration, und unsere Romane basieren auf dem Leben unseres eigenen Volkes, das im Großen und Ganzen respektabel ist. Natürlich kann man im amerikanischen Leben Ereignisse und Szenen finden, die so schlimm sind wie alle, die die Welt zu bieten hat, aber sie werden wahrscheinlich nicht in großem Umfang aufgeschrieben oder gelesen, außer von den einfachen Klassen. Bücher, über die intelligente und kultivierte Menschen auf dem Kontinent in gesellschaftlichen Kreisen frei sprechen, werden hier kaum geduldet; einige von ihnen werden nachgedruckt, aber die Auflagen sind in der Regel sehr klein. Übersetzungen kontinentaler Romane sind in den Vereinigten Staaten im Allgemeinen kommerziell gesehen ein kläglicher Misserfolg. Es gibt ein paar Ausnahmen, aber die Regel ist so eindeutig, dass niemand mit literarischem Geschmack, Können und Intelligenz mehr seine Zeit mit der Übersetzung ausländischer Romane in der Hoffnung verschwendet, amerikanische Verleger zu finden. Der einheimische Autor ist in der Regel nicht so geschickt wie sein ausländischer Bruder, aber er kann unserem Volk erfolgreich mitteilen, was es wissen möchte. Er ist auf einer Wellenlänge mit ihren Gedanken, Vorlieben, Bräuchen und Bestrebungen, und so finden sich seine Geschichten und Essays in all unseren Wochenzeitungen und Zeitschriften, während geschicktere Werke ausländischer Autoren, die man umsonst bekommen könnte, im Allgemeinen ausgeschlossen bleiben. Es besteht keine Frage mehr, ob wir eine eigene Literatur haben werden. Wir haben sie. Sie nimmt schneller zu, als unser Volk ihr folgen kann. Das ist ein gutes Zeichen. Es bedeutet, dass wir ein „eigenartiges Volk" sind – vielleicht nicht in dem Sinne, in dem der Ausdruck in Bezug auf die alten Hebräer verwendet wurde, aber in mancher Hinsicht bedeutet er dasselbe. Abgesehen von der Eitelkeit bedeutet es in Wirklichkeit, dass wir besser sind als andere Menschen. Möge das noch lange so bleiben!

KAPITEL XXIV.

AMERIKANISCHER HUMOR.

Die Last der ausländischen Kritik am amerikanischen Volk kann man in der Sprache der Pöbel ausdrücken, indem man sagt, wir seien „zu frech". Nun, wenn das so ist, haben wir das Salz, das uns retten wird, und dieses Salz ist der amerikanische Humor.

Was auch immer die Schwäche eines Amerikaners sein mag, ob gebürtiger oder adoptierter, man kann sich im Allgemeinen auf seinen Sinn für Humor verlassen. Wenn es keinen anderen Berührungspunkt zwischen ihm und dem Fremden gibt, der ihm begegnet, ist es ganz sicher, auf Humor als gemeinsames Treffpunkt zurückzugreifen.

Dies ist das einzige Land der Welt, in dem jeder Witze macht. Andere Länder haben ihre Witzbolde und Humoristen, die eine besondere Klasse bilden. Aber hier muss jeder Mensch einen Sinn für Humor haben und wissen, wie er ihn einsetzen muss, wenn er mit seinen Mitbürgern auskommen will.

Einige unserer humorvollsten Männer sind ernste Richter. Andere sind Ärzte. Redakteure sind ganz selbstverständlich Humoristen, und selbst der Geistliche mit klarem Kopf neigt zu der Überzeugung, dass seine Bildung unvollständig ist, bis er einen Witz ebenso gut erzählen wie eine Predigt halten kann.

Wir machen über alles Witze. Das heißt nicht, dass wir uns über alles lustig machen, sondern dass wir in der Lage sind, alles zu erkennen und darauf aufmerksam zu machen, da alles eine mögliche humorvolle Seite hat.

Es gibt keinen Bereich der amerikanischen Geschichte, weder politisch, militärisch, sozial noch religiös, in dem man nicht Spuren des Humoristen finden könnte. Die grimmigen alten Burschen, die mit der Mayflower herüberkamen, hatten einen beträchtlichen Sinn für Humor, wie jeder selbst herausfinden kann, wenn er sich die Mühe macht, die Originalaufzeichnungen und die vielen Bände mit Korrespondenz durchzusehen, die in der genealogischen Geschichte der ersten Familien Neuenglands erschienen sind. Es zeigt sich dort ebenso viel Sinn für Humor wie in ähnlichen Aufzeichnungen der ersten Familien Virginias. In der Geschichte ist es üblich, eine scharfe Trennlinie zwischen diesen beiden Klassen amerikanischer Pioniere zu ziehen, aber die Linie verschwindet, sobald man unter die Oberfläche blickt. Feierlichkeit und Ernsthaftigkeit, ob vorgetäuscht oder echt, kann jeder nur eine gewisse Zeit lang aufrechterhalten. So griffen Puritaner und Kavaliere schnell auf ein charakteristisches Merkmal ihrer gemeinsamen Vorfahren in der alten Heimat zurück und verbesserten es.

In den Vereinigten Staaten ist kein Thema zu heilig, um darüber Witze zu machen; oder zumindest zu heilig, um es mit Humor zu betrachten. Die Amerikaner sind als Klasse ein ehrfürchtiges Volk. Sie würden sich um nichts in der Welt über die Gottheit lustig machen, aber viele von ihnen sprechen über die heiligsten Gefühle und Persönlichkeiten mit einer Vertrautheit und einem Humor, der einige der Formalisten von der anderen Seite des Ozeans schrecklich schockiert. Als Mr. Lowell seine frühere Serie der „Bigelow Papers" schrieb, wurden seine Verse in Europa mit großer Neugier und etwas Vergnügen gelesen, aber plötzlich war die gesamte englische Presse entsetzt über seine Zeilen:

„Du musst hoch hinaus,
wenn du Gott begreifen willst."

Eine hohe englische literarische Autorität bezeichnete dies als den respektlosesten und blasphemischsten Ausdruck, der je gedruckt worden sei; doch Mr. Lowell erwiderte, dass Vertrautheit nicht Respektlosigkeit bedeute; der frühe Amerikaner sei mit seinem Gott bestens vertraut gewesen – das müsse er sein. Er habe keinen anderen Freund gehabt, auf den er sich verlassen konnte, und er sprach gewissenhaft in einer halb spielerischen, aber immer liebevollen Art von ihm, wie es bei den irdischen Eltern dieser Zeit üblich war.

Es ist unmöglich, sich irgendwo in der amerikanischen Gesellschaft aufzuhalten, egal wie hochrangig oder ernst das Thema ist, das behandelt wird, ohne dem amerikanischen Humor zu begegnen, was dem Zuhörer im Allgemeinen zugutekommt. Der Kongress mag tagen und das Land ist durch eine ernste Diskussion fast erschüttert, dennoch kann man im Plenum des Hauses und noch mehr in den Ausschusssälen und in der Lobby sicher sein, die stärksten Argumente in humorvoller Form vorgebracht zu hören. Sie werden Witze genannt, aber man sollte ein neues Wort erfinden, um ihnen die Würde zu verleihen, die sie durch ihre Nützlichkeit erlangt haben.

Der dem Anschein nach ernsteste Mann in den Vereinigten Staaten, die frühen puritanischen Geistlichen ausgenommen, war wahrscheinlich der verstorbene Präsident Lincoln. Sein Gesicht war nicht nur ernst und feierlich, sondern geradezu traurig, wenn es ruhte. Er war ein Debattierer von hohem Rang, er war ein Logiker, den Männer, die ihn wegen seiner schlichten Art und seines linkischen Auftretens verachtet hatten, zu respektieren lernten, sobald sie mit ihm die Klingen kreuzten. Lincolns stärkstes Argument war jedoch immer ein Scherz. Er sagte und schrieb viele Dinge, die zu ihrer Zeit großartig waren, die jedoch in gedruckten Seiten und diplomatischen Papieren begraben zu sein schienen, denn heutzutage hört man sie nur noch selten zitiert; doch seine Scherze leben noch. Sie sind unvergänglich, nicht nur die, die ihm zugeschrieben wurden, sondern die, die er wirklich gemacht hat. „Um einen Punkt zu untermauern", was einer seiner eigenen Lieblingsausdrücke war, strapazierte er die Geduld seines Kabinetts manchmal schwer, indem er darauf beharrte, über ernste Themen zu scherzen – Angelegenheiten von großer Bedeutung zu der Zeit. und es wird aus verlässlicher Quelle berichtet, dass er einmal die Kabinettssitzung, die eigens in der Hoffnung einberufen worden war, großes Unglück von der Sache der Union abzuwenden, mit der Verlesung des letzten gedruckten Briefes von „Petroleum V. Nasby über die demokratischen Aktivitäten auf den Straßen der Konföderierten im Staat Kentucky" eröffnete. Bevor die Sitzung jedoch zu Ende war, las Herr Lincoln seine Emanzipationsproklamation. Während Herr Seward, ein so fähiger und geschickter Mann wie noch nie ein Außenminister, sich fragte, wie er einem lästigen Ausschuss oder einer Abordnung antworten sollte, die aus einem der Nordstaaten gekommen war, um der Regierung Anweisungen zu geben, wie der Krieg weitergeführt werden sollte, dachte sich Herr Lincoln in aller Ruhe einen kleinen Witz aus oder rief sich einen aus seinen früheren Erfahrungen ins Gedächtnis, der der Gelegenheit angemessen sein würde, und nachdem der Ausschuss den Witz erzählt hatte, stellte Herr Seward sicher fest, dass seine eigene, sorgfältig vorbereitete Rede völlig unnötig war.

Aber nicht nur in politischen Kreisen wird Humor in den Vereinigten Staaten eingesetzt, um eine gute Regierung, gute Moral und ein Höchstmaß an Rechtschaffenheit zu fördern. Die Mitglieder des Obersten Gerichtshofs der Vereinigten Staaten sind allesamt Witzbolde; das heißt, sie alle vermeiden gern langatmige Diskussionen, indem sie eine Geschichte erzählen, die die strittige Frage illustriert. Minister tun dasselbe. Eine Versammlung von Geistlichen jeder Konfession führt wahrscheinlich zu einer sehr scharfen Diskussion, die beinahe an schlechte Laune grenzt, aber in solchen Fällen kann man sich immer darauf verlassen, dass jemand aufsteht und eine humorvolle Geschichte erzählt, die dem Verfahren Nachdruck verleiht, ihm eine neue Richtung gibt und wie Öl auf die trüben Wogen wirkt. Humor wird sogar auf der Kanzel geduldet. Der verstorbene Henry Ward Beecher brachte seine Gemeinde sonntags häufig zum Lachen, und einige Zeitungen kritisierten ihn dafür heftig, aber er verlor deswegen selten einen Gemeindeangehörigen, und Tausende von Menschen – die ihn sonst nie gehört hätten – gerieten unter seinen spirituellen Einfluss, weil sie eine Fähigkeit schätzten, die ihnen eine stärkere Sympathie für ihn als Menschen einbrachte. Ein Prediger ganz anderer Art, der Reverend Sam Jones aus Georgia, zögert nie, während seiner Ansprachen lustige Geschichten zu erzählen, die sein Thema immer illustrieren, und Sam spricht vor größeren Gemeinden als jeder andere amerikanische Prediger der Gegenwart.

Humor ist in den Vereinigten Staaten allgegenwärtig. Zeitungen sind voll davon, und die vornehmsten und ernsthaftesten unter ihnen halten es für notwendig, ihre Leser mit Witzen zu versorgen. Ein New Yorker machte kürzlich einem Nachbarn Vorwürfe, weil er regelmäßig eine sehr ernste und beinahe gallige Tageszeitung las. „Ich lese sie nicht viel", sagte er, „aber ich kaufe sie, weil ihre lustige Rubrik eine bessere Auswahl an Witzen enthält als jede andere Zeitung in der Stadt." Der Hauptredakteur einer großen New Yorker Tageszeitung, einer Zeitung mit großer Auflage und großem Einfluss, beschwerte sich einmal beim Chefredakteur, dass der ganze Inhalt eines Leitartikels, dem er zwei Tage lang nachgedenkt hatte, in der Absatzspalte durch einen einzeiligen Witz zum Ausdruck gebracht worden sei.

Die öffentliche Versammlung ist der wahrste und fairste Ausdruck der amerikanischen Meinung an jedem Ort, aber in der öffentlichen Versammlung ist es immer der Humorist, der das Publikum beeinflusst und den Sieg davonträgt. Er kann einer der Redner sein, ein Mann von großer Weisheit und Kraft, denn Weisheit und Witz sind in der amerikanischen Natur eng miteinander verbunden, doch das berühmte Reimpaar des verstorbenen Alexander Pope über „großen Witz und Wahnsinn" scheint das Gegenteil zu besagen. In den großen politischen Diskussionen, die heute historisch sind und einst von Abraham Lincoln und Senator Douglas geführt wurden, als beide noch verhältnismäßig junge Männer waren, und der demokratische Vorkämpfer seinen Gegner in die Enge trieb, was er gelegentlich tat, kam Lincoln immer mit einem Witz aus seiner misslichen Lage heraus – nie mit einem Argument – und das Publikum verstand immer, was er meinte. Dies zeigt die Universalität des amerikanischen Sinns für Humor. In jedem anderen Land der Welt sind die Bauern, die den amerikanischen Bauern am nächsten kommen, dumm und begriffsstutzig, aber man kann sich immer darauf verlassen, dass eine amerikanische Menschenmenge, egal wie weit sie von den Zentren der Zivilisation entfernt ist und wie feierlich, ernst, müde und begriffsstutzig ihre Gesichter auch sein mögen, den Sinn eines Witzes versteht. Sie sind ebenso schnell bereit, einen Versuch von Humor zu verabscheuen, der nicht richtig und scharfsinnig ist. Sie sind alle selbst Humoristen. Setzen Sie sich auf den Wagen eines Bauern, der auf einer Landstraße fährt, und verwickeln Sie ihn in ein Gespräch, und Sie werden mehr scharfsinnige, prägnante und humorvolle Sprüche hören, als Sie von einem angeblichen Witzbold in der feinen Gesellschaft zu hören bekommen. Lassen Sie den Mann einen Bauernkollegen treffen, der aus der entgegengesetzten Richtung kommt, und obwohl sich das Gespräch natürlich um die Ernte, die Steuern, die lokale Regierung und familiäre oder individuelle Missgeschicke drehen wird, wird das Gespräch sicherlich mit Humor gewürzt sein. In anderen Ländern scheint es einen lustigen Kerl zu erfordern, einen Mann mit guter Laune, um lustige Dinge zu sagen; aber hier, wenn Sie nicht erwarten, dass der Mann mit dem ernsten Gesicht, der sich achtsam verneigt, humorvoll ausbricht, werden Sie sicherlich angenehm enttäuscht sein.

Selbst bei offiziellen religiösen Versammlungen zeigt sich diese Eigenschaft der amerikanischen Natur oft unerwartet, aber immer mit Wirkung. Eine ebenso feierliche und religiöse Versammlung wie in den Vereinigten Staaten ist das Camp-Meeting im fernen Westen, wo die Menschen von weit her kommen, um der einzigen Form von religiösem Gottesdienst zuzuhören, an der sie das Privileg haben, teilzunehmen. Die Predigten und Gebete sind äußerst ernst. Die Redner haben ein enormes Verantwortungsbewusstsein für die ihnen obliegenden Pflichten, aber in der Predigt und manchmal sogar im Gebet brechen Ausdrücke hervor, die zeigen, dass der gebürtige Amerikaner unter keinen Umständen frei von der Dominanz seines Sinns für Humor sein kann. Der mächtigste individuelle Einfluss, der jemals bei den Camp-Meetings im Westen bestand, war laut Historikern – geistlichen wie profanen – ein Mann namens Peter Cartright, ein methodistischer Prediger. Er rührte die Zuhörer durch die Beredsamkeit und Ernsthaftigkeit seiner Predigten zu Tränen und manchmal auch zum Stöhnen, doch plötzlich, in den unerwartetsten Momenten, sagte er Dinge, die seine gesamte Gemeinde in Gelächter auslösten. Der Zweck der Versammlung wurde durch diese abschweifenden Bemühungen nie beeinträchtigt. Sie waren ebenso auf den Punkt gebracht wie die ernstesten Aussagen und Ermahnungen, die er zuvor gemacht hatte, und standen völlig im Einklang mit den allgemeinen Absichten des Gottesdienstes.

Wenn wir von Gesprächen zu gedruckten Äußerungen übergehen, kann man mit Sicherheit sagen, dass die humorvollen Schriften der Amerikaner mehr gelesen wurden als jede andere Literatur, die in unseren Druckereien erschienen ist. Wir haben in den Vereinigten Staaten viele fähige Redakteure, aber am meisten gelesen werden jene, die die komischsten Dinge sagen. Es gab in den Vereinigten Staaten nie einen einflussreicheren Redakteur als den verstorbenen George D. Prentice, der lange Zeit die Zeitung leitete, die heute das Louisville *Courier-Journal ist*. Prentice war ein Whig, aber wahrscheinlich waren die Hälfte seiner Leser Demokraten. Sie mochten seine Politik nicht, aber sie konnten nicht ohne seinen Spaß auskommen. Seine Zeitung wurde in einem Südstaat veröffentlicht, einem Sklavenstaat, aber über die Hälfte ihrer Auflage entfiel auf die freien Staaten des Nordens. Zu Prentices Lebzeiten gab es im Mississippi- oder Ohiotal kaum ein Postamt, das nicht Exemplare davon per Post erhielt. Sein Einfluss reichte bis nach Chicago und in die Nordweststaaten, und die Lokalzeitung, die seine humorvollen Beiträge nicht wiederholte, wurde von ihren Lesern wahrscheinlich darauf hingewiesen, dass es in dieser Hinsicht eine Reform geben müsse. Viele Jahre lang war der beliebteste Teil der sehr guten Leitartikelseite einer der bekanntesten Tageszeitungen New Yorks der humorvolle Leitartikel. Die

Themen des Autors waren selten die großen Themen des Tages, aber die Leute lasen sie, griffen als Erstes darauf zurück, sprachen mit ihren Freunden darüber, zwangen sie, sie zu lesen, und fühlten sich verloren, wenn der Autor dieser Artikel in ein anderes Arbeitsfeld versetzt wurde.

Es gibt in den Vereinigten Staaten einige populäre Dichter, aber es ist fraglich, ob die Werke eines von ihnen so viel gelesen wurden wie Mr. Lowells „Bigelow Papers". Mr. Lowell ist selbst kein schlechter Dichter; es gibt Kritiker, die behaupten, dass er unter den amerikanischen Versdichtern seinesgleichen sucht, aber die gerade erwähnten humorvollen Verse haben ihn bekannter gemacht als alle seine ernsthafteren Werke, und intelligente Männer aller Parteien sind der Meinung, dass sie einen enormen Einfluss auf die politischen Veränderungen hatten, die dem letzten Bürgerkrieg unmittelbar vorausgingen.

Während des Bürgerkriegs gab es viele Redakteure, die mit einem gewissen Anzeichen von Verärgerung sagten, sie wünschten, sie würden so viel gelesen werden wie Nasby. Nasby war ein Redakteur aus Ohio, der eine Szene und einige Charaktere im Süden erfand und so beharrlich und mit einem so realistischen Anflug darüber schrieb, dass seine Ergüsse regelmäßig in fast allen republikanischen Zeitungen des Landes abgedruckt wurden. Ein anderer Mann, der mehr gelesen wurde als jeder andere Redakteur der damaligen Zeit, war Artemas Ward. Er ging nicht in großem Umfang auf die Politik ein, aber was er sagte, war so treffend satirisch, dass fast jeder es las und klüger wurde. Die Fehler unserer Generäle, die Schnitzer unserer Regierung und die Verbrechen vieler unserer Vertragspartner waren Gegenstand vieler energischer Leitartikel, aber niemandem gelang es, sie der Öffentlichkeit so nachdrücklich ins Bewusstsein zu rufen wie einem Witzbold, der unter dem *Pseudonym* Orpheus C. Kerr schrieb. Zur gleichen Zeit gab es in der Lokalgeschichte New Yorks Tatsachen, die für eine große politische Partei äußerst unvorteilhaft waren, und die Gegenpartei ließ keine Gelegenheit aus, sie in Leitartikeln und Nachrichtenspalten aufzudecken und zu kritisieren, doch ein Mann wurde mehr gelesen als alle anderen zusammen. Es war der Mann, der die Satire mit dem Titel „Das neue Evangelium des Friedens" schrieb, in der die Taten der angeblichen Friedenspartei in humorvollem Stil dargelegt wurden.

Zurzeit sind es nicht die Historiker, Redakteure, Essayisten oder Romanautoren, die am meisten gelesen werden. Es sind die Humoristen. Bill Nye wird in den Vereinigten Staaten mehr gelesen als jeder andere Romanautor. Das gilt auch für James Whitcomb Riley. In Chicago gibt es eine Reihe fähiger Journalisten, aber derjenige, der nicht nur in seiner eigenen Stadt, sondern in der gesamten Union am häufigsten namentlich zitiert wird, ist Eugene Field, dessen Humor kein Thema zu groß oder zu klein findet, um sich damit zu beschäftigen. Vor kurzem wurde eine *Luxusausgabe* seiner humorvollen Prosa und Verse zu einem sehr hohen Preis veröffentlicht, und einige der späteren potenziellen Abonnenten stellten zu ihrem Entsetzen fest, dass die Liste voll war und keine weiteren Bücher geliefert werden konnten. Gibt es in den Vereinigten Staaten einen Dichter oder Romanautor, der eine ähnliche kommerzielle Erfahrung gemacht hat?

Mr. John Hay, einst Sekretär von Präsident Lincoln und später hart arbeitender Journalist, ist auch Dichter und hat einige anmutige Verse verfasst, aber wenn jemand anbietet, ein Stück von John Hay zu zitieren, verstehen die Zuhörer immer, dass es etwas Humorvolles sein wird. Seine Dialektgedichte sind nicht mehr als ein halbes Dutzend, aber sie scheinen heute genauso beliebt zu sein wie vor zwanzig Jahren, als sie zum ersten Mal geschrieben wurden. Sie wurden nicht sorgfältig ausgearbeitet; der Autor soll sie in Eile hingeworfen haben, um sich von der harten redaktionellen Arbeit zu erholen, aber sie trafen sofort das Herz der Bevölkerung, wahrscheinlich weil sie, wie die meisten anderen amerikanischen Humorstücke, eine Grundlage von Ernsthaftigkeit und Sinn hatten. Das Finale seines Gedichts „Little Breeches" – eine poetische Geschichte eines verlorenen Kindes, das, wie sein Vater annahm, von Engeln gerettet wurde – wird lange Zeit der beliebteste und wirksamste Protest gegen formale religiöse Ideen sein. Er sagt über die Engel:

„Ich glaube, ein kleines Kind zu retten
und es zu sich selbst zurückzubringen
ist ein viel besseres Geschäft,
als um den Thron herumzulungern."

Gab es jemals einen größeren kommerziellen Erfolg in der Literatur als den von Mark Twain? Die Bücher des erfolgreichsten amerikanischen Romanautors haben sich insgesamt nicht so gut verkauft wie eines von Mark Twains Büchern. Warum? Weil Mark Twain witzig ist – weil er etwas auf eine Weise auszudrücken weiß, wie es noch niemand zuvor getan hat. Dutzende anderer Männer haben über das Heilige Land und unseren eigenen Westen geschrieben, aber erst mit dem Erscheinen von „Die Arglosen im Ausland" und „Durch dick und dünn" begannen die Menschen im Allgemeinen, ein lebhaftes Interesse an diesen Teilen der Welt zu zeigen. Es wurden unzählige Skizzen über das Leben am Mississippi in den alten Tagen vor der Eisenbahn und der Emanzipation geschrieben, aber alle zusammen haben das Publikum nicht so erfolgreich „gefangen" wie „Huckleberry Finn". Letzterer war witzig, die anderen nicht; es gab keinen anderen Unterschied.

Dem amerikanischen Volk ist es egal, woher der Humor kommt, er ist wirklich humorvoll und hat einen Sinn. Wir nehmen ihn in jeder Form und jedem Dialekt. Einer der größten Erfolge der humorvollen Literatur während des Bürgerkriegs war der von Col. Charles G. Halpine, der einen mythischen irischen Soldaten, „Private Miles O'Reilly", zu seinem Sprachrohr für viele humorvolle Kritiken an der Regierung, der Armee und der Marine machte. Zur gleichen Zeit tauchte ein Südstaatler auf, der sich „Bill Arp" nannte und in humorvollem Stil einige harte Schläge gegen den Norden austeilte; irgendwie fanden sie ihren Weg durch die Reihen und wurden im Norden frei nachgedruckt. In späteren Jahren verfasste ein anderer Südstaatler – der Schöpfer von „Onkel Remus" – viele entzückende Geschichten in Negerdialekt, und eine Menge Leute begannen sofort, sie zu zitieren. In New York schrieb Mr. Julian Ralph viele humorvolle Sketche unter dem Titel „Der deutsche Friseur", und die Zeitungspresse begann, sie zu zitieren. Auf der anderen Seite des Ozeans begann Max O'Rell, das englische Volk und seine Sitten zu verspotten, und seine Bücher verkauften sich hier auf Anhieb besser als im Ausland.

Auf der Bühne und dem Podium ist Humor wie überall sonst das beliebteste und anziehendste Element. Vor ein paar Jahren, bevor die Theaterensembles jede Stadt oder größere Ortschaft leicht erreichen konnten, war der Vortrag ein beliebtes Unterhaltungsmittel und mehr als dreihundert Amerikaner und Ausländer waren jeden Winter damit beschäftigt, von Stadt zu Stadt zu eilen, um Vorträge zu halten. Aus den dreihundert sind fast drei geworden, aber es ist immer noch Platz für jeden, der etwas Humorvolles zu sagen hat. „Bob" Burdette, besser bekannt als „The Burlington *Hawk-eye Man* ", arbeitet sich jeden Winter fast zu Tode, indem er durch die ganzen Vereinigten Staaten reist, um seine humorvollen Vorträge zu halten. Er ist ein sehr religiöser Mann und ein berufstätiger Baptist, aber die Leute bitten ihn nie um eine religiöse Ansprache: Sie wollen immer seinen Spaß hören. Ein weiterer der wenigen erfolgreichen Männer, die noch auf der Bühne stehen, ist AP Burbank, ein Mann, der sich zehn Jahre lang jedes Jahr vorgenommen hat, in einer echten Komödie auf die Bühne zu gehen. Seine Rezitationen sind jedoch so humorvoll und seine Art, sie vorzutragen, so wirkungsvoll, dass diejenigen, die ihn schon einmal gehört haben, darauf bestehen, ihn noch öfter zu hören. Er geht immer wieder in die Städte, in denen er schon ein Dutzend Mal gewesen ist, und findet jedes Mal sein Publikum größer und dankbarer vor und erhält jedes Mal die Zusicherung, dass sie ihn im nächsten Winter wieder hören wollen. Der kleine Marschall Wilder, der in seinem Leben nie Unterricht in Redekunst genommen hat und von der Natur grausam behindert wurde, versucht lediglich, die Leute zum Lachen zu bringen. Das gelingt ihm, sodass er selten einen Abend für sich hat. Wenn die „Bühnensaison" hier zu Ende ist, fährt er nach England und hat drei oder vier Auftritte pro Abend.

Jeder weiß, dass Humor auf der Bühne besser ankommt als alles andere. Es mag eine große Tragödie geben, die auf den Bühnen eines Stadttheaters gut präsentiert wird, oder ein brillantes Schauspiel oder ein sogenanntes emotionales Drama, das alles Unangebrachte der menschlichen Natur anspricht, aber das Theater, das eine gute Komödie aufführt, kann sich immer darauf verlassen, dass es sich behaupten kann. In solchen Theatern gibt es keine leeren Plätze. Der Manager kann sich immer darauf verlassen, dass er für all die Plätze, die ihm zur Verfügung stehen, Geld bekommt. Der Spaß mag sehr rau sein, manchmal ist er ausgesprochen vulgär, aber die Leute stellen so wenig Fragen und protestieren so wenig gegen Spaß, egal welcher Art, wie Trinker gegen die Qualität ihres Whiskys.

Die amerikanische Wertschätzung für Humor zeigt sich auch in der Anzahl und weiten Verbreitung von Zeitschriften, die sich ganz dem Spaß widmen. Früher galt die Theorie, in den Vereinigten Staaten sei kein Platz für humorvolle Zeitungen, weil die normalen Tages- und Wochenzeitungen selbst so viel Spaß hätten. Aber nach dem enormen Erfolg von *Puck*, *Judge*, *Life* und einigen anderen Zeitschriften ist es sinnlos, weiterhin über dieses Thema zu streiten. Nachdem eine politische oder soziale Frage in Leitartikeln und Essays scheinbar abgedroschen abgehandelt wurde, erscheint eine dieser Zeitungen mit einem markigen Spruch oder einer guten Karikatur, die mehr Einfluss hat als alle ernsten Gespräche zusammen. Selbst in der Politik spielt es keine große Rolle, auf welcher Seite der Frage diese professionellen Humoristen stehen. Ihre gut gemachten Hits werden sogar von ihren eigenen Feinden freudig anerkannt. Während der goldenen Tage des New Yorker Rings wurde Mr. Nast, dem Karikaturisten von *Harper's Weekly*, eine jährliche Zuwendung angeboten, die ein Vielfaches seines Gehalts betrug, wenn er seine Arbeit ganz aufgeben und ins Ausland gehen würde. Humor und hoher Charakter sind oft Hand in Hand; Ein überzeugendes Beispiel hierfür ist, dass Mr. Nast dieses wertvolle Angebot ohne Zögern ablehnte. Einige der Missstände der lokalen Regierung in New York wurden von Mr. Keppler und seinen Künstlerkollegen in *Puck wirksamer bekämpft* als durch die gesamte Arbeit von Redakteuren, Anwälten und Richtern. *Pucks* Einfluss in der Politik wurde so groß, dass es vor Beginn des letzten Präsidentschaftswahlkampfes für die Partei, gegen die er kämpfte, absolut notwendig wurde, eine eigene humorvolle Bilderzeitschrift herauszubringen, und man konnte mit ziemlicher Sicherheit davon ausgehen, dass dies Einfluss auf die darauf folgenden politischen Ergebnisse hatte.

Das Schöne an humoristischen Schriften ist, dass niemand eifersüchtig auf ihren Einfluss zu sein scheint oder Angst hat, ihnen mehr Bedeutung zu verleihen. Die einzige Klage, die die Herausgeber der humoristischen Wochenzeitungen über ihre Brüder in der Tagespresse zu erheben haben, ist, dass ihre eigene Auflage besser sein könnte, wenn nicht so viele ihrer guten Sachen überall sofort nachgedruckt würden. Kaum kommt eine dieser Zeitungen aus der Presse, werden ihre besten Sprüche herausgeschnitten und in tausend oder mehr Zeitungen nachgedruckt. Fast jede Tageszeitung mit großer Auflage scheint es für notwendig zu halten, einen eigenen Humoristen zu haben. Sie zahlen mehr für humoristische Beiträge als für jede andere Art von Thema, und alle halten eifriger Ausschau nach einem neuen Humoristen als nach einem möglichen Präsidentschaftskandidaten. Die Leser der Tagespresse zitieren einander die lustigen Sprüche ihrer Lieblingszeitung, lange bevor sie daran denken, den übrigen Inhalt zu erwähnen; tatsächlich sind die meisten von ihnen so in den Spaß vertieft, dass sie sich an nichts anderes zu erinnern scheinen.

Wir können den Wert unserer nationalen Fähigkeit, die Dinge mit Humor zu sehen, gar nicht hoch genug einschätzen. Sie bewahrt uns davor, uns lächerlich zu machen; sie bewahrt uns als Individuen und als Volk davor, für alles ausgelacht zu werden, was wir in nüchternem Ernst tun. Heutzutage und in diesem Land ist es für jeden Menschen, jede Gesellschaft, jede Partei oder Kirche sehr schwer, ein Narr zu sein, ohne auf eine gutmütige Art und Weise davon zu hören, die dem Tadel seinen Stachel nimmt. In anderen Ländern ist das nicht so.

Aber unser Sinn für Humor tut noch mehr für uns. Er glättet zahllose Unebenheiten auf dem Weg eines Volkes, dessen Weg nicht leicht zu beschreiten ist. Er vermeidet viele Streitigkeiten, schließt gefährliche Lücken und ist Balsam für Wunden, die sonst schmerzen würden. Er ist fast immer harmlos. Es gibt Männer und Frauen, deren Witz immer bei vulgären Vorfällen nachklingt, aber das ist ein Fehler perverser Geister – nicht des humorvollen Geistes. Er ist eine bessere Einführung zwischen Fremden als jeder Brief oder jede Wortform, und er drückt viel in wenig aus, und zwar wirksamer als alle weisen Sprichwörter und Sprichwörter ernsterer Völker. Er scheint unbezähmbar und allgegenwärtig; ein Mann oder eine Frau mag zu müde oder krank sein, um vernünftig zu denken, aber wer hat je einen Amerikaner gesehen, der zu erschöpft war, um den Sinn eines Witzes zu verstehen oder einen anderen zu erwidern? Wir müssen unseren Humor fast so sorgfältig bewahren, als wäre er unser Charakter, denn sollten wir ihn jemals verlieren, wird unser Charakter durch die Veränderung schlechter werden.

KAPITEL XXV.

DIE HÖHERE BILDUNG.

AMERIKA hat mehr sogenannte Colleges als alle anderen zivilisierten Nationen zusammen.

Diese Bildungseinrichtungen sind nicht das Ergebnis eines Zufalls oder eine Anhäufung kirchlicher Ehrfurcht und Ziele wie die großen Universitäten älterer Länder. Die meisten von ihnen wurden von der breiten Bevölkerung gegründet und unterhalten, und diese waren bis vor kurzem sehr dürftig. Sie sind Zeugnisse der Besonnenheit und Zielstrebigkeit des amerikanischen Volkes. Präsident Gilman von der Johns Hopkins University sagt:

„Die Zielstrebigkeit, mit der einige Siedler in der Wildnis an der Idee einer liberalen Bildung festhielten, trotz ihrer spärlichen Ernten und noch spärlicheren Bibliotheken, ihrer großen Entfernung von den Bildungsstätten der alten Welt und ihres Mangels an professionellen Lehrern, ist eine der edelsten unter den vielen edlen Eigenschaften unserer Vorfahren, die nie so müde oder so arm waren, dass sie die Altarfeuer in den Tempeln der Religion und des Lernens nicht am Brennen halten konnten. Ihre primitiven Grundlagen waren nicht von königlicher Freigebigkeit oder feudalen Pfandrechten abhängig; sie wurden durch freiwillige Spenden von Männern und Frauen in bescheidenen Verhältnissen, durch die Ersparnisse des Pfarrers und die Witwenrente unterstützt. Erst in der heutigen Generation sind große Spenden in ihre Kassen geflossen. Das Gute und das Schlechte, das wir in unseren Collegesystemen erben, wurden gleichermaßen in der beschränkten Schule der Notwendigkeit entwickelt.

„Die Gründer der ursprünglichen Colleges waren nicht nur hochgesinnt und aufopferungsvoll, sondern sie waren auch einem Ideal verpflichtet. Sie glaubten an die Lehre, dass intellektuelle Kraft mehr wert ist als intellektuelle Errungenschaften; dass eine Ausbildung aller geistigen Fähigkeiten besser für das Glück einzelner Gelehrter und für den Fortschritt der Gemeinschaft ist als eine enge Ausbildung für ein spezielles Ziel. Dementsprechend begann ihr Bildungssystem nicht mit professionellen Seminaren für die spezielle Ausbildung einer bestimmten Klasse, sondern mit Schulen für allgemeine Bildung, Colleges der freien Künste, so gut, wie sie mit ihren Mitteln und in diesem Zeitalter gebaut werden konnten. Statt eines akademischen Personals, das aus Leuten bestand, die vorgaben, einen speziellen Wissenszweig zu lehren, hatten diese Colleges einen Master und Fellows (oder Tutoren), Männer, die geeignet waren, anderen jene Grundlagen der höheren Bildung beizubringen, in denen sie selbst unterrichtet worden waren. Anstatt im Laufe der Jahre ihre persönliche und finanzielle Unterstützung auf einige der ältesten und vielversprechendsten Stiftungen zu konzentrieren, errichteten weitsichtige Männer im ganzen Land Hochschulen, die in ihren Grundzügen den ursprünglichen Stiftungen entsprachen und für ihren Unterhalt auf die Wohltätigkeit Einzelner angewiesen waren.

„Die Geschichte der Kolonialgründungen ist reich an Beispielen für die Weisheit und Selbstaufopferung, mit der sie unter Umständen durchgeführt wurden, die Hingabe an ein erhabenes Ideal erforderten. Niemand kann die Biografie ihrer Absolventen studieren, ohne zu entdecken, dass sie die Männer waren, die die Institutionen dieses Landes prägten. Es ist leicht, auf Mängel dieser akademischen Organisationen hinzuweisen, ebenso wie es leicht ist, die Mängel der Hütten der Auswanderer und der Pfade der Waldbewohner zu kritisieren; es ist leicht, zu beklagen, dass kein tieferer Eindruck auf die Gelehrsamkeit der Welt gemacht wurde; es ist leicht, einflussreiche Männer zu erwähnen, die nie einen Tag innerhalb der College-Mauern verbrachten; es ist leicht, ein Lächeln, ein Grinsen oder einen Tadel durch die Aufzeichnung einer engstirnigen Sitte oder Vorgehensweise hervorzurufen. Aber dennoch kann die Tatsache nicht erschüttert werden, dass die alten amerikanischen Colleges bewundernswerte Orte für die Ausbildung von Menschen waren. Wenn man sich die Absolventenliste einer führenden Institution oder auch nur die Aufzeichnungen einer zufällig ausgewählten Klasse ansieht, wird man feststellen, dass die Zahl der Lebensversager sehr gering und die Zahl der nützlichen, intelligenten, hochgesinnten und aufrechten Karrieren sehr groß ist. Man kann daher sagen, dass das traditionelle College, obwohl es häufig durch alte Bedingungen und den Mangel an Mitteln zur Verwirklichung seines eigenen Ideals behindert wird, der feste und tapfere Unterstützer der liberalen Kultur geblieben ist und dass alle revolutionären oder radikalen Änderungen seiner Organisation oder Methoden sorgfältig beobachtet werden sollten. Dennoch wird im weiteren Verlauf deutlich, dass Änderungen unvermeidlich sind und dass die wünschenswertesten Verbesserungen im Gange sind. Das Kind wird zum Mann.“

Aber wir brauchen mehr Anstrengungen, Geld und gute Leute, sowohl als Dozenten als auch als Studenten, an Hochschulen, an denen man die beste Ausbildung erhalten kann. Die große Zahl unserer Hochschulen ist eine Quelle der Schwäche – nicht der Stärke. Viele dieser Institutionen sind bloße Akademien und scheinen hauptsächlich gegründet worden zu sein, um die Studenten innerhalb der konfessionellen Grenzen ihrer Eltern zu halten; die Hochschule ist mit dem betraut, was eigentlich die Aufgabe der Eltern und des Pfarrers sein sollte. Präsident Gilman sagt:

„Jede bedeutende christliche Konfession hat mittlerweile ihr eigenes College, und es wurden viele Argumente vorgebracht, um zu beweisen, dass konfessionelle Colleges besser sind als solche, die die Vereinigung mehrerer religiöser Körperschaften fördern wollen. Es wurde nicht für ausreichend gehalten, dass ein College von einem aufgeklärten Christentum durchdrungen sein sollte, noch dass es die Hochburg eines einfachen evangelischen Lebens und einer einfachen evangelischen Lehre sein sollte, noch dass es in Bezug auf die grundlegenden Lehren der Kirche orthodox sein sollte; vielmehr müssen konfessionelle Einflüsse überall vorherrschen, unter den Treuhändern oder in der Fakultät oder in beiden Leitungsgremien. Daher sehen wir im ganzen Land schwache, schlecht ausgestattete und schlecht besetzte Institutionen, die sich wenig um solide Bildung kümmern, dafür aber viel mehr um die Verteidigung konfessioneller Lehren."

Präsident Eliot von Harvard beschreibt die Folgen dieses Geistes, zu dem noch ein anderer, noch weniger verzeihlicher Geist hinzukommt, folgendermaßen:

„Da es in den Vereinigten Staaten weder eine Staatskirche noch eine dominierende Sekte gibt, hat der konfessionelle Eifer unweigerlich dazu geführt, dass selbst die spärlichen Mittel, die in zwei Jahrhunderten für die Hochschulbildung zur Verfügung standen, vergeudet wurden. Diese beklagenswerte Verschwendung wurde noch verstärkt durch den Lokalstolz von Staaten, Städten und Stadtteilen und den Wunsch vieler Menschen, die Geld für öffentliche Zwecke zur Verfügung hatten, neue Institutionen zu gründen, anstatt zu den bereits bestehenden beizutragen – ein Wunsch, der in einem neuen Land, in dem die Liebe zu den alten und ehrwürdigen Institutionen gerade erst aufgekommen ist, nicht unnatürlich ist. Kurz gesagt, die unterschiedlichen sozialen, politischen und religiösen Bedingungen dieses Landes haben bisher die Entwicklung führender Universitäten wie denen des Mutterlandes völlig verhindert."

Während die größeren Colleges finanziell und intellektuell zunehmen, müssen die schwächeren entweder ihre Existenz aufgeben oder sich damit zufrieden geben, lediglich den High-School-Unterricht anzubieten und ihre ehrgeizigeren Schüler auf die Aufnahme in Colleges vorzubereiten, die diesen Namen verdienen. Ex-Präsident White von der Cornell University prophezeit ihre Zukunft wie folgt:

„Unser Land hat bereits knapp vierhundert Colleges und Universitäten, die diesen Namen mehr oder weniger verdienen, neben einer großen Zahl von Highschools und Akademien, die den Namen College oder Universität ebenso verdienen wie viele, die diese Titel tragen. Aber das System, das all dies umfasst, hat noch lange nicht seine endgültige Form erreicht. Wahrscheinlich werden in seiner vollständigeren Entwicklung die stärkeren Institutionen, deren Zahl zwanzig oder dreißig beträgt, innerhalb einer oder zwei Generationen zu Universitäten im wahren Sinne des Wortes werden und sich auf die Universitätsarbeit beschränken; sie beginnen vielleicht mit den Studien, die heute normalerweise im vorletzten Jahr unserer Colleges absolviert werden, und führen sie bis zum letzten Jahr fort, gefolgt von zwei oder drei Jahren Spezial- oder Berufsstudium. Die besten der anderen werden wahrscheinlich ihre Mission als Colleges im wahren Sinne des Wortes annehmen, indem sie den Kurs zwei Jahre früher als heute beginnen und ihn bis zum heutigen vorletzten Jahr fortsetzen. Auf diese Weise werden sie eine Zwischenarbeit zwischen dem allgemeinen Schulsystem des Landes und den Universitäten leisten, eine Arbeit, die man mit Fug und Recht als kollegial bezeichnen kann, eine Arbeit, deren Notwendigkeit heute schmerzlich spürbar ist und die äußerst nützlich und ehrenhaft ist. Eine solche Organisation wird uns ein so gutes System bescheren, wie es die Welt noch nie gesehen hat, wahrscheinlich das beste System."

Es gibt keinen Mangel an Geld für Bildungseinrichtungen, die in irgendeiner Richtung besondere Begabung zeigen. Der Glaube an eine gründliche Ausbildung ist fast allen fortschrittlichen Menschen gemeinsam, ob sie nun selbst Hochschulabsolventen oder „Selfmade-Männer" sind. Präsident White nennt viele Männer, die großzügig an verschiedene Hochschulen gespendet haben, und sagt dann:

„Eine solche Flut der Großzügigkeit, die aus den Herzen und Köpfen starker und kluger Männer hervorbricht, die sich in Wohnort und Ideen so sehr voneinander unterscheiden, und die dennoch in eine Richtung fließen, bedeutet etwas. Was ist es? An ihrer Quelle liegt zweifellos ein Pflichtgefühl gegenüber dem Land und ein Gefühl des Stolzes auf den Ruhm des Landes. Damit verbunden ist natürlich mehr oder weniger ein ehrenhafter persönlicher Ehrgeiz; aber das ist nicht alles; ein starker gesunder Menschenverstand hat viel dazu beigetragen, diese Strömung zu erzeugen, und noch mehr dazu, ihren Lauf zu bestimmen. Denn was den Ursprung dieses Stroms betrifft, so weiß der reiche Amerikaner genau, dass die Gesetze seines Landes die Zerstreuung ererbten Reichtums gegenüber seiner Beibehaltung begünstigen; dass seine Nachkommen, egal wie groß ihr Erbe ist, in höchstens zwei oder drei Generationen das Niveau erreichen müssen, das ihr Charakter und ihre Fähigkeiten bestimmen; dass ihr Charakter und ihre Fähigkeiten am wahrscheinlichsten durch ein Erbe geschädigt werden und daher das Niveau, auf das sie sinken, gesenkt wird, wenn es so groß ist, dass es zu Maßlosigkeit führt; Während in Großbritannien die Gesetze und Gebräuche des Erstgeburtsrechts und der Fideikommisse es sehr vermögenden Männern ermöglichen, ihr Eigentum zu binden und so eine Familie zu gründen, ist dies in Amerika unmöglich; und auch wenn die Tendenz zur Vermögensgleichheit manchmal verzögert werden kann, lässt sie sich nicht verhindern.

„Dasselbe gilt für die Richtung des Stroms; derselbe gesunde Menschenverstand hat den Hauptkanal vorgegeben. Diese großen Spender haben die Tatsache erkannt, dass die Notwendigkeit einer allgemeinen Grundschulbildung immer nur von der gesamten Bevölkerung gesehen wird und nur von ihr angemessen gewährleistet werden kann; dass aber die Notwendigkeit einer höheren Bildung, die allein das gesamte Schulsystem beleben und mit Energie versorgen kann, indem sie ein reiches Leben nach oben bringt und ein noch reicheres Leben nach unten schickt, nur von den wenigen Männern gewährleistet wird, die weise genug sind, ein großes nationales Bildungssystem zu verstehen, und stark genug sind, es wirksam zu unterstützen.

„Es ist also schlicht und ergreifend gesunder Menschenverstand, der vor allem zur Entwicklung einer Großzügigkeit geführt hat, wie sie kein anderes Land je erlebt hat; daher kommt es, dass die lange Liste der Männer, die sich und ihr Land auf diese Weise hervorgetan haben, immer länger wird."

Doch im Gegensatz zu dem Geist, der unsere vielen Bildungseinrichtungen gegründet und unterstützt hat, ist eine aus dem plötzlichen Anstieg von Reichtum und Luxusliebe geborene, widerwärtige Theorie aufgekommen, dass keine Bildung etwas wert sei, die es einem Menschen nicht ermöglicht, mehr Geld zu verdienen und es sich leichter zu machen als sein Nachbar, der keine liberale Schulbildung genossen hat. Da technische Schulen – und je mehr wir davon haben, desto besser – den Menschen beibringen, ihren Verstand in vielen praktischen Dingen einzusetzen, scheint die dumme Vorstellung vorherrschend zu sein, dass materielle Dinge alles sind, was es im Leben gibt, und dass es nicht wert ist, Gefühle, Prinzipien und Bestrebungen zu pflegen. Solches Zeug könnte funktionieren, wenn wir eine Nation von Ladenbesitzern wären, aber wir sind nicht diese Art von Menschen. Auf jeden Menschen, der nur an Geld und das, was es ihm einbringt, denkt und sich darum kümmert, stehen ein halbes Dutzend ernsthafter, klar denkender Menschen, die wissen, dass nicht alle menschlichen Bedürfnisse befriedigt sind, wenn der Magen voll und die Sinne gesättigt sind.

In einer kürzlichen und bewundernswerten Ansprache vor einer Universitätsgesellschaft brachte Bischof Potter die derzeitige Verachtung der Hochschulbildung auf den Punkt und antwortete wie folgt:

„Wir werden von einem Geist empfangen, den wir, wie ich glaube, anerkennen sollten, da es notwendig ist, ihn herauszufordern. Wir Amerikaner sind von allen Völkern unter der Sonne in höchstem Maße ein praktisches Volk. Kein Mechanismus wird erfunden, kein Buch geschrieben, keine Theorie aufgestellt, ohne dass sofort eine Stimme ertönt, die fragt: ,Nun, das ist alles sehr interessant, sehr neuartig, sehr beredt; aber was ist letztlich der Nutzen davon? An welche Vorrichtung, an welches Unternehmen können Sie diese Entdeckung, diese Ihre Vision anhängen und zum Funktionieren bringen? Wie wird sie schieben, ziehen, pumpen, heben, treiben, bohren, damit sie, so eingesetzt, ein wahrer Produzent sein kann? Ja, wir wollen Bildung für unsere jungen Männer, unsere jungen Frauen; aber wie kann sie auf dem kürzesten Weg und auf die wirksamste Weise in ein marktfähiges Produkt umgewandelt werden?' ‚Der Mann des Nordens', sagt De Tocqueville, als er über unseren Norden schrieb, ‚hat nicht nur Erfahrung, sondern auch Wissen.' Für ihn ist die Wissenschaft jedoch kein Vergnügen, und er widmet sich ihr nur dann mit Begeisterung, wenn sie zu nützlichen Anwendungen führt." Und das Schlimmste an einer solchen Anklage ist die Tatsache, dass sie noch immer so oft zutrifft.

„Die Umstände dieser Generation erfordern, dass wir daran erinnert werden, dass es in jedem von uns neben dem Körper, der eingekleidet, dem Geschmack, der gepflegt und dem Reichtum, der angehäuft werden muss, auch einen Intellekt gibt, der entwickelt werden muss, und durch den die Wahrheit erkannt werden muss, die neben allen anderen Unternehmungen, denen sich der menschliche Geist widmen kann, immer an erster Stelle stehen und über allem stehen sollte. Die Befriedigung unserer körperlichen Bedürfnisse und gleich danach die Befriedigung unserer persönlichen Eitelkeit oder unseres Ehrgeizes mögen vielen Menschen gleichzeitig als Hauptziel der Existenz und als Geheimnis des wahrsten Glücks erscheinen. Aber es gab Menschen, die diese Dinge weder suchten noch sich darum kümmerten, die im Lernen um seiner selbst willen zugleich ihre süßeste Belohnung und ihre höchste Würde fanden.

„Die Berufung des Gelehrten unserer Zeit wird am deutlichsten. Er muss Stellung beziehen und protestieren. Mit einer Würde und Entschlossenheit, die der Größe seines Berufs und seiner Möglichkeiten entspringt, muss er die geringe Wertschätzung seiner Arbeit und ihrer Ergebnisse zurückweisen, die sie daran misst, was sie an Geld verdient haben oder an Dividenden erwirtschaften können. Hier, in seinem Rechenzimmer oder seinem Lagerhaus, sitzt der Plutokrat, der Millionen angehäuft hat und die Schwankungen des Marktes mit der unfehlbaren Genauigkeit eines Aneroidbarometers vorhersagen kann. Zu einem solchen kommt der Professor von einer bescheidenen Lehrstätte in den Bergen, gewillt, seinen alten Klassenkameraden aus früheren Tagen wiederzusehen, ihm die Hand zu reichen und, wenn möglich, zu erfahren, wie es ihm ergeht. Und der reiche Mann blickt mit sanfter Herablassung auf den Schulkameraden herab, der die Gesellschaft seiner Bücher der Gesellschaft des Marktplatzes vorzog, und während er vielleicht seine hagere und Cassius-ähnliche Gestalt, seine schäbige, wenn nicht gar schäbige Kleidung und sein schüchternes und bäuerliches Benehmen bemerkt, glättet er seine eigene stämmige und gut gekleidete Person mit Selbstgefälligkeit und dankt seinem Glück, dass er so früh den Handel begann. Armer Narr! Er bemerkt nicht, dass sein Freund, der Professor, ihn genau eingeschätzt hat und dass die klaren und freundlichen Augen, die ihn durch diese stahlgebogenen Brillengläser betrachten, mit etwas Traurigkeit und etwas mehr Mitleid gesehen haben, wie die feineren Bestrebungen früherer Tage alle erstickt und ausgelöscht wurden! In einem Zeitalter, das keine Stimme erträgt, die nicht schreit: „Groß ist der Gott der Eisenbahnen und Syndikate, und noch größer sind die Apostel der ‚Puts‘ und ‚Calls‘, der ‚Corners‘ und Pools!“ Wir wollen eine Menschheit, die allein durch ihre Existenz einen beständigen Protest gegen die Herrschaft des groben Materialismus und einer Flut von Habgier und Eigennutz darstellt.

„Aber um eine solche Rasse von Menschen zu haben, müssen wir diejenigen unter uns haben, deren Vision gereinigt und entsiegelt wurde, um die Würde des Gelehrtenberufs zu erkennen. Man darf nicht vergessen, dass es unter denen, die bald die Universitätshallen verlassen werden, um ihre Arbeit im Leben zu beginnen, viele geben muss, für die die Art dieser Arbeit und in gewissem Sinne die Ziele davon durch die Bedingungen, unter denen sie gezwungen sind, sie zu tun, vorherbestimmt sind. Mit anderen Worten darf man nicht vergessen, dass für viele von uns die ernste Frage, wie wir unser Brot verdienen, die dringendste Herausforderung ist und der wir nicht ausweichen können. Aber es gibt niemanden unter uns, der nicht weise daran denken sollte, dass im Bereich des Intellekts wie im Bereich der spirituellen und moralischen Natur „das Leben mehr ist als Nahrung und der Körper mehr als Kleidung“, und dass die Hoffnung unserer Zeit oder jeder Zeit nicht in Menschen liegt, die sich darum kümmern, was sie bekommen können, sondern in dem, was sie sehen können. Frederick Maurice hat uns gut daran erinnert, wie unzureichend die Formulierung ist, die die Funktion des Gelehrten als Erwerb von Wissen beschreibt. Hier ist ein Mann, der Tag und Nacht mit mühsamer Arbeit verbringt und dessen Gehirn, bevor er mit dem Leben fertig ist, zu einem Lagerhaus wird, aus dem man eine Tatsache herausziehen kann, wie man ein Buch aus den Regalen einer Bibliothek nehmen würde. Wir dürfen nicht respektlos von einem solchen Gelehrten sprechen; und in einer Generation, die keine Geduld für mühsame Arbeit hat und sich wie nie zuvor mit oberflächlichem Lernen zufrieden gibt, können wir diejenigen ehren, deren seltene Errungenschaften die Frucht schmerzhafter und unermüdlicher Arbeit sind. Aber sicherlich hat er ein edleres Verständnis seiner Berufung als Gelehrter, der erkannt hat, dass es in jedem Forschungsbereich nicht so sehr darauf ankommt, wie viel Wissen er besitzt, sondern vielmehr darauf, wie sehr ihn das Gelernte wirklich berührt hat. Es gibt Männer, deren Errungenschaften in bloßer Menge und Umfang vielleicht weder groß noch tiefgreifend sind. Aber wenn sie ihre Fähigkeiten zur Untersuchung und Recherche ergriffen und sie zu den verschlossenen Türen des Königreichs des Wissens mitgenommen haben, sind sie dort in Stille und auf den Knien geblieben, haben gewartet und auf das Licht geachtet. Und ihnen ist zu allen Zeiten das zuteil geworden, was die beste Belohnung des Gelehrten ist – keine Tatsache, die an einen Haken gehängt und ordnungsgemäß nummeriert und katalogisiert werden muss, sondern die Vision einer Wahrheit, die ihr ganzes Leben lang Inspiration sein wird."

Zu den Fächern der höheren Bildung, über die der selbsternannte „praktische" Mensch die Nase rümpft, gehören die Geistes-, Moral- und Politikwissenschaften. Sie werden als Ansammlung bloßer Theorien verhöhnt; sie sind vielleicht gut genug, um intellektuellen Naturen, die sonst ungenutzt geblieben wären, dabei zu helfen, sich die Zeit zu vertreiben, aber sie haben keinen praktischen Nutzen in der Welt. Doch Präsident Gilman, dessen Geist sich hauptsächlich mit angewandten Wissenschaften beschäftigt, sagt über diese Studien:

„Sie haben einen doppelten Wert – ihren Dienst am Einzelnen und ihren Dienst am Staat. Durch das Studium der Meinungsgeschichte, durch die Untersuchung geistiger Phänomene und durch die Diskussion ethischer Prinzipien soll der religiöse und moralische Charakter entwickelt werden. Die Stunden der Reflexion werden von der Unfruchtbarkeit erlöst und fruchtbar gemacht, wie Sandebenen, die von Gebirgsbächen bewässert werden, wenn sie von den ewigen Strömen durchdrungen werden, die aus den erhabenen Höhen der Philosophie und Religion fließen. Über allen anderen Bildungsfächern steht an Bedeutung die Philosophie, die Anwendung der Vernunft auf jene vielfältigen und verwirrenden Probleme der Existenz, die so alt sind wie die Menschheit und so neu wie das neunzehnte Jahrhundert. Für ihren Platz in einer liberalen Bildung muss kein Ersatz gesucht werden. Was für die Moralwissenschaften in Bezug auf den individuellen Charakter gilt, kann von den Geschichts- und Politikwissenschaften in Bezug auf den Staat gesagt werden. Diese Nation läuft Gefahr, ihre Freiheiten zu verlieren und in eine Zeit der Korruption und des Verfalls einzutreten, wenn sie die Erfahrungen anderer Nationen nicht im Blick behält und die Lehren der Vergangenheit nicht auf ihre eigenen Institutionen und Gesetze anwendet. Den Übeln, über die wir uns beschweren, den Lasten, die wir tragen, den Gefahren, die wir fürchten, muss durch die gesammelten Erfahrungen anderer Generationen und anderer Länder begegnet werden."

Doch dieser angesehene Lehrer würde nicht, wie einige Männer von gleichem Rang, aber weniger Charakterstärke, den Studenten auf diese Studienfächer beschränken lassen. Er zeigt sich auf der Höhe der Zeit, wenn er sagt:

„Eine liberale Bildung erfordert die Kenntnis wissenschaftlicher Methoden, der Untersuchungsmethoden, der Beobachtungsmethoden, der Vergleichsmethoden, der Fehlerbeseitigung und der Wahrheitsfindung, die von modernen Forschern angewandt werden. Eine solche Kenntnis kann man sich besser aneignen, indem man sich längere Zeit und gründlich mit einem großen Wissenschaftsbereich wie Chemie, Physik, Biologie oder Geologie beschäftigt, als indem man sich nur ein paar von zwanzig Zweigen aneignet. Wenn jeder Collegestudent ein oder zwei Jahre lang täglich ein Drittel seiner Studienzeit einem der großen Fächer widmen würde, die wir genannt haben, oder anderen, die man nennen könnte, würde er seine Fähigkeiten in einer Disziplin üben, die sich sehr von der unterscheidet, die ihm seine sprachliche und mathematische Arbeit bietet. Er würde nicht nur feststellen, dass seine Beobachtungsgabe geschärft wird; er würde auch feststellen, dass sein Urteilsvermögen durch die Ausübung der Gewissheiten der Naturgesetze verbessert wird. Er würde nie mehr Vorurteile gegen die wahren Wissenschaftler hegen und auch keine Angst vor dem Fortschritt des modernen Lernens haben. Was auch immer sein zukünftiger Beruf sein mag, kirchlich, pädagogisch oder redaktionell, er würde ohne verstecktes Grinsen und ohne unterdrückte Besorgnis über die Wissenschaft sprechen. Je religiöser seine Natur, desto ehrfürchtiger würde er werden. In öffentlichen Angelegenheiten, die wissenschaftliche Kenntnisse erfordern, würde er zwischen dem Quacksalber und der Autorität unterscheiden können, und er würde schnell erkennen, in wie vielen Regierungsabteilungen der liberale Einsatz wissenschaftlicher Methoden heute zwingend gefordert wird.“

Wenn kein anderes Ziel erreicht werden könnte, indem wir den Standard anheben und den Umfang unserer Colleges erweitern, die den Rang einer Universität anstreben, und indem wir all unsere jungen Männer dorthin schicken, die sich aufrichtig eine liberale Ausbildung wünschen, dann würde jeder Student enorm davon profitieren, mit Leuten seinesgleichen zusammenzukommen. Eine solche Verbindung ist anderswo in diesem Land mit verstreuter Bevölkerung und enormen Entfernungen fast unmöglich. Viele unausgeglichene „Spinner“ wären uns erspart geblieben, wenn wir aktive, ruhelose, forschende Geister in eine angenehme Umgebung gebracht hätten, anstatt uns an öden Umgebungen zu reiben und ihre Gedanken über Belanglosigkeiten zu verschwenden. Edward Everett Hale wird das Zitat zugeschrieben: „Der Hauptnutzen eines Colleges liegt nicht in den Dingen, die es lehrt; der Nutzen eines Colleges liegt in den ‚Leuten‘, die dort sind, und in Ihrem Umgang mit ihnen.“ Präsident Dwight von Yale widerspricht zwar dem pauschalen ersten Satz von Mr. Hales Behauptung, gibt aber zu:

„Aber ‚die Jungs‘ haben mir in Bezug auf meine Ausbildung sehr gut getan. Ich hatte einen ganz ausgezeichneten und würdigen Freundeskreis, besonders im letzten Jahr meines College-Lebens. Meine Verbindungen mit ihnen holten mich aus mir heraus und gaben mir im besten Sinne des Wortes das Gefühl und den Impuls der Kameradschaft. Im Hinblick auf meine Vorbereitung auf mein Lebenswerk trug diese Verbindung viel dazu bei, mir den gesunden Menschenverstand, die Sympathie, die Warmherzigkeit und die Liebe zu jungen Männern und das Verständnis für ihre Natur und ihre Gefühle zu vermitteln, deren Wert für einen College-Lehrer so groß ist. Die College-Freundschaften, in ihrer besten Entwicklung, kamen zu mir in der glücklichsten Zeit – in den späteren Jahren des Studiums. Sie kamen zu einer Zeit, als sie am gesündesten und glücklichsten auf all das einwirken konnten, was ich durch meine Studien und meine Lehrer gewonnen hatte, und rundeten für mich, wenn ich es so ausdrücken darf, die Ausbildung ab, die zur Universität gehörte."

Eine Voraussetzung für den größeren Erfolg unserer höheren Universitäten ist ein besserer Jahrgang an Studenten. Als die Immatrikulations- und Studiengebühren einen wichtigen Teil der Einnahmen ausmachten, von denen eine Schule leben musste, ignorierte man die mangelnde Vorbereitung oder den Charakter eines Bewerbers. Dies ist jedoch in Yale, Harvard oder einer der sechs jüngeren Universitäten, die reich ausgestattet wurden, nicht mehr nötig. Niemand sollte als Student aufgenommen werden, der es nicht „ernsthaft meint" und nicht schnell auf die Einflüsse um ihn herum reagiert. Professor Shaler von Harvard sagt:

„Es ist völlig klar, dass das wesentliche Ziel unserer höheren Bildungseinrichtungen darin besteht, Jugendliche, die eine umfassende Ausbildung in Vorbereitungsschulen erhalten haben, das Alter von etwa achtzehn Jahren erreicht haben und begonnen haben, die Motivationen von Menschen zu entwickeln, für die höheren Bereiche des aktiven Lebens vorzubereiten. Der Jugend muss ein Anteil an Bildung gegeben werden, der dazu dienen kann, ihre natürlichen Fähigkeiten so weit wie möglich zu erweitern. Sie muss in der Kunst und Gewohnheit des Wissenserwerbs unterrichtet und diszipliniert werden. Sie muss auch diszipliniert werden im Umgang mit Menschen, in der Aufrechterhaltung ihres moralischen Status durch Ausübung ihres Willens, in Selbstvertrauen und in der treuen Erfüllung der Pflicht um der Pflicht willen. Jeder Einfluss, der dazu neigt, ihm zu helfen, die unverantwortliche Natur des Kindes abzulegen, sollte zum Tragen kommen; jede Bedingung, die ihn dazu bringt, seine Erwartungen und Ambitionen von seinem Platz in der Schule auf seinen Platz unter den Menschen zu übertragen, sollte ihn umgeben.

„Wenn wir einem jungen Mann einmal klar machen, dass seine Karriere im Leben mit dem Besuch eines Colleges oder einer Berufsschule richtig begonnen hat, lassen wir ihn nur begreifen, dass sein Platz im Leben durch sein Verhalten bestimmt wird, das ihn darauf vorbereitet, und wir bringen eine Reihe von Motiven zum Tragen, die moralisch so hoch sind, wie die gewöhnlichen Motive der Disziplin auf der moralischen Skala niedrig sind. Insofern die Arbeit eines Schülers voller Anregungen für seine Arbeit in der Welt ist, insofern seine Lehrer durch ihr Verhalten und ihre Worte dazu beitragen, sein männliches, pflichtbewusstes Gefühl zu wecken, erreicht die

Ausbildung ihr wahres Ziel. Jeder Jugendliche, der für ein Studium an unseren höheren Colleges oder Universitäten geeignet ist, wird schnell auf den Anreiz reagieren, den er beim Übergang von den disziplinarischen Bedingungen der Kindheit zu denen für Männer empfindet. Wenn er geistig zu gelehrter Männlichkeit fähig ist, können wir sicher sein, dass seine Vorstellungskraft den Bedingungen vorausgegangen ist, denen er in seiner unteren Schulzeit begegnet ist. Er hat sich nach etwas wie der Unabhängigkeit und Verantwortung des Mannestums gesehnt; nach einem Aufstieg zu dem Vertrauensposten, zu dem er berufen ist."

Unsere Hochschulen sollten nicht zu Rückzugsorten für jene große, faule, verantwortungslose Klasse junger Männer und Frauen werden, die ihre Vorliebe fürs Lesen mit dem Wunsch zu lernen verwechseln. Es gibt kein trügerischeres Lebewesen als den jugendlichen Bücherwurm. Er ist wie der englische König, der als „der gelehrteste Narr der Christenheit" bekannt wurde. Auch sollte man körperliche Schwäche nicht als Zeichen eines starken Intellekts betrachten; dieser Irrtum hat Hochschulen ebenso verheerend beeinflusst wie Kanzeln. Die Schwere einer Krankheit hat keinen intellektuellen Zweck; sie ist eine Geisteskrankheit und sollte vom Sportlehrer behandelt werden – nicht vom Hochschulprofessor. Präsident White sagte in seiner Beschreibung der Universität der Zukunft:

„Eine lange Beobachtung junger Männer und Frauen hat mich gelehrt, dass ihre moralische, geistige und körperliche Gesundheit durch Faulenzen, Herumlungern, Trödeln und Schmökern in Büchern unendlich viel gefährlicher ist als durch die energischsten Anstrengungen, zu denen man sie bewegen kann; und ich glaube, dass die meisten nachdenklichen Lehrer mir in diesem Punkt zustimmen werden. Um jeder Gefahr dieser Art zu begegnen, habe ich darauf bestanden, dass parallel zu den regelmäßigen Prüfungen für Stipendien und Forschungsstipendien eine ordnungsgemäße Untersuchung der körperlichen Verfassung durchgeführt wird und dass die erfolgreichen Kandidaten regelmäßig Berichte über ihren Gesundheitszustand und ihre Fortschritte erhalten. Die Erwartung solcher Untersuchungen und Berichte würde viel dazu beitragen, die Gesundheit ehrgeiziger junger Gelehrter in allen Teilen des Landes zu schützen und zu verbessern."

An unseren Hochschulen gibt es einige bewundernswerte Dozenten, aber die durchschnittliche Qualität ist noch nicht so, wie sie sein sollte. Präsident Gilman sagt:

„Für die normale Ausbildung von Studenten im Grundstudium werden Männer mit breiter, großzügiger und vielfältiger Bildung benötigt; Männer, die den Wert von Literatur und Natur in einem Studienplan kennen; Männer, die ihre eigenen Ansichten verstehen, weil sie die Notwendigkeiten und

Vorgänge von heute im Licht der historischen Erfahrung betrachten; Männer, die glauben, dass Charakter, intellektuell und moralisch, wichtiger ist als Wissen, und die entschlossen sind, dass alle Einflüsse des College-Lebens gesund sein sollen. Solche Lehrer wie diese haben bisher die Fakultäten amerikanischer Colleges gebildet; ihre Namen wurden vielleicht nicht durch neue Entdeckungen oder die Veröffentlichung großer Abhandlungen berühmt, aber sie haben Generationen von Schülern geprägt, die wiederum dazu beigetragen haben, die besten Institutionen zu bilden, die die Nation erhalten. Es wird ein großes Unglück für das amerikanische Bildungswesen sein, wenn die Behörden bei der Auswahl von Spezialisten für College-Professuren (wie es in Zukunft getan werden muss) nicht sicherstellen, dass diese Spezialisten Männer mit allgemeiner Bildung, solider Moral und herzlicher Sympathie für die Jugend sind, die sie unterrichten sollen.“

Aber was sollen die Treuhänder der Universitäten tun? Die meisten großen Spenden an Universitäten dienen besonderen Zwecken – dem Bau von Gebäuden, dem Kauf von Instrumenten, der Gründung einer Bibliothek, dem Kauf eines Teleskops, aber selten dem Zweck, eine wertvolle Ergänzung der Fakultät durch eine Stiftung zu sichern, die eine Summe einbringen würde, die es einem Mann mit hohen Leistungen rechtfertigt, einen lukrativen Beruf aufzugeben und sich der Bildung zu widmen. Präsident Gilman sagt:

„Ist es nicht an der Zeit, dass alle, die an Hochschulstiftungen interessiert sind, zu großen Spenden für die Erhöhung des ‚Lohnfonds‘ aufrufen? Sollten die Hochschulbehörden ihren Wunsch nach besseren Gebäuden nicht im Hintergrund halten und darauf bestehen, dass zunächst ausreichende Mittel für die Aufrechterhaltung des Unterrichts bereitgestellt werden müssen? Es wäre selbstmörderisch, wenn ein wohlhabendes Land wie dieses zulässt, dass seine Bildungseinrichtungen von Männern mit zweitklassigen Fähigkeiten besetzt werden, weil sie billiger sind, und weil Männer mit erstklassigen Fähigkeiten von der Arbeit an höheren Bildungseinrichtungen abgezogen und in die Berufe des Rechts und der Medizin, des Ministeriums und der Geschäftswelt gelenkt werden, da diese mehr Hoffnung, mehr Komfort und mehr Freiheit bieten und ebenso gute Möglichkeiten bieten, nützlich zu sein und höhere Ehre zu erlangen. Es wäre eine Schande, wenn das graue Haupt einer Hochschule, anstatt eine Krone der Herrlichkeit zu sein, ein Zeichen von Armut und Vernachlässigung wäre. Eine Hochschulprofessur sollte großzügig bezahlt werden und ein steigendes Gehalt aufweisen, damit sie in dieser Hinsicht mindestens so attraktiv ist wie andere Karrieren, die intellektuellen Männern offen stehen. Wenn es nicht gelingt, die besten Männer für ihre Lehrtätigkeit zu gewinnen und wenn es ihnen finanziell nicht so leicht gemacht wird, dass sie deswegen keine Sorgen haben, dann heißt es

Abschied nehmen vom intellektuellen Fortschritt, Abschied nehmen vom literarischen Fortschritt, Abschied nehmen von wissenschaftlichen Entdeckungen, Abschied nehmen von gesunder Staatskunst, Abschied nehmen vom aufgeklärten Christentum; dann steht die Herrschaft der Bigotterie und Dummheit bevor.»

Unsere Colleges brauchen mehr Stipendien und mehr Fellowships. Es sollte jedem möglich sein, der eine gute Ausbildung wünscht und verdient, diese zu erhalten, ob er nun der Sohn eines Prinzen oder der Sohn eines Bettlers ist. Es sollte auch möglich sein, dass ein brillanter und fleißiger Absolvent besonders belohnt und ermutigt wird, indem er von seiner Alma Mater unterstützt wird, solange er sein Studium zu einem bestimmten Zweck und zum Nutzen des Colleges fortsetzt. Der „Fellow" einer englischen Universität mag ein bloßer Faulenzer sein; sein Titel und die damit verbundene Geldzuwendung verlangen keine Gegenleistung; sie sind lediglich Belohnungen für das, was bereits getan wurde. Präsident White sagt:

„Ich würde den Stipendiaten erlauben, diese für eine weiterführende Ausbildung an einer beliebigen Institution im In- oder Ausland zu verwenden. Die große Mehrheit würde sich wahrscheinlich für die besten Institutionen im Inland entscheiden, aber viele würden ins Ausland gehen und die bedeutendsten Professoren und Forscher aufsuchen. So würden eifrige, energische und ehrgeizige junge amerikanische Gelehrte die besten Gedanken, Worte und Arbeiten der führenden Autoritäten in allen Bereichen der Welt zu uns zurückbringen; Kenntnisse der besten Methoden, Kenntnis der besten Bücher, Vertrautheit mit dem besten Anschauungsmaterial. Von den so ausgebildeten Gelehrten würden unsere Universitäten, Colleges und Akademien bessere Lehrer erhalten; unsere Zeitschriften- und Zeitungsautoren würden besser geeignet sein, aktuelle politische, finanzielle und soziale Fragen zu diskutieren; die verschiedenen Berufe würden Männer bekommen, die besser darauf vorbereitet wären, sie im Einklang mit den besten modernen Ideen zu entwickeln, und die großen Beschäftigungen, die die Grundlage des materiellen Wohlstands bilden – Landwirtschaft, Industrie und dergleichen – Männer, die besser in der Lage wären, die praktischen Probleme der Welt zu lösen. Jeder Bereich moralischer, intellektueller und physischer Aktivität würde so bereichert. Alle würden bestrebt sein, Studenten auszubilden, die in der Lage sind, sich erfolgreich um diese Stipendien zu bewerben, und die stärkeren Institutionen würden besonders bestrebt sein, Postgraduiertenstudiengänge zu entwickeln, die geeignet sind, diese anzuziehen. Ich kann mir kein besseres Antiseptikum gegen den Hausschwamm vorstellen, der so viele Bildungseinrichtungen befällt. Der Brauch, für Pfarrgemeinden unakzeptable Geistliche auf Hochschulprofessuren zu beschränken, würde auf diese Weise wahrscheinlich einen Todesstoß erleiden."

Bischof Potter schreibt ebenso ernsthaft zu diesem Thema, wenn auch aus einem anderen Blickwinkel:

„Wir wollen einen Platz für Männer, die, ob als Stipendiaten oder Dozenten, in Verbindung mit unseren Universitäten frei sind, eigenständige Forschung zu betreiben und sich tiefgründigen Studien zu widmen, ungehindert von kleinlichen Sorgen, dem lästigen Alltag, den kleinen Ängsten, die früher oder später den Tod des Strebens und tödliche Hindernisse für die Inspiration bedeuten. Mit Denkprozessen verhält es sich wie mit Naturprozessen – Kristallisation erfordert Stille, Gleichmut und Ruhe. Und so müssen die großen Wahrheiten, die der Keim der Kräfte sein sollen, die unsere Zivilisation neu erschaffen werden, zunächst einmal die Chance haben, sich zu offenbaren. Für den Gelehrten muss ein gewisses Maß an Vision vorhanden sein; und diejenigen, denen die materiellen Schätze gehören, aus denen jene wunderbaren Stiftungen und Stiftungen hervorgegangen sind, die den englischen Universitäten einige Elemente ihres größten Ruhms verliehen haben, müssen dafür sorgen, dass sie dieses Maß an Vision besitzen."

Höhere Bildung erfordert nicht, dass Disziplin, Leitung und Aufsicht an der Hochschule nachlassen; im Gegenteil, sie verlangt eine aktivere Ausübung all dieser Funktionen. Manche recht gute und ernsthafte Männer gehen nur zum Lesen an die Hochschule; ihr Platz ist eine große Bibliothek in der Stadt. Andere nutzen die Möglichkeit eines „Wahlfachs", wollen sich in einen Trott stürzen und dort bleiben. Wahlfächer haben ihre Vorteile, aber junge Männer sind selten in der Lage, selbst eine Wahl zu treffen. Präsident Bartlett von Dartmouth sagt:

„Da er das Feld nicht kennt, ist der junge Mensch nicht in der Lage zu beurteilen, was für ihn die beste Ausbildung und Kultur ist. Und während die Vielfalt der Endziele den letzten Teil der Grundausbildung beeinflussen kann, kommt die Spezialisierung schon früh genug, wenn die Spezialausbildung beginnt. Und jene Institutionen scheinen mir am klügsten, die ihre Wahlfächer bis zur zweiten Hälfte des College-Studiums reservieren und sie dann sparsam und nicht gemischt, sondern in zusammenhängenden Kursen einführen. Eine allgemeine und vorherrschende Einführung von Wahlfächern ist fruchtbar für Übel. Sie verwirrt den treuen Studenten in seiner Unerfahrenheit. Sie verführt und unterstützt den durchschnittlichen Studenten, sich von den Studien abzuwenden, die er aufgrund seiner Defizite am meisten braucht. Sie gibt dem faulen Studenten die Möglichkeit, seiner Trägheit bei der Auswahl „weicher" Wahlfächer nachzugeben."

Glücklicherweise ist es an amerikanischen Colleges nicht so schwer, Disziplin aufrechtzuerhalten wie an europäischen Universitäten. Es gibt einige „harte Jungs" in Harvard, und die Yale Cubs machen die Nächte in New Haven oft schrecklich, dennoch ist der amerikanische Student im Allgemeinen respektabler und gesetzestreuer als sein ausländischer Bruder. Präsident Eliot von Harvard sagt:

„Die gewohnheitsmäßige Abstinenz von Alkohol als täglichem Getränk, die die große Mehrheit der amerikanischen Studenten einhält, erklärt in gewissem Maße das Fehlen aller Maßnahmen in amerikanischen Institutionen, um zu verhindern, dass Studenten die Nacht außerhalb ihrer College-Zimmer oder Unterkünfte verbringen. Die College-Hallen in Harvard, Yale und Princeton sind die ganze Nacht geöffnet; während in Oxford und Cambridge verschlossene Türen und Tore sowie vergitterte und mit Fensterläden versehene Fenster die Anwesenheit der Studenten nach 22 Uhr in ihrem Zimmer erzwingen, sie aber höchst unwirksam sind, um sie von einem Laster abzuhalten, zu dem sie ernsthaft neigen könnten. In Oxford und Cambridge gibt es mehr Trunksucht und Zügellosigkeit als unter einer gleichen Anzahl amerikanischer Studenten; aber diese Tatsache ist eher auf das nationale Temperament und die Merkmale der sozialen Klasse zurückzuführen, zu der englische Studenten im Allgemeinen gehören, als auf irgendetwas in der Universitätsorganisation oder -disziplin. Unter den männlichen Tugenden haben Reinheit und Mäßigung in der englischen Wertschätzung einen niedrigeren Stellenwert als in der amerikanischen.“

Die Masse der amerikanischen Studenten ist so vernünftig, dass, als die Frage der Beteiligung der Studenten an der Hochschulverwaltung in Dartmouth aufkam, die Hochschulgesellschaften negativ über den Plan berichteten und die von Studenten herausgegebene Hochschulzeitung nach einem Plädoyer für eine starke Regierung tapfer behauptete: „Was unsere Hochschulen wirklich brauchen, ist mehr von West Point.“

Zwischen ordentlicher Regierungsarbeit und Amateur-Polizeiarbeit besteht jedoch ein großer Unterschied. Der ehemalige Präsident McCosh aus Princeton, ein gelehrter, ruhiger Mann, bei dem niemand Sympathie für wilde Heiterkeit vermutet hätte, sagte:

„Es mag zwar Hochschulen geben, aber es sind nur wenige, die von Lehrern geleitet werden, die so weise wie Salomon aussehen, deren Urteile aber nicht ganz so weise sind wie die seinen. An manchen Orten werden natürliche Impulse streng unterdrückt und mit Fröhlichkeit und Verspieltheit vermischt. Ich habe Professoren gekannt, die Untreue anprangerten, bis sie ihre besten Studenten zu Ungläubigen machten. Das wirksamste Mittel, junge Männer zu Skeptikern zu machen, ist, dass dumme Männer Darwin und Spencer, Huxley und Tyndall angreifen, ohne zu wissen, welche Zweige diese Männer für ihre eigenen Zwecke genutzt haben. Es gibt ernsthafte Professoren, die nicht zwischen der Unmoral des Trinkens und dem Schneeballsystem unterscheiden können. Es ist wahr, dass wir zwei Augen haben, damit wir sehen können, aber wir haben auch zwei Augenlider, um sie zu verdecken; und diejenigen, die die Aufsicht über junge Männer haben, sollten wissen, wann sie diese Beobachtungsorgane öffnen und wann sie schließen müssen. Ich habe gesehen, wie eine Gruppe von Studenten ein Pferd, das ohne Immatrikulation auf den Campus gekommen war, in das Zimmer eines *braven Studenten schleppte, und ein Professor, der die Szene vor Augen hatte, drehte entschlossen mal den Kopf zur einen und mal zur anderen Seite, damit er* sie nicht sehen konnte. Ich habe gesehen, wie ein Student aus einem Vortragssaal kam, in einen Wagen sprang, dessen Fahrer schurkisch verschwunden war, und die Straße entlangraste, während der Präsident von seinem Spaziergang umkehrte, damit sein Blick nicht auf eine so profane Szene fiel."

Doch Dr. McCosh zog eine klare Grenze zwischen bloßem Spaß und völliger Brutalität, als er sagte:

„Es ist sicher, dass es in unserem Land noch alte Collegebräuche gibt, die die Leute jetzt im Allgemeinen loswerden wollen. Einige von ihnen sind Ableger der abscheulichen Praktiken alter englischer Schulen und wurden aus der Kolonialzeit über Generationen hinweg weitergegeben. So ist das amerikanische Hazing eine Abwandlung des englischen Fagging. Es scheint, dass es immer noch einige gibt, die das Verbrechen verteidigen oder beschönigen – denn das ist es. Sie sagen, dass es Mut macht und die Männlichkeit fördert. Aber ich möchte wissen, wie viel Mut in einer Menschenmenge steckt, die mitten in der Nacht maskiert einen einzelnen Jugendlichen angreift, der geknebelt und wehrlos ist! Es ist kein fairer und offener Kampf, bei dem sich beide Parteien der Gefahr aussetzen. Die Tat ist alles andere als mutig, sondern die niedrigste Form der Feigheit. Die getroffenen Vorbereitungen und die ausgeführten Taten sind in allen Fällen gemein und niederträchtig und in manchen Fällen grauenhaft. Ich habe die Ausrüstung gesehen. Es gibt Masken zur Tarnung und Knebel, um Mund und Ohren zu verschließen; Es gibt Rasiermesser und Scheren, Seile zum Fesseln und in manchen Fällen Peitschen oder Bretter, um Schläge auszuteilen; es gibt gewöhnlich schmutzige Anwendungen und in allen Fällen unmännliche Beleidigungen, die für einen jungen Mann mit Temperament schwerer zu ertragen sind als jede Tracht Prügel. Diese Praxis ist alles andere als humanisierend, sondern hat einfach eine brutale Wirkung auf alle, die daran beteiligt sind. Sie formt nicht den tapferen Mann, sondern den Schläger. Der junge Mann, der dieses Jahr dieser Demütigung ausgesetzt ist, ist bereit, sich im nächsten Jahr an einem anderen zu rächen. Ein Gentleman, der amerikanische Colleges gut kennt, erzählt mir, dass in denen, in denen Schikanen in den jüngeren Klassen üblich sind, schon das Aussehen der Studenten rüpelhaft ist. Es ist erstaunlich, dass das amerikanische Volk, das standhaft genug ist, wenn es aufgehetzt wird, diese Barbarei in unseren

Colleges, ob groß oder klein, bis ins letzte Viertel des neunzehnten Jahrhunderts der Religion der Reinheit und Liebe zugelassen hat.“

Unsere Universitäten und fortschrittlicheren Colleges verändern sich langsam aber sicher in der Weise, wie sie auf den vorangegangenen Seiten beschrieben wurde, und die Zeit wird nicht mehr fern sein, da man keinem Absolventen mehr vorwerfen kann, er sei bloß voller Bücher und nicht gebildet.

KAPITEL XXVI.

UNSER GROSSES ANLIEGEN.

Unser Land ist das großartigste Land der Welt und wir, das Volk der Vereinigten Staaten, sollten das großartigste Volk sein.

Heutzutage braucht man nicht besonders viel Eitelkeit, um uns glauben zu machen, wir seien unseren Nachbarn überlegen, aber wir dürfen nicht vergessen, dass wir kein Monopol auf die Fähigkeit haben, aufzustehen und zu wachsen.

Einer der Gründerväter der Republik sagte: „Ewige Wachsamkeit ist der Preis der Freiheit." Er hätte hinzufügen können, dass dies der Preis für so ziemlich alles andere ist, was es wert ist, besessen und bewahrt zu werden.

Wir Amerikaner haben die Welt in vielerlei Hinsicht auf höchst unerwartete Weise und zu unerwarteten Zeiten angeführt, aber es vergeht kaum ein Jahr, in dem wir nicht feststellen, dass wir kein Monopol auf die Kunst haben, die Führung zu übernehmen. Auf die eine oder andere Weise erweisen sich einige Nationen der Erde uns in mancher Hinsicht immer wieder als überlegen. Wir haben viele Warnungen dieser Art gebraucht, und wir werden noch viele weitere brauchen, wenn wir nicht schneller auf die uns bereits gewährten reagieren.

Wir hatten in früheren Zeiten so viel Erfolg, dass wir sehr eingebildet waren, und so ist es natürlich, dass wir aufgrund der Blindheit unserer eingebildeten Sicherheit gelegentlich hinter unsere Konkurrenten zurückfallen. Es gab eine Zeit, in der amerikanische Segel alle Ozeane zierten und man in ausländischen Häfen mehr amerikanische Schiffe sehen konnte als die von zwei oder drei anderen Nationen zusammen. Der Mann, der heute in einen ausländischen Hafen hinausfahren würde, um nach einer amerikanischen Flagge zu suchen, und entschlossen wäre, sein Fasten nicht zu brechen, bis er eine gefunden hätte, hätte eine gute Chance, zu verhungern. Ob das Verschwinden unserer Flagge aus dem Handel nur auf die Verwüstungen der Alabama und ihrer Schwesterkaper oder auf die jetzt geltenden Schifffahrtsgesetze zurückzuführen ist, hat nichts mit der gegenwärtigen Situation zu tun, die darin besteht, dass wir unerwartet für uns selbst und den Rest der Welt die niedrigste Position unter den Nationen als Transporteur dessen eingenommen haben, was wir kaufen und verkaufen müssen, und dass wir keinerlei Anzeichen dafür zeigen, dass wir unsere alte Position jemals wieder einnehmen werden.

Ein weiteres Beispiel: Die Hälfte der heute lebenden Menschen erinnerte sich noch daran, dass Baumwolle König war, und da Baumwolle nur in Amerika erhältlich war, nahmen die Amerikaner stolz an, die kommerziellen Herrscher der Welt zu sein. Aufgrund kleiner familiärer Probleme auf dieser Seite des Ozeans begannen die anderen Nationen, sich anderswo nach Baumwolle umzusehen. Sie fanden sie an unerwarteten Orten und haben sie seitdem immer wieder dort gefunden. Wir produzieren immer noch mehr Baumwolle als jedes andere Land, aber wir sind nicht mehr die Könige des Baumwollmarktes.

Dann kam die Zeit, als Mais König war. Es stimmt, wir haben nicht viel davon als Getreide verschifft, aber zwischen der Verarbeitung zu Schweinefleisch und Whiskey wurde unser Mais zum Hauptgrund für die Beladung vieler Tausender Schiffe in verschiedene fremde Länder. Ausländer haben Augen im Kopf und begannen sich umzusehen, ob sie Schweinefleisch und Whiskey nicht so billig produzieren könnten wie die Leute auf der anderen Seite des Ozeans, die ihre Produkte 3.000 Meilen oder mehr schicken mussten, um einen Markt zu finden. Sie hatten Erfolg. Obwohl unsere Brennereien und Schweineställe heute noch in Betrieb sind, kommen viele destillierte Spirituosen und auch viel Schweinefleisch über den Ozean hierher. Der Markt für amerikanischen Schinken, Seitenteile, Schultern, Speck und Schweineschmalz ist im Ausland immer noch gut, aber der Whiskeymarkt ist eingebrochen und scheint keine Anzeichen einer Rückkehr zu zeigen.

Viele Jahre lang, und bis vor kurzem, hat uns unser Weizen in kommerzieller Hinsicht zumindest in gewisser Hinsicht allen anderen Nationen der Welt überlegen gemacht. Die besseren Brotprodukte waren in Europa nur aus amerikanischen Quellen erhältlich. Jahr für Jahr stieg der Weizenpreis, bis der amerikanische Bauer zu einer so beneidenswerten Einzelperson wurde, dass viele Kaufleute ihr Geschäft aufgaben, Farmen kauften und versuchten, mit ihm zu konkurrieren. Wie es normalerweise der Fall ist, wenn ein Geschäft so floriert, dass jeder darin einsteigen möchte, unternahmen Hunderte scharfäugiger Beobachter Anstrengungen, um herauszufinden, ob Weizen nicht in anderen Teilen der Welt rentabler produziert werden könnte, und der Erfolg, der diese Beobachtungen begleitete, war für den amerikanischen Bauer alles andere als erfreulich. Russland und Ungarn produzieren mehr Weizen als je zuvor. Weizen strömt aus Asien und sogar aus Afrika nach Europa, und der amerikanische Bauer ist sich jetzt nicht mehr ganz sicher, was das Ergebnis einer guten Weizenernte sein wird – nicht sicher, ob sie Gewinn abwirft oder die Kosten nicht deckt. Sogar die Senkung der Frachtraten, sowohl von den landwirtschaftlichen Gebieten zur Küste als auch von Amerika nach Europa, entschädigt ihn nicht für die große Preissenkung dessen, was er einst für eine dauerhafte Gewinnquelle hielt. Die Zeit, in der es sicher war, eine ganze Farm auf Weizen umzustellen, ist vorbei. Die Landwirte studieren jetzt mit aller Intelligenz, die in ihnen steckt,

Mischkulturen, denn die erste Pflicht eines Mannes ist es, Nahrung für seine Familie zu verdienen.

Als man entdeckte, dass man mit Hilfe eines Kühlverfahrens frisches Fleisch nach Europa schicken konnte, erhob sich das ganze Land, jubelte und klopfte sich selbst auf die Schulter. Nun würde uns sicherlich die ganze Welt zu Füßen liegen, denn ernährten wir nicht Engländer, Franzosen und Deutsche billiger, als es jeder ihrer einheimischen Produzenten vermochte? Unsere Selbstzufriedenheit wuchs, als man entdeckte, dass man auch lebendes Vieh in riesigen Mengen nach Europa schicken konnte und dabei einen schönen Gewinn abwarf, trotz gelegentlicher Verluste durch Stürme und unüberlegtes Beladen der Schiffe, die die Tiere transportierten. Etwa zu dieser Zeit begannen Ranches alle Flächen im fernen Westen zu bedecken, die sich überhaupt zum Weiden eigneten, und die Ländereien, nominell Eigentum derer, die sie verwalteten, erreichten eine fürstliche Größe. Aber was Amerika konnte, begann Australien zu tun, und selbst Südafrika war nicht abgeneigt, in die gleiche Richtung zu experimentieren. Wir schicken immer noch viel Fleisch nach Europa, aber Ranchbesitz ist nicht mehr so gefragt wie früher. Heutzutage gibt es zwar Ranches zu ergattern, aber es gibt nur wenige Interessenten.

Kurz bevor das Ranchfieber begann, stießen wir auf Öl – wir stießen auf so große Mengen und fanden auch so kompetente Männer, es für den allgemeinen Gebrauch aufzubereiten, dass Petroleum in einigen seiner Formen das wichtigste Exportgut der Vereinigten Staaten zu werden versprach. Es gab keinen zivilisierten Teil der Welt, in dem man nicht die amerikanische Kerosindose finden konnte. Unser Öl wird immer noch in großen Mengen ins Ausland geliefert, aber die damit gemachten Vermögen haben Prospektoren auf der ganzen Welt angespornt, und da bekannt ist, dass Öl nicht auf eine einzelne Hemisphäre oder sogar einen großen Teil der Welt beschränkt ist, beginnen die Aussichten für Amerika, die Vorherrschaft in diesem speziellen Handelsartikel zu behalten, ziemlich düster auszusehen. Die asiatischen Ölquellen sind weitaus wertvoller als unsere und werden mit weniger Aufwand betrieben, und die Lieferung kann in Europa genauso einfach und billig verteilt werden wie die aus den amerikanischen Quellen und Raffinerien. Offensichtlich können wir es uns nicht leisten, uns allein auf Öl zu verlassen. Damit wurden große Vermögen gemacht, aber es gibt ein altes Lied, das sagt: „Die Mühle kann nicht mit dem Wasser mahlen, das vorbeifließt." Wir brauchen etwas Neues, um an der Spitze zu bleiben. Was das sein soll, ist noch nicht entdeckt.

Einige wenige unerfüllte Erwartungen dieser Art, einige große kommerzielle Enttäuschungen sind wahrscheinlich notwendig, um uns einen Teil des überheblichen Selbstvertrauens zu nehmen, das den Bewohnern aller neuen Länder eigen ist. Der einfache und bedingungslose Glaube an die Manifest

Destiny und all dieses Gerede hat manchmal eine recht anregende Wirkung, aber er wiegt die Menschen auch in ein falsches Sicherheitsgefühl. Dies ist in den Vereinigten Staaten bereits weitgehend geschehen. Wir waren so sehr davon überzeugt, dass wir jedem anderen Land auf der Erde an Intelligenz und Ressourcen überlegen waren, dass wir einige unserer größeren Interessen außer Acht ließen. Der Transport von Rohstoffen aller Art ist ein ehrenwerter Industriezweig, aber er ist nicht das höchste Ziel, das eine Nation anstreben sollte, und auch der Erfolg in diesem Bereich sollte die Menschen nicht für ihre größeren Pflichten, Verantwortlichkeiten und Möglichkeiten blind machen.

Andererseits hat keine andere Nation der Welt so viel wie wir, wofür wir dankbar sein und was wir ermutigen müssen. Wir haben keine schlechten Nachbarn, die stark genug sind, um uns zu fürchten, und alle größeren Mächte der Welt sind weit genug entfernt, um sich kaum für uns zu interessieren, es sei denn, wir verärgern sie auf irgendeine Weise. Wir müssen die Energie und manchmal das Herzblut unserer Rasse nicht verschwenden, indem wir alle unsere jungen Männer in Armeen und Flotten schicken und ihnen Misstrauen, Argwohn, Grausamkeit und Raubgeist beibringen. Unsere Steuern sind hoch, aber andererseits wird unsere Staatsverschuldung, die einst so enorm war, so schnell abgebaut, dass wir der Welt bald das erstaunliche Schauspiel einer großen Nation ohne Schulden bieten werden. Nirgendwo sonst auf der Welt kann eine Person, die Geld anlegen möchte und möchte, dass es absolut sicher ist, egal wie niedrig der Zinssatz ist, nicht schnell die Sicherheiten ihrer eigenen Regierung für ihr Gold oder ihre Banknoten erhalten, aber hier gibt es kaum noch Anreize, Staatsanleihen zu kaufen, denn sie werden zu einem Kurs eingelöst, der es fast unmöglich macht, sie mit Sicherheit für lange Zeit als dauerhafte Investition zu behalten. Inhaber von Schulden anderer Länder gehen davon aus, dass ihr Kapital nie eingelöst wird; sie sind zufrieden, wenn sie fortwährend Zinsen erhalten, was zweifellos der Fall sein wird, sofern die Schulden nicht zurückgewiesen werden. Es besteht kaum eine Möglichkeit, dass ein erstklassiges fremdes Land jemals alle seine finanziellen Verpflichtungen in Bezug auf das Kapital begleichen kann, es sei denn, es provoziert einen Kampf mit den Vereinigten Staaten und hält unsere Städte als Geisel. Wenn wir weiterhin große Geldsummen aus den Taschen der Menschen ziehen müssen – und bestimmte Ökonomen sagen, wir müssen –, werden wir zumindest die Genugtuung haben, dass es für etwas anderes als tote Pferde ausgegeben wird.

Wir reduzieren auch den Anteil unserer ungebildeten und unwissenden Klassen in einem schnellen und erfreulichen Tempo. Andere Länder arbeiten in dieser Richtung mit mehr Geschick, Bedachtsamkeit und präziseren Mitteln, aber auf der anderen Seite haben sie mit der Apathie eines großen

Teils der Bevölkerung zu kämpfen, ein Faktor, der in unserem Land glücklicherweise nur sehr gering ausgeprägt ist. Neben der großen Masse ungebildeter Wesen, die als Einwanderer zu uns gekommen sind, haben wir auch die gesamte farbige Bevölkerung des Südens, aber die Schulen werden so schnell gebaut und alle Klassen unseres Volkes, selbst die unwissendsten Schwarzen, sind so ehrgeizig, so gut zu sein wie jede andere Klasse, dass es überhaupt nicht schwierig ist, Kinder zur Schule zu bringen und Eltern davon zu überzeugen, sich ernsthaft für Bildung zu interessieren. Was auch immer unsere Fehler in der Zukunft sein mögen, Unwissenheit verspricht, keiner davon zu sein.

Es gibt noch eine andere Seite dieses Themas, die den nachdenklichen Teil der Öffentlichkeit nicht schnell genug zum Nachdenken bringen kann. „Ein bisschen Bildung ist eine gefährliche Sache", ist eine oft zitierte Meinung. Das jedem Bürger innewohnende Recht, das höchste Amt in der Regierung zu erreichen, hat den Ehrgeiz so sehr geweckt, dass fast jeder bereit ist, sich um diese Position zu bewerben, ob er nun geeignet ist oder nicht, und dieselbe Aussage gilt für jede andere Vertrauens- oder Gewinnposition im öffentlichen oder privaten Leben. Halbgebildete Männer, Männer mit fast keiner Bildung, haben dieses Land immer wieder in große Gefahr gebracht. Ihre Zahl nimmt ständig zu. Wir müssen uns vor ihnen in Acht nehmen. Fehlgeleitete Aktivitäten sind schlimmer als gar keine Aktivitäten, aber es gibt noch etwas Schlimmeres, und das ist der unaufhörliche Ehrgeiz von Männern, deren Gewissen nicht mit ihrer Intelligenz Schritt hält. Die Schule liefert Intelligenz, aber Gewissen ist etwas, das man nicht auf Bestellung herstellen kann, und von keiner Institution unter der Leitung und Aufsicht einer Regierung kann man erwarten, dass sie es liefert. Die Nationen der Alten Welt haben dies jahrhundertelang mit Hilfe der Kirche versucht. Doch so gut, edel und aufopfernd die Kirche zu vielen Zeiten und in vielen Ländern auch gewesen ist, ihre Dienste können denen, die sie nicht annehmen möchten, nicht aufgezwungen werden.

Der einzige verfügbare Ersatz ist ein hoher Standard der öffentlichen Moral. Dieser wird von der Presse, von der Kanzel und im Privatleben verkündet; aber leider wird er sofort verwirrt und geschwächt, wenn er den Bereich der Politik erreicht. Ein höherer Standard muss von den Parteien gesetzt und von den Führern, Wählern und Anhängern dieser Parteien aufrechterhalten werden. Die Heuchelei aller politischen Äußerungen wurde in den letzten Jahren in den Vereinigten Staaten immer wieder bewiesen. Kein ehrlicher und hochgesinnter Mensch kann nicht vor Scham erröten, wenn er die gebrochenen Versprechen seiner eigenen politischen Organisation betrachtet, ganz gleich, um welche Versprechen es sich handelt. „Versprechen sind wie Kuchenkrusten dazu da, gebrochen zu werden", sagt der praktische Politiker, und während der ehrbare Bürger drei Jahre und sechs Monate von vier Jahren gegen eine solche beschämende Missachtung der öffentlichen und privaten Moral protestiert, wird er in den verbleibenden sechs Monaten wahrscheinlich der Partei, mit der er in der Politik immer gehandelt hat, seine stillschweigende Zustimmung und seine aktive Stimme geben, unabhängig davon, wer ihre Führer sein und was ihre tatsächlichen Absichten sein mögen. Solange beide Parteien diese Schande und Unehre nicht eindämmen, bleibt unsere Rüstung eine Schwachstelle, und unsere Feinde werden früher oder später einen Weg finden, sie zu durchdringen. „Gerechtigkeit erhöht ein Volk", sagt eine Autorität, der die meisten Amerikaner großen Respekt entgegenbringen – außer während eines Präsidentschaftswahlkampfes.

Die Stabilität und der Frieden unserer Nation sollten das Hauptanliegen unseres Volkes sein, und da es keine private Tugend gibt, die nicht in dieser Hinsicht einflussreich sein könnte, liegt es in der Macht jedes Einzelnen, das große Ziel der Gemeinschaft zu fördern. Alle anderen Nationen beneiden uns – beneiden uns um unsere Regierungsform, unsere Wehrpflichtfreiheit, unsere großen Armeen, privilegierten Klassen, unsere verbrieften Rechte, unsere hässlichen Nachbarn, kirchlichen Auflagen und hoffnungslosen Schulden. Aber wir können all diese Merkmale der Überlegenheit nur aufrechterhalten, indem wir eine ehrliche und intelligente Regierung aufrechterhalten. Wir können dies nicht erreichen, indem wir blinde, unvernünftige Anhänger irgendeiner politischen Organisation sind. Ein „starker Demokrat" oder „starker Republikaner" zu sein, bedeutet oft, als Amerikaner verächtlich schwach zu sein. Loyalität gegenüber der Partei bedeutet oft Illoyalität gegenüber der Nation. Parteiprogramme werden selten nach dem Willen der Mehrheit formuliert; sie werden von den Führern formuliert und oft für die persönlichen Zwecke der Führer. In allen anderen Ländern, in denen eine verfassungsmäßige Regierung vorherrscht, wechseln die intelligenten Klassen je nach ihrer Meinung zu den vorgeschlagenen Maßnahmen von einer Partei zur anderen. Loyalität gilt zuerst der Nation, dann der Partei. Die Partei wird als Mittel und nicht als Zweck angesehen; sie muss hier als solche angesehen werden, bevor wir unsere Möglichkeiten nutzen können, und die Zahl und Größe dieser Möglichkeiten machen diese Pflicht hier, selbst aus egoistischen Gründen, zwingender als anderswo. Es ist besonders dumm und beschämend, dass ein intelligenter Amerikaner mit Sir Joseph Porter in „Pinafore" sagen kann:

„Ich habe immer gemäß den Vorgaben meiner Partei gewählt
und nie daran gedacht, selbst zu denken."

Keine Partei sollte über ihre Wähler herrschen; sie ist ihr Diener, und wenn sie faul oder unehrlich ist oder ihnen nicht gehorcht, muss sie diszipliniert oder ausgetauscht werden.

Wir müssen noch viel mehr tun, um wachsam zu sein. Wir müssen darauf bestehen, dass amerikanisches Land nur Amerikanern gehört. Viele reiche Männer auf der anderen Seite des Atlantiks sind bereit und bestrebt, hier einen Zustand zu reproduzieren, der in Europa endlose Probleme verursacht hat. Präsident Harrison sagte, als er noch im Senat war: „Riesige Teile unseres Besitzes, nicht nur der öffentliche Besitz an der Grenze, sondern auch in einigen unserer neueren Staaten, gehen in die Hände reicher Ausländer über. Es scheint, dass die Landreformen in Irland und die Bewegung in England zugunsten der Reduzierung großer Ländereien und der Aufteilung des Landes unter Personen, die es für ihren eigenen Gebrauch bewirtschaften, die Investitionen einiger Engländer stören, und dass einige von ihnen auf dieses Land hoffen, um riesige Landstriche zu erwerben, die sie besitzen und an Pächter vermieten können, von deren Pacht sie im Ausland leben können. Dieses Übel erfordert frühzeitige Aufmerksamkeit, und der Kongress sollte per Gesetz den Erwerb solcher Landstriche durch Ausländer unterbinden. Unsere Politik sollte auf kleinen Bauernhöfen basieren, die von den Männern bewirtschaftet werden, denen sie gehören." Das sagt jeder nachdenkliche Amerikaner.

Wir müssen der Armee der Arbeitslosen größere Aufmerksamkeit schenken, wenn wir den schlechten Einfluss der Unzufriedenheit jeglicher Klasse auf den Wohlstand der Gemeinschaft vermeiden wollen. Die Vernachlässigung von Arbeitern, die keine Arbeit haben, ist ein Schandfleck auf dem guten Ruf unseres Volkes. Finanziell scheint es uns in keiner Weise zu betreffen, wenn viele Menschen ihre Arbeit verlieren. Herr TV Powderly, lange Zeit der beredteste Sprecher der Arbeiterklasse, sagt: "Es macht nichts, dass die Teppichfabriken dreihundert Arbeiter suspendieren, der Preis für Teppiche bleibt unverändert. Die Gingham-Fabriken und die Baumwoll- und Wollfabriken mögen die Löhne der Angestellten um fünf oder zehn Prozent kürzen, aber der Preis für Gingham und Kaliko bleibt wie vorher." Aber die Menschen, die – sie und ihre Familien – unter teilweisem oder vollständigem Einkommensverlust leiden, spüren die Apathie der breiten Masse der Verbraucher deutlich, und ihre Empörung und ihr Argwohn werden sich mit Sicherheit dann auf unangenehme Weise bemerkbar machen, wenn man es am wenigsten erwartet. Wir sind alle Arbeiter; Wir schulden den Geringsten unserer Brüder praktisches Mitgefühl.

Wir müssen mehr aus dem Individuum machen und weniger Verantwortung auf die Regierung abwälzen, egal ob auf lokaler, bundesstaatlicher oder nationaler Ebene. Wie der Herausgeber Grady aus Georgia vor kurzem vor dem Abschlussjahrgang der University of Virginia sagte: „Wer das Feuer auf dem Herd eines ehrlichen und rechtschaffenen Heims entzündet, verbrennt das beste Räucherwerk für die Freiheit. Wer seinen Nächsten am meisten liebt, liebt die Menschheit nicht weniger. Erhöhen Sie den Bürger. So wie der

Staat die Regierungseinheit ist, ist er die Einheit des Staates. Bringen Sie ihm bei, dass sein Heim seine Burg ist und seine Souveränität unter seinem Hut ruht. Machen Sie ihn selbstbewusst, eigenständig und verantwortlich. Lassen Sie ihn sich auf den Staat stützen, wenn er nichts tun kann, was er selbst tun kann, und auf die Regierung, wenn er nichts tun kann, was sein Staat tun kann. Lassen Sie ihn Unabhängigkeit bis zur Selbstaufopferung kultivieren und lernen, dass bescheidene Dinge mit uneingeschränkter Freiheit besser sind als Pracht, die mit ihrem Preis erkauft wurde. Lassen Sie ihn weder seine Individualität der Regierung überlassen, noch sie mit dem Pöbel verschmelzen. Er soll aufrecht und furchtlos dastehen – ein freier Mann, geboren von freien Männern – standhaft in seiner eigenen Stärke – seiner Familie im Schweiße seines Angesichts eine Mitgift geben – seinen Staat liebend – seiner Republik treu sein – ernsthaft in seiner Treue, wo auch immer sie sich befindet, aber seinen Altar inmitten seiner Hausgötter errichtend und in seinem eigenen Herzen den äußersten Tempel seiner Freiheit als Schrein bewahrend."

Zu all dem und zum allgemeinen Thema dieses Buches möchte der Herausgeber abschließend eine bekannte und hochgeschätzte Autorität zitieren.

„Männer und Brüder, denkt über diese Dinge nach."

[A]

Por Castilla y por León
Nuevo Mundo halló Colón, (Hinweis des E-Text-Transkribierers.)

www.ingramcontent.com/pod-product-compliance
Lightning Source LLC
LaVergne TN
LVHW042348190726
843493LV00005B/947